PROCESS
CONSULTATION
REVISITED
BUILDING THE HELPING
RELATIONSHIP

기업 · 개인에서의
과정컨설팅
도움을 잘 주고받는 법

Edgar H. Schein 저 · 신기현 역

학지사

역자 서문

컨설팅은 다른 사람의 문제를 도와주고, 또 다른 사람의 도움을 받아 문제를 해결하는 활동이다. 주로 의료 · 경영 분야에서 실행되던 컨설팅은 사회가 복잡해지고 급격하게 변하면서 정부기관, 학교 등 여러 분야로 확장되고 있다. 삶의 여러 분야에서 컨설팅이 진행되면서 관련 분과 학문에서 제한적으로나마 컨설팅의 연구가 이루어졌으며, 그 성과의 일부로 고유한 컨설팅모델이 개발되었다. 컨설팅 이론가마다 고유성을 인정하는 컨설팅모델에는 일부 차이가 있지만, Schein의 '과정컨설팅'은 대부분의 컨설팅 이론가가 인정하는 주요 컨설팅모델이다.

'과정컨설팅'의 강점은 두 가지로 대변된다. 하나는 컨설팅의 내용과 과정을 구분하고, 다른 모델들과 달리 컨설팅의 과정을 중심으로 구성해서 컨설팅이 독자적인 영역으로 발전할 수 있는 가능성을 제시하였다. 다른 하나는 컨설팅을 컨설턴트라는 직업에 한정시키지 않고, 친구, 가족, 직장 동료 등 다양한 장면의 조력 상황에 적용될 수 있는 활동으로 확장하였다. 옛말에 "훈수 두고 뺨 맞는다"라는 말이 있다. 다른 사람을 도와주려는 행위가 환영받지 못하는 상황을 가리키는 말이다. 우리가 흔히 경험하듯이 다른 사람을 도와주는 것도, 또 다른 사람의 도움을 받는 것도 쉬운 일은 아니다. '과정컨설팅'은 우리가 흔하게 겪는 이러한 어려움에 대한 해결책을 제공한다.

지난 2012년, 우리나라에서는 처음으로 동덕여자대학교의 대학원에 '교육컨설팅학과'가 개설되었다. 컨설팅과 교육학의 접목을 시도하면서 새로운 도전과 난관에 직면했지만, 동료 교수와 대학원생들의 열정과 노력으로 조금씩 발전해 가고 있다. 이번 책의 출간은 동덕여자대학교 대학원생들과의 수업에서 시작되었다. 수강생들은 Schein의 '과정컨설팅'을 함께 공부하면서 때로 오역을 수정해 주었다. 특히 이 책의 출간을 위해 출판사와의 복잡한 일을 도맡아 준 신지영 선생에게 감사한 마음을 전한다.

2024년 10월
동덕여자대학교 신기현

저자 서문

　나는 조직에서 클라이언트에게 행하는 나의 작업을 동료가 이해하지 못한다는 좌절에서 1969년에 처음으로 『과정컨설팅(Process Consultation)』을 집필했다. 지금도 컨설팅과 경영 분야의 가까운 동료들이 과정컨설팅의 핵심을 이해하지 못한다는 새로운 좌절을 느낀다. 과정컨설팅은 사람들이 생각하는 기법이 아니고, 집단과 작업하는 개입방법도 아니다. 또한 조직 상황에 적용된 비지시적 상담도 아니다. 이것은 직업도, 정규 직무도 아니다. 과정컨설팅은 '조력'에 대한 철학이요, 어떻게 조력할 것인가에 대한 방법론이다.

　조력은 친구, 배우자, 자녀, 동료, 상사, 부하 직원, 그리고 상황에 따라서는 낯선 사람들로부터도 필요하다. 조력이 필요할 때 혹은 명시적으로 조력을 요청받을 때 과정컨설팅의 철학이 관련된다. 그러나 모든 조력전문가가 알고 있듯이, 조력을 제공하는 것은 물론이고 조력이 필요하다는 점을 수용하는 것, 또 제공된 조력을 받는 것도 쉽지 않다. 과정컨설팅을 이해하기 위해서는 조력관계의 역학에 대한 심리학적 · 사회학적 통찰이 필요하다.

　나의 초기 저서는 독자들이 조력을 주고받는 것에 대해 많이 알고 있다고 가정했다. 그러나 나의 학생, 클라이언트, 동료들은 이 분야에 대해 많은 것을 모르고 있었다. 개정판을 준비하면서 도움이 되고자 노력했던 나의 40년 경험이 조력 과정 그 자체에 대한 새로운 시각을 형성시켰다는 점을 깨닫게 되었다. 그래서 앞서 출판했던 두 저서에 후속하는 세 번째 책 대신에 나의 생각을 재구성해서 조력관계의 일반모델을 제시하는 새로운 책을 집필했다. 이 책의 많은 자료는 앞선 두 책에서 가져왔지만, 조직의 변화, 학습, 리더십, 조직 간 역학, 기타 조직개발의 주제를 다루는 후속 저서가 아니라 전체적으로 재구조화되었다. 이 책은 일대일 그리고 소집단 상황에서 클라이언트와 컨설턴트의 관계에 초점을 두고 있다. 나의 의도는 조직컨설턴트뿐만 아니라 모든 종류의 조력을 위한 모델을 제공하는 데 있다. 즉, 심리치료사, 사회복지사, 고등학교 상담사, 코치, 부모, 친구, 관리자 등 조력을 제공하는 모든 사람은 이 책에서 유용한 아이디어, 원리, 지침을 찾아볼 수 있다.

누군가 조력이 필요해서 요청하면 조력자와 '클라이언트' 사이에 난해한 역학이 설정된다. 이 상황에서 조력자는 자동적으로 전문가의 역할로 초대된다. 조력자는 클라이언트에게는 없는 것을 갖고 있고, 그것을 줄지 말지 결정할 권한을 갖는 것으로 가정된다. 조력자는 자신을 전문가로 인식하도록 초대되며, 자동적으로 클라이언트에 대한 권력 지위를 부여한다. 조력이 제공될 때 형성되는 이 초기 관계의 불균형은 포착되고 이해되어 다루어져야 할 심리적 역학의 원천이다.

동시에 조력을 요청하고 수용하고 제공하는 것에 연관된 문화적 역학, 특히 그것이 통상 문화적으로 승인되지 않은 솔직함과 개방성을 함의할 때는 더욱이 조력관계의 사회적 역학을 이해할 필요가 있다. 이 책은 나의 배경에서 도출된 폭넓은 관점을 제시하였다. 여기에는 임상적·사회심리학적 관점뿐만 아니라 사회학과 인류학이 포함되어 있다.

다른 말로 하면 이 책에서 나는 심리적·사회적 역학에 대한 이해를 토대로 조력에 대한 일반 이론과 방법론을 탐색하였다. 개념과 표현방법의 선택은 다양한 조력 상황에서의 40년 경험이 반영되어 있다. 설명된 개념과 방법이 독자에게 도움이 되기를 희망한다.

매사추세츠주 케임브리지에서

E. H. S.

차례

과정컨설팅:
도움을 잘 주고받는 법

제1부 | 과정컨설팅의 정의

제1부에서는 과정컨설팅의 기본 개념이 규정되고, 다른 주요 컨설팅의 개념들과 비교된다. 과정컨설팅은 개인, 집단, 조직, 공동체를 조력하는 과정에 대한 철학이자 태도이다. 과정컨설팅은 단순히 다른 기법과 비교되거나 대조될 수 있는 또 하나의 기법이 아니다. 과정컨설팅은 조직학습과 개발에 대한 철학적 토대이다. 컨설턴트가 조직을 조력할 때 행하는 대부분의 것은 '우리는 오직 인간체제가 스스로 자신을 돕도록 조력할 수 있을 뿐이다'라는 핵심 가정에 토대를 둔다. 어떤 컨설턴트라도 조직의 구성원들에게 그들의 문제를 해결하기 위한 세부적인 방안을 제시할 만큼 충분히 특정 상황과 조직의 문화에 대해 알 수는 없다.

반면에 클라이언트 체제와 효과적인 조력관계가 형성되었다면, 클라이언트와 컨설턴트는 함께 상황을 진단하고 적절한 방안을 개발할 수 있다. 그러므로 과정컨설팅의 궁극적인 목적은 효과적인 조력관계의 형성이다. 조력자/컨설턴트가 알 필요가 있는 것, 개발할 필요가 있는 기술, 준수할 필요가 있는 태도는 효과적인 조력관계를 형성하고 유지하는 것이다. 이 조력의 철학을 실행하기 위해 조력자/컨설턴트가 수행해야 할 것이 이 책의 일차적 초점이다.

조력관계를 형성하고 유지하는 능력은 다양한 인간 상황에 적용될 수 있다. 그러한 관계는 치료, 상담, 그리고 모든 형태의 컨설팅에서 핵심이다. 그러나 그것은 관계의 일차 기능이 조력인 상황에만 한정되는 것은 아니다. 효과적인 조력자의 능력은 배우자, 친구, 상사, 부하 직원, 동료와 관계를 맺는 관리자, 자녀와 관계를 맺는 부모, 학생과 관계를 맺는 교사에게도 적용될 수 있다. 조력은 명시적으로 요청되는 경우도 있고, 암시적으로 요청되지만 그 필요성이 감지되는 경우도 있고, 스스로는 인지하지 못하지만 타인이 보기에 조력이 필요한 경우도 있다. 조력을 요청받거나 필요하다고 인지한 경우에 그것에 응답하고 조력자의 역할을 수용하는 능력은 반응적이고 책임 있는 인간의 핵심 조건이다. 그러므로 과정컨설팅의 철학과 방법론은 공식적으로 조력자/클라이언트로 규정된 사람들 사이의 관계만이 아니라 모든 인간관계의 핵심이다.

독자들은 이 책에 제시된 개념들을 가정, 직장과 같은 일상적인 삶의 상황에서 생각해 보아야 한다. 조력관계에 대한 중요한 통찰은 조직의 공식적 컨설팅 상황이 아니라 가정과 친구와의 상황에서 얻을 수 있다. 나는 공식적인 조력 상황에 있을 때 관계의 형성을 위해 상호작용하는 인간의 현실에 초점을 맞추는 대신에 '기법'이나 '방법'을 너무 많이 생각하는 것은 역기능이 될 수 있다는 것을 알게 되었다. 예술가는 표현하기 전에 보는 법을 학습해야 하는 것처럼, 조력자는 조력을 하기 전에 관계가 형성되면서 어떤 일이 일어나는지 보는 법을 학습해야 한다.

다음 장들에서 나는 독자에게 무엇이 일어나는지를 명확하게 보도록 돕고, 그것에 대해 생각할 수 있도록 개념과 간단한 모델을 제공한다. 제1장에서는 기본적인 정의를 제공하고, 근본적으로 서로 다른 세 가지 컨설팅/조력의 역할을 비교한다. 제2장에서는 조력자와 조력을 받는 사람 사이에 일어나는 심리적 역학의 쟁점을 깊이 파고들어 설명한다. 제3장에서는 이 심리적 역학이 조력관계의 형성에 주는 함의를 다루고, '적극적 탐구'의 개념을 소개한다. 제4장에서는 '클라이언트'의 개념을 다루는데, 특히 조직 혹은 공동체의 컨설팅에서 등장하는 서로 다른 클라이언트의 유형을 제시한다. 그리고 나서 제2부에서는 컨설턴트가 컨설팅에서 마주칠 인간 실재를 이해하는 데 도움이 될 개념들과 간단한 모델을 탐색할 것이다.

조력이 필요한 다양한 상황을 경험하면서 그러한 모든 상황에 적용될 수 있는 일반적인 원리를 얻을 수 있었다. 이 책의 여러 장에서 그것을 설명하고 있다. 조력자처럼 생각하는 법을 학습하는 데 매우 중요한 것은 굵은 글씨로 표기하여 강조*하였다.

---

*역주) Schein이 굵은 글씨로 강조한 것을 번역서에서는 '#'로 표기하였다. Schein은 강조를 위해 "#"도 사용하였는데, 번역서에서는 이를 그대로 따랐다.

제1장

과정컨설팅이란 무엇인가

이 책은 한 사람이 다른 사람을 조력하는 데 포함된 심리적·사회적 과정에 관한 것이다. 치료자가 환자를 도와주거나 집단과 작업하는 것, 부모가 자녀를 도와주는 것, 친구가 다른 친구를 도와주는 것, 조직컨설턴트가 조직의 어떤 측면을 향상시키기 위해 관리자와 작업하는 것에는 동일한 근본적 역학이 포함된다. 조력자와 조력을 받는 사람 혹은 집단 사이에 진행되는 것을 나는 과정컨설팅(process consultation)이라고 부른다.

강조는 '과정'에 있다. 사람 사이에, 집단 안에서 무엇을 행하느냐보다는 어떻게 행하느냐가 더 중요하다고 믿기 때문이다. 통상 어떻게 혹은 '과정'이 우리가 말하는 내용보다 진정으로 말하려는 바를 더 분명하게 소통한다. 그러나 과정은 종종 우리에게 익숙하지 않다. 우리는 과정에 대해 생각하고, 과정이 실행되는 것을 관찰하고, 의도한 것을 성취하는 과정을 디자인하는 모든 면에서 기술이 부족하다. 역설적으로 종종 자신이 원하는 것을 실제로는 손상시키는 과정을 디자인하거나 그 과정에 참여한다. 그러므로 대인 간, 집단, 조직, 공동체의 과정을 인식하는 것은 인간관계와 집단, 조직의 기능을 향상시키는 과정에서 핵심을 차지한다.

나는 과정컨설팅이 무엇인지, 그것이 일상의 삶과 조직개발(Organization Development), 변화, 학습에서 어떤 역할을 하는지를 기술할 것이다. 어떤 형태의 컨설팅이라도 거기에는 한 사람이 다른 사람을 조력한다는 것이 함의되어 있다. 그래서 이 분석의 초점은 주어진 상황에서 무엇이 도움이 되고, 도움이 되지 않는지를 판독하는 것이다. 나는 또한 과정컨설팅이 조직개발과 학습의 시작, 그리고 전체 과정에서 일어나는 핵심 활동이라고 본다. 조직개발은 계획된 조직 차원의 프로그램으로 규정되는데, 통상 컨설턴트가 개인 혹은 집단과 수행하는 활동들은 조직개발의 요소이다. 이 활동의 양식은 과정컨설팅의 가정들을 반영한다. 최근 조직학습과 조직변화에 대한 강조는 과정컨설팅이 그러한 특정 활동과 조직 과정에 관한 조력모델과 이론의 형성에 어떻게 관련되어 있는지 보여 줄 것을 요청한다. 물론 나는 조직개발이 학습과 변화를 통합하는 일반적인 과정이라고 생각하기 때문에 핵심 초점은 여전히 조직개발에 있다.

조직향상을 위한 어떤 프로그램이라도 핵심은 개인과 집단의 학습과 변화의 상황을 만드는 것이다. 그렇다면 컨설턴트는 어떻게 학습과 변화를 위한 준비태세를 구축할 수 있을까? 컨설턴트는 학습과 변화를 촉진하기 위해 어떻게 훈련자, 교수자, 멘토 혹은 코치로 기능할 수 있을까? 컨설턴트는 조직 전체의 프로그램을 계획하는 일환으로 조직의 핵심 개인들과 어떻게 협력하고, 또 핵심 개인들의 불안과 관심이 전체 작업의 성패에 영향을 미칠 때 상담자로서 어떻게 일할 수 있을까?

이런 질문들을 다루면서 나는 컨설턴트가 매순간 선택하는 운영의 양식이 실제로 컨설팅이 주는 조력에서 큰 차이를 가져온다는 것을 보여 주려고 한다. 컨설턴트는 다음의 입장들을 구분할 수 있어야 한다. 첫째 입장은 컨설턴트는 전문가로서 클라이언트가 무엇을 해야 할지 말해 준다. 둘째 입장은 컨설턴트는 자신이 애호하는 해결책이나 사용법을 잘 아는 도구를 판다. 셋째 입장은 컨설턴트는 컨설턴트와 클라이언트 양자가 궁극적으로 클라이언트에게 도움이 된다고 인지한 과정에 클라이언트를 참여시킨다. 곧 살펴볼 것이지만, 이 세 양식은 '조력'에 무엇이 포함되는지에 대해 차이가 있는 기본 모델이다. 더 나아가 세 양식은 실재와 조력의 본질에 대한 근본 가정에서도 차이가 있다.

컨설팅 분야는 최근 몇 년 사이에 급속하게 성장하였지만, 아직 컨설턴트 사이에 개념적 혼란이 존재한다. 컨설턴트는 조직을 위해 실제로 무엇을 할 것인가? 그것을 어떻게 할 것인가? 조력을 제공할 때 컨설턴트가 견지해야 할 근본적인 가정은 무엇인가? 예를 들면, 스스로를 조직컨설턴트로 명명한 사람들은 다음과 같은 활동을 하고 있다. 정보를 제공하고, 특정 진단도구를 사용해서 정보를 분석하고, 복잡한 문제를 파악하고, 그 문제에 대한 해결책을 권고하고, 관리자가 어렵거나 대중적이지 않은 결정을 실행하도록 돕고, 관리자를 지원하고 위로한다. 그들은 이 중에 어느 하나를 하거나 여러 가지를 결합해서 제공한다.

컨설팅 과정의 분석가들에 의하면, 그 과정은 클라이언트가 자신이 기대하는 것이 무엇인지를 정확하게 알고 있을 때, 그리고 컨설턴트가 문제에 대해 상세한 권고안을 제시할 수 있을 때에야 작동한다. 그러한 모델에서 클라이언트들이 결과에 실망할 때, 그들이 원하는 것이 명확하지 않았다든가 컨설턴트가 권고한 방안을 기꺼이 실행하지 않았다고 비난을 받는다. 그러나 나의 경험에 비추어 보면, 조력을 요청한 사람들은 종종 무엇을 찾아야 하는지 모르며, 실제 그들이 그것을 안다고 기대해서는 안 된다. 그들이 아는 것은 무언가 올바로 작동하지 않거나 어떤 표준이 아직 충족되지 않아서 어떤 조력이 필요하다는 정도이다. 이런 점에서 어떤 컨설팅 과정이라도 클라이언트가 문제 혹은 쟁점이 무엇인지 파악하도록 돕는 것이 중요한 과제이다. 그런 연후에야 어떤 조력이 필요한지 결정할 수 있다. 조직에서 관리자들은 종종 모든 것이 좋은 상황은 아니라거나 더 개선될 여지가 있다는 느낌은 갖지만, 자신들의 모호한 감정을 명확한 통찰로 바꾸고 구체적인 행동으로 이끌 수 있는 도구를 갖고 있지는 못하다.

내가 설명할 컨설팅 양식은 특히 방금 기술된 상황을 다룬다. 과정컨설팅 양식을 실행하는 컨설턴트는 관리자가 무엇이 잘못인지, 무엇이 필요한지, 컨설턴트가 무엇을 주어야 할지에 대해 안다고 가정하지 않는다. 컨설팅 과정이 건설적으로 시작되기 위한 유일한 요건은 일이 향상되기를 바라고, 또 기꺼이 조력을 구하는 사람이 있다는 것이다. 그런 상황에서 컨설팅 과정은 클라이언트가 진단단계를 규정하도록 돕는 것이고, 그 진단은 궁극적으로 실행계획과 상황을 향상시킬 구체적인 변화를 가져온다.

컨설팅모델과 근원적 가정

컨설팅과 조력 과정들은 클라이언트, 조력의 본질, 컨설턴트의 역할, 클라이언트와 컨설턴트가 운영하는 궁극적 실재에 대한 근본적 가정을 분석함으로써 구분될 수 있다. 다음에서 논의할 세 가지 모델은 서로 다른 운영 양식인데, 컨설턴트가 클라이언트를 조력할 때 수행하는 서로 다른 세 가지 역할이라고 말할 수 있다. 또한 이 모델들은 일상의 삶에서 자녀, 배우자, 혹은 친구가 우리의 조력을 요청할 때, 조력을 제공하는 서로 다른 방식으로 볼 수도 있다. 세 모델을 명확히 구분해야 하는 이유는 '조력자는 특정 순간에 어떤 역할을 할지, 어떤 조력모델을 사용할지 선택해야 하기 때문이다. 그러나 세 모델 모두 조력이 컨설팅의 일차적 기능이라는 것을 함의한다.' 조력 개념에 대한 초점은 컨설팅의 접근방식 전반에 걸쳐 매우 핵심적인 것이어서 다른 사람을 대하는 첫 번째의 포괄적 원리라고 할 수 있다.

원리 1: 항상 도움이 되도록 시도하라

컨설팅은 조력을 제공한다. 내가 도움을 주고 일할 의도가 없다면, 조력관계를 만드는 데 성공할 수 없을 것이다. 가능한 한 모든 만남이 도움이 되었다고 지각되어야 한다.

세 모델은 조력의 본질에 대한 다른 가정에 기반하고 있어서 다른 결과를 가져올 가능성이 있다. 조력이 요청되거나 제공되는 상황에서 실제 무슨 일이 일어나고 있는지, 어떤 조력 역할을 적용할지 명확히 해야 한다. 한 순간에 세 역할을 모두 할 수는 없기 때문에 유일한 선택은 특정 순간에 우리가 원하는 역할이 무엇인지 의식해야 한다. 이 의식은 작동하는 실재에 대한 해석 능력과 경험, 그리고 그 실재에 따라 행동하는 능력에 기반한다. 여기서 '실재'가 의미하는 바는 내 안에서 무슨 일이 일어나고 있는지, 그 상황에 있는 사람들 안에서 무슨 일이 일어나고 있는지, 상황의 본질은 무엇인지에 대한 지각이다. 현재 눈앞의 자료가 아니라 희망적 생각, 고정관념, 투사, 기대, 사전계획, 그리고 과거의 개념이나 심리적 욕구에 기반한 힘들

은 최선의 조력을 선택하는 데 방해가 되곤 한다.

　또한 이 실재라는 개념은 문화와 사상이 우리가 작동하는 외부의 실재를 창조해서 무엇이 진행되고 있는지를 해석하는 영구적인 과정에 있다는 인식론적 가정에 기반한다. 컨설턴트와 조력을 구하는 사람 그 누구도 그들의 관계와 문화적 맥락 바깥의 객관적·외부적 실재를 규정할 수는 없다. 그러나 그들은 함께 그들의 현재의 가정과 지각이 창조하는 실재와 상황을 향상시키려는 클라이언트의 의도라는 관점에서 그 실재를 가장 잘 다룰 수 있는 방법에는 다가갈 수 있다. 그러므로 조력자/컨설턴트의 행위를 안내할 두 번째의 포괄적 원리는 항상 현재 눈앞의 실재를 다루라는 것이다.

원리 2: 항상 현재의 실재와 접촉을 유지하라

나는 나와 클라이언트 체제 안에서 무엇이 진행되고 있는지의 실재를 알지 못한다면 도움이 될 수 없다. 그러므로 클라이언트 체제에서 누군가와의 모든 접촉은 클라이언트 체제의 현 상태와 클라이언트와 컨설턴트의 관계에 대한 진단적 정보를 클라이언트와 컨설턴트에게 제공해야 한다.

모델 1. 정보 혹은 전문지식 구매모델: 판매하고 말해 주기

　컨설팅의 판매하고 말해 주기 모델은 클라이언트가 스스로는 제공할 수 없는 어떤 정보나 전문서비스를 컨설턴트로부터 구매한다고 가정한다. 통상 관리자 개인이나 조직의 대표자인 구매자가 필요를 규정하고, 조직은 그 필요를 충족시킬 시간과 자원이 없다고 결론을 내린다. 그래서 그 정보나 서비스를 제공해 줄 컨설턴트를 찾게 된다. 예를 들면, 관리자는 특정 소비자집단이 어떻게 느끼고 있는지, 구성원이 새로운 인사정책에 어떻게 반응할지, 특정 부서의 사기는 어떤지에 대해 알고 싶을 수 있다. 그래서 관리자는 인터뷰나 설문을 통해 조사를 시행하고, 자료를 분석할 컨설턴트를 고용한다.

　또한 관리자는 특정 집단을 조직하는 법, 예를 들어 현재의 정보공학을 활용하여

회계와 통제 기능을 어떻게 조직할 수 있는지 알고 싶어서 다른 회사는 그런 집단을 어떻게 조직했는지를 찾아 줄 수 있는 컨설턴트가 필요할 것이다. 관리자는 경쟁조직의 마케팅 전략을 포함해서 다음에 대해서도 알고 싶을 수 있다. 어떻게 생산비용을 추산해서 상품가격을 결정하는가? 연구와 개발 기능을 어떻게 조직하고 있는가? 일반적인 공장에 직원의 수는 어느 정도인가? 그는 컨설턴트를 고용해서 다른 회사를 조사해 그 자료를 가져오게 할 수 있다. 이 각각의 사례에서 관리자는 자신이 원하는 정보나 서비스가 무엇인지 알고 있고, 컨설턴트는 그 정보나 서비스를 제공할 능력이 있다는 것을 가정한다.

이 조력모델이 작동하려면 다음과 같은 것에 의존한다.

1. 관리자가 자신의 필요를 올바르게 진단했는가?
2. 관리자가 그러한 필요를 컨설턴트에게 올바르게 소통했는가?
3. 관리자는 정보나 서비스를 제공할 컨설턴트의 역량을 제대로 사정했는가?
4. 관리자는 컨설턴트의 정보 수집의 결과에 대해 면밀하게 생각해 보았는가? 혹은 관리자는 정보가 보잘것없는 경우나 컨설턴트가 권고한 변화를 실행한 결과에 대해 면밀하게 생각해 보았는가?
5. 객관적으로 연구될 수 있고, 클라이언트에게 유용한 지식으로 전환될 수 있는 외부의 실재가 있는가?

컨설턴트에 대한 잦은 실망과 권고안의 낮은 실행은 구매모델이 효과적으로 작동하기 위해서는 앞의 가정이 충족되어야 한다는 점을 생각할 때 쉽게 설명될 수 있다. 이 모델에서는 클라이언트가 권력을 내어 준다는 점도 주목해야 한다. 컨설턴트는 클라이언트를 위해 관련 정보나 전문지식을 찾고 제공할 권한을 위임받는다. 계약이 체결되자마자 클라이언트는 컨설턴트가 제시하는 것에 의존하게 된다. 이후 단계에서 발생하는 컨설턴트에 대한 많은 저항은 클라이언트에게 의식적 혹은 무의식적으로 나타나는 이 초기의 의존과 불편에서 초래될 수 있다.

또한 이 모델에서 컨설턴트는 자신이 이미 알고 있고, 익숙한 것을 판매하려는 유혹에 빠진다. 내가 망치를 갖고 있다면, 세상 전체가 못처럼 보인다. 그래서 클라이언트는 실제 도움이 될 정보나 서비스에 대해 잘못 안내되기 쉽다. 클라이언트 체제에 가져와야 할 지식이 '저기 밖에' 있고, 이 정보 혹은 지식은 클라이언트에게 이해되고 사용될 것이라는 가정도 존재한다. 예를 들면, 조직은 종종 특정 쟁점에 대해 구성원이 어떻게 느끼는지 결정하기 위해, 더 나아가 그들의 문화를 '진단하기' 위해 조사를 구매한다. '전문가'의 정보가 양적인 형태로 제시되고, 구성원의 62%가 조직의 경력개발 체제를 빈약하게 본다는 것을 지시한다. 이 막대그래프를 앞에 두고 이제 그들이 알아야 할 것을 찾기 위해 고민하는 관리자를 보았다. 표집의 문제, 설문 구성의 문제, '경력'과 '개발' 같은 단어의 의미체계, 더 넓은 맥락에서 62%가 정말 좋은지 나쁜지에 대한 모호성, 질문에 답변할 때 구성원들이 어떤 생각을 갖고 있었는지 결정하기 어려운 상황 등을 고려할 때 그러한 진술은 어떤 종류의 정보적 가치를 갖고 있는가? 이런 상황에서 실재는 파악하기 어려운 개념이다.

대안으로서의 과정컨설팅   이와 대조적으로 과정컨설팅의 철학은 클라이언트와 컨설턴트를 '공동의 진단'에 즉각적으로 참여시킨다. 초기의 접촉에서는 클라이언트도, 컨설턴트도 상황과 유관한 종류의 전문지식을 규정할 수 있을 정도로 충분하게 실재를 알 수 없다. 컨설턴트는 명료한 미션, 목표 혹은 규정된 문제가 없이도 개인 클라이언트를 다루거나 조직에 참여할 의향을 갖는다. 어떤 개인, 집단, 조직이라도 항상 그 과정을 향상시킬 수 있고, 전반적 수행에서 차이를 낼 수 있도록 과정을 위치시킨다면 보다 효과적일 것이라고 가정하기 때문이다. 완벽한 조직의 구조와 과정은 없다. 그래서 수행이나 사기가 기대한 것에 미치지 못해 무언가 잘못되었다는 느낌을 갖게 된 관리자는 현재의 조직 구조와 과정의 강약에 대해 명확한 아이디어를 가질 때까지는 행위단계로 가거나 특정 조력을 구해서는 안 된다.

과정컨설팅의 주요 목적은 관리자가 그러한 진단을 하고, 그것에 기반하여 타당한 행위 계획을 개발하도록 조력하는 것이다. 이 목적에 내재된 가정은 클라이언트와 컨설턴트 양자 모두가 권력을 유지해야 한다는 것이다. 클라이언트와 컨설턴트는 성취한 통찰과 계획된 행위에 대한 책임을 공유해야 한다. 과정컨설팅의 관점에서 볼 때, 컨설턴트는 클라이언트의 등에서 원숭이를 떼어 내서는 안 된다. '그 문제는 궁극적으로 클라이언트의 것이며', 오직 그의 것이어야 한다는 것을 인식해야 한다. 컨설턴트가 할 수 있는 것은 클라이언트 스스로 그 문제를 해결하도록 필요한 도움을 제공하는 것이다.

공동의 진단과 행위 계획의 중요성은 컨설턴트 홀로는 더 나은 행위 계획이 무엇인지 혹은 심지어 어떤 정보가 진짜 도움이 될지 알 수 있을 정도로 조직에 대해 충분히 학습하지 못한다는 점에서 온다. 조직의 구성원들은 그들의 전통, 가치, 공유된 근본적 가정, 즉 조직문화와 조직의 핵심 지도자[1], 구성원의 스타일과 성격의 관점에서 조직의 정보를 지각하고, 생각하고, 반응하기 때문이다. 그러나 컨설턴트는 클라이언트가 충분히 스스로 좋은 진단가가 되고, 조직 과정을 더 잘 관리하는 법을 학습하도록 도와서 클라이언트 스스로 문제를 해결할 수 있도록 할 수 있다. 과정컨설팅 철학의 핵심 가정은 '조직이 스스로 문제를 해결하는 법을 학습하면 문제는 더 효과적으로 해결되고, 이후 발생하는 문제도 해결할 수 있다'는 것이다. 컨설턴트는 진단과 문제해결 기술을 교수하는 역할을 갖고 있다. 그러나 필요한 정보와 전문지식을 갖고 있다는 확신이 없다면 스스로 문제해결을 시도해서는 안 된다. 컨설턴트는 항상 공동의 진단활동을 통해 드러난 실재를 다루어야 하며, 결코 자신의 선험적 가정을 믿어서는 안 된다.

조력이 요청되는 다른 맥락에서도 정보구매 양식과 과정컨설팅 양식 중에서 선택해야 한다. 자녀가 수학문제에 대해 도움을 요청할 때, 학생이 관리문제에 대한 세부 정보를 물어볼 때, 길에서 만난 낯선 사람이 길을 물을 때, 친구가 볼 만한 영화를 물어볼 때, 아내가 파티에 어떤 옷을 입고 갈지 물어볼 때 즉각 무엇이 진짜 요구되는 것인지, 어떤 대응이 실제 도움이 될지 가늠해야 한다. 그 순간 그 상황에서 작동되고 있는 실재는 무엇인가?

가장 쉬운 과정은 요구를 말 그대로 받아들여서 정보구매 양식을 적용하는 것이

---

1) 조직문화와 리더십에 대한 대부분의 요점은 나의 저서와 관련 문헌에서 도출된 것인데, 앞으로 여러 장에서 참조할 것이다(Schein, 1985, 1992).

다. 즉, 자신의 전문지식을 토대로 표피적 질문에 대답한다. 그러나 종종 표피적 질문은 심층적이거나 숨기고 있는 쟁점을 가린다. 아마 자녀는 나랑 함께하고 싶고 수학문제는 내 관심을 끌기 위한 수단에 불과할지 모른다. 학생은 보다 심층적인 궁금증을 갖고 있지만 그것을 묻는 것을 두려워하고 있을지 모른다. 낯선 사람은 정작 틀린 것을 찾고 있지만 그것을 모르고 있을 수도 있다. 친구는 자신과 함께 영화관을 갈 수 있는지 떠보는 것인지 모른다. 아내는 그녀의 옷장에 대해 정작 무언가를 말하고 싶거나 함께 가야 할 파티를 싫어하는 것일 수도 있다.

표피적 질문에 대답하는 것은 대화를 종결시켜서 숨기고 있는 쟁점을 표면으로 나오지 못하게 할 위험이 있다. 내가 도움이 되려면 진정 도움이 요청되는 지점이 어디인지 충분히 탐색해야 한다. 이것은 곧 과정컨설팅 양식으로 출발하는 것을 함축한다. 내가 다른 집단과 그 상황에 대해 함께 진단한 이후에야만, 나의 전문지식 혹은 정보가 관련되고 도움이 될지 결정할 수 있는 위치에 서게 된다. 한 가지 예비적인 일반화는 '과정컨설팅 양식은 어떤 조력 과정에서이든 초기에는 필연적이라는 것이다. 이 양식은 진짜 일어나고 있는 것이 무엇인지, 어떤 종류의 도움이 필요한지를 드러낼 유일한 양식이기 때문이다.'

관계의 초기에 컨설턴트는 진짜 무엇이 요청되는지 혹은 필요한지 모른다. 컨설턴트가 무엇을 질문할지, 어떤 조언을 줄지, 혹은 일반적으로 다음에 무엇을 할지 결정하는 데 있어 가장 중요한 지침은 사실 이 무지의 상태이다. 컨설턴트는 무엇을 모르고 있는지 인지할 능력이 있어야 하며, 그 과정은 '자신의 무지의 영역을 적극적으로 탐색하는 것'이어야 한다. 우리는 선입견, 방어, 암묵적 가정, 가설, 고정관념, 기대 등에 너무 붙들려 있다. 무지의 영역을 발견하는 것은 우리의 모든 선입견을 헤치고 나아가는, 그리고 자신의 지각적 방어를 극복해야 하는 어려운 과정이다. 그래서 적극적 단어인 '접근'은 조력에 대한 세 번째의 포괄적인 원리이다. 무지의 영역에 성공적으로 접근할 때 우리는 진정한 상호 탐색에 종사할 수 있다. 무지의 영역이 제거됨에 따라 보다 다층적인 실재가 드러날 것이고, 그래서 조력은 보다 정확하게 규정될 수 있게 된다.

원리 3: 너의 무지에 접근하라

나 자신의 내면의 실재를 발견할 수 있는 유일한 방법은 내가 안다고 가정하는 것, 내가 진정 모르고 있는 것과 내가 알고 있는 것을 구분할 줄 아는 것이다. 그 상황에서 내가 알지 못하는 것과 접촉하지 않는다면, 그것에 대해 질문할 지혜가 없다면 나는 현재의 실재가 무엇인지 결정할 수 없다.

모델 2. 의사-환자모델

또 하나의 일반적 모델은 의사-환자모델이다. 조직의 관리자는 조직에서 적절하게 기능하지 못하거나 주목할 필요가 있는 영역을 컨설턴트가 '점검'하도록 요청할 수 있다. 관리자는 영업의 감소, 고객의 높은 불만 혹은 품질의 문제와 같은 나쁜 증후는 포착했지만, 문제의 원인을 진단하는 법은 모를 수 있다. 컨설턴트는 의사처럼 조직에 가서 조직의 어떤 부분이 잘못되었는지 찾아내어 치료 프로그램을 권고하거나 대책을 처방해 주기를 기대받는다. 조직의 지도자는 다른 조직에서 시행되는 새로운 처방책, 즉 총체적 품질 프로그램(total quality programs), 업무 재구축(reengineering), 자율작업집단(autonomous work groups)을 알게 되어 조직의 건강을 향상시키기 위해 이와 같은 치료책을 자신의 조직에서 시행할 것을 결정할 수 있다. 이때 컨설턴트는 이 프로그램을 실시하도록 요청받을 수 있다. 이 모델에서 클라이언트는 다음과 같은 것을 가정한다. 컨설턴트는 전문적 표준에서 작동할 것이고, 컨설턴트의 판매 행위는 문제에 대한 도움을 제공할 좋은 자료에 기반해서 책임 있게 이루어질 것이다. 컨설턴트는 진단의 전문기술을 갖고 있어서 도움이 될 경우에만 프로그램에 적용할 것이며, 그렇게 되면 치료가 이루어질 것이다.

이 모델에서는 진단, 처방, 그리고 실행에서 컨설턴트의 손에 더 많은 권한이 주어진다. 클라이언트는 진단의 책임을 넘길 뿐만 아니라(그래서 컨설턴트에게 더 의존하는) 외부자가 상황에 들어와서 문제를 찾아내고 치료하는 것을 수용한다. 이 모델은 명백히 컨설턴트에게는 매력적인데, 컨설턴트에게 권력과 영상진단기(X-ray vision)를 부여하기 때문이다. 전문적 진단과 행위 과정의 처방은 컨설턴트의 높은 급료를 정당화하고, 제공한다고 주장하는 도움을 가시적이고 구체적인 것으로 만들며, 명령할 수 있게 한다. 이 모델에서는 컨설팅보고서, 즉 진단과 처방을 기술한 보고서가 컨설턴트가 무엇을 하는 사람인지 규정하는 데 특별히 중요하다. 많은 컨설턴트에게 이것은 그들의 수행에서 핵심이다. 철저하게 분석하여 진단하고, 그것을 토대로 상세한 권고안을 보고서로 쓰기 전에는 그들의 직무가 이루어진 것이 아니라고 느낀다.

예를 들면, 관리자들이 지지하는 이 모델의 한 버전에서 컨설턴트는 진단단계에서 심층인터뷰와 심리검사를 이용해서 공식적인 진단과 다음 단계를 위한 처방보고서를 제시한다. 또 다른 버전에서는 컨설턴트는 문제를 진단하기 위해 조직의 부서에 대한 의견과 태도를 조사하는 설문지를 개발해서 실시한다. 컨설턴트는 무엇을 질문할지, 몇 퍼센트의 긍정적 혹은 부정적 답변이 문제가 있다는 것을 의미하는지, 어떤 답변의 형태가 조직에서 잠재적으로 어려움이 있는 영역을 파악하게 하는지를 알 것으로 기대된다. 종종 정교한 통계기법이 진단을 보강하기 위해 사용되는데, 이는 컨설턴트가 진단전문가라는 클라이언트의 확신을 강화한다.

이 모델의 가장 전형적인 버전은 컨설턴트가 무슨 일이 일어나고 있는지 찾아내기 위해 클라이언트가 몸담고 있는 조직에서 광범위한 인터뷰를 실시하는 것을 고위 경영자와 계약하는 것이다. 이 자료에 근거해서 진단을 내리고, 그를 고용한 클라이언트에게 개선 프로젝트를 제안한다. 최근에 인기 있는 버전은 특정 직무 범주에서 성공을 위해 요구되는 역량을 사정하는 것이다. 그리고 다른 조직들에서 도출된 데이터베이스와 조직의 현재 역량을 비교해서 관찰된 격차에 근거해 부족하다고 판명된 역량을 향상시키는 인사선발, 훈련, 경력개발 프로그램을 처방한다.

많은 독자가 경험으로부터 알고 있듯이, 이 모델은 대중적인 인기에도 불구하고 많은 어려움이 있다. 클라이언트로서 우리 모두는 조력자의 조언이나 권고가 얼마나 우리와 관련이 없는지를 경험해 본 적이 있다. 또 심지어 우리가 조언을 요구했음에도 불구하고 무엇을 하라는 말을 들을 때 그것이 얼마나 모욕적인지 알고 있다. 컨설턴트로서 우리 모두는 우리의 보고서와 권고안이 정중한 끄덕임으로 수용되지만 결국 실행은 보류되는 경험을 종종 한다. 더 나쁜 것은 우리가 클라이언트의 상황을 전혀 이해하지 못한다는 이유로 모든 것이 거부되는 것이다. 클라이언트들은 종종 우리가 놓친 핵심 사실을 지적하면서 우리의 권고안에 대해 방어하거나 과소 평가한다. 또한 우리가 처방한 행위들을 이미 시도해 보았고, 실패한 것이라고 말하기도 한다. 의사—환자 양식에서 활동하는 컨설턴트들은 종종 클라이언트를 비난한다. 클라이언트는 자신이 원하는 것을 알지 못한다. 그들 앞에 가져다주어도 진실을 인지하지 못한다. 변화에 저항한다. 실제로는 도움을 원하지 않는다. 이런 어려움을 이해하고, 과정컨설팅모델을 올바르게 이해하기 위한 시작은 의사—환자모델의 암묵적인 가정을 분석하는 것이다.

이 모델의 가장 분명한 난관은 컨설턴트 혼자서 정확한 진단정보를 얻을 수 있다는 가정이다. 아프다고 규정된 조직의 단위는 사실 정확한 진단을 위해 컨설턴트가 필요로 하는 정보를 드러내기를 꺼려할 것이다. 설문조사나 인터뷰에서 체계적 왜곡이 일어날 것이 예상된다. 왜곡의 방향은 조직의 풍토에 의해 좌우된다. 조직의 풍토가 불신과 불안정이라면, 응답자들은 해가 되는 정보를 컨설턴트에게 최대한 숨길 것이다. 이는 반복적으로 보아 온 내부고발자들의 불이익과 같은 보복의 두려움 때문이다. 혹은 응답자들은 인터뷰, 조사, 테스트를 사생활의 침해로 보아서 그들이 생각하는 기대된 혹은 안전한 답변에 근거해서 최소한의 답변이나 왜곡된 답변을 제출한다. 조직의 풍토가 높은 신뢰라면, 응답자들은 컨설턴트와의 만남을 마음에 있는 모든 불만을 제거할 수 있는 기회로 볼 가능성이 높다. 이 경우에 문제를 과장할 가능성이 높다. 어떤 경우이든지 간에 컨설턴트가 개인적으로 부서를 관찰하는 데 많은 시간을 보내지 않는다면, 무슨 일이 일어나고 있는지에 대한 정확한 그림을 얻지 못할 것이다.

이 모델의 또 하나의 난관은 클라이언트가 컨설턴트가 제시한 진단을 믿지 않거나 처방을 수용하지 않는 것이다. 많은 조직은 클라이언트가 이해하지 못하거나 수용하지 않은 컨설턴트의 보고서로 가득 찬 서랍을 갖고 있다. 물론 잘못은 의사가 환자와 공동의 진단기준을 구축하지 못했다는 것이다. 그들은 공동의 실재를 다루지 못한 것이다. 컨설턴트가 진단에서 모든 것을 행하고 클라이언트는 수동적으로 처방만을 기다린다면 의사소통의 간극이 발생하며, 그에 따라 진단과 처방은 클라이언트와의 관련성이 떨어지거나 불쾌한 것이 될 것이다.

　　의료 분야에서 의사는 환자가 자동으로 진단을 수용하거나 처방을 행하지 않는다는 것을 점차 깨닫고 있다. 특히 병과 처방에 대한 가정에서 차이가 있는 다문화의 맥락에서는 이런 현상을 더욱 명확하게 볼 수 있다. 이런 현상은 유방암 치료에서도 증가하고 있다. 종양전문의는 유방절제술, 유방보존술, 화학요법, 방사선요법에 관한 중요한 선택에 환자를 참여시킨다. 유사하게 성형수술, 척추수술에서도 환자의 목적과 자아 이미지가 궁극적으로 수술의 성패를 좌우하는 결정적 변인이다. 의사–환자모델 컨설팅의 의료버전을 수용하려면, 저항과 방어의 분석이 주요 치료 도구가 되는 정신의학모델(psychiatric model)을 더 조사해야 한다.

　　이 모델의 세 번째 난관은 인간체제를 포함한 모든 체제에서 진단 과정 그 자체가 하나의 개입인데, 그 결과가 알려지지 않는다는 점이다. 경영진에게 심리검사를 실시하는 것, 부서를 대상으로 태도에 대한 설문조사를 진행하는 것, 조직의 지각에 대해 구성원을 인터뷰하는 것은 종업원들에게 컨설턴트를 초빙한 이 조직에 무슨 일이 일어나고 있는지에 대한 의문을 갖게 함으로써 영향을 미친다. 컨설턴트가 아무리 무슨 일이 일어날지에 대해 모르는 척 해도 종업원들은 관리자가 곧 조직을 개편하고 종업원을 해고할 것이라는 결론을 내릴 수 있다. 컨설턴트는 검사하거나 설문조사를 할 때 과학적으로 최선을 다하지만, 종업원들은 자신들의 사생활이 침해된다고 느낄 수 있다. 혹은 다른 직원들과 방어적 연합을 형성하여 조직 내의 관계를 변경할 수도 있다. 설문응답의 익명성을 보장하기 위해 설문결과가 중립적 인사에게 메일로 보내질 것이라는 상세한 지침은 역설적으로 조직 내부의 불신을 전제한다. 이것이 설문결과를 통해 보여 줄 자료보다 훨씬 의미 있는 실재일 수 있다.

　　의사–환자모델의 네 번째 난관은 진단과 처방이 타당할지라도 환자는 권고된 변화를 수행할 능력이 없을 수 있다는 점이다. 사실 조직의 맥락에서 이것이 가장 통상적인 문제이다. 종종 외부 컨설턴트에게는 무엇이 행해져야 하는지가 명확하지만, 조직의 문화, 구조, 정치가 권고안의 실행을 방해한다. 많은 경우에 컨설턴트는 권고안이 거부되거나 전복될 때까지 문화적·정치적 힘에 대해 알아차리지 못한다. 그러나 그때는 이미 진정한 도움이 되기에 너무 늦은 상황이다.

다른 말로 하면 의사−환자모델의 작동은 다음의 것에 달려 있다.

1. 클라이언트가 아프거나 혹은 치료가 필요한 사람, 집단, 부서에 대해 얼마나 정확하게 파악하고 있는가?
2. 환자가 정확한 정보를 드러낼 마음이 얼마나 있는가?
3. 환자가 의사가 제시한 진단을 얼마나 믿고 수용하는가, 또 의사가 권고한 처방을 얼마나 수용할 것인가?
4. 진단 과정의 결과가 얼마나 정확하게 이해되고 수용되는가?
5. 클라이언트가 권고된 변화를 일으킬 능력이 있는가?

대안으로서의 과정컨설팅   이와 대조적으로 과정컨설팅은 '공동'의 진단뿐만 아니라 '클라이언트에게 컨설턴트의 진단과 문제해결 기술을 전하는 것'을 강조한다. 컨설턴트는 작업 초기에 조직에 어떤 문제가 있고, 그것이 어떻게 해결될 수 있는지 파악할 수도 있다. 그러나 두 가지 이유에서 자신의 통찰을 성급하게 공유해서는 안 된다. (1) 컨설턴트는 틀릴 수도 있다. 성급해서 틀리게 진단하면, 컨설턴트에 대한 클라이언트의 신뢰를 해쳐서 관계를 손상시킬 수 있다. (2) 설령 옳다고 하더라도 클라이언트는 방어적이거나, 들으려고 하지 않거나, 그가 들은 것을 거부하거나 혹은 컨설턴트가 말한 것을 오해할 수 있다. 그렇게 되면 개선의 노력이 파괴된다.

과정컨설팅의 핵심 가정은 다음과 같다. '클라이언트는 진단 과정을 공유함으로써 스스로 문제를 보는 법을 학습해야 한다. 그리고 치료책을 만드는 데에도 적극적으로 참여해야 한다.' 클라이언트가 참여해야 하는 이유는 진단 과정 그 자체는 하나의 개입이며, 모든 개입은 궁극적으로 클라이언트의 것이자 그의 책임이기 때문이다. 검사와 설문 혹은 인터뷰가 진행될 예정이라면, 클라이언트는 그것을 이해하고 실행하는 결정에 책임을 져야 한다. 클라이언트는 의혹을 가진 부하 직원에게 왜 이것을 하는지, 왜 컨설턴트가 초빙되었는지를 설명할 수 있어야 한다. 만약 그렇게 못하면, 앞에서 제시된 모든 난관이 나타날 것이다.

컨설턴트는 진단을 날카롭게 하고, 클라이언트가 갖지 못한 대안적 치료책을 제시할 수도 있다. 그러나 컨설턴트는 클라이언트가 진단과 치료를 위해 무엇을 할지 결정하도록 격려해야 한다. 다시 한번 말하면 이런 주장에는 컨설턴트가 클라이언트에게 스스로 진단하고 치료하는 법을 가르칠 때 클라이언트는 새로운 문제를 해결하는 데 필요한 기술을 학습할 수 있고, 그를 통해 문제가 보다 영구적으로 해결될 것이라는 가정이 있다.

컨설턴트는 해결해야 할 특정 문제에 대한 전문가일 수도 있고, 그렇지 않을 수도 있다는 점 또한 주목해야 한다. 과정컨설팅 양식을 수용할 때 가장 중요한 요점은 그러한 내용 전문지식(content expertise)보다는 클라이언트를 진단에 참여시키는 기술, 클라이언트의 특수 상황과 고유한 필요에 적합한 치료책을 찾아내도록 돕는 기술이 더 중요하다는 것이다. 컨설턴트는 조력을 제공하고, 클라이언트와의 관계를 형성하는 면에서 전문지식을 보여 주어야 한다. 컨설턴트가 형성해야 할 클라이언트와의 관계는 조력과 의사소통을 가능하게 하는 상호 공유된 실재를 만들어 내는 관계이다. 이 양식으로 작업하는 조직컨설턴트는 마케팅, 재정 혹은 전략의 전문가일 필요는 없다. 문제가 그러한 분야의 것이라면, 컨설턴트는 클라이언트가 전문가 자원을 찾도록 도울 수 있다. 보다 중요하게는 클라이언트가 그러한 전문가들로부터 필요한 도움을 확실히 받기 위해 어떻게 해야 할지를 찾도록 도울 수 있다.

전문지식 구매모델처럼 의사-환자모델도 일상 삶에서 지속적으로 일어난다. 자녀가 수학문제의 해결을 요청할 때, 우리는 즉시 무엇이 문제인지 진단하고 그에 근거해서 행동하려는 강한 유혹에 빠진다. 친구가 영화를 추천해 달라고 할 때, 나는 즉각 친구의 엔터테인먼트 성향을 설정하여 영화를 추천한다. 나의 학생이 연구프로젝트에 대한 참고문헌의 추천을 요청하면, 즉각 나는 그가 필요한 정보를 알고 있다고 생각해서 저서와 논문을 제시한다. 아내가 파티에 어떤 옷을 입고 갈지 물어보면, 나는 즉시 그녀가 해결하려는 문제가 무엇인지 알고 있다고 생각하며 그에 따라 반응하고 조언한다. 조언을 요청받을 때 타인이 당신에게 부여한 권력을 받아들이고 싶은 유혹은 강력하다. 그런 상황에서 잠깐이라도 무슨 일이 일어나고 있는지(실재를 다루는 것) 성찰하고, 의사 역할을 하기 전에 더 알고자 질문하거나 상대방에게 더 말해 달라고 격려하기(당신의 무지에 접근하는 것) 위해서는 특별한 훈련이 필요하다.

컨설턴트가 도움이 되려면 상대방과 컨설턴트 모두 해결하려는 문제가 무엇인지 이해하고, 의사소통의 채널을 형성하는 것이 매우 중요하다. 이 채널을 통해 양자는 서로를 이해하고 함께 효과적으로 문제를 해결할 수 있다. 과정컨설팅의 최종 목적은 공동의 진단과 공동의 문제해결을 가능하게 하는 그러한 의사소통의 채널을 형성하는 것이다.

우리가 '어떻게' 진단하느냐가 클라이언트 체제에 결과를 가져온다는 점이 네 번째의 포괄적인 원리를 보여 준다. '컨설턴트가 행하는 모든 것은 개입'이라는 점을 우리는 명심해야 한다. 순수한 진단은 없다. 많은 컨설팅모델은 진단단계가 있고, 그 다음에 처방을 제안한다고 기술하지만 이는 완전히 실재를 모르는 이야기이다. 진단에 클라이언트 체제와의 접촉이 포함된다면 개입 과정은 이미 시작된 것이다. 그러므로 어떻게 진단할 것인가의 문제는 진단개입이 가져올 결과와 그 결과를 수용할 수 있는지의 관점에서 고려되어야 한다.

원리 4: 네가 행하는 모든 것이 개입이다

모든 상호작용이 진단정보를 드러내듯이, 모든 상호작용은 클라이언트와 컨설턴트 모두에게 결과를 가져온다. 그러므로 내가 행하는 모든 것을 인지해야 하며, 그 결과가 조력관계의 형성이라는 목표에 부합하는지 평가해야 한다.

모델 3. 과정컨설팅모델

과정컨설팅모델 혹은 철학의 주요 가정을 정리해 보려고 한다. 이하의 가정이 항상 견지되는 것은 아닐 수 있다. 그러나 가정들이 견지될 때, 그리고 그러한 가정이 실재를 잘 기술한다고 지각되는 조력 상황에서는 과정컨설팅의 양식으로 접근하는 것이 핵심이다.

1. 관리자, 친구, 동료, 학생, 배우자, 자녀 등과 같은 클라이언트들은 종종 진짜

무엇이 잘못되었는지를 모른다. 그래서 문제가 실제로 무엇인지 진단하는 데 도움이 필요하다. 따라서 오직 그들이 그 문제를 '소유해야' 한다.

2. 클라이언트들은 종종 컨설턴트가 어떤 도움을 제공할 수 있는지를 알지 못한다. 자신들이 어떤 도움을 찾아야 할지 아는 데 도움이 필요하다. 클라이언트들은 조력이론과 조력실제의 전문가는 아니다.

3. 대부분의 클라이언트는 향상시키려는 건설적 의도는 갖지만, 무엇을, 어떻게 향상시킬지 파악하는 데 도움이 필요하다.

4. 대부분의 조직은 관리자와 종업원이 자신들의 강점과 약점을 진단하고 관리하는 법을 학습하면 현재보다 더 효과적일 수 있다. 어떤 조직 형태도 완전하지 않다. 모든 형태의 조직은 약점을 갖고 있고, 그것을 보완할 기제를 찾을 수 있다.

5. 오직 클라이언트만이 궁극적으로 자신들의 조직에서 무엇이 작동할 수 있는지 안다. 컨설턴트는 많은 시간을 두고 철저한 연구나 클라이언트 조직에 실제로 참여해 보지 않고서는 신뢰할 수 있는 새로운 행위 계획을 제시하는 데 요구되는 조직문화에 대해 충분히 학습할 수 없다. 그러므로 그들의 문화에서 무엇이 작동하고, 작동하지 않을지를 알고 있는 조직의 구성원과 함께 만들어 내지 않은 구제책은 잘못되거나 외부인의 것으로 저항에 부딪힐 것이다.

6. 클라이언트들이 스스로 문제를 보는 법을 학습하지 않고 자신의 구제책을 생각해 내지 못한다면, 기꺼이 해결방안을 실행하려고 하지 않을 것이다. 또 그런 문제가 일어났을 때 그것을 고칠 방법에 대해서도 학습하지 못할 것이다. 과정컨설팅 양식은 이에 대한 대안이다. 그러나 그런 대안에 대한 의사결정은 클라이언트의 몫이다. 결국 문제를 가진 사람은 컨설턴트가 아니라 클라이언트이기 때문이다.

7. 과정컨설팅의 궁극적 기능은 진단하는 기술을 전달해서 건설적으로 개입하는 것이다. 그것을 통해 클라이언트들은 계속해서 스스로 조직을 향상시켜 갈 수 있다. 그런 점에서 전문지식 구매모델과 의사-환자모델은 치료모델이지만, 과정컨설팅모델은 치료모델이면서 동시에 예방모델이다. "고기를 주는 대신에 고기 잡는 법을 가르치라"는 격언은 이 모델에 잘 들어맞는다.

이 마지막 요점은 세 모델의 차이를 분명하게 드러낸다. 전문지식 구매모델과 의사−환자모델이 단일순환학습(single-loop learning) 혹은 적응학습(adaptive learning)에 비유될 수 있다면, 과정컨설팅은 이중순환학습(double-loop learning) 혹은 생성학습(generative learning)에 해당한다. 과정컨설팅의 목표는 클라이언트가 학습하는 법(learn how to learn)을 학습하도록 하는 것이다. 전문지식 구매모델과 의사−환자모델은 문제를 고친다. 그러나 과정컨설팅의 목표는 클라이언트 체제의 '학습역량'을 향상시켜서 미래에는 스스로 자신의 문제를 고칠 수 있도록 하는 것이다.[2]

조력의 과정은 '항상 과정컨설팅의 양식으로 시작되어야 한다.' 우리의 무지를 탐색하고 제거하기 전까지는 앞의 가정들이 해당되는지, 전문지식 구매모델 혹은 의사−환자모델로 전환하는 것이 안전하고 바람직한지 모르기 때문이다. 탐색이 시작된 후에 과정컨설팅의 역할에 머물지, 아니면 다른 모델의 역할로 변경할지 결정하는 유용한 방법은 도움을 요청한 사람이 직면한 문제의 속성을 파악하는 것이다.[3] 문제의 정의와 해결책의 성질이 모두 분명하다면, 전문지식 구매모델이 적합할 수 있다. 문제의 정의는 분명하지만 해결책이 분명하지 않다면, 의사는 자신의 기술적 지식을 이용해서 환자의 올바른 적응 반응을 개발해야 한다. 문제도 해결책도 분명하지 않다면, 조력자는 무엇이 일어나고 있는지, 어떤 도움이 필요한지, 그 도움을 성취하는 최선이 무엇인지가 분명해지기까지는 일차적으로 과정컨설팅에 의존해야 한다. 기술적으로 수리할지 아니면 적응적으로 대응할지에 대한 결정은 클라이

---

2) 여기에 사용된 학습용어는 Bateson의 이중학습(deutero-learning)의 개념과 Argyris와 Schön의 단일순환(single-loop), 이중순환(double-loop) 학습의 개념에서 가져온 것이다. 아마도 이에 대한 가장 철저한 고찰은 Michael의 『계획의 학습과 학습의 계획(Learning to Plan and Planning to Learn)』일 것이다. 적응학습과 생성학습의 구분은 Senge가 '역량형성(capacity building)'으로서의 조직학습을 다루는 맥락에서 탐색한 것이다(Argyris & Schön, 1996; Bateson, 1972; Michael, 1997; Senge, 1990).
3) Heifetz는 그의 책인 『쉬운 대답이 없을 때의 지도성(Leadership without Easy Answer)』(1994)에서 '적응적 작업(adaptive work)'을 문제와 해결책이 분명하지 않을 때 지도자와 추종자가 함께하는 어떤 것이라고 규정했다. 과정컨설팅을 지도성의 형태에 비교하는 것은 상황이 복잡할 때 더 적절한 것 같다. "답을 알지 못할 때 권위자는 무엇을 할 수 있는가? 그런 상황에서 권위자는 어려운 질문을 함으로써, 또 사람들의 기대를 그들의 반응능력(response ability)의 개발로 돌림으로써 학습을 유도할 수 있다. …… 권위자는 전문가로서의 역할은 수행하지 못했다. 그러나 그는 과정을 관리하는 것에서는 전문가이다. 그를 통해 문제를 가진 사람들은 그것을 해소했다."(Heifetz, 1994, pp. 84-85).

언트 혹은 학습자가 태도, 가치, 습관을 얼마나 변화시켜야 하는지에 달려 있다.

과정컨설팅의 정의

앞의 가정을 고려하면서 다음과 같이 과정컨설팅을 정의할 수 있다.

과정컨설팅은 클라이언트와의 관계를 창조하는 것이다. 그 관계는 클라이언트의 내외부 환경에서 일어나는 과정의 사건을 클라이언트가 지각하고, 이해하고, 대응하는 것을 가능하게 한다. 목적은 클라이언트에 의해 규정된 상황을 향상시키는 것이다.

과정컨설팅은 우선 클라이언트와 컨설턴트 모두에게 실재를 다룰 수 있게 하는 관계를 형성하는 것이 초점이다. 즉, 컨설턴트의 무지의 영역을 제거하는 것, 컨설턴트의 행동은 항상 하나의 개입이라는 것을 인지하는 것, 클라이언트에게 그들 주위, 내부, 그리고 다른 사람들과의 사이에서 일어나고 있는 것에 대한 통찰을 제공하는 것이다. 그러한 통찰을 바탕으로 과정컨설팅은 클라이언트가 그 상황에 대해 해야 할 것을 찾아내도록 도움을 준다. 그러나 이 모델의 핵심은 클라이언트가 주도성을 유지하도록 도움을 받아야 한다는 철학이다. 클라이언트는 진단과 처방에서 주도성을 견지해야 하다. 규정된 문제를 소유한 유일한 사람, 그들 상황의 진정한 복잡성을 아는 유일한 사람, 그리고 그들의 삶의 문화에서 무엇이 작동할지 아는 유일한 사람은 클라이언트이기 때문이다. 이는 다섯 번째의 포괄적 원리로 기술될 수 있다.

원리 5: 문제와 해결책을 소유한 사람은 클라이언트이다

나의 직무는 클라이언트가 도움을 받을 수 있는 관계를 창조하는 것이다. 클라이언트의 문제를 대신 떠맡거나 내가 살지 않는 상황을 위해 조언과 해결책을 제시하는 것은 나의 직무가 아니다. 사실 문제의 결과와 함께 살아갈 사람은 오직 클라이언트이기 때문에 클라이언트의 등에 붙은 원숭이를 데려와서는 안 된다.

관찰하고, 탐구하고, 학습해야 할 사건은 작업의 평상적 흐름에서, 회의의 진행에서, 조직 구성원 사이의 공식적 혹은 비공식 만남에서, 보다 공식적인 조직 구조에서 일어나는 행위들이다. 특히 유관한 것은 클라이언트의 행동과 그것이 컨설턴트를 포함해서 조직의 다른 사람에게 미치는 영향이다. 상담자와 치료자가 다른 영역에서 찾아냈듯이, 통찰의 가장 강력한 원천은 클라이언트와 컨설턴트의 상호작용과 이 상호작용이 양자에게 불러일으키는 감정이다.[4]

이 모델에 내재된 추가적인 가정은 모든 조직의 문제는 근본적으로 '인간'의 상호작용과 과정을 포함하는 문제라는 것이다. 그것이 아무리 기술적 · 재정적 문제일지라도 그런 기술적 과정의 설계와 실행에는 항상 인간이 포함되어 있다. 기술적인 수정이 필요하다는 초기의 발견에 포함되어 있는 것도 인간이다. 그래서 인간의 과정과 그런 과정을 향상시키는 능력에 대한 철저한 이해가 어떤 조직향상에서도 기본이다. 조직이 공동의 목적을 성취하려는 인간들의 네트워크인 이상 그들 사이에서 일어나는 다양한 종류의 과정들이 존재하기 마련이다. 그러므로 그런 과정들을 진단하고 향상시키는 법을 더 많이 이해할수록 기술적인 문제에 대한 해결책을 찾을 기회가 많아지고, 그런 해결책이 조직의 구성원들에 의해 수용되고 사용될 가능성이 높아질 것이다.

◗

요약, 함의 그리고 결론

과정컨설팅은 단순하고 명확하게 기술하기 어려운 개념이다. 그것은 컨설턴트가 클라이언트와의 관계에서 특정한 태도를 취하도록 이끄는 조력 과정에 대한 하나의 철학 혹은 일련의 근본적인 가정들이다. 과정컨설팅은 컨설턴트에게 주어진 어떤

---

4) 나는 게슈탈트(Gestalt) 학파에 영향을 받았다. 나의 첫 훈련자는 Richard Wallen이었는데, 나의 내면을 관찰하는 것에 대해 많은 가르침을 주었다. 결과적으로 나는 Ed Nevis에게 큰 영향을 받았는데, 그는 게슈탈트의 원리를 조직컨설팅에 적용했다(Nevis, 1987). 나의 대학원 때의 훈련과 초기 경력은 Kurt Lewin의 작업과 Köhler, Koffka와 같은 게슈탈트심리학자들의 작업에 강한 영향을 받았다.

상황에서도 선택할 수 있는 하나의 작동 양식이다. 이 양식은 특히 만남의 초기에 필수적이다. 이 양식은 클라이언트가 진정 원하는 것이 무엇인지, 또 조력자의 어떤 행동이 도움이 될지를 가장 잘 드러낼 수 있기 때문이다. 클라이언트가 원하는 것이 단순한 정보 혹은 조언이고, 컨설턴트가 관련 정보와 조언을 갖고 있으면 컨설턴트는 안전하게 전문지식 제공 혹은 의사 역할을 수행할 수 있다. 그러나 컨설턴트가 전문가 양식으로 전환할 때에도 컨설턴트는 그 전환이 가져오는 가정과 클라이언트를 컨설턴트에게 의존하게 부추기는 그것의 결과를 인지하고 있어야 한다. 또한 컨설턴트는 클라이언트의 문제를 자신의 것으로 가져오지 않도록 주의해야 한다.

컨설턴트가 가져야 할 전문성은 일정 기간 무슨 일이 일어나고 있는지를 감지하고, 그 상황에 가장 적합한 조력 양식을 선택해서 조력관계를 형성하는 것이다. "어떤 모델도 항상 사용되지는 않을 것이다. 그러나 주어진 어느 시점에서 컨설턴트는 모델 중에 어느 하나의 모델로 작업해야 한다." 경험이 많은 컨설턴트는 변화하는 상황의 역학에 따라 자주 역할을 바꾸고 있다는 것을 알 수 있다. 그래서 우리는 "과정컨설턴트"라는 개념은 피하고, "과정컨설팅"이라는 개념을 더 많이 생각해 보아야 한다. 이 개념은 과정컨설팅을 모든 컨설턴트, 실제로는 모든 인간이 특정한 순간에 적절한 도움을 찾으려는 역동적 과정으로 본다.

오늘날의 조직 분야와 과정컨설팅의 관련성은 증가하고 있지만, 이 양식이 친구, 배우자, 자녀, 그리고 때때로 우리의 도움을 요청하는 사람들과의 일상적 관계에 어떻게 적용될 수 있는지 아는 것도 중요하다. 궁극적으로 여기서 기술되는 것은 조력 과정의 철학이고 방법론이며, 그것이 어떻게 조직개발과 학습에 연관되는지를 보여주려는 시도이다. 이 철학의 핵심에는 일련의 작동원리가 있다. 전체는 10개의 원리인데, 지금까지 다섯 개의 원리가 파악되고 논의되었다.

1. 항상 도움이 되도록 시도하라.
2. 항상 현재의 실재와 접촉을 유지하라.
3. 너의 무지에 접근하라.
4. 네가 행하는 모든 것이 개입이다.

5. 문제와 해결책을 소유한 사람은 클라이언트이다.

컨설턴트/조력자가 지속적으로 이 원리들을 작동할 수 있다면 언제 정보를 제공하고, 의사 역할을 하고, 과정컨설턴트의 역할을 유지할지의 문제는 자연스럽게 정리된다. 그러나 무지에 접근하고 실재를 다루는 것은 쉽지 않다. 이것은 개념적 모델, 훈련, 그리고 경험에 기반한 통찰이 요구되고, 학습되어야 할 기술들이다. 이 책의 나머지 부분에서는 컨설턴트/조력자가 직면하는 실재를 이해하는 데 도움이 될 간단한 개념적 모델에 초점을 맞추려고 한다.

사례 예시

사례는 여러 방식으로 활용될 수 있다. 때로 설명과 긴 사례가 구체적 예시를 위해 삽입될 것이다. 때로는 각 장의 말미에 제시될 수도 있는데, 이는 실천지향적 독자가 사례를 더 깊게 탐구할 기회를 제공하기 위해서이다. 일반적 자료가 명확하다면 사례를 건너뛸 수도 있다.

사례 1   The International Oil의 연례회의를 설계하고 참여하기

이 사례는 과정컨설팅 양식을 유지하기 위한 전술적 복잡성을 설명하고, 다른 양식과의 차이를 명확하게 밝히려는 의도로 제시되었다. 독자는 또한 사례의 내용이 과정이 진짜 무엇을 의미하는지를 설명하고 있다는 것을 주목해야 한다. 여기에서 개입은 집단이 작업했던 실제의 내용이 아니라 그것이 어떻게 이루어졌는지에 대해 거의 배타적으로 다루고 있다.

사례의 기관은 정유화학 분야의 회사로, 유럽에 본사가 있는 큰 규모의 다국적 기업이다. 나는 기업경영개발집단의 인사들을 알고 있었고, 몇 년 전에 MIT 경영자과정에서 고위경영자인 Steve Sprague를 만났다. 몇몇 고위경영자가 그들의 기업문화와 또 그 문화가 미래의 전략적 실재에 적합할지의 여부를 알고 싶어 해서 나는 참여하게 되었다. 여러 명의 기업경영개발진 인사들은 내가 최근에 조직문화에 대한 책과 논문을 출판한 것을 알고 있었다.

　나는 회사 직원의 전화를 받았다. 그는 40명의 최고경영자들의 3일간의 연례회의를 설계하는 데 도움을 준 사람이었다. 제안은 이틀간 회사로 와서 내부 회의에 참석하고, 자신들의 문화에 대한 피드백 차원에서 참석한 내부 회의를 활용해서 문화에 대해 강연해 달라는 것이었다. 나는 회의의 시작과 끝까지 적극적으로 관여하지는 않았다. 일차적으로 이 프로젝트는 2일차 회의에서 이루어질 교육적 개입이었기 때문이다. 이 교육적 개입의 명시적 목적은 경영진에게 공식적 자료를 제공하는 것이었지만, 암시적 목적은 경영진이 자신들의 문화와 그 결과에 대해 실제적으로 생각해 보도록 하는 것이었다.

　나는 이 회사에 관심이 있었고, 여러 회사의 문화를 학습하고 싶었기 때문에 이것은 이상적인 만남처럼 여겨졌다. 나는 애초에 제안된 계약을 수락했고, 이후 부사장으로 승진한 Sprague가 나에게 회의에 대해 추가적으로 설명할 것이라는 말을 들었다. 우리의 만남은 그의 미국 뉴욕 출장 때로 약속했고, Sprague는 그 시점부터 나의 평소 요금에 따라 시간당 비용이 청구된다는 것에 동의했다.

　나와의 만남에서 Sprague는 회사의 전략적 상황에 대해 길게 이야기했다. 그는 연례회의에서 회사가 시작한 방향이 아직도 괜찮은지, 좀 늦추어야 하는지 아니면 더 속도를 내야 할지, 결정된 것에 대해 어떻게 최고경영자의 헌신을 이끌어 낼 수 있을지를 검토하는 것이 핵심이라고 말했다. 나는 이때 Sprague가 3일간의 연례회의의 전체 설계에 책임이 있으며, 그는 나에게 브리핑뿐만 아니라 전체 설계를 함께 검토하기를 원한다는 것을 알게 되었다.

　첫 전화는 문화에 대한 나의 강연에 초점이 있었다. Sprague는 나에게 연례회의의 설계를 돕는 자원전문가가 되기를 요청했고, 스스로가 일차 클라이언트(primary client)가 되었다. 나의 역할이 과정컨설턴트에서 설계전문가로 바뀌고 있음을 알았다. 우리는 회의의 설계에 대해 논의했고, 그것은 명백히 내가 그보다 더 많이 알고 있는 주제였다. 그와 나는 이 역할의 전환을 이해했고, 그것을 분명히 했다.

　우리는 Sprague가 가진 목적의 관점에서 회의의 각 요소에 대한 설계를 검토했고, 회의의 진행과정에서 내가 과정컨설턴트로 기능하는 것이 도움이 될 것이라는 생각을 갖게 되었다. 나의 일정상 회의 전체에 참석하는 것이 가능해서 Sprague는 나의 동의하에 나에게 전체 회의 동안에 여러 역할을 맡기기로 결정했다. 나는 회의 초기에 문화와 전략에 대해 짧게 강의하고, 앞으로 진행될 회의에서 이 주제가 서로 어떻게 관련되어 있는지를 검토할 것이다. 회의 2일차에 문화에 대한 나의 시간이 있고, 더 중요한 것은 회의 3일차에 강의를 진행하는 것이다. 이 동안에 전체 집단은 미래의 전략적 선택에 대해 의견일치의 영역을 도출해야 한다.

　이 의견일치의 영역은 경영전략을 다룰 것이다. 내부의 어떤 인사보다도 내가 그 의견일치를 검증하는 것이 훨씬 쉬울 수 있다. 그것은 또한 회장을 옹호자의 역할에서 자유롭게 할 수 있다. 그래서 내가 의견일치 검증자의 역할을 수행하는 것이 좋겠다고 동의했다. 나는 외부자가 그런 역할을 수행하는 것을 회장이 수용할 것이라는 점을 알 정도로 Sprague가 회장의 성격을 잘 알고 있을 것으로 판단했다. 논의에 대한 Sprague의 통찰은 그가 쟁점에 대해 잘 파악하고 있고, 조직의 풍토에 대해 잘 알고 있다는 것을 확신하게 했다. 어쨌든 회장을 만날 기회가 없었기에 나는 믿음만으로 이 역할을 수용해야 했다.

나는 계획대로 3일 동안 참여했다. 회장은 내가 과정에 대해 외부 자원가로 참석한 것을 편안해 했다. 나의 참여가 그로 하여금 집단이 씨름하고 있는 내용, 전략적 쟁점에 더 초점을 맞출 수 있도록 했다고 느꼈기 때문이다. 회장은 이전 회의에서는 의장뿐만 아니라 컨설턴트의 역할도 수행했기 때문에 이번에는 그때와 다르게 어느 정도 자유를 느꼈다. 그는 다른 임원진에게 나의 역할을 설명했고, 내가 여러 역할을 수행하도록 자신이 결정했다고 말해 주었다.

나의 적극적 개입은 작업 과정에 초점이 맞추어져 있었다. 예를 들면, 나는 종종 쟁점을 명확하게 하려고 시도했다. 내가 들었다고 생각한 것을 다시 진술하고, 질문을 명료하게 할 것을 요구하고, 목적을 재진술하고, 어느 정도 이루어진 결론에 대해 의견일치를 검증하고, 의견일치의 영역을 요약하였다. 문화에 대해 피드백할 때는 기본적인 가정으로서 문화에 대한 공식적 정의와 설명을 제공했다. 그러나 내용에 대해서는 집단에게 요구했다. 집단의 몇몇 사람들은 그들의 문화에 대한 나의 인식과 평가를 직접적으로 물었지만, 과거의 경험에 비추어 볼 때 이런 상황에서는 아직 분석 중이라고 답변하는 것이 최선이다. 설령 기술적으로 올바른 답변을 제공할지라도, 그 답변은 방어나 거부를 가져올 수 있다. 나는 오직 내부자만이 문화의 핵심 가정을 이해할 수 있다는 점을 계속 강조했고, 질문에 답하도록 집단의 구성원들을 초대했다.

마지막 날에 나는 지금까지 다루어 왔던 논의영역을 구조화하고, 집단에게 결론을 진술하도록 하고, 그것을 모든 사람에게 분명히 하기 위해 플립차트에 써 놓았다. 나의 이 투명한 역할은 회장이 자신의 공식적 권한을 다른 사람의 결론을 무시하는 데 쓰지 않고, 자신의 결론을 적극적으로 개진하는 것을 가능하게 했다. 3일 동안 경청한 것을 토대로 많은 쟁점을 날카롭게 했고, 집단으로 하여금 참여자들이 명료하게 밝혀지는 것을 꺼려 하는 영역에 도전하도록 했다. 이 역할에서 나는 부분적으로 과정컨설턴트였고, 또 부분적으로는 결론에 대해 간간히 논평하는 경영전문가였다.

예를 들면, 집단은 사업부서의 분산에 대해 논의했다. 그렇게 되면 현재 서로 다른 지역에 기반을 두고 있는 부서로부터 권력을 빼앗게 된다. 사업부의 본사가 모든 거점 도시에 있다면 그것을 진짜 집권적이면서도 분권적이라고 할 수 있을 것이다. 나는 이것이 다른 정책에 주는 함의, 예를 들면 부문적 혹은 지리적 경계에 있는 사람들의 이동 등에 대해 지적했다.

이벤트는 성공적으로 끝이 났고, 몇 달 후에 결과를 다시 보기로 결정되었다. 나는 결과를 검토하기 위해 Sprague를 만났고, 그와 회장은 자신들의 기대대로 되었다고 생각한다는 것을 알게 되었다. 그들은 나를 외부의 자원인사로 초빙한 것이 과정과 결과에서 모두 도움이 되었다고 느끼는 듯 했다.

교훈   컨설턴트는 주어진 순간의 실재에 가장 적합한 양식으로 작업할 준비가 되어 있어야 한다. 클라이언트와의 관계의 초기에는 컨설턴트는 과정컨설팅의 양식으로 출발해야 한다. 그것을 통해 클라이언트의 실재가 무엇이고, 그 실재를 다루기 위해 적합한 컨설턴트의 기술이 무엇인지 찾아내야 한다. 새로운 역할은 관계가 전개되고 클라이언트 체제가 변함에 따라 같이 변할 것이다. 진단과 개입은 전적으로 서로 얽혀 있다.

> **사례 2**   Ellison Manufacturing의 팀빌딩의 연기

이 사례는 과정컨설팅의 여러 요소를 설명하기 위해 선택되었다. 여기서는 다음의 상황에 어떻게 이르게 되었는지에 대해서는 자세히 말하지 않겠다. 대신에 나는 과정에 대한 공동 소유, 클라이언트가 문제를 소유하는 것, 가장 순수한 탐구일지라도 우리가 행하는 모든 것은 그 결과가 알려지지 않은 하나의 개입이라는 것, 그리고 우리의 무지에 접근하고 실재를 다루는 것의 중요성을 강조하고 싶다.

나는 몇 달간 지역 공장의 관리자와 일대일의 상담관계하에서 작업했다. 그는 공장에서 관리자들 사이에, 그리고 노사 사이에 신뢰를 형성하는 전략을 고민하고 있었다. 몇 번의 월간 회의 후에 그는 논리적으로 다음 단계는 고위관리자(그의 직속 부하 직원)를 하나의 팀으로 형성하는 2일간의 회의를 갖는 것이라고 결정했다. 그와 나, 그리고 조직개발 고문은 점심을 같이하면서 2일간의 회의를 설계하고, 그 회의에 내가 어떻게 참여할지 계획을 세우기로 했다.

점심을 시작하면서 나는 사태와 사람들에 대한 일반적 정보가 필요하다고 생각했다. 그래서 누가 실제로 회의에 참석하는지, 그들의 역할은 무엇인지를 질문하였다. (이 질문은 나의 무지에 접근하라는 것이 무엇을 의미하는지를 보여 주는 예시이다. 회의에 누가 참석하고, 그

들의 역할이 무엇인지 알지 못하면 계획을 도와줄 수 없다) 공장관리자는 명단에 세 번째 이름을 적으려다가 다음과 같이 얼버무렸다. "Joe는 재무담당자인데, 그가 해낼지 확신하지 못하겠다. 그의 능력에 대해 의구심이 있어서 그 자리에 계속 있게 할지 아니면 다른 곳으로 보낼지 아직 결정하지 못했다." 그래서 나는 집단 중에 아직 유보적인 사람이 더 있냐고 물어보았다. 그는 자신을 증명하지 못한 사람이 하나 더 있고, 아마 그는 끝까지 팀에 있지 못할 것이라고 말했다.

이 지점에서 점심을 같이한 우리 세 명 모두에게 같은 생각이 떠올랐고, 공장관리자가 그것을 다음과 같이 정리했다. "팀원 중 두 사람의 맴버십을 확신하지 못하는 상황에서 팀빌딩 시간을 가져야 하는지 의문이다." 나는 만약 우리가 계속 진행하고 나중에 그들을 해고한다면 어떤 일이 벌어질지를 공장관리자에게 물었다. 그는 이것이 팀빌딩에 해를 끼칠 것이며, 그가 확신하지 못하는 두 사람에게도 공평하지 않다고 결정했다.

경계에 있는 사람들에 대해 결정하기 전에 팀빌딩 시간을 갖는 것의 장점과 단점을 논의한 후, 그가 결정을 내릴 때까지 회의를 연기하기로 했다. 우리 모두는 이 쟁점이 너무 늦지 않게 표면화된 것에 대해 안도의 한숨을 쉬었다.

교훈   결정적 정보가 순수한 질문에 대한 반응으로 나왔다. 탐구 과정은 공장관리자로 하여금 쟁점에 대한 그의 생각에 근거해서 팀빌딩의 연기라는 결론에 도달하도록 했다. 당분간 팀빌딩을 연기하자는 결정이 있었지만, 공장관리자는 그 점심을 가장 도움이 되는 개입으로 인식하고 있다.

사례 3   **글로벌 전기회사에서의 불필요한 경영회의**

현재의, 그리고 드러나는 실재를 다룬다는 것은 컨설턴트가 무엇인가를 하기보다는 하지 말아야 할 준비가 되어 있어야 한다는 것을 의미한다. 이 사례는 클라이언트 체제에서 무슨 일이 일어나고 있는지를 고려할 때 서비스 판매 측면에서 생각하는 것이 얼마나 쓸모없는지를 보여 준다.

나는 스위스의 다국적 조직의 연례 경영컨퍼런스에 참석해서 의장이 고위경영위원회를 개발하는 것을 도와달라는 요청을 받았다. 부서들이 너무 분리된 방식으로 운영되고 있는데, 나의 교육적 투입을 구실로 소집단들이 규칙적으로 모일 수 있다면 이 집단이 점차 사업문제를 다룰 수 있다고 보았다.

접촉 클라이언트(contact client)는 경영관리개발 및 훈련부서의 책임자였는데, 그는 몇 번의 만남 동안에 회사의 상황에 대해 브리핑하였다. 그들은 자율적인 부서관리자 회의를 출발시킬 수단이 절실히 필요했다. 그러나 그들은 회의를 위한 구실(즉, 계획된 세미나)과 촉진자가 되어 줄 외부자가 없다면 회의가 작동하지 않을 것이라고 느꼈다. 그래서 실제 목적은 보다 협력적인 관리팀을 형성하는 것이었고, 교육적 개입이 성사되었다.

우리의 계획이 진행되어 몇 달 후로 날짜를 정한 후에 유럽 본부에서 프로젝트의 세부 내용을 논의하기 위해 의장을 만나기로 했다. 의장과의 만남에서 다른 쟁점이 등장했다. 그는 핵심 부서장 두 명이 항상 싸우고, 서로 폄훼하는 것을 걱정했다. 한 사람은 너무 지배적이고, 다른 사람은 너무 복종적이다. 그가 원하는 것은 그 둘을 집단 상황에 놓이게 해서 피드백을 통해 둘의 약점을 '교정'할 수 있게 하는 것이다. 나는 집단의 가능성이 이것을 가져올 것이라는 데 회의적이었지만, 그는 천천히 갈 준비가 되어 있었다. 우리는 스위스-독일 회사에서 잘 작동했던 경력 닻(career anchors)과 서로 다른 경영방식을 다루는 세미나가 이 조직의 요구에 부응할 것이라고 결정했다(Schein, 1985).

세미나가 있기 두 달 전에 접촉 클라이언트로부터 너무 미안하지만 세미나가 취소되었고, 나중에 설명하겠다는 연락을 받았다. 나는 잃어버린 나의 시간에 대한 비용을 청구했고, 그들은 이후 세미나를 개최할지의 여부에 대해 알지 못했다. 나는 스위스 회사의 사람들을 잘 아는 다른 클라이언트를 만났을 때 업계의 화제가 된 스위스 회사의 모험을 들으면서 실제 무슨 일이 일어났는지에 대해 알게 되었다.

의장은 '약한' 관리자에게 너무 화가 나서 그를 교체했고, 그 교체와 함께 세미나를 고려했던 가장 어려운 난관이 사라져 버렸다고 들었다. 나는 또한 나와 의장 간의 긴 면담이 부분적으로 그런 결정을 촉진했다는 것을 접촉 클라이언트로부터 알게 되었다. 우리의 만남이 의장으로 하여금 그가 왜 무엇을 하고 있는지 주의 깊게 다시 생각하게 했다. 그는 집단이 할 수 있는지에 대한 나의 의혹에 주목했고, 그것을 통해 다른 치료 과정을 선택했다.

교훈   컨설팅 과정은 간단했고, 시작도 하기 전에 종료된 것처럼 보이지만, 교육적 개입을 계획하는 동안의 개입이 의장의 통찰을 이끌어 내었다. 그 통찰은 의장으로 하여금 더 적절하다고 생각한 다른 방법으로 문제를 해결하게 했다. 컨설턴트는 종종 어떤 개입이 클라이언트가 요구하는 조력을 만들어 내는 데 결정적일지 알 수 없다. 그러나 이 사례에서는 집단에 대한 나의 전문지식과 집단이 과연 핵심 인사

사이의 인간 간 갈등을 해결할 수 있을지에 대한 문제제기가 결정적이었다.

결론: 컨설턴트 역할의 복잡성

앞의 예시들이 설명하고 있는 것은 클라이언트의 역동적인 상황에서 부상하는 실재를 규정하는 것, 그리고 새로운 자료가 나타남에 따라 전환해야 하는 역할의 필요성을 규정하는 것이 어렵다는 점이다. 클라이언트가 예측할 수 없는 방식으로 전환될 뿐만 아니라 각 개입마다 무엇이 도움이 될지를 바꾸게 하는 새로운 자료가 드러난다. 컨설턴트는 종종 전문가 양식으로 전환해야 하지만, 그러고 나서 다시 자연스럽게 과정컨설턴트 양식으로 돌아올 수 있어야 한다.

컨설팅 과정에 대한 많은 기술은 처음부터 명확하게 조율된 계약의 필요성을 강조한다. 그러나 나는 계약의 본질과 내가 계약해야 하는 클라이언트가 계속해서 변한다고 생각한다. 그래서 계약은 사실 컨설팅이 시작되기 전에 먼저 하는 일이 아니라 되풀이되는 과정이다.

컨설턴트는 많은 모델에서 주장하듯이, 클라이언트가 정확하게 누구인지를 명확히 해야 한다. 나에게 전화하거나 방문한 접촉 클라이언트가 누구인지는 항상 분명하다. 그러나 접촉 클라이언트와 작업을 시작하고 다음 단계를 규정한 이후에는 클라이언트의 근거지는 예측할 수 없는 방식으로 확장되기 시작한다.

연습 1 ┃ 어떻게 조력하고 있는지 성찰하기

이 연습의 목적은 당신에게 조력자의 역할이 맡겨졌을 때 수행할 수 있는 서로 다른 역할의 가능성을 인식시키는 것이다. 혼자서는 1, 2, 6 단계를 해 볼 수 있다(20분). 혹시 워크숍이라면 파트너와 함께 모든 단계를 해 볼 수 있다(1시간).

1. 최근 몇 일간을 되돌아보고, 누군가 당신의 조력 혹은 조언을 요청한 두세 순

간을 선정하라.

2. 대화를 마음속에 떠올리고, 조력의 요청에 대응해서 당신은 어떤 역할을 취했는지 생각해 보자. 다른 사람이 원하는 것은 무엇이었는가? 당신은 어떻게 반응했는가? 당신이 반응했던 것과 다르게 반응할 수 있었는가? 당신의 반응은 기술된 컨설팅의 모델, 즉 전문지식 구매, 의사-환자, 과정컨설팅 중 어느 하나에 분명하게 해당하는가?

3. 워크숍이라면 다른 사람과 짝을 이루어서 당신의 사례를 다시 이야기하고, 상대방이 당신의 행동에서 관찰한 바를 말하게 하라.

4. 당신의 이야기에 대한 그들의 반응을 분석하라. 그들이 당신의 이야기에 반응해서 취한 역할이 무엇인지, 그리고 당신은 그것에 대해 어떻게 대응했는지의 관점에서 분석하라.

5. 역할을 바꾸어서 당신이 파트너의 이야기에 반응하라. 그리고 나서 당신은 어떻게 반응했는지, 그리고 그것이 당신의 파트너에게 어떤 대응을 가져왔는지 분석하라.

6. 누군가 당신에게 조력을 요청했을 때 자연스럽고 자동적으로 취하는 역할이 무엇인지 생각해 보라. 그리고 그 상황으로 다시 돌아갔을 때 그런 역할이 적절한지 당신 자신에게 질문하라. 당신이 학습해야 할 다른 역할이 있는가?

제2장
조력관계의 심리역학

　사전적으로 컨설팅은 '조언 혹은 전문적 상담의 요청'으로 정의된다. 이는 제1장에서 기술된 전문지식 구매모델이나 의사－환자모델에 잘 부합한다. 하나의 철학으로서 과정컨설팅은 조언이나 상담요청의 근본적인 목적이 지각된 문제에 대해 도움을 얻는 것임을 알고 있다. 우리는 혼자 해결할 수 없는 문제를 해결하기 위해 상담을 요청한다. 그리고 그 상담이나 조언이 도움이 되기를 기대한다. 그러나 경험을 통해 알고 있듯이 조언과 상담은 종종 도움이 되지 못하고, 오히려 도움을 요청한 사람의 저항이나 방어로 끝난다. 이 저항을 이해하기 위해서는 조력관계의 심리역학(the psychodynamics of the helping relationship)을 조사하고, 조력의 성공을 위해 충족시켜야 할 조건이 무엇인지 탐색해야 한다.

　조력관계는 주는 자와 받는 자, 교사와 학생, 친구 사이, 부부 사이 그리고 상사와 부하 직원 사이에 형성되는 다른 관계들과 구분되어야 한다. 각 관계에서 조력이 여러 논점 중의 하나가 될 수도 있지만, 사람들 사이의 상호작용에는 조력 이외에 다른 교환이 포함되어 있다.

　이 영역을 분류하는 방법은 조력자와 '클라이언트'로 불리는 조력을 받는 사람 사이의 명시적·암시적 심리적 계약(psychological contract)을 조사하는 것이다. 두 당사자는 무엇을 주고받기를 기대하는가? 교환이 성공적으로 일어나기 위해 충족되어야 할 심리적 조건은 무엇인가? 예를 들면, 조력관계가 작동하기 위해서는 상호 신뢰, 상호 수용, 상호 존중이 필요할 수 있다. 이것이 맞다면, 어떻게 이 조건을 성취할 수 있는가? 첫 단계는 한 사람이 다른 사람에게 '조력'을 요청할 때 작동되는 심리적 힘을 명확하게 이해하는 것이다.

조력관계의 초기 지위의 불균형

많은 문화는 자립성을 강조하고, 자신의 문제를 스스로 해결하는 것에 가치를 둔다. 특히 서구와 같은 경쟁과 개인주의의 사회에서는 도움을 요청하고, 일시적이나마 다른 사람에게 의존하는 것은 사실상 무능 혹은 실패를 자백하는 것이다. 조력관계가 시작될 때 두 당사자는 기울어진 혹은 불균형의 관계에 있다. 도움을 주는 사람은 '우쭐해지고(one-up)', 도움을 요청하는 사람은 '자기를 비하(one-down)'하게 된다. 이 자기비하감 때문에 클라이언트는 의식적 혹은 무의식적으로 관계를 평형화시키거나 '수준'을 맞추기 위해 여러 형태로 반응할 것임을 예측할 수 있다.[1]

클라이언트의 감정과 반응

1. '분개와 방어(반의존성)': 분개와 방어가 클라이언트에게서 표출된다. 컨설턴트의 조언을 무시하고, 그의 사실에 도전하고, 그를 끌어내려서 나쁘게 보이게 할 기회를 찾아 다시 동등함을 되찾으려고 한다.

"_____ 때문에 당신의 생각대로 되지 않을 것이다."
"나도 벌써 그 생각을 했는데, 잘되지 않았다."
"당신은 진정 이해하지 못하고 있다. 상황은 훨씬 더 복잡하다."

---

1) 이 주제는 심리분석 지향적인 컨설턴트에게 더 관련되어 있고, 그래서 세밀하게 기술되어 왔다. 이 영역에서는 Hirschhorn(1988, 1991)의 작업이 가장 도움이 된다. 심리분석의 관점에 대한 탁월한 정리는 Jean Neumann의 국제컨설팅컨퍼런스(Procedings of the International Consulting Conference, 1994)의 기고문에서 찾아볼 수 있다.

2. '구원': 마침내 도움을 줄 수 있는 사람과 문제와 좌절을 공유한다.

"이 문제를 공유하게 되어 진짜 기쁘다."

"누군가가 도움을 줄 수 있다는 것을 알게 되어 기분이 좋다."

"내가 무슨 일을 겪고 있는지 당신이 진정으로 이해해서 매우 기쁘다."

3. '의존과 종속': 우선적으로 확신, 조언, 지원을 구한다.

"이제 내가 무엇을 해야 할까요?"

"내가 계획하는 것은 _____이다. 이것이 옳다는 것에 동의하나요?"

"누군가 내가 무엇을 해야 하는지 조언해 줄 수 있어 기쁘다."

4. '전이': 과거 조력자와의 경험에 근거해서 현재의 컨설턴트에게 지각과 감정을 전이한다. 전이는 앞의 반응의 어떤 것으로도 나타날 수 있다. 그러나 초기에는 컨설턴트도, 클라이언트도 인식하지 못하는 보다 심층적이고 무의식적인 투사에 근거한다. 예를 들면, 컨설턴트는 친근한 혹은 친근하지 않은 부모로 지각되거나 과거의 사랑스러운 혹은 증오하는 교사와 같은 사람으로 지각될 수 있다.

비하감은 자기 지각뿐만 아니라 조직의 다른 사람들과의 관계에서 보다 강하게 느끼게 된다. 많은 회사에서 컨설턴트에게 조력을 요청한다는 것은 자신의 일을 할 수 없다는 것과 같은 의미로 받아들인다. 5년간 컨설턴트로 일한 유럽의 회사에서 분기별로 방문하여 종종 임원식당에서 점심을 먹은 적이 있다. 거기에서 여러 프로젝트에서 같이 일했던 몇몇 임원을 마주쳤는데, 그들은 내 눈을 피하고 나를 모르는 사람처럼 빠르게 지나갔다. 당시 나와 식사를 했던 직원이 그들은 나와 함께 일했다는 것을 회사의 동료들에게 들키기를 원치 않는다고 말했다. 왜냐하면 그것이 알려지면 지위를 상실할 것으로 생각하기 때문이다. 이는 마치 심리치료실에서 치료를 받고 나가는 사람과 치료를 받기 위해 대기 중인 사람 사이의 당혹스러움과 같은 느낌이다. 그래서 어떤 심리치료사는 환자의 사적인 보호를 위해 입구와 출구를 따로 두어 서로 만나지 않게 만들었다.

조력자의 감정과 반응

클라이언트의 감정인 분개, 구원, 편안함, 의존성은 '컨설턴트로 하여금 클라이언트가 제공하는 높아진 지위감, 권력 지위를 받아들이라는 유혹'과 같다. 컨설턴트의 우월감은 몇 가지 감정과 행동을 이끌 수 있다.

1. '권력과 권위'의 사용: '덜 익은' 지혜를 제공하고, 클라이언트를 더 아래로 밀어 버린다.

"간단합니다. 다음의 ＿＿＿＿대로 하세요."
"당신은 정말 문제가 없습니다. 그와 같은 상황에서 내가 어떻게 했는지 말해 줄 게요. 정말 힘든 일이었어요."
"당신에게 줄 해답이 있어요. 나는 그런 상황을 많이 겪어 봤어요."

2. '의존성을 수용하고, 과장하는 것': 심지어 적절하지 않을 수 있는데도 지원하고 확신을 준다.

"아, 안 됐군요. 진정 유감입니다. 그것은 정말 힘든 일이에요."
"매우 딱하게 되었네요. 당신에게 의미 있는 것을 하세요."
"당신의 계획이 잘 이루어지리라 확신합니다. 만약 이루어지지 않는다면 그건 당신의 잘못이 아니에요."

3. '더 강한 압박으로 방어에 맞선다.'

"당신은 나의 제안을 이해하지 못했네요. 진짜 무엇인지 설명해 줄게요."

"당신은 해 보기를 꺼려 하는군요. 자, 나의 제안을 왜 받아들여야 하는지 설명해 줄게요."

"당신은 나의 말에 귀 기울지 않는군요. 이것은 이루어질 것입니다. 나를 믿으세요. 시도해 보세요."

4. '관계의 입경에 저항': 왜냐하면 우월감의 권력 지위를 포기하는 것은 컨설턴트에게 영향을 수용하고, 상황에 대한 지각을 변화시킬 것을 요구하기 때문이다.

"음, 어떻게 도움을 주어야 할지 진짜 모르겠지만 _____을 해 보십시오."

"_____을 시도해 보십시오. 만약 도움이 되지 않으면 우리 다시 일정을 잡읍시다. 난 시간이 별로 없어요."

"_____와 이것에 대해 얘기해 본 적이 있나요? 그가 도울 수 있을지도 몰라요."

5. '역전이(counter-transference) 혹은 투사'

조력자가 과거의 컨설턴트/클라이언트 관계에 있었던 지각과 감정을 클라이언트에게 투사한다. 클라이언트가 과거 관계의 사람과 닮을 수 있는데, 이것이 조력자로 하여금 무의식적으로 그가 과거의 클라이언트에게 했던 방식으로 현재의 클라이언트에게 대응하도록 만든다.

조력자는 많은 심리적 성향과 문화적 고정관념을 가지고 관계에 들어선다. 조력을 요청받는 것은 그 자체로 엄청난 권력이 부여되는 상황이다. 클라이언트는 조력자에게 조력의 역량, 전문적 지식, 그 상황을 이용하지 않는다는 책임감, 조력의 대가가 주어질 때 가치 있는 것을 전달하는 능력을 부여한다. 동시에 조력자는 스스로 인식한 조력이 도움이 되는 것으로 받아들여지지 않을 때 실망하고, 클라이언트가 원하는 것보다 훨씬 더 많은 것을 줄 수 있다고 자신을 인식하기 때문에 좌절을 느낄 수 있다. 컨설턴트, 특히 조직의 내부 컨설턴트에게는 일상적인 상황인데, 자신

은 조력자로 이용될 수 있는 데 아무도 찾아오지 않아서 종종 좌절을 느낀다. 그러
다가 누군가 조력을 요청하면 큰 안도감에 휩싸여 과도하게 상황에 작용하여 필요
한 혹은 요구된 '조력' 이상을 제공한다.

관계가 전개되면서 조력자는 종종 클라이언트가 인식하기에는 너무 이른 시기에
해결책을 떠올린다. 더 나쁜 상황은 조력자가 클라이언트는 진짜 멍청하고 엉망이
며 명백한 것도 보지 못하고 메시지를 받지 못한다고 느끼는 것이다. 이렇게 되면
그 결과는 조바심, 분노, 경멸이다. 조력을 제공할 때 가장 당혹스럽고 좌절하는 측
면은 종종 가장 명석한 통찰 혹은 개입이라고 생각한 것이 주목받지 못하고, 일상적
질문 혹은 관찰이라고 생각했던 것이 클라이언트로부터 결정적인 개입이라고 칭송
되는 것이다. 다음의 소묘에 제시된 바와 같이, 종종 우연한 사건이 주의 깊게 계산
된 개입보다 더 큰 차이를 만들어 낸다.

몇 년 전에 나는 젊은 기업의 최고임원진과 일하면서 매주 금요일에 개최되는 직원회의에
참석했다. 나의 직무는 회의를 보다 효과적으로 만들도록 조력하는 것이었다. 내가 관찰한 것
은 회의에서 배정된 2시간 동안 열심히 일하지만 10개가 넘는 의제 중 반도 다루지 못하는
상황이었다. 나는 소득 없는 논쟁을 줄이고 의제에 없는 주제로 전환되는 것을 막기 위해 여
러 개입을 시도했지만 아무 소용이 없었다. 나는 이 집단이 어떻게 작업하는지의 실재를 다루
었어야 했다는 것을 깨달았다. 또한 나는 진정 "나의 무지에 접근"하지 못했다는 것도 깨달았
다. 나는 왜 그들이 그 방식으로 작업하는지 진정으로 알지 못했다. 나는 단지 회의는 마땅히
이래야 한다는 고정관념을 갖고 작업하고 있었다.

많은 좌절의 회의를 목격한 어느 순간에 나는 진정 궁금해서 의제는 어디에서 보내지느냐
고 물어보았다. 의제는 의장의 비서가 수합한다는 사실을 알게 되었다. 그 순간에 우리 모두
는 그녀가 어떻게 의제의 순서를 정하는지 모른다는 것을 깨달았다. 그녀를 불렀다. 그녀는
직원회의를 위해 그녀에게 보내진 순서대로 말끔하게 정리해 왔다고 말했다. 내가 별도로 이
야기할 필요도 없이 그들은 즉각 시스템을 바꾸어서 그녀가 잠정적인 의제목록을 갖고 오면
우선순위를 정해서 덜 중요한 의제는 보류하거나 채택하지 않기로 결정했다. 회의의 질과 진
척의 느낌 모두가 극적으로 증가되었다. 그 집단에 가장 도움이 된 것은 의제의 출처에 대한
나의 순수한 질문이었다.

조력자가 될 때 가장 어려운 측면은 조력 과정 그 자체에 대해 논의할 사람을 찾는 것이다. 그를 통해 당신의 명석한 개입, 결정적 통찰, 비참한 오류가 논의되고 분석될 수 있다. 종종 클라이언트는 컨설턴트의 개입이 얼마나 매끄럽게 클라이언트의 통찰을 이끌었는지를 알지 못하며, 이것을 클라이언트에게 지적하는 것은 건설적이지 않을 것이다. 만족과 인정을 얻고, 또 그들 스스로를 돕기 위해 조력자들은 종종 다른 조력자들과 협회를 만들어 안전한 환경에서 동료 간에 자신들의 행동을 분석할 수 있다. 거기에서 조력자들은 잘 작동된 사례의 이야기를 공유하고, 잘 작동되지 않은 사례에서 도움을 얻는다. 이와 같은 이유로 집단과 조직에서 작업할 때 종종 내부자와 외부자로 구성된 조력팀으로 작업하는 것이 중요하다. 이 팀에서 조력자들은 개입의 계획을 공유할 수 있고, 그리고 나서 개입이 어떤 결과를 가져왔는지를 검토할 수 있다.

이러한 모든 힘을 고려할 때 대부분의 컨설턴트가 즉각적으로 전문지식 제공 혹은 의사 역할을 수용하는 것은 놀라운 일이 아니다. 그들은 그것이 클라이언트가 진정 원하는 것이라고 생각하기 때문이다. 우리는 자신에게 "만약 명석한 진단과 건전한 조언을 제공하지 못한다면 나의 일을 하지 않는 것이고, 클라이언트의 기대에 부응하지 못하는 것"이라고 말한다. "돈을 받았다면 정보, 진단, 권고, 특히 나의 서비스를 증거할 수 있는 문서의 형태로 전문적 서비스를 제공해야 하지 않겠는가?"

그렇다면 무엇이 문제인가? 이 그림에서 무엇이 잘못인가? 왜 가서 의사 혹은 전문가가 되면 안 되는가? 과정컨설팅의 관점에서 보면, 잘못된 것은 클라이언트의 의식적 혹은 무의식적 취약성이 종종 그로 하여금 조력자가 수용적이고, 지원적이고, 가장 중요한 것은 기꺼이 경청한다고 느끼기 전까지는 자신을 진짜 괴롭히는 문제가 무엇인지에 대한 심층 층위 혹은 복잡성을 드러내려고 하지 않는다는 점이다. 초기에 제시된 문제는 종종 조력자가 어떻게 반응하는지를 보려는 시험이고, 진짜 문제는 오직 상호 신뢰가 형성되었을 때에야 표면으로 드러난다. 초기의 만남에서 클라이언트는 이것을 숨기고, 관계가 상호 신뢰에 도달하기까지 표면으로 드러내지 않는다.

그러므로 진정으로 도움이 되려면 컨설턴트는 먼저 '관계를 형성해야 한다. 그 관

계는 클라이언트의 자존감을 다시 형성해야 하고, 클라이언트와 조력자 사이에 지
위의 균형을 되찾아야 하며, 클라이언트가 초기에 느낄 수 있는 의존성 혹은 반의존
성을 줄여야 한다.' 그러한 균형의 관계가 형성되지 않으면 클라이언트는 보여 주지
않고, 듣지 않고, 거부하고, 방어하고, 제공된 도움을 여러 방식으로 훼손시킬 수 있
는 위험이 남게 된다. 그렇게 되면 클라이언트와 조력자는 모두 실패자가 된다.

암묵적 역할과 지위의 협상

관계를 균형 있게 하기 위해서는 지위와 역할의 사회적 역학(the social dynamics)
에 대해 알아야 한다. 어떤 조력관계에서든지 미세하지만 강력한 힘은 사회적 규범
과 개인의 의제에 기초해서 각 당사자가 상대방에게 부여하는 초기의 지위와 역할
이다. 문제를 지각하고 도움이 필요하다고 느낄 때 우리는 의식적 혹은 무의식적으
로 친구, 배우자, 상사, 상담사, 심리치료사, 사회사업가, 의사, 변호사 혹은 컨설턴
트 중 누구에게 갈 것인지 분류하는 과정을 거친다. 전문가를 선택하면, 다음으로
이전 경험에 근거해서 알던 사람에게 갈 것인지, 새로운 사람에게 갈 것인지를 선택
한다. 새로운 사람을 결정했다면, 좋은 조력을 제공할 것임을 신뢰할 수 있는 사람
을 어떻게 선택할 것인가? 이 선택 과정에서 우리는 조력자가 무엇을 제공해야 하는
지에 대한 고정관념을 형성하며, 이 고정관념은 조력자가 실제 제공할 수 있는 것을
방해할 수 있다.

이러한 이유에서 많은 컨설팅 문헌이 관계의 초기에 '계약하기'를 강조한다. 그러
나 관계의 초기 단계에서는 조력자도, 클라이언트도 확고한 계약을 개발하는 데 충
분한 정보를 갖고 있지 못하다. 그래서 '계약하기'보다는 '상호 기대의 탐색'이 더 적
절한 개념일 수 있다. 조력자는 클라이언트가 가진 묵시적인 기대가 무엇인지 확실
히 알 필요가 있지만, 불행히도 그런 기대는 무의식적이거나 기대가 깨질 때까지는
표면으로 드러나지 않는다. 예를 들면, 클라이언트는 종종 그들이 말하는 이야기가
전적으로 수용되고 승인되기를 묵시적으로 기대한다. 이런 상황에서 클라이언트가

한 행동 혹은 생각에 대해 컨설턴트가 의문을 제기하는 것은 클라이언트의 충격과 당황을 가져올 것이다. 오직 그때가 되어서야 양자는 클라이언트가 기대하고 원했던 것은 승인이었다는 것을 깨닫게 된다.

컨설턴트의 입장에서 묵시적인 기대는 제안한 것이 경청될 것이라는 점이다. 그래서 클라이언트가 그 제안이 사소하거나 분명 작동하지 않을 것이라고 말할 때 충격을 받고 당황할 수 있다. 조력관계의 형성에서 그런 감정을 다른 사람에 대한 실망이 아니라 학습의 원천으로 다루는 것이 중요하다. 이 감정들은 관계 형성의 정상적인 과정으로, 또 새로운 통찰과 학습의 자원으로 다루어야 한다.

이 사회적 힘을 복잡하게 하는 것은 전이와 역전이의 심리역학이다. 컨설턴트는 컨설턴트에 대한 클라이언트의 투사에 대해, 그리고 컨설턴트 자신의 투사와 클라이언트의 실재에 대한 잘못된 지각의 경향을 심층적으로 인식할 수 있어야 한다. 컨설턴트가 실재를 보고 다루는 것을 학습한다는 것은 초기에는 자기 내부의 왜곡을 보고 다루는 것을 학습하는 과정이다. 자신의 무지에 접근하고, 자신의 고정관념을 극복하는 법을 학습하는 것이 컨설턴트에게는 중요하다.

양 당사자가 서로의 상대적 지위와 역할에 대해 편안함을 느끼기 시작할 때 관계도 생산적이 된다. 여기서 문화적 규범은 중요한 역할을 하는데, 우리는 특정 종류의 의존성이 다른 것보다 합법적이라고 간주한다. 당신이 아주 명망 있는 상담사, 심리치료사, 코치, 혹은 컨설턴트에게 갈 때 친구나 지인과 문제를 공유할 때보다 더 의존할 준비가 되어 있다. 당신이 작업문제를 가지고 상사에게 갈 때, 같은 문제를 가지고 동료 혹은 부하 직원에게 갈 때보다 더 의존할 준비가 되어 있다.

모든 사회에는 합법적인 종류의 의존성과 체면을 잃는 의존성이 무엇인지에 대한 규범이 있다. 서구와 같은 경쟁적·개인주의적 사회에서는 거의 대부분의 의존성은 체면을 잃는 것으로 여긴다. 반면에 많은 아시아 문화에서는 연장자 혹은 높은 지위의 개인에게 의존할 것이 기대된다. 사회가 평등할수록 타인에게 의존할 때 그 감정을 어떻게 처리해야 할지 더 어렵다. 그래서 아마도 서구 사회에서 그러한 감정을 처리하는 것이 다른 문화보다 더 어려울 것이다.

상호 수용의 수준을 통한 관계 형성

조력을 요청하는 사람과 조력자가 처음으로 만날 때 앞에서 언급한 모든 요인이 작동한다. 그러면 어떻게 대화가 전개되어 두 당사자가 서로에게 귀 기울이고, 이해하고, 서로 필요한 것을 주고받는 관계를 창조할 것인가? 이 과정을 기술하는 최선의 모델은 '각 당사자가 어느 수준에서 서로를 수용할 수 있는지를 보기 위해 상호 간에 시험하는 것'으로 생각하는 것이다. 클라이언트가 자신의 이야기를 펼칠 때 조력자가 이야기의 내용을 적극적으로 경청하고, 이해하고, 지지하는 정도만큼 그는 세심한 주의를 기울일 것이다. 지지가 일관적이고 무엇을 말하든 항상 승인되지는 않아도 적어도 이해된다고 느끼게 되면 조력자와 자신에게 수용되지 않을 수준까지는 아니지만 보다 사적인 수준까지 가는 실험을 할 것이다. 문화적 규준은 항상 대화의 '개방성'에서 어느 정도의 한계를 설정한다는 것을 컨설턴트는 알아야 한다. '모든 것을 내 봐'와 같은 것은 있을 수 없다. 신뢰하는 컨설턴트에게도 공유하고 싶지 않은 의식의 층이 있다. 마지막에는 자신도 수용할 수 없는 의식의 층이 있어서 그것들은 억압된 채 있다.

반면에 조력자는 클라이언트가 자신의 암시, 질문, 제안, 그리고 조력자로서의 전체적인 태도에 어떻게 반응하는지를 측정한다. 조력자는 클라이언트가 어느 정도의 의존을 원하는지, 그리고 조력자 자신은 어느 정도의 의존을 수용할 것인지를 시험한다. 클라이언트가 조력자를 더 수용함에 따라 조력자는 자신의 사적인 생각을 더 표현하고, 대화를 보다 심층적인 수준으로 확대시킨다. 이 과정 내내 두 당사자는 항상 거절된 피드백을 시험하고 주의를 기울인다. 그런 거절이 일어나면 두 당사자는 다시 심리적 계약을 측정하고 생각해야 한다. 어떤 당사자가 암묵적 경계를 넘어서서 방어를 형성했는가? 암묵적 계약이 다시 협상될 수 있는가? 관계가 더 진전될 수 없는 수준에 이르렀는가? 혹은 우쭐함 혹은 비하감의 감정이 너무 강해서 관계를 단절해야 한다고 클라이언트 혹은 컨설턴트가 느낄 정도로 관계가 손상되었는가? 우리 모두가 경험을 통해 알고 있듯이, 신뢰를 형성하는 것은 잃는 것보다 많은 시간과 에너지를 요한다. 그러므로 상호 신뢰를 형성하는 핵심은 관계에서 고도의 상호 수용과 평등한 지위를 확실히 하도록 천천히 이동하는 것이다. 결정적인 개입은 클라이언트가 자신의 이야기를 말하도록 하고, 적극적으로 조력자의 무지의 영역을 탐구해서 제거하는 것이다.

이 과정은 하나의 '상호 조력'으로 볼 수 있다는 것에 주목하라. 조력자는 클라이언트가 드러낸 모든 수준을 진정으로 수용하고, 무엇이 일어나고 있는지에 대한 자신의 개념을 변화시킴으로써 신뢰를 창조할 수 있다. 어떤 의미에서 조력자는 정확한 정보와 감정을 위해 클라이언트에게 의존하고, 심층 층위를 드러내는 데 필요한 신뢰를 클라이언트가 형성하도록 클라이언트로부터 기꺼이 도움을 받아야 한다. 관계는 두 당사자가 서로 도움을 주고받음에 따라 점차 평등해진다.

실제적 함의

효과적인 조력관계를 창조하는 풍토를 형성하기 위해 조력자는 먼저 이전의 다섯 개의 포괄적인 원리를 기억해야 한다. '항상 도움이 되도록 시도하라' '항상 현재의 실재와 접촉을 유지하라' '너의 무지에 접근하라' '네가 행하는 모든 것이 개입이다' '문제와 해결책을 소유한 사람은 클라이언트이다' 우리는 이제 항상 준수해야 할 여섯 번째 원리를 추가하겠다.

원리 6: 흐름과 함께하라

모든 클라이언트 체제는 문화를 개발하고 유지함으로써 그들의 안정성을 유지하려고 시도한다. 모든 개별 클라이언트는 자신의 성격과 스타일을 개발한다. 초기에는 그런 문화와 성격의 실재를 알지 못하는 만큼 나는 클라이언트의 동기영역과 변화의 준비성을 찾아 우선 그것을 토대로 구축해 나가야 한다.

조력자는 클라이언트와의 관계가 어디로 향하는지 파악해야 하며, 그 상황에 너무 많은 고정관념이나 요구를 부여해서는 안 된다. 상황의 실재를 이해하고, 내가

진짜 알지 못하는 것에 접촉하고, 나의 편에서의 모든 질문 혹은 행위가 개입이라는 것을 깨닫고, 문제를 내게 가져오면 안 된다는 것을 진정으로 알려고 한다면 흐름과 함께하라는 생각을 자연스럽게 수용할 것이다. 컨설팅이 어떻게 전개되어야 하는지에 대한 임의적인 규칙보다는 클라이언트의 감정과 나의 반응이 나를 다음 단계로 안내하게 하라.

이전에 언급된 함정을 인식하고, 질문을 유지하는 것이 도움이 된다. 우리는 하나의 팀으로 함께 작업하고 있는가? 우리의 지위는 균형을 이루고 있는가? 우리는 서로에게 기대를 제시하고, 그것을 얻고 있는가? 과정지향적 질문, 예를 들면 "이 대화는 도움이 되는가?" "내가 문제를 잘 파악했는가?" "우리는 올바른 쟁점을 논의하고 있는가?" 등은 표적을 유지하는 데 도움을 줄 수 있다.

클라이언트의 상황이 복잡하고 관계의 초기에 그 복잡함에 대해 컨설턴트가 무지하다는 점을 진지하게 받아들인다면, 컨설턴트는 설익은 평가와 판단을 하지 않아야 한다. 이것은 단지 그것을 입 밖에 내지 말아야 한다는 것을 의미하지는 않는다. 그것은 아는 것이 얼마나 적은지, 상황을 추측하거나 평가하는 것이 얼마나 부적절한지를 깨닫는 훈련이다. 클라이언트가 운전석에 앉아 자신의 이야기를 하게 하는 비지시적 인터뷰는 그런 설익은 판단을 방지하는 데 좋다. 그 과정에서 클라이언트는 보다 존중받는 느낌을 갖게 된다. 그런 '적극적 탐구'가 다음 장에서 다루어진다.

요약과 결론

나는 조력을 요청하는 사람, 잠재적인 조력자, 그리고 초기에 그들 사이의 상호작용의 심리적 상황을 기술하고 분석함으로써 조력관계의 심리역학을 개관했다. 전략적 목적은 작업가능한 심리적 계약이 존재하는 심리적 상태를 성취하는 것이다. 그것은 각 당사자가 서로 기대한 것을 어느 정도 주고받는 상황이며, 그 안에서 조력자와 클라이언트는 하나의 팀으로서 먼저 클라이언트의 문제를 진단하고, 함께 다음 단계를 탐색한다. 그러한 작업가능한 심리적 계약을 성취하기 위해 두 당사자는 상황에 대한 자신들의 초기 고정관념에 대해 통찰을 얻어야 하고, 그 고정관념의 요소들을 드러낼 수 있도록 대화에 임해야 한다. 그와 동시에 서로에게 많은 상호 수용과 지지를 제공해야 한다.

　작업가능한 조력관계를 형성하는 것의 딜레마는 두 당사자가 서로에 대해 학습 하고, 그러면서 동시에 클라이언트가 자신의 이야기를 말하게 하는 안전한 환경을 창조해야 한다는 점이다. 왜냐하면 초기에는 클라이언트가 조력자보다 취약하고 의존적이기 때문이다. 조력자는 클라이언트가 문제를 인정함으로써 만들어진 권력 의 공백지대에 들어가려는 초기의 충동에 저항해야 한다. 대신에 자신과 클라이언 트 사이에 지위관계의 균형을 맞추는 데 초점을 두어야 한다. 조력자는 클라이언트 의 실재에 대한 명확한 감을 얻기 위해 클라이언트의 조력이 필요하다는 것을 알아 야 한다. 조력관계는 설령 클라이언트의 쟁점에 초점을 맞추더라도 두 당사자가 서 로를 조력한다고 느낄 때 가장 잘 작동한다. 항상 마음에 염두에 두어야 할 포괄적 원 원리는 다음과 같다.

1. 항상 도움이 되도록 시도하라.
2. 항상 현재의 실재와 접촉을 유지하라.
3. 너의 무지에 접근하라.
4. 네가 행하는 모든 것이 개입이다.
5. 문제와 해결책을 소유한 사람은 클라이언트이다.
6. 흐름과 함께하라.

다음 장에서 제시될 사례는 여기서 제기된 많은 요점을 설명할 것이다.

연습 1 ｜ **조력을 주고받기**

　이 연습의 목적은 당신에게 실천을 제공하는 것이다. (1) 명시적으로 '조력' 역할 을 받아들이기, (2) 조력자와 클라이언트 사이의 심리적 역학을 관찰하기, (3) 당신

의 무지에 접근하는 기술에 초점을 맞추는 것이다.

1. 문제나 논쟁을 공유해 달라고 친구에게 요청하라.
2. 친구가 문제를 드러내기 시작하면 문제와 관련해서 당신이 모르는 것을 의식적으로 마음속에서 목록화하거나 노트에 적으라.
3. 당신의 무지를 줄일 수 있는 일련의 질문을 형성하고 그것을 물어보라.
4. 친구가 요청한다고 할지라도 친구가 하는 말에 정서적 반응, 판단, 조언을 보이지 않도록 하라.
5. 20분쯤 후에 첫 20분간 당신의 감정이 어땠는지 함께 논의하라. 당신 혹은 친구가 이 장에 언급된 어떤 감정을 가졌었는지를 검토하라.
6. 당신의 고정관념이나 편견을 극복하는 데 얼마나 성공했는가를 결정하기 위해 '무지'의 영역을 검토하라.

제3장

지위균형화 과정으로서의
적극적 탐구와 듣기

초기에 컨설턴트가 해야 할 가장 중요한 것은 클라이언트에게 신중히 귀 기울이는 것이다. 그러나 듣기는 적극적 혹은 소극적으로 이루어질 수 있는 매우 복잡한 활동이다. 흐름과 함께하고 무지에 접근하려면 클라이언트가 자신의 방식대로 이야기를 펼칠 수 있도록 컨설턴트는 적절하게 소극적이고 세심해야 한다. 그러나 많은 상황에서 클라이언트는 한두 개의 질문을 던지고 기대하는 눈빛으로 침묵한다. 바로 이 순간에 컨설턴트는 주어진 권력의 덫에 걸려들지 않도록 주의해야 한다.

예를 들면, 조직의 전략적 쟁점을 토론한 후에 클라이언트는 다음과 같이 요구할 수 있다. "그렇다면 나의 경영진을 어떻게 조직해야 할까요?" 컨설턴트는 전문지식을 보여 주고 싶은 열망에 다음처럼 답변할 유혹에 빠지기 쉽다. "그 집단에 팀빌딩을 한번 해 보는 것이 어떨지요. 당신을 위해 팀빌딩 세미나를 열어 줄 수 있어요." 무엇이 제공될지 이해하지 못한 채 클라이언트의 의존적 욕구가 강한 경우, 컨설턴트의 제안에 동의하고 자신의 문제와 관련 없는 것을 시작할 것이다. 클라이언트의 자기비하감이 승리하는 경우, 자신이 원하는 것이 아니라 컨설턴트가 원하는 것을 판매한다고 생각해서 자기 문제의 해결책이 될 수도 있는 제안을 거절할 수 있다. 어떤 경우이든 조력은 제공되지 않는다.

과정컨설팅의 철학에서 컨설턴트는 무엇보다 클라이언트가 처음으로 문제를 드러내거나 질문할 때 작동하는 심리적 역학에 민감해야 한다. 그리고 나서 여러 목적을 가진 탐구 과정을 시작해야 한다. 이 과정의 목적은 클라이언트의 자기존중감을 재건하고 지위를 고양시키는 것이다. 자신의 문제를 잘 이해할 수 있다는(더 나아가 다음에 무엇을 할지 생각해 낼 수 있다는) 느낌을 클라이언트에게 제공하는 것이 지위의 고양과 형성의 핵심이다. 이 철학의 가정은 클라이언트가 관계에서 안전을 느끼지 못하면 어떤 방식으로든 자기 이야기에 관련된 요소를 드러내지 않을 것이고, 그런 경우에 조력자는 올바르지 않은 정보를 가지고 작업할 것이라는 점이다. 비결은 지지하고 경청하는 자세를 유지하면서 이 과정에 적극적으로 임하는 것이다. 이 상황을 창조하는 과정은 기본적 듣기가 포함되어 있는 '적극적 탐구'이다.

적극적 탐구의 과정은 여러 목적을 갖고 있다.

1. 클라이언트의 지위와 자신감을 형성하는 것
2. 상황에 대해 많은 정보를 수집하는 것
3. 클라이언트를 진단 과정과 실행계획에 참여시키는 것
4. 클라이언트가 불안을 가져오는 정보와 감정도 드러낼 수 있는 안전한 상황을 창조하는 것

'전략적으로' 목적은 지위의 균형화(equilibration)이고, 클라이언트와 팀을 형성하는 것이다. 이를 통해 (1) 클라이언트와 조력자는 같은 언어를 말하기 때문에 진단적 통찰이 가능하게 된다. (2) 클라이언트가 자기 문화의 측면에서 타당성을 처리하기 때문에 치료적 조처가 현실적이게 된다. '전술적으로' 적극적 탐구의 실행은 클라이언트의 이야기를 충분히 드러내고, 클라이언트 스스로 진단적으로 생각하는 방식으로 관리되어야 한다는 인지를 포함한다. 클라이언트의 이야기가 그의 단어와 개념을 사용하지 않는다면 컨설턴트는 일어나는 것에 대한 인식을 얻을 수 없다. 클라이언트가 보고한 것에 컨설턴트의 경험을 투사하는 것은 쉬운 일이다. 그러므로 조력자의 초기 행동은 클라이언트가 가급적 자기 이야기를 말하게 자극하고, 중립적이고 비판단적으로 들어야 한다.

적극적이지만 비판단적으로 듣는 것은 또한 잠재적으로 불안을 야기할 수 있는 클라이언트의 표출을 합법화하는 데에도 기여한다. 조력자와 클라이언트의 관계는

Bill Isaacs[1]이 제시한 안전한 '컨테이너(container)'가 되어야 한다. 이 안에서 '일반적인 상황에서는 처리하기 너무 뜨거운' 쟁점을 다룰 수 있다.

적극적 탐구는 〈표 3-1〉에 요약되어 있다. 이 과정은 여러 종류의 탐구적 질문을 통해 자극을 받을 수 있지만, 이야기를 방해하지 않도록 주의 깊게 형태가 짜여져야 한다. '이야기'는 무엇이 일어나고 있는지에 대한 클라이언트의 지각이며, 가능한 한 편견 없는 형태로 표출되어야 한다.

〈표 3-1〉 적극적 탐구의 유형

Ⅰ. 순수탐구(pure inquiry)
클라이언트가 대화의 내용과 과정을 통제한다. 컨설턴트의 역할은 이야기를 자극하고, 주의 깊게 그리고 중립적으로 듣는 것이다.

무슨 상황인가요? 무엇이 일어나고 있는지 말해 줄 수 있나요? 무슨 일인가요? 상황을 설명해 주세요. 좀 더 말해 주세요. 계속하세요.

Ⅱ. 탐색적 진단탐구(exploratory diagnostic inquiry)
내용이 분석되고 정교화되는 과정을 컨설턴트가 관리하기 시작한다. 그러나 내용 아이디어, 제안, 조언 혹은 선택지를 끼워 넣지는 않는다.

1. 정서적 반응의 탐색
그것에 대해 어떤 느낌이었나요? 당신은 어떻게 대응했나요? 다른 사람들은 어떻게 느끼고 대응했나요?
2. 행위와 사건의 이유 탐색
왜 그렇게 했나요? 왜 그것이 일어났다고 생각하나요? 왜 다른 사람은 그렇게 했을까요?
3. 행동의 탐색: 과거, 현재, 미래
당신은 그것에 대해 무엇을 했나요? 당신은 무엇을 하려고 하나요? 다른 사람은 어떻게 했나요? 다른 사람은 어떻게 할까요? 어떤 대안을 갖고 있나요? 무엇을 해야 한다고 생각하나요?

---

1) '컨테이너'의 개념은 다이얼로그(Dialogue)의 조건을 창조하는 것과 관련해서 Isaacs에 의해 개발된 개념이다(Isaacs, 1993). 조력관계는 일종의 두 사람의 다이얼로그로 생각될 수 있다. 이것이 어떻게 진행되는지, 그리고 다이얼로그의 역학이 무엇인지는 제10장에 설명되어 있다.

III. 직면적 탐구(confrontive inquiry)

컨설턴트는 이야기의 내용과 과정에 대한 자신의 아이디어와 반응을 공유한다. 아이디어를 공유함으로써 클라이언트로 하여금 그 상황을 새로운 시각에서 생각하도록 '강제'하며, 그렇기 때문에 이런 질문은 정의상 직면적이다.

1. 과정 아이디어

   ……을 할 수 있지 않았을까요? ……을 해 볼 생각을 했었나요? 왜 ……을 하지 않았나요? 다른 대안을 생각해 보았나요? ……을 할 수 있어요.

2. 내용 아이디어

   혹시 당신이 과하게 반응했다는 생각을 해 보았나요? 그것이 당신을 화나게(불안하게, 의기양양하게 등) 하지 않았나요? 혹시 실제 일어나고 있는 것이 당신의 생각과 다르지 않을까요?

적극적 탐구의 유형

순수탐구   순수탐구는 침묵으로 출발한다. 조력자는 바디랭귀지와 눈맞춤을 통해 들을 준비가 되어 있음을 전달하지만, 어떤 것을 말할 필요는 없다. 클라이언트가 이야기를 시작할 준비가 되어 있을 수도 있다. 침묵이 이야기를 유도하지 못한다면 컨설턴트는 다음 중 적절한 것을 선택할 수 있다.

"무엇이 일어나고 있는지 말해 주세요."

"어떻게 도울 수 있을까요?"

"그래서……"(기대하는 눈빛을 보여 주면서)

"무얼 가지고 오셨어요?"

"그것의 사례에 대해 얘기해 줄 수 있어요?"

"무엇이 일어났는지를 자세하게 얘기해 줄 수 있어요?"

"마지막으로 일어난 게 언제인가요?"

중요한 점은 문제를 가정하는 질문을 촉발하지 않는 것이다. 클라이언트는 그것을 거부할 것이다. 우선 무엇이 일어나고 있는지가 초점이어야 하며, 클라이언트가 원하는 방식으로 이야기를 구조화할 수 있어야 한다. 앞으로 보게 되겠지만, '왜'라는 질문은 진단적 사고를 자극하고, 처음으로 클라이언트를 조력 상황에 이르게 한 이야기보다 앞서 나가게 한다. 예를 들면, 클라이언트는 자신이 왜 왔는지는 이야기하지 않고, 자기비하감을 처리하기 위해 컨설턴트의 자격을 점검하는 질문으로 시작할 수 있다. "무엇이 문제입니까?"와 같은 질문은 문제를 미리 가정한다. 클라이언트는 관계에서 편안함을 느끼기 전에는 그것을 드러낼 준비가 되어 있지 않다.

클라이언트에 대한 반응의 측면에서 적극적 탐구는 세심한 끄덕임, 간헐적 투덜거림 혹은 이야기를 따라가고 있음을 보여 주는 요소들을 의미한다. 필요하다면 "계속하세요" "좀 더 말해 주세요" "다음에 무슨 일이 일어났나요?"와 같은 추가적인 촉발제를 사용할 수 있다. 목적은 클라이언트가 얘기하는 방식을 틀 짓는 것이 아니라 전체를 드러내게 자극하여 컨설턴트의 무지를 제거하고 이해를 증진하는 것이다. 종종 이야기는 무엇이 일어나는지에 대해 가설을 투사하기 쉽고, 그 결과 클라이언트가 진짜 말하고자 하는 바를 놓치게 만드는 추상적 수준에서 전개되기 때문에 사례를 요청하는 것이 특히 중요하다.

듣기에서는 Robert Fritz[2]가 주장한 장면, 인물, 설정, 행동을 시각화하고, 일어나고 있는 것에 대한 정신적 그림을 그려 보는 것이 도움이 된다. 적극적 시각화는 컨설턴트가 자신의 몽상이나 산만한 생각에 빠지는 것을 예방하고, 클라이언트가 보고하는 상세한 내용을 기억하게 돕는다. Fritz에 따르면, 적극적 시각화는 청취자가 클라이언트가 살고 있는 구조의 실재를 볼 수 있게 돕는다.

어쩔 수 없이 클라이언트의 이야기는 느려지고 끝이 나며, 추가적인 촉발제로도 과정을 다시 시작하지 못한다. 클라이언트가 갑자기 이야기를 끝내고 다음과 같이 질문한다. "어떻게 생각하세요?" 혹은 "무엇을 해야 하나요?" 그 순간에 컨설턴트는 질문에 답하여 전문가가 되려는 덫에서 다시 한번 벗어나야 한다. 클라이언트가 아

---

2) Fritz (1991).

직 조언이나 제안을 들을 준비가 안 되어 있다고 느끼면, 클라이언트를 계속해서 그의 문제와 연결하고 작업할 수 있게 하는 몇 가지의 대안적 과정이 있다. 그중 하나는 대화를 진단적 탐구로 이끄는 것이다.

　　탐색적 진단탐구　이 형식의 탐구에서 컨설턴트는 클라이언트의 정신 과정에 영향을 주기 시작한다. 클라이언트의 이야기에서 보고되지 않은 쟁점에 의도적으로 초점을 맞춘다. 이 질문은 이야기의 '내용'에 영향을 주는 것이 아니라 이야기 안에서 주의집중에 초점을 둔다. 방향을 다시 설정하는 데 이용할 수 있는 세 가지 형태가 있다.

　　1. 감정과 반응－클라이언트가 기술한 사건에 대한 대응에서 감정과 반응에 초점 맞추기

"그것에 대해 어떤 느낌이었습니까?"
"그것이 당신에게 어떤 반응을 불러일으켰나요?"
"그것에 대한 당신의 정서적 반응은 무엇이었습니까?"

　　2. 원인에 대한 가설－왜 그와 같은 일이 일어났는지에 대한 클라이언트의 가설에 초점 맞추기

"왜 그와 같은 일이 일어났다고 가정하십니까?"
"왜 당신은 그렇게 반응했습니까?"(클라이언트가 반응을 드러낸 후)
"왜 당신은 그렇게 행동했습니까?"(클라이언트가 어떤 행동을 드러낸 후)

　　3. 계획된 혹은 취해진 행위－이야기에서 클라이언트나 다른 사람이 행한 것, 생각해 본 행위나 계획한 행위에 초점 맞추기. 클라이언트가 이미 행위를 보고했다면 그것에 근거해 나아갈 수 있다. 그러나 종종 '이야기'는 클라이언트나 다른 사람의 과

거, 현재, 미래의 행동을 드러내지는 않는다.

  "당신은 그것에 대해 무엇을 했습니까?"
  "다음에는 무엇을 하실 생각입니까?"
  "그녀는 그때 무엇을 했습니까?"

  이 범주들은 분명 이야기에서 중첩될 수 있으므로 상황에 따라 한 번에 하나씩 혹은 동시에 탐색될 수 있다. 각 질문은 클라이언트로 하여금 자신의 사고 과정에서 벗어나 컨설턴트의 사고 과정으로 이동하게 한다. 그래서 다음의 질문들은 순수탐구보다 강한 개입이다. "그것에 대해 어떤 느낌이었습니까?" "왜 그와 같은 일이 일어났다고 생각하십니까?" "그것에 대해 무엇을 하려고 합니까?"와 같은 질문들은 클라이언트의 정신 과정의 방향을 변화시킬 수 있다. 이 질문들은 클라이언트가 새로운 관점 혹은 시각에서 사건을 조사하게 요구한다.

  직면적 탐구   직면적 탐구에서 컨설턴트는 이야기의 과정 혹은 내용에 대한 '자신의 아이디어'를 대화에 투입한다. 클라이언트에게 단순히 설명을 요구하는 대신에 그에게 일어나지 않았던 것을 제안하거나 대안을 제공한다.

  "그것에 대해 그에게 직면시켰습니까?"
  "_____을 할 수도 있지 않았나요?"
  "그것들이 불안해서 당신(그녀, 그들)이 그렇게 했다는 생각이 들었습니까?"(클라이언트가 정서적 가능성에 대한 어떤 인식도 드러내지 않는 상황에서)

  이 모든 경우에 직면적 개입은 클라이언트를 컨설턴트의 개념영역으로 유혹 혹은 밀어 넣는다. 이전의 탐구질문이 클라이언트를 자신의 개념적·정서적 지대로 나아가게 한다면, 직면적 개입은 새로운 아이디어, 개념, 가설, 대안을 소개하여 클라이언트가 그것을 다루게 만든다. 조력자는 이제 단지 과정만이 아니라 클라이언트의 내용에 개입한다.

개입이 "그 사건에서 당신의 역할이 무엇인지 생각해 보았습니까?" "그것이 당신을 화나게 했습니까?"와 같은 소소한 질문일지라도 이 단계는 매우 중요하다. 이 질문들은 클라이언트가 자신의 이야기를 버리고 컨설턴트가 제공한 프레임워크 안에서 작업하도록 허용하거나 강제한다. 이 과정에서 발생할 위험은 상황의 실재에 대한 클라이언트의 추가적 정보가 사라진다는 것이다. 클라이언트는 기억에서 무엇을 끄집어내는 대신에 새로운 개념들을 다루느라 여념이 없다. 그래서 직면적 탐구에서 중요한 쟁점은 그것을 '언제' '어떻게' 할 것인가이다.

건설적인 기회주의

순수탐구에서 진단적 · 직면적 양식으로 '언제' 전환할지 결정할 때 타이밍이 중요하다. 컨설팅 시작 몇 분만에 그런 전환이 적절한 때도 있고, 상호작용 내내 순수탐구에 머물러야 할 때도 있다. 또 듣는 내용, 아이디어와 반응에 따라 세 양식 사이에서 왔다 갔다 할 때도 있다. 초점을 전환할 타이밍이 언제인지 결정할 단순한 기준은 없다. 이상적으로 클라이언트의 쟁점이나 문제를 잘 이해했거나 문제가 명확하다면 잠재적인 치료행위를 가져올 이야기의 사건에 초점을 두어야 한다. 위험은 이전에 말한 원리를 망각하는 데 있다. 즉, 도움이 될 필요, 실재를 다루는 것, 무지에 접근하는 것, 모든 질문은 개입이라는 것을 아는 것, 클라이언트가 문제를 소유하도록 하는 것, 흐름과 함께하는 것이다. 통찰과 제안으로 넘어가 클라이언트에게 자신의 실재를 투사하려는 유혹은 엄청나다.

조력자는 단지 소극적 탐구기계가 될 수는 없다. 이야기를 들으면서 강한 감정과 아이디어가 생기기 때문이다. 조력자의 감정과 아이디어는 클라이언트가 그의 실재를 이해하도록 돕는 데 밀접하게 관련된 것일 수 있다. 그래서 흐름과 함께하라는 원리는 또 다른 원리인 '건설적인 기회주의(constructive opportunism)'와 균형을 이루어야 한다. 언제가 초점 전환의 기회인가에 대한 중요한 준거는 클라이언트가 이야기에서 매우 의미 있는 것, 기억될 정도로 생생한 어떤 것을 말했을 때이다. 다른 말로 하면 개입은 단순히 컨설턴트의 사고나 감정이 아니라 명확히 클라이언트가 얘기한 것과 연결되어야 한다.

타이밍이 옳다고 느낄 때 컨설턴트는 새로운 통찰, 대안 혹은 사물을 보는 새로운 방법을 제공할 기회를 잡고 위험을 감수해야 한다. 다음의 사례에서 볼 수 있듯이, 컨설턴트는 기회를 잡을 때 타이밍이나 개입 수준에서 때로 실수할 수도 있다. 실수는 클라이언트의 저항을 일으키고 일순간 관계의 긴장을 만들 수 있다. 그 순간에 컨설턴트는 클라이언트의 반응은 자신의 잘못을 드러낼 뿐만 아니라 클라이언트가 특정 투입에 어떻게 반응하는지에 대한 새로운 자료라는 점을 인식해야 한다. 다른 말로 하면 발생한 모든 것은 학습되어야 할 자료이다.

대화할 때 우리는 말하는 내용, 방식, 타이밍에서 항상 실수를 한다. 그러한 실수에 위축되지 말고 그것을 학습할 기회로 인식하고 환영해야 한다[3]. 우리는 '말하는 방식에 더 주의하라' '가정하지 말고 무지에 접근하라'와 같은 교훈을 학습할 수 있다. 더 나아가 새로운 자료가 상황에 대해 무엇을 드러내는지 항상 질문해야 한다. 그런 점에서 학습은 두 가지 영역에서 일어난다. 실수에 대한 반응은 '컨설턴트'에 대한 자료를 제공한다. 우리는 어떻게 다르게 할 수 있었을까? 또 하나는 '클라이언트'가 어떻게 생각하는지, 준비가 되어 있는지에 대한 자료이다. 이는 다음의 세 가지 추가적인 원리로 요약될 수 있다.

원리 7: 타이밍이 중요하다

한때 먹히던 개입이라도 다른 때는 실패할 수 있다. 그러므로 지속적으로 진단하고, 클라이언트의 관심이 이용될 수 있는 순간을 찾아야 한다.

---

3) Don Michael은 오래전에 영향력이 있는 그의 책 『계획의 학습과 학습의 계획(Learning to Plan and Planning to Learn)』(1997b)에서 실수는 부정되거나 후회되어야 할 것이 아니라 학습의 열쇠로서 "수용" 되어야 한다고 주장했다. 다행히도 조직학습에서 중요한 이 책이 서문과 에필로그를 추가하여 재발행되고 있는데, 오늘날 그 어느 때보다도 그것의 적용이 필요하다.

원리 8: 직면적 개입으로 건설적인 기회주의자가 되라

모든 클라이언트 체제에는 변화의 동기가 존재하는 불안정하고 개방된 영역이 있다. 존재하는 동기와 문화적 강점을 찾아내어 그것에 근거해서 개발해야 한다(흐름과 함께하라). 동시에 새로운 통찰과 대안을 제공할 기회의 표적을 포착해야 한다. 흐름과 함께하는 것과 개입에 따르는 위험을 감수하는 것이 균형을 이루어야 한다.

원리 9: 모든 것이 자료이다. 실수는 항상 일어나기 마련이고, 그것은 학습의 주요 원천이다

아무리 앞서 말한 원리를 주의 깊게 준수하려고 해도 클라이언트에게서 기대하지 않았던 바람직하지 못한 반응이 일어날 수 있다. 그것으로부터 학습해야 하고, 방어, 부끄러움 혹은 죄책감을 가져서는 안 된다. 나는 결코 클라이언트의 실재를 충분히 알 수는 없다. 실수는 클라이언트의 실재에 대해 많은 것을 학습할 수 있게 하는 반응을 만들어 낸다.

선택 과정의 요소

다음의 사례는 선택 과정의 요소, 타이밍의 중요성, 실수로부터 학습하는 과정을 설명하고 있다.

사례

동료인 Jim이 경영컨설턴트로서 자신의 역할을 찾는 데 도움을 요청했다. 네 번의 컨설팅에서 그의 경영보고서가 잘 수용되지 않았고, 그 결과 네 명의 클라이언트와 관계가 종료된 경험을 했다. Jim의 과제는 회사의 정보 기능을 조직하는 법을 조언하는 것이었다. 대화는 Jim에게 그 사건들을 얘기해 달라고 요청하면서 시작되었고, 나는 순수탐구의 질문으로 그를 자극했다. 15분의 대화를 통해 그가 의사-환자모델로 일하였다는 것이 분명해 보였다. 그는 신중하게 진단하고 적절한 권고를 했다고 느꼈기 때문에 심사숙고된 진단과 권고가 그렇게 빨리 기각되는 것을 이해할 수 없었다.

이야기에서 이미 그의 많은 반응을 설명했기 때문에 감정을 물을 필요가 없었다. 그는 좌절과 무능력을 느끼고, 무엇을 할지 모르고 있었다. 이 순간에 탐구 과정을 일단락 짓고, 그의 접근이 가져올 방어적 반응에 대한 나의 대응과 가설을 공유하고 싶은 유혹이 매우 강하게 일었다. 그는 종종 하나 이상의 위계적 수준을 포함하는 경영집단에게 조직에 대한 강한 비판을 담은 공식보고서를 작성했다. 그러나 유혹에 빠져 행동한다면 그가 했던 것과 똑같은 것, 즉 면전에서 비판하는 것을 나도 하는 것이다. 이런 피드백은 그의 열등감을 강화하고 방어적으로 만들 위험이 있다.

나는 충동을 억제하고, 진단적 질문을 했다. "프레젠테이션이 잘 수용되지 않은 이유에 대한 당신의 이론은 무엇입니까?" 사실 이는 다음과 같은 질문이다. "왜 이런 일이 일어났다고 추측합니까?" 일반적 사건에 초점을 맞추고, 나와 함께 그 상황을 진단하는 데 참여하도록 영향을 주는 것이다. 그는 즉시 클라이언트가 자신의 부정적인 것을 듣고 싶어 하지 않을 가능성, 그의 방어가 정당할 가능성을 파악했다. 그러나 무엇을 어떻게 보고할 것인지에 대한 그의 결정이 방어적 반응을 자극했을 가능성에 대해서는 추론하지 못했다. 그의 분석은 그의 맹점에 대해 더 많은 정보를 나에게 주었고, 그가 어떤 일이 일어났을지를 생각하도록 촉진했다.

"왜"라는 질문은 강력한 개입이다. 그것은 종종 클라이언트로 하여금 당연하게 생각했던 것에 초점을 맞추게 하고, 새로운 관점에서 조사하도록 만든다. "왜"의 소재를 신중하게 선택함으로써 컨설턴트는 매우 다른 통찰로 이끄는 정신 과정을 만들어 낼 수 있다. 주요한 선택은 클라이언트가 왜 그것을 했는지, 아니면 이야기에 등장한 사람이 왜 그렇게 했는지, 혹은 왜 클라이언트나 이야기의 특정 사람이 포함되지 않은 사건이 일어났는지 중에서 어디에 클라이언트의 초점을 두게 할 것인가이다.

부정적 반응의 이유를 추측하면서 Jim은 특히 고통스러운 회의에 대해 이야기했다. 경영진에게 발표했을 때, CEO는 바로 거기서 기업문화가 정보 기능에 설정된 장기목표와 일치하지 않는다는 지적은 그의 의무를 넘어섰다고 지적하면서 인정하도록 강요했다. 회사 창립자의 한 사람으로 자신과 동일시한 문화에 대해 Jim에게 어떤 요구도 안 했다고 CEO는 주장했다. Jim은 불편한 마음을 느꼈고, 공식적으로 CEO에게 사과했다고 말했다. 그러나 놀랍게도 몇몇 팀의 구성원이 찾아와서 그의 문화에 대한 조사와 그것을 보고한 행동은 정당했고, 심지어 환영받고 있다고 말했다.

진단적 질문은 보고되지 않았던 새로운 자료를 드러내며, 그 자료는 분명 의미 있다. 이 지점에서 행위지향적 질문을 던져 다양한 행동을 더 탐색하기로 결정했다. 이런 종류의 질문은 추가적인 진단을 추동할 뿐만 아니라 클라이언트가 겪은 정신 과정과 제공될 수 있는 행위 대안들을 더 드러낼 수 있다. 행위지향적 질문은 "그때 당신은 무엇을 했나요?"와 같은 것인데,

이는 "다음에 무슨 일이 일어났나요?"와 같은 순수탐구의 질문과 대조된다. 혹은 클라이언트에게 다른 사람의 행위에 대해 말해 달라고 요구할 수도 있다. 초점은 이야기를 자극하기 위해 계속 과거에 맞출 수도 있고, "다음에 무엇을 할 계획입니까?" 혹은 "무엇을 하려고 생각하고 있습니까?"처럼 현재 혹은 미래에 대해 질문할 수도 있다. 또한 다른 사람에 대해 질문할 수도 있다. 어떻게 할 것인가? 혹은 과정을 조금 복잡하게 한다면, 가족심리치료사들의 '순환질문(circular questions)'을 적용해서 클라이언트의 입장이었다면 다른 사람들이 어떻게 반응했을지를 질문한다. 나의 경우에는 나의 동료에게 만약 CEO에게 사과하는 대신에 맞섰다면 무슨 일이 일어났을지를 질문할 수도 있다. 이 사례에서 나는 CEO에 초점을 맞추기로 했는데, 그의 행동이 가장 당혹스럽기 때문이다.

나는 Jim에게 왜 CEO가 그런 방식으로 행동했을지를 질문했다. 놀랍게도 Jim은 CEO의 행동을 이해하지 못했다. 그래서 나는 질문을 바꿔 왜 CEO에게 사과해야 한다고 느꼈는지 물어보았다. 무엇이 잘못되었는가? 사실 나는 Jim이 문화에 대한 비판에 어떻게 반응할지 시험하기 위해 CEO에게 개인적으로 초안을 설명해야 했다는 가설을 검증하고 있었다. Jim은 잘못했고, 실수했다는 느낌을 가졌다는 말을 다시 반복해 설명했다. 이에 보다 직면적 개입을 시도하기로 결정했다. 나는 Jim에게 왜 분석의 초반에 CEO에게 가지 않았는지를 직접 물었다.

이 질문으로 그 상황과 일어났을 일에 대한 나의 생각을 처음 드러냈다는 것에 주목하라. 이는 클라이언트에게 이야기의 내용에서 다른 요소들을 생각해 보게 한다. 그런 점에서 이것은 '직면적'이다. 이런 직면은 "문화 자료를 공유하기 위해 CEO와 사적인 만남을 생각해 보았는가?"와 같이 넌지시 질문할 수도 있고, 클라이언트가 책임감을 느끼게 하기 위해 "보고서의 초안을 갖고 먼저 CEO나 집단에게 갈 수 있지 않았나요?"처럼 하나 이상의 대안을 제공하는 질문 형태를 취할 수도 있다.

나의 무지에 접근하지 않은 위험이 드러났다. Jim은 질문에 맹렬히 답변했다. "나는 개인적으로 CEO를 만나 자료를 제공했습니다. 내가 일을 잘 처리하지 못했거나 메시지를 잘 전달하지 못했나 봅니다." 사실 Jim을 당황케 한 것은 CEO가 개인적으로 만났을 때는 아무 말도 않다가 공식적인 장면에서 부정적으로 대응했다는 점이다.

이 지점에서 나의 질문 형태가 수사적이었다는 점을 깨달았다. 내가 진짜 말한 것은 그가 CEO에게 갔어야 했는데, 가지 않았다고 나는 생각한다는 것이다. 이것은 나의 실수이다. 그것을 했는지 물어보면 될 것을 그렇게 하지 않고, 그것을 하지 않았다고 가정한 것이다. Jim의 반응은 나의 실수를 드러냈다. 그는 방어적이 되었고, 다시 한번 자신을 비난했다. 그러나 중요한 자료가 표면화되었고, 다음에 어디로 갈지 쟁점이 부각되었다. 내가 누군가에게 질문하는 방식에서 더 조심해야 한다고 결심했고, 왜 내가 실수를 범했는지, 즉 시간의 압박, 조바심 혹은 자만에 대해 성찰할 수 있었다. 동시에 이 사례의 사건에 대해, 그리고 자신의 과업을 완벽히 해내지 못한 것에 대해 스스로를 비난하는 Jim의 성향을 학습할 수 있었다. 나는 또한 왜 그가 이야기에서 이 결정적인 사건을 빠뜨렸는지 의아했고, 무엇이 중요하고 중요하지 않은지에 대한 그의 정신적 지도에 대해 나에게 말해 주는 것이 무엇인지를 곰곰이 생각했다. 자기비난의 패턴은 더 직면적인 개입이 진짜 도움이 되는 상황으로 이끌었다.

　Jim이 CEO를 개인적으로 만났고 어쨌든 공식적으로 돌발 상황이 있었다는 것을 말한 이후, 나는 CEO가 그의 팀 앞에서 문화가 비판되는 것에 대해 당황한 것이 문제일 수 있다는 새로운 가설을 세웠다. Jim은 그럴 수도 있지만, 그는 경영진이 이 프로젝트에 '함께'였다는 반응을 보였다. Jim은 CEO와 그의 임원 사이의 지위와 권력의 차이를 지각하지 못한 듯 보였다. 그는 또한 청중이 누구이든 인터뷰를 통해 발견한 것을 가능한 한 분명하고 유효하게 보고하는 것이 컨설턴트로서 자신의 의무라고 강하게 말했다. 전문적 지식에 대한 그의 감각이 클라이언트 체제에서 무슨 일이 일어나고 있는지를 감지하는 능력을 압도하는 것처럼 보였다.

　지금까지의 교훈은 이렇다. 실수는 일어날 것이고, 그 실수로부터 학습해야 한다. 내용 측면에서의 실수와 타이밍, 프레젠테이션의 실수는 분명하게 구분되어야 한다. 내가 CEO에게 무슨 일이 일어났는지를 감지한 것에서는 옳았을 수 있지만, 내 생각을 언제 어떻게 제시할 것인가에서는 잘못을 저질렀다. Jim과 CEO의 사건에 대해 여러 선택지를 제공하는 대신에 하나의 가설만을 제공함으로써 필요 이상으로 직면적이었다. 나는 또한 논점은 부하 직원 앞에서 공식적으로 발표한 것일 수 있다는 가설이 어느 정도 표적을 맞추었다는 감을 갖게 되었다.

지위의 균형을 감지하기

　대화가 진행되면서 Jim은 나와 함께 무슨 일이 일어났는지 분석하는 데 편안해졌다. 그는 CEO와의 특정 쟁점에 대해서는 방어적이었지만 과거 사건에 대한 생각을 넓히기 시작했다. 우리의 관계가 균형을 이루기 시작했고, Jim의 의존하고 상처받은 상태가 좋아져서 직면적 개입이 가능해졌다는 것을 느낄 수 있었다. 컨설턴트가 관계가 균형을 이루었다고 느끼면 대화는 방어의 위험 없이 보다 심층적인 영역으로 나아갈 수 있다. 이제 클라이언트는 적극적인 학습자이고 투입을 환영한다. '균형유지(even keel)'는 문자 그대로 양자가 동등한 지위에 있다는 것을 의미하는 것은 아니다. 그것은 양자 사이의 암묵적 계약, 의존의 정도, 컨설턴트의 역할, 클라이언트가 수용된다고 느끼는 정도가 상호 기대를 충족시킨다는 의미이다. 서로 주고받는 것에 편안함을 느낀다.

이것이 일어났다는 신호는 미세하다. 클라이언트가 자신의 이야기를 진단하는데 보다 적극적이고, 목소리의 톤이 변하고, 내용에서 보다 자신감을 보인다. 자신과 타인에 대한 비난은 줄어들고 객관적 분석이 증가된다. 잘못된 것을 진단하고, 가능한 원인을 찾으면서 클라이언트와 하나의 팀이라는 느낌이 생겨난다. Jim과의 대화에서 덜 걱정하기 시작했고, 네 명의 클라이언트에게 무슨 일이 있었는지를 보다 객관적으로 탐색하기 시작했다. 다음에서 보여 주듯이, 이것이 나로 하여금 보다 직면적이도록 힘을 주었다.

사례 계속

Jim의 이야기의 패턴이 나의 지각을 강화시켰다. 그는 우월자-전문가-의사-진단가로서 작업하면서, 이 역할에서 최선을 다하는 것에 사로잡혀서 과정의 쟁점을 지각하지 못했다. 나는 이 자기규정적 전문가의 역할을 마주할 준비가 되었는지 검증해 보기로 했다. 질문을 넘어 그에게 직접적이고 직면적인 피드백을 제공하는 것이다. 그가 나의 컨설팅 역할을 이해하고 있음을 알았기 때문에 지시적일 수 있었다.

나는 말했다. "당신이 거부당한 네 번의 상황, 과정적 역할이 요구될지도 모르는 상황에서 환자에게 진단과 처방을 제시하는 의사로서 작업했는가? 왜 무엇을 누구에게 보고할 것인지와 같은 과정적 쟁점을 CEO를 포함한 내부자와 공유하지 않았는가? 왜 무엇을 누구에게 보고할지 당신이 개인적으로 결정하고, 공식적 프레젠테이션에서 문서의 형태로 발표해야 한다고 느꼈는가?"

또한 이 긴 대응을 시작하면서 나의 좌절을 느낄 수 있었다. Jim은 과정컨설팅을 잘 알고 있는데, 그 지식을 사용하지 않았다고 생각했기 때문이다. 나는 다음과 같이 덧붙였다. "왜 컨설턴트들은 계속해서 모든 과정의 의사결정을 혼자 해야 한다고 생각하고, 결코 클라이언트 체제의 내부자와 의사결정을 공유하지 않는가? 진행 과정에 문제가 생기면 혼자 모든 과정을 결정하는 대신에 그 문제를 공유해야 하지 않겠는가?" 위험하다고 생각했지만 시간이 다 되었고, 회의가 끝나기 전에 내 견해를 이해받고 싶었기 때문에 이 모든 것을 말했다.

Jim은 이 분출에 긍정적으로 반응했고, 즉각적으로 왜 그가 의사로서 행동하고 있다고 느끼는지에 대한 질문을 성찰했다. 결국 그는 진단해 달라고 돈을 받았고, 전문지식을 사용해서 그 일을 잘 하고 싶었다. 그러나 또한 중요한 통찰도 얻었다. 무엇을, 누구에게, 어떤 형태로 보고할지는 조직의 믿을 만한 사람과 논의해야 할 선택사항이라는 점이다. Jim은 이제 다음을 구별할 수 있게 되었다. (1) 조직의 정보 기능과 기관의 관계에 대한 내용전문가, (2) 클라이언트 체제의 핵심 인물에 의해 수용되고 도움이 된다고 여기게 자료를 피드백하는 과정전문가이다. Jim은 이 통찰을 즉시 다른 세 개의 사례에도 적용했다. 그는 각 사례에서 '완벽한' 프레젠테이션에만 신경을 썼고, 프레젠테이션을 클라이언트 체제의 문화적 · 정치적 과정에 들어맞게 하는 것에 대해서는 거의 주목하지 않았다는 것을 깨달았다.

우리는 서로 이 쟁점에 대해 한 시간 남짓 투자해서 새로운 통찰을 얻었다는 느낌을 갖고 헤어졌다. 그러나 나는 과정컨설팅을 잘 이해하고 있는 Jim이 왜 완전히 의사 역할로 빠져들었는지, 왜 스스로 이것을 볼 수 없었는지, 왜 자신을 거기서 건져내지 못했는지 계속 당황스럽고 실망했다.

이 사례의 피드백에서 부상하는 주요 원리로 9개의 원리에 추가될 것은 '문제를 공유하라'는 것이다. 컨설턴트는 종종 다음에 무엇을 할지 혹은 그것이 어떤 의미인지 모르는 상황에 처한다. 과정컨설팅의 관점에서 볼 때 이것을 적절한 내부자나 클라이언트 체제의 일부와 공유하는 것이 중요하다. Jim의 사례에서 CEO에게 사적으로 프레젠테이션할 때, 조직의 다른 사람에게 자료를 피드백하는 좋은 방법이 있는지 CEO에게 물어볼 수 있었다. 그러나 자신의 전문지식에 너무 사로잡혀서 무지에 접근하는 것을 잊고 있었다. Jim은 보고서를 제공하는 법을 알 수 있을 만큼 그 조직을 충분히 알지 못했다. 그는 그 문제를 공유하고, 그것에 대한 자료를 수집해서 실제를 있는 그대로 다룰 수 있어야 했다.

원리 10: 의심이 들 때는 문제를 공유하라

나는 종종 다음에 무엇을 할지, 어떤 개입이 적절할지 모르는 상황에 처한다. 그런 상황에서 클라이언트와 문제를 공유하고, 다음에 무엇을 할지 결정하는 데 그를 참여시키는 것이 적절하다.

긍정탐구의 개념

이제까지의 조력 과정은 클라이언트가 조력자에게 가져온 문제 혹은 쟁점의 관점에서 개념화되었다. 이 관점의 중요한 수정으로 많은 저자/컨설턴트는 '문제들'에 긍정적 프레임을 제공하는 '긍정탐구(appreciative inquiry)'의 과정을 주장했다.[4] 〈표 3-2〉는 문제초점이 긍정초점과 어떻게 다른지 주목하면서 그 주장의 핵심을 보여 주고 있다. 실재를 해석하고 분류하는 데 사용되는 정신모델과 은유는 무엇을 보고, 어떻게 생각하는지를 틀 짓는 것이 점차 인식되고 있다. Cooperrider는 "문제초점"이 결핍, 부정, 수리의 관점에서 생각하도록 만드는 은유라는 점에 주목했다. 종종 보다 긍정적이고 성장의 관점에서 생각하는 것이 도움이 된다. 잘되고 있는 것, 성취하려는 이상, 미래에 대한 비전에 초점을 맞추는 것이다. 어떤 의미에서 긍정탐구는 '적응학습', 즉 당장의 문제를 고치는 것과 '생성학습' 혹은 그런 문제가 재발되지 않도록 '학습하는 능력'을 형성하는 것의 차이를 강조한다.[5] 기본적으로 과정철학은 명확하게 생성학습에 맞추어져 있지만, 그러한 학습은 종종 클라이언트가 고칠 필요가 있는 당장의 문제를 경험하는 것과 함께 시작된다.

---

4) Cooperrider et al. (1987).

5) 이 구분은 Senge(1990)에 의해 이루어졌고, 그것에 근거해서 많은 연구자가 일차학습(first-order learning) 과 이차학습(second-order learning) 혹은 학습하는 법의 학습의 차이에 주목했다(예: Bateson, 1972; Argyris & Schön, 1996).

〈표 3-2〉 **긍정탐구의 개념**

문제해결 초점	긍정탐구
'요구사항'	무엇을 긍정하기
문제의 파악	무엇을 존중하기
원인의 분석	무엇을 계획하기
가능한 해결책의 분석	무엇이어야 할지 다이얼로그하기
실행계획	무엇을 혁신하기

문제해결은 '실재'는 해결되어야 할 문제라는 가정에 기초한다. 긍정탐구는 '실재'는 포용되고 향상되어야 할 기적이라는 가정에 기초한다.[6]

　비슷한 논점이 최근 Marshak가 변화에 대한 네 가지 사고방식을 파악하면서 〈표 3-3〉과 같이 제시되었다.[7] 〈표 3-3〉은 우리가 어떻게 은연중에 각 관점으로 일할 수 있는지를 보여 준다. 물리적 공학의 관점에서는 고치고, 이동하고, 형성할 생각을 한다. 화학 과정의 관점에서는 좋은 '궁합(chemistry)'을 만들기 위해 사람들을 혼합시킴으로써 작업방식을 변화시키거나 촉매작용을 한다. 농업적 · 생물학적 관점에서는 성장과 개발이 대부분 조력을 받는 개인 혹은 집단의 통제하에 있다고 본다. 그러나 조력자는 자연적 진화를 돕기 위해 영양소, 햇빛, 비료를 제공할 수 있다.

〈표 3-3〉 **변화를 위한 은유**[8]

물리적/화학적 은유(수리와 복구)	
기계 은유	문제를 고치기, 재설계하기
여행 은유	새로운 장소로 이동하기, 방향 전환
공사 은유	새롭게 짓기, 재구조화
화학 은유	촉매작용하기, 혼합하기, 합성하기, 결정화시키기

---

6) 이 도식은 Barrett와 Cooperrider(1990)의 것을 수정한 것이다.

7) Marshak (1993).

8) 〈표 3-3〉의 범주는 Marshak(1993)가 출판한 내용을 수정하고 정교화한 것이다.

생물학적/의학적 은유(치료와 성장)

농업 은유	성장하기, 재생시키기, 열매를 맺기, 수확하기
의료 은유	치료하기, 접종하기, 절단하기, 절개하기

심리적/영적 은유(부활, 재생)

심리적 은유	통찰 제공하기, 정신모델 변화시키기
영적 은유	개종하기, 해방하기, 창조하기, 변모시키기

사회학적 은유(재편성, 재조직)

역할과 규범의 변화, 문화의 변화

이 암묵적 모델들은 초기의 탐구 과정에는 영향을 미치지 않을 수도 있지만, 컨설턴트의 진단과 직면적 탐구에는 틀림없이 영향을 미친다. 그렇기 때문에 컨설턴트가 자신의 은유와 가정을 인식하는 것이 중요하다. 문제지향의 관점에서 시작하면 무엇이 잘못인지를 강조하는 질문을 하게 된다. 반면에 긍정지향의 관점에서 시작하면 작동하고 있는 것이 무엇인지, 클라이언트를 편하게 만드는 것이 무엇인지, 그의 목적과 이상은 무엇인지, 원하는 목적지는 어디인지 등과 결부된 질문을 하게 된다. 이와 유사하게 수리를 강조하는 기계모델과 성장을 추구하는 생물학적 모델은 각각 우리가 클라이언트로 하여금 자신의 상황을 진단하게 어떻게 도울지, 변화를 위한 사고를 위해 어떤 정신모델을 제공할지를 결정한다.

서로 대조되는 접근들은 조력관계의 초기에는 영향을 덜 미칠 수 있다. 초기에는 클라이언트의 은유가 상황을 좌우하기 때문이다. 우리 문화에서 조력의 요청에 대한 앞서의 논의를 고려할 때, 대부분의 클라이언트는 문제지향의 공학적 관점에서 시작할 것이다. 그들은 수선, 아마도 빠른 수선을 원할 것이다. 컨설턴트가 긍정탐구의 역량 형성의 입장에 있다면 관계가 전개되면서 보다 긍정적이고 활력지향적인 질문을 시작할 것이다. 그래서 클라이언트로 하여금 비탄하는 대신에 잘 작동하고 있는 것의 가치를 볼 수 있도록 돕는다. Cooperrider는 최근 회의[9]에서 훌륭한 사례

---

9) The American Academy of Management 회의의 보고자료. (Cincinnati, August 12, 1996).

를 제공하였다.

내부 컨설턴트로 일하는 친구가 그에게 찾아와서 도움을 요청했다. 그녀는 10여 년간 성희롱 훈련을 해 왔는데, 그것이 진정한 도움이 되지 않는다는 느낌이 들기 시작했다는 것이다. 왜 훈련이 도움이 되지 않았는지 자세히 조사하기 전에 그는 클라이언트에게 진정 원하는 것이 무엇인지 물었다고 한다. 그랬더니 진짜 원하는 것은 성에 상관없이 직장에서 잘 작동하는 관계라는 답변이 돌아왔다. 그래서 잘하고 있다고 느끼고 있는 혼성작업 쌍 혹은 집단을 알고 있는지 다시 물었다. 두 사람은 집단 전체에서 잘 작동하고 있는 혼성집단을 초대해서 그들의 긍정적 경험을 논의해 보자고 결정했다. 십여 개의 집단이 그들의 경험을 공유하는 데 자원했고, 이것이 컨설턴트로 하여금 성희롱의 쟁점에 대해 완전히 새로운 관점을 개발할 수 있게 했다. 작동하는 관계의 공통적 속성을 분석하여 보다 잘 작동하는, 완전히 다른 종류의 훈련프로그램을 형성할 수 있게 되었다.

요약과 결론

조력관계의 문제적 역학이 클라이언트를 운전대에 머물게 하는 적극적 탐구 과정을 통해 어떻게 개선될 수 있는지를 설명했다. 즉, 자신의 문제에 대한 적극적 해결자가 됨으로써 지위를 다시 회복하는 것, 자신감을 갖게 해서 어느 정도 자신의 상황을 해석할 수 있는 것, 클라이언트와 컨설턴트 양자가 작업할 수 있게 많은 자료를 드러내는 것이다. 적극적 탐구는 잘 듣는 것 이상이다. 그것은 조력을 요청할 때 포함되는 심리적 역학을 이해하고, 클라이언트의 정신과 정서 과정에 영향을 주는 서로 다른 질문에 대한 이해를 포함한다.

세 가지 탐구는 구분되어야 한다. (1) 순수탐구는 오로지 클라이언트의 이야기에 집중한다. (2) 진단적 탐구는 감정, 진단적 질문, 행위지향적 질문을 추구한다. (3) 직면적 탐구는 무슨 일이 일어나고 있는지에 대한 컨설턴트의 관점을 가져온다.

어떤 수준의 탐구를 선택할지는 실제의 상황, 이야기에서 나오는 사건들, 그리고 중요하게는 관계에서 더 이상 클라이언트의 비하감이 없다는 컨설턴트의 진단에 좌우된다. 클라이언트와 조력자의 실제적 역할은 상황에 따라 변하겠지만, 관계의 균형은 탐구 과정이 조력자와 클라이언트로 하여금 역할을 구분하고, 상호 수용을 보여 주고, 그를 통해 작업가능한 심리적 계약관계를 형성하기 전까지는 성취되지 못할 것이다. 관계의 아주 초기 단계에서는 순수탐구가 적합하다. 순수탐구는 클라이언트의 기대를 드러내고, 조력자가 수용과 지지를 보여 줄 수 있기 때문이다. 클라이언트가 적극적인 문제해결자로 변하면 깊은 수준의 진단과 직면적 탐구가 가능해진다.

탐구 과정을 관리할 때는 개입의 타이밍이 중요하고, 컨설턴트는 클라이언트의 흐름과 함께하라는 원리와 건설적인 기회주의 사이에 균형을 맞추어야 한다. 그 과정에서 컨설턴트는 위험을 감수할 것이며, 불가피하게 실수를 범할 수도 있다. 그러나 실수는 컨설턴트에 대해, 그리고 클라이언트의 전체 상황과 개입에 대한 그의 반응을 학습할 원천으로 기꺼이 수용되어야 한다.

탐구 과정은 필연적으로 클라이언트와 컨설턴트가 갖고 있는 변화, 학습, 문제해결, 성장의 은유에 의해 안내된다. 컨설턴트는 자신의 암묵적 은유를 인식하고, 상황의 실재에 근거해서 선택하는 것이 중요하다. 그러나 컨설턴트가 어떤 은유를 사용한다고 할지라도 탐구 과정의 핵심 기능은 클라이언트가 안전을 느끼고, 불안을 유발할 자료도 드러낼 수 있게 하는 일련의 조건을 창조하는 것이다. 조력자로서 좋든 싫든 분위기를 조성하고, 관계가 어떻게 전개될지 결정하는 것은 우리의 초기의 개입이다.

이제까지 파악된 10개의 과정컨설팅의 일반원리는 다음과 같다.

1. 항상 도움이 되도록 시도하라.
2. 항상 현재의 실재와 접촉을 유지하라.
3. 너의 무지에 접근하라.
4. 네가 행하는 모든 것이 개입이다.

5. 문제와 해결책을 소유한 사람은 클라이언트이다.

6. 흐름과 함께하라.

7. 타이밍이 중요하다.

8. 직면적 개입으로 건설적인 기회주의자가 되라.

9. 모든 것이 자료이다. 실수는 항상 일어나기 마련이고, 그것은 학습의 주요 원천이다.

10. 의심이 들 때는 문제를 공유하라.

내 관점에 부합하지 않는 컨설팅-조력을 되돌아볼 때, 10개의 원리 중 어느 것을 위반하고 있다는 것을 찾아냈다. 유사하게 어려움에 처하거나 다음에 무엇을 할지 모르는 상황이 되면 나는 다시 이 원리들을 검토한다. 그러면 곧 무엇이 행해져야 하고 행해지면 안 되는지, 그에 따라 다음에 무엇을 할지 알게 된다. 만약 문제가 해결되지 않는다면 원리 10에 따라 문제를 공유한다.

사례 예시

사례 Hansen 연구소에서 의사의 역할을 거부하기

이 사례는 기대에서의 명확한 갈등, 그리고 컨설턴트는 역할을 주의 깊게 관리할 뿐만 아니라 분명한 전문적 기준을 갖고 있어야 한다는 것을 설명하고 있다. 내가 프로젝트의 전략적 목표로 기꺼이 받아들인 것이 클라이언트가 컨설턴트에게 기대한 것과 맞지 않아 컨설팅이 초기 단계에서 종료되었다.

이전에 나의 학생들 중 한 명은 작은 회사의 고위관리자인데, 세계 전역에서 온 핵심 관리자의 연례회의를 주최하고 있었다. 그 회사는 그의 삼촌과 의장인 그 삼촌의 형이 운영하고 있었다. 나의 옛 학생은 나와 삼촌에게 나(희망컨대 시간이 있기를 바란다고 그는 말했다)와 같은 컨설턴트가 다음 연례회의에 참석해서 토론 기간에 촉진자가 되면 어떻겠냐는 제안을 했다.

나의 과제는 소극적인 집단 구성원에게 최고관리자가 해야 할 미래의 전략에 대해 직면적 질문을 제기함으로써 그들을 '밖으로 이끌어 내는 것'이라고 들었다. 그들은 나와 같은 과정전

문가는 그들이 할 수 없었던 방식으로 소극적인 사람들을 이끌어 낼 수 있다고 생각했다.

나는 일반적 탐구질문, 왜 이것을 위해 외부자가 필요하다고 생각하는지 물었다. 수년간 회의는 '좋지 않게' 진행되었는데, 그 이유는 해외의 관리자가 통상 그들이 기대받는 방식으로 참여하지 않았기 때문이라는 답변을 들었다. 나는 이 회의들이 어떻게 진행되었는지 설명해 달라고 요청했다. 이 일반적 탐구는 나의 접촉 클라이언트가 진단적으로 사고하게 했다. 나는 고위관리자가 미래의 전략에 대해 강연하고 그에 대해 반응하기를 기대했지만, 그들의 풍토는 오직 복종만을 유도하고 있다는 점을 학습했다. 게다가 강연에 응답하고 비판해야 하는 많은 관리자는 언어적 어려움을 갖고 있었고, 서로가 어느 정도의 경쟁을 하고 있었다. 나는 동료와 고위관리자에게 안 좋은 인상을 줄 수 있어 연례회의에서 말하는 것이 안전하지 않다는 의심이 들었다. 게다가 고위관리자가 다른 사람의 말을 정말 듣고 싶어 하는지 명확하지 않았다.

이 시점에서 나는 참여를 위한 조건이 준비되지 않았으며, 외부인을 데려가도 문제가 해결되지 않는다는 것을 접촉 클라이언트가 확인하는 것이 가장 도움이 될 것이라고 느꼈다. 그래서 직면적 질문을 했다. 과연 고위관리자는 참여를 진정으로 원하는가? 그들이 회의를 위해 설정한 분위기의 특성은 무엇인가? 나는 우선적으로 필요한 것은 다른 사람에게서 그것을 얻는 방법을 알아내기 전에 자신들의 참여에 대한 헌신을 다루어야 하는 것이 아닌가 생각했다. 나는 그들이 진정으로 참여를 원한다면 그것을 확실하게 의사소통하고, 소극적인 관리자를 이끌어 낼 자신들의 방식을 설정하는 것이라고 말해 주었다. 나는 그런 기제의 설계를 도울 수는 있지만, 외부 촉진자가 이 상황을 도울 수 있다는 데에는 동의하지 않았다.

나의 학생이었던 접촉 클라이언트는 삼촌은 책임지는 것을 원치 않고, 의장도 참여를 이끌어 내는 데 익숙하지 않아 외부인에게 기대고 싶어 한다고 느끼고 있었다. 그러나 양자 모두 참여에는 헌신이 있다고 믿었다. 이것에 대해 생각하면서 나는 회의에 참여하는 것을 원하지 않게 되었다. 거기서 무엇이 일어날지 명확하지 않았고, 또 고위경영진의 감정이 어떻게 작용할지 모르기 때문이었다. 이 상황에서 도움이 되기 위해서는 그 가족이 자신들의 문제를 명확히 볼 수 있도록 할 필요를 느꼈다.

나의 학생에게 내가 회의의 디자인과 외부인이 필요한지 논의하기 위해 그의 삼촌과 만나고 싶어 한다는 말을 전해 달라고 요구했다. 그리고 이것은 컨설팅 방문으로서 시간당 비용이 지불되어야 한다고도 말했다. 이때 나의 목적은 그들이 진정으로 이 문제를 해결하려는 동기를 갖고 있는지 시험하고, 그의 삼촌에 대해 더 많은 것을 학습하는 것이었다.

그의 삼촌이 전화를 해서 두 시간의 회의를 잡았다. 회의에서 그는 조카가 말한 모든 것을 반복하면서 내가 연례휴양지에 참석할 것을 촉구했다. 모두는 버스를 타고 호텔로 가서 3일간을 보내고 다시 버스로 돌아온다는 것이다. 나는 버스를 타는 동안에 집단의 긴장을 풀어 주고, 회의에서 사람들이 말하지 않으면 질문하고, 집으로 갈 때 그 과정을 더 촉진할 수 있다는 것이다. 왜 스스로는 참여를 가져올 분위기를 만들 수 없다고 생각하는지 물었을 때, 삼촌은 얼렁뚱땅 대답하면서 그들은 그런 기술을 갖고 있지 못하다고 주장하면서 다시 한번 그의 형을 언급했다.

나의 정서적 반응에서 긴장과 저항이 증가되었다. 동기가 제시된 기제와 맞지 않아서 상황이 잘못되고 있다고 느껴졌다. 삼촌과의 대화를 통한 나의 판단은 그들은 진짜 원하는 것이 무엇인지 모른다는 것이다. 아마도 뒤섞인 신호를 보내고 있거나 그들은 오직 복종을 원한다는 신호를 보내고 있는지도 모른다. 이 상황에서 컨설턴트는 환영받지 못할 참여 수준을 자극함으로써 더 나쁘게 만들 뿐이라는 느낌이 들었다. 내가 부드럽게 이 생각을 직면시켰을 때, 놀라운 거부와 방어를 가져왔다. 그는 외부 촉진자가 정답이라고 생각하고 있었다. 나는 그에게 내가 그것을 할 수는 없고, 내부적으로 그 문제를 해결해 보기를 희망한다고 말했다.

나는 진정 일어나고 있는 일은 클라이언트가 제안한 다음 단계에 동의하는 것이 현명하지 않고, 심지어 해가 될 수 있다고 말하고 있었다. 사실상 그들은 자신들이 잘못 진단한 문제를 가지고 와서 그것을 진단하고 고칠 의사를 원하고 있었고, 스스로 과정관리를 통해 제안된 개입에 대한 책임을 기꺼이 공유하고 싶어 하지 않았다. 젊은 관리자가 마음을 여는 것이 고위관리자에게 환영받을지 혹은 하위관리자에게 가장 좋은 것일지 알 수 있는 방법이 없었다.

이 사례에서 나의 조력은 이 모든 것을 표면으로 표출시켜서 조카와 그의 삼촌으로 하여금 스스로 이 쟁점에 대해 통찰을 얻게 하는 것이다. 나의 관심과 분석을 보여 주는 장문의 편지를 통해 내가 그들에게 말했던 분석을 강화했다. 나는 두 시간의 컨설팅에 대해 수표를 받았지만 더 이상의 의사소통은 없어서 나의 개입이 종극적으로 도움이 되었는지는 알 수 없었다. 나는 클라이언트의 암묵적 기대에 대한 자료를 도출하기 위해 초기에 직면적으로 개입한 것에 편안함을 느꼈다.

연습 1 | 탐구질문의 형태

1. 친구나 동료에게 문제를 공유해 달라고 요청하라. 그게 어색하다면 그에게 일어난 최근의 사건에 대해 이야기해 달라고 말하라.
2. '클라이언트가' 이야기를 시작하면 의식적으로 순수탐구의 질문만 물어보라.

3. 당신이 클라이언트의 관점에서 이야기를 들으려고 노력하는 동안에도, 내면에서는 왜 혹은 어떤 사람이 무엇을 했는지 묻고 싶은 유혹에 얼마나 자주 빠지는지 인식하라.

4. 클라이언트가 그의 관점에서 많은 것을 당신에게 말했다고 느끼기 전에는 유혹을 받더라도 진단적 혹은 직면적 질문으로 전환하지 말라.

5. 어느 순간 진단적 탐구질문으로 전환할 결정을 하고, 그 결과를 관찰하라.

6. 어느 순간 직면적 탐구질문으로 전환할 결정을 하고, 그 결과를 관찰하라.

7. 20분 후에 첫 20분 동안에 두 사람이 가졌던 생각과 감정에 대해 토론하라. 서로 다른 형태의 탐구질문이 대화에 어떤 영향을 주었는지 검토하라.

연습 2 | 긍정탐구

1. 친구 혹은 동료에게 최근 경험했던 문제를 공유하라고 요청하라.

2. 앞에서 논의했던 적극적 탐구질문을 사용하여 이야기를 끌어내라.

3. 직면적 탐구의 질문에서 당신의 생각을 공유할 때, 의식적으로 긍정적 술어로 당신의 생각을 전하도록 노력하라. 클라이언트가 '문제'와 부정적인 것 보다는, 잘되고 있는 것, 추구되고 있는 긍정적 목표, 이용될 수 있는 강점을 볼 수 있게 질문하라.

4. 다음의 관점(긍정으로 전환한 것이 클라이언트에게 준 영향, 문제에서 보다 긍정적 시각으로 전환하려고 할 때 당신의 정신적 과정에서 일어난 일)에서 연습을 검토하라.

제4장

클라이언트의 개념

어떤 조력 혹은 변화 과정도 항상 표적이나 클라이언트가 있다. 지금까지의 논의에서는 클라이언트를 명확하게 파악하고 있는 것처럼 말했지만, 실제로는 누가 진짜 클라이언트인가의 질문은 어렵다. 때로 누구를 위해 일하고 있는지 알지 못하는 나를 발견하기도 하고, 목적에서 서로 갈등하는 여러 클라이언트와 함께 일하곤 한다. 나는 종종 변화의 '표적'을 파악할 수 있다. 그들의 문제를 명확히 볼 수 있고, 도와주고 싶다. 그러나 그들은 자신의 문제를 보지 못하고, '클라이언트'로 보이는 것에 저항한다. 개인, 소집단, 대집단 혹은 큰 회의에서 조직 전체와 작업할 수 있다. 나는 한 사람 혹은 한 집단과의 작업이 그에 대해 전혀 알지 못하는 다른 사람 혹은 집단에 영향을 미칠 수 있다는 것을 안다. 궁극적으로 우리가 개입할 때 행하는 모든 것은 우리가 살고 있는 더 큰 공동체와 사회에 얼마간의 영향을 줄 것이다.

같이 일하는 사람의 애매함은 컨설턴트에게만 적용되는 것은 아니다. 부하 직원 혹은 동료를 관리하는 관리자, 이웃 가정을 대하는 친구, 한 학급을 다루는 교사 또한 실제로 같은 쟁점을 갖고 있다. 정확하게 누가 영향의 표적인가? 누구에게 어떤 도움이 필요한가? 도움을 요청하는 사람은 누구인가? 과정컨설팅의 철학은 이 모든 경우에 동일하다. '도움이 되려고 시도하라.' 그러나 우리가 보아 왔듯이, 전략과 전술은 클라이언트의 정의에 따라 달라질 것이다. 또한 컨설팅의 과정이 전개되면서 누가 진짜 클라이언트인지, 그리고 다루어지는 문제 혹은 쟁점이 무엇인지는 점점 더 복잡해진다. 이 복잡함을 단순화시키는 방법은 '누구와 무엇을 하려고 하는지'

매 순간에 명확하게 하는 것이다.[1]

누구? 클라이언트의 기본 유형

1. 접촉 클라이언트(contact clients)   요구, 질문 혹은 쟁점을 갖고 컨설턴트와 첫 번째로 접촉하는 개인(들)이다.

2. 중간 클라이언트(intermediate clients)   프로젝트가 전개되면서 여러 인터뷰, 회의, 그리고 활동에 참여하는 개인들 혹은 집단이다.

3. 일차 클라이언트(primary clients)   작업이 이루어지는 문제 혹은 쟁점을 최종적으로 소유하고 있는 개인(들)이다. 그들은 또한 전형적으로 컨설팅 비용을 지불하거나 그들의 예산으로 컨설팅 프로젝트가 진행된다.

4. 무의식 클라이언트(unwitting clients)   일차 클라이언트와 위, 아래, 측면관계에 있는 조직 혹은 클라이언트 체제의 구성원으로서 '개입에 의해 영향을 받지만 자신이 영향을 받는다는 것을 인식하지 못한다.'

5. 최종 클라이언트(ultimate clients)   공동체, 전체 조직, 직업집단 혹은 다른 집단으로 컨설턴트가 행하는 모든 개입에서 컨설턴트는 그들을 돌보고, 그들의 복지를 고려해야 한다.

6. '비클라이언트' 참여자(involved 'non-clients')   마지막으로 어떤 변화에서도 앞

---

1) 이 장의 여러 아이디어는 Otto Scharmer에게 빚지고 있다. 그의 조력과 피드백은 이 장과 이전 장을 쓰는 데 큰 도움이 되었다.

의 클라이언트의 정의에 해당하지 않지만, 무엇이 일어나고 있는지 인식하는 개인들 혹은 집단들이 있다는 것에 주목해야 한다. 그들의 관심은 조력의 노력을 늦추거나 중단시키는 데 있을 수 있다. 어떤 사회적·조직적 상황에서도 정치적 쟁점, 권력놀음, 숨겨진 의제, 목적의 갈등이 있어서 조력자는 여러 개입을 계획하고 실행할 때 이를 인식해야 한다.

초기에 컨설턴트를 만나는 접촉 클라이언트는 통상 컨설턴트에게 조직의 다른 사람들을 소개한다. 이후 그 사람들이 조직의 다른 사람을 위해 컨설턴트와 함께 활동을 계획할 수 있다. 프로젝트가 진행되면서 컨설턴트는 여러 유형의 클라이언트를 주의 깊게 구분해야 한다. 특히 작업을 위해 비용을 지불하는 일차 클라이언트, 그것에 영향을 받을 무의식 클라이언트와 최종 클라이언트, 그리고 저항하고 전복시킬 수 있는 비클라이언트를 명확히 구분해야 한다. 무엇이 도움이 되는지는 중간, 일차, 무의식, 그리고 최종 클라이언트에 따라 다르게 규정될 수 있다. 그렇기에 컨설턴트에게는 네트워크, 영향의 라인, 권력관계, 큰 사회체제의 역학에 대한 보다 광범위한 정신모델이 필요하다.

무엇을? 문제 혹은 쟁점의 수준에 따른 클라이언트의 역할

컨설턴트는 조력 과정이 전개되면서 다루는 문제의 특성에 기초해서 서로 다른 클라이언트 역할에 대해 생각할 수 있어야 한다. Rashford와 Coghlan은 1994년에 출판된 그들의 책인 『조직수준의 역학(The Dynamics of Organizational Levels)』에서 명료하게 이 점을 주장하였다. 그들의 프레임워크를 토대로 일곱 수준의 문제 혹은 쟁점을 구분할 수 있다. 각 수준은 클라이언트로서의 서로 다른 개인들 혹은 집단들을 포함한다.

1. 개인 수준   개인 수준은 조력관계에서 한 사람이 가져오는 '개인 내적(intrapsy-

chic)' 쟁점들이다. 집단 혹은 조직 상황에서 Rashford와 Coghlan이 파악한 타인과의 유대, 조직이나 공동체에서의 맴버십의 근본문제를 포함한다.

가장 적합한 개입은 보통 개인의 경력이나 인간적 쟁점을 포함하는데, 통상 개인 상담, 코칭, 멘토링, 훈련을 통해 일어난다. 조직의 맥락에서 초점은 종종 개별 종업원이 조직에서 효과적인 참여자가 되도록 도와준다. 어떤 형태의 개인적 조력이라도 접촉 클라이언트와 중간 혹은 일차 클라이언트 체제에 있는 개인들에게 제공될 수 있다. 또한 무의식 혹은 최종 클라이언트에게도 제공될 수 있다.

2. 개인 간 수준　이 수준은 개인과 조직 혹은 클라이언트 체제의 다른 구성원 사이의 관계에 관련된 문제나 쟁점을 지칭한다. 이 경우에 컨설턴트는 한 번에 여러 사람과 작업하는데, 만약 한 사람과 작업한다면 개인 내 쟁점보다는 '관계'에 대해 작업할 것이다. 일대일의 맥락이 유지되더라도 탐구의 초점은 관계, 여러 집단에서 클라이언트의 역할, 팀 구성원으로서의 효과성일 것이다. 개인 수준에서 기술된 개입들이 이 수준에 적합한 개입들과 중첩될 수도 있다. 그러나 개인의 경우에는 관계가 개인에 미치는 영향에 초점을 두겠지만, 개인 간의 경우에는 다른 사람에게 영향을 미치는 개인의 행동에 초점을 맞출 것이다.

이 수준에 특별히 맞추어진 전형적 개입들은 역할 협상, 중재, '제삼자'를 통한 갈등 해결, 결혼상담이나 가족치료에서 볼 수 있는 관계상담이다. 이러한 종류 중 보다 초점적이고 공식적 개입들은 클라이언트와 컨설턴트의 관계가 개인 간 쟁점에 공식적으로 초점을 맞추자고 함께 결정하는 수준에 이르러야 사용될 수 있다.

3. 대면집단 수준　이 수준에서 문제나 쟁점은 한 집단 혹은 팀이 '하나의 집단으로' 어떻게 기능하느냐로 전환된다. '대면'은 집단이 특정 공간에 함께 있지 않아도 혹은 물리적으로 규칙적으로 만나지 않아도 그 자체를 하나의 집단으로 의식하는 것을 함의한다. 구성원들이 함께 일하는 것으로 생각한다면, 전기적 연결이 대면적 의사소통을 위한 대용물이 될 수 있다. 이 경우에 컨설턴트는 회의의 비지시적 촉진자에서부터 의제 관리나 심지어 집단의 작업을 구조화하는 것까지 다양한 조력

역할을 수행한다. 컨설턴트는 쟁점이나 의제에 대한 관심을 파악하기 위해 이전에 언급된 어떤 유형의 클라이언트와도 개인적으로 만날 수 있다. 그러나 초점은 집단이 하나의 집단으로 어떻게 작업하느냐에 있다. '팀 빌딩'(Dyer, 1995)이라는 명칭하에 이루어지는 많은 작업이 이 수준에 속하는데, 이제 '클라이언트'의 개념이 집단으로 확장된다.

4. **집단 간 수준**　이 수준은 집단, 팀, 부서, 그리고 조직의 단위들이 서로 관련을 맺고, 조직이나 보다 큰 클라이언트 체제를 위해 작업을 조정하는 방식에서 도출된 문제나 쟁점에 초점을 맞춘다. 컨설턴트는 체제 수준에 개입하고, 다중단위 개입의 관점에서 사고할 수 있어야 한다.[2] Blake의 집단 간 훈련(intergroup exercise; Blake et al., 1989)과 Beckhard의 직면회의(confrontation meeting; Beckhard, 1967)는 '클라이언트 체제'로서 전체 단위가 포함된 사례이다. 대안적으로 컨설턴트는 여러 부서나 집단의 개인 지도자들과 작업하거나 각 단위의 대표자로 기능하는 소집단 구성원들과 작업할 수 있다. 클라이언트의 구성은 다양할 수 있으나 이 수준에서 다루어지는 쟁점은 항상 조직 단위의 협력과 조정을 향상시키는 것과 관련된다. 그러한 개입들은 클라이언트 체제의 구성원들과 사전에 관계가 형성되어 있어서 클라이언트가 대규모의 체제적 개입으로 무엇을 얻고자 하는지 알고 있다는 것을 다시 한번 강조할 필요가 있다.

5. **조직 수준**　이 수준은 전체 클라이언트 체제의 미션, 전략, 총체적 복지와 연관된 문제 혹은 쟁점을 다룬다. 그 체제는 가정, 부서, 조직 혹은 전체 공동체가 될 수 있다. 컨설턴트는 개인 지도자, 한 집단 혹은 여러 집단과 다양하게 작업할 수 있지만, 초점은 총체적인 체제 수준의 문제에 있다. 사례로는 Survey Feedback Projects(Likert, 1961), Weisbord의 Futrue Search Conferences(Weisbord & Janoff, 1995), Open Systems Planning(Beckhard & Harris, 1987), Blake와 Mouton의 Grid OD(Blake &

---

2) 그런 개입에 대한 탁월한 검토가 Alban과 Bunker(1996)에 의해 출판되었다.

Mouton, 1969; Blake et al., 1989), Worley, Hitchin 그리고 Ross의 Integrated Strategic Change(Worley, Hitchin & Ross, 1996), 그리고 최고경영진에 의해 추진된 몇몇 형태의 문화분석(Schein, 1992)이 있다.

6. 조직 간 수준   이 수준은 전체 조직 혹은 공동체 단위가 콘소시엄이나 조직 간에 네트워크를 형성하려고 할 때 제기되는 조정, 협동, 협력 쟁점과 관련되어 있다(Chisholm, 1998). 컨설턴트는 전형적으로 대표들로 구성된 크고 작은 집단과 작업하고, 개인들과 작업할 때라도 광범위한 네트워크 쟁점에 초점을 맞춘다. 이 수준의 쟁점들이 집단 간 쟁점들과 다른 점은 단위가 자율성이 있고, 단일한 목적이나 정치적 실체에 구속될 필연성이 없다는 것이다. 예를 들면, 컨설턴트는 UN 위원회, '조직학습'과 같은 목적으로 함께 묶인 회사들의 컨소시엄, 지역의 개발프로그램을 만들려는 공동체 네트워크와 함께 일할 수 있다.

7. 대규모 체제 수준   마지막 수준은 대단위 공동체나 사회를 포함하는 문제나 쟁점과 관련되어 있다. 컨설턴트는 사회 네트워크, 조직의 연합체, 공동체 집단과 함께 대규모 체제의 건강에 관한 쟁점으로 작업할 수 있다. 그 수준은 'The Natural Step'[3] 과 같은 환경지향 프로젝트처럼 지구 전체가 될 수도 있다.

클라이언트의 유형을 제시하는 목적은 클라이언트의 식별에 내재되어 있는 복잡함에 초점을 맞추고, 컨설턴트가 대부분의 시간을 일대일 혹은 소집단 상황에서 작업할지라도 어느 클라이언트의 유형을 채택하느냐에 따라 문제의 초점이 극적으로 달라진다는 점에 주목하기 위함이다. 또한 쟁점의 수준도 초기의 진단개입에서 비롯된 보다 '심층적인' 개입이 광범위한 클라이언트 체제에 관련되면서 다른 결과들을 가져온다는 점에 대해 경각심을 갖게 한다. 대부분의 컨설팅모델에서 조직의 태

---

3) 'The Natural Step'은 Karl-Henrik Robert에 의해 개발된 프로그램이다. 이 프로그램은 모든 수준의 사회로 하여금 지구촌의 환경문제를 의식하게 만들어 우리 각자가 그것에 대해 무엇인가 시작할 수 있게 한다(Eriksson & Robert, 1991).

도조사는 하나의 '개입'으로 여기지만, 핵심 경영진과의 '진단적 면담'에 대해서는 단지 '진단'으로만 생각하는 이유는 조사의 광범위한 파급효과와 일반적으로 조사가 다루는 문제 때문이다. 그러나 문제의 초점이 수준에 따라 전환되어도 컨설턴트와 클라이언트 체제의 관계의 심리적 역학은 본질적으로 동일하다. 그렇다면 초점의 변화에 따라 달라지는 것은 무엇인가?

컨설턴트(조력자)가 개인상담 혹은 집단 촉진의 범위를 벗어나면 누구와 같이 일하고, 무엇에 초점을 맞추며, 다음 단계나 주요 개입을 계획할 때 누구의 이익을 고려할지 진단하는 것은 매우 복잡하다. 과정컨설팅 양식을 유지하기 위해 컨설턴트는 그 순간에 같이 작업하고 있는 클라이언트 체제와 이 과제를 공유할 필요가 있다. 컨설턴트 혼자 다음에 무엇을 할지 결정해서는 안 된다. 그런 결정에 필요한 큰 체제의 문화와 정치에 대해 결코 충분히 알 수 없기 때문이다. 컨설턴트는 도움을 줄 수 있는 수준과 수단을 계획하는 데 접근할 수 있는 중간 혹은 일차 클라이언트 체제를 계속 참여시켜야 한다. 혼자 모든 것을 해결하려고 하지 말라는 원리, 즉 '문제를 공유하라'는 원리는 특히 이 지점에 적용될 수 있다.

조력은 그것이 컨설턴트이든, 부하 직원을 돕는 관리자이든, 친구를 돕는 친구이든지 간에 윤리적 딜레마를 갖는다. 이 딜레마는 조력자가 항상 클라이언트 체제의 한 부분 이상을 다루며, 각 부분이 동일한 요구나 기대를 갖는 것은 아니라는 사실에서 기인한다(Schein, 1966). 경영의 맥락에서 이것은 서로 다른 '이해관계자'의 문제이며, 이들 집단의 이해관계의 균형을 잡는 것이 경영의 핵심적 역할이다. 그러므로 관리자와 컨설턴트는 복잡한 체제에 개입할 때 다중적 관계가 어떻게 개념화되고 관리될 수 있는지에 대해 서로에게 배울 점이 있다.

클라이언트의 일반적 범주와 클라이언트 쟁점의 수준에 대해 논의하였다. 다음에는 각 유형의 클라이언트에게서 제기되는 세부적인 쟁점을 살펴본다.

접촉 클라이언트와 중간 클라이언트의 쟁점

조력 과정은 항상 접촉 클라이언트와 함께 시작된다. 그가 작업이 이루어질 문제를 소유하고 있는가의 여부와 상관없이 접촉 클라이언트는 컨설턴트가 문제 혹은 쟁점과 관련해서 만나는 첫 번째 사람이다. 과정컨설팅의 가정으로 도움을 주려면 가능한 한 빨리 이 접촉 클라이언트와 조직의 다른 사람들이 컨설턴트, 그리고 그의 컨설팅 철학에 대해 무엇을 알고 기대하는지 알 필요가 있다. 나는 특히 성급하게 전문지식 제공 혹은 의사 역할을 맡지 않을 것이며, 짧은 전화통화라도 접촉 클라이언트가 도움을 받았다고 느끼기를 원한다. 상대방에 의해 조력으로 느껴져야 한다는 원리는 모든 대화에 적용된다.

사전의 관심하에 컨설턴트는 일어나고 있는 것에 대한 무지를 줄이고, 상황의 실재를 파악하기 위해 광범위한 탐색적 탐구를 시작해야 한다(제3장 참조). 클라이언트의 마음은? 왜 전화 혹은 찾아왔을까? 왜 이 시점에? 접촉 클라이언트가 제시한 이유는 그들의 지각에 대한 단서를 제공한다. 나는 이 지각을 강화하거나 '교정'할 수 있다.

- 그는 나의 컨설팅 스타일에 대한 책이나 논문을 읽었다.
- 그는 이전 혹은 현재의 클라이언트로부터 추천을 받았다.
- 그는 나의 스타일과 관심영역을 아는 동료로부터 추천을 받았다.
- 그는 내가 무엇인가를 가르친 워크숍에서 나를 알게 되었다.
- 그는 나의 강연이나 『내 생애 커리어 앵커를 찾아서(Career Anchors)』(1990) 혹은 『조직문화와 지도성(Organizational Culture and Leadership)』(1992)과 같은 나의 책과 논문에서 어떤 주제를 읽었고, 그 주제가 문제영역과 관련이 있다고 지각했다.

답변을 들으면서 나는 상황이 관계의 지속을 보장할지, 즉 내가 이 상황에서 궁극적으로 도움이 될 수 있을지 최선을 다해 계산해 본다. 나는 접촉 클라이언트와 조직의 인사가 과정컨설팅모델이 주장하는 공동의 탐구와 공동의 문제해결에 기꺼이 참여할 의지와 준비가 되어 있는지, 만약 그렇지 않다면 클라이언트가 요구하는 다른 전문지식을 내가 갖고 있는지 판단해야 한다. 클라이언트의 의도가 건설적인 것인지의 여부도 알아내야 한다. 나도 모르게 누군가의 정치게임에 앞잡이가 될 수도 있기 때문이다.

물론 이 대답들은 탐색적이면서도 동시에 도움이 되는 사려 깊은 질문의 과정을 통해서만 찾아낼 수 있다. 항상 내가 말하고 행하는 모든 것이 그 순간의 상황에서 가능한 한 도움이 되는 것으로 지각되어야 하는 개입이라는 대원칙하에 움직인다. 나의 목적은 전화를 한 사람이 자신이 찾는 정보를 받았을 뿐만 아니라 문제 그 자체를 생각하는 데에서 어떤 도움을 받았다는 느낌을 갖도록 하는 것이다. 대부분의 경우에 이 도움은 접촉 클라이언트가 이전에는 고려해 보지 않았던 질문의 형태나 접촉 클라이언트가 도움이 되는 자신의 제안과 개입을 가지고 조직에 돌아갈 수 있게 하는 제안의 방식이 될 것이다. 이 중 하나는 만약 조직의 잠재적 클라이언트가 상황을 더 탐색하기를 원하면 그와 한 시간쯤 만나 계속 참여하는 것이 의미 있는지 논의할 수 있고, 그 시간은 비용이 지불되어야 한다고 제안하는 것이다.

탐색적 만남에 대한 비용은 보장되어야 한다. 통상 유용한 통찰은 초기의 만남에서 일어나고, 종종 더 이상의 관여는 필요 없기 때문이다. 접촉 클라이언트나 그 만남에 참여하는 사람은 그 만남에서 다음에 무엇을 할지 알아낼 수 있고, 다음 단계에서는 종종 외부 컨설턴트의 도움이 필요가 없다. 둘째, 탐색적 만남에 비용을 지불하는 것은 접촉 클라이언트의 도움을 받으려는 동기를 검증하는 기능이 있다. 세 번째는 도움이 '시간 단위'로 이용될 수 있고, 꼭 장기간의 프로젝트나 정교한 공식 계약을 포함하는 것은 아니라는 메시지를 전할 수 있다.

초기의 접촉이 도움이 된다고 지각하면 접촉 클라이언트와 컨설턴트는 함께 다음 단계를 계획한다. 다음 단계에는 통상 중간 혹은 일차 클라이언트가 참여한다. 이상적 상황은 접촉 클라이언트가 일차 클라이언트인 상황이다. 그러나 일차 클라이언트는 종종 초기의 접촉을 통해 컨설턴트가 '합법화'될 때까지 자신들의 쟁점을 드러내지 않는다. 접촉 클라이언트는 아마 컨설턴트가 일차 클라이언트와 함께 작업할 수 있는 유형인지 시험할지 모른다. 일차 클라이언트도 추가적인 작업에 몰입하기 전에 '궁합을 시험하기 위해' 초기의 만남을 요청할 수 있다.

쟁점의 수준과 관련해서 컨설턴트는 어떤 수준에서도 작업할 준비가 되어 있어야 한다. 그리고 문제가 개인, 개인 간, 집단, 집단 간 혹은 전체 체제의 수준인지를 진단하기 위해 초기의 만남을 사용해야 하다. 대화가 시작되면 컨설턴트는 자신의 무지를 감소시킬 뿐만 아니라 함께 작업하는 클라이언트와 공유된 진단팀을 이루어 다음 단계를 함께 소유할 수 있는 관계를 지속적으로 형성해야 한다.

접촉 클라이언트는 작업해야 할 문제를 소유한 사람일 수도 있고, 그렇지 않을 수도 있다. 또 최종적으로 컨설턴트의 서비스에 대한 비용을 지불하는 사람일 수도 있고, 그렇지 않을 수도 있다. 어떤 경우에는 단지 별도의 시간을 내기 싫거나 직접 도움을 찾기에는 곤란하거나 조직의 난처한 누군가를 위한 대리자에 불과할 수도 있다. 예를 들면, 나는 종종 상사를 대신해서 내가 어떤 컨설팅을 해 줄 수 있는지 묻는 직원이나 훈련부서 담당자의 전화를 받곤 한다. 전화를 건 사람은 나를 포함한 명단이 있고, 그 명단의 모든 사람에게 똑같은 질문을 한다고 고백했다. 내가 도움을 줄 수 있는지, 그리고 어떤 도움을 줄 수 있는지에 대해 현명하게 답변하려면 어떤 종류의 조직인지, 직원에게 그런 과제를 맡긴 상사는 어떤 사람인지, 왜 그랬는지를 알아야 한다. 그래서 나는 전화를 건 사람을 접촉 클라이언트로 받아들이고, 중간 혹은 일차 클라이언트의 파악을 계속할지 결정하기 위해 여러 탐색적 개입을 시도한다.

"이 관리자와 상황에 대해 좀 더 말해 줄래요?"
"지금 무엇이 외부 컨설턴트를 필요하게 만들었나요?"
"이 관리자는 조직에서 당신과 어떤 관련이 있습니까?"
"내 이름을 어떻게 알게 되었는지 알려 주세요. 혹은 특별히 왜 제게 전화했습니까?"

이러한 질문의 목적은 (1) 계속 진행하기 위해 정보를 획득하는 것, (2) 생각해 보

지 않았을 질문을 통해 접촉 클라이언트를 돕는 것, (3) 나의 컨설팅이 어떻게 진행
될지에 대해 초기의 올바른 인상을 만드는 것이다. 질문은 또한 접촉 클라이언트가
스스로 탐색해야 할 길을 제안한다. 그것은 다음 단계를 구조화하도록 돕는다. 이
전술의 일반적 버전은 접촉 클라이언트로 하여금 왜 상사가 도움을 요청했는지, 왜
상사가 다른 사람에게 잠재적 컨설턴트의 이름을 수집하게 하는 특정한 형식을 선
택했는지를 성찰하도록 요구한다. 그 질문은 접촉 클라이언트가 진단적으로 생각
하고, 문제의 일부를 자신의 것으로 소유하도록 돕는다.

  대화가 발전되면서 나는 전화한 사람이 잠재적 일차 클라이언트에게 다음과 같
은 제안을 하는 대안적 단계를 제시한다. 그것은 나와 관리자의 만남, 관리자와의
직접적인 전화 혹은 관리자 자신이 어떤 마음을 갖고 있는지 성찰하도록 추가 질문
을 하는 것이다. 접촉 클라이언트와 컨설턴트가 '중간 클라이언트'가 컨설턴트에게
직접 전화하거나 만나는 다음 단계에 동의하면 컨설턴트의 초점은 중간 클라이언트
와의 관계를 형성하고 관리하는 것으로 전환된다. 이것에는 일정을 잡는 것, 전화나
만남의 시간을 잡는 것, 어디서 만날지, 누가 참여할지, 몇 시간이나 만날지, 만남의
목적은 무엇인지를 결정하는 것이 포함된다. 질문은 접촉 클라이언트를 진단적 쟁
점에 머물게 하고, 다음 단계를 소유하도록 도울 뿐만 아니라 진단적으로 사고하는
법을 훈련시킨다는 것에 주목하라.

일차 클라이언트의 쟁점

  일차 클라이언트는 도움을 요청하는 과정을 출발시킨 특정 문제나 쟁점을 갖고
있는 사람 혹은 집단이다. 일차 클라이언트를 조작적으로 정의하는 방법은 누구의
예산에서 컨설팅 비용이 지불되느냐를 묻는 것이다. 그 질문은 종종 컨설턴트가 주
의 깊게 진단해야 하는 복잡성을 드러낸다. 내가 조직의 누군가를 도왔을 때 고위
관리자가 내 서비스에 기꺼이 비용을 지불할 의향이 있었던 적이 있다. 실제로 나의
첫 조직컨설팅 경험이었던 이 사례가 딜레마를 보여 준다.

MIT에서 조교수 2년차 때 나의 멘토인 Douglas McGregor가 나와 내 동료에게 인근 회사의 컨설팅을 맡을 수 있는지를 물었다. McGregor 자신은 시간이 없었고, 교수진에 있는 우리 모두에게 컨설팅 경험을 소개하고 싶어 했다. (McGregor는 회사로부터 요청을 받았기 때문에 정의상 접촉 클라이언트이었다.)

컨설팅 과제는 회사 연구소의 기술 직원들을 대상으로 인터뷰를 수행하는 것이었다. Industrial Relations and Personnel의 부회장에 따르면, 연구소에는 사기에 문제가 있으며, 연구소장은 기술 직원들의 생각이 무엇인지 파악해서 문제를 해결하는 데 관심이 있었다. Mcgregor를 개인적으로 알고 있고, McGregor에게 조사하거나 할 수 있는 사람을 찾아 달라고 요청한 사람이 바로 이 부회장이었다. 부회장이 조사를 승인했을 뿐만 아니라 컨설팅 비용은 그의 예산에서 나온 것이다. 그는 연구소장도 알고 있고, 조사에 대해 기뻐할 것이라고 McGregor에게 확실하게 말했다. 이 모든 정보를 우리의 접촉 클라이언트인 McGregor로부터 얻었다. 우리는 부회장을 만나지 않았지만 연구소장을 만나 간단하게 이야기했다. 그도 인터뷰 조사를 수용했고, 기술 직원들과 함께 조사 과정이 수립될 것임도 알게 되었다.

몇 달간의 신중한 인터뷰 후에 나와 동료는 자료를 맞추어 보고, 기술 직원을 통해 파악된 모든 쟁점에 대해 꽤 완벽한 보고서를 작성했다. 예상했던 대로 찾아낸 불만 중 많은 것이 소장의 관리 스타일에 대한 것이었다. 우리는 이들 불만을 보고서의 한 장에서 언급했다. 소장과의 피드백 회의가 잡혔고, 나와 동료는 보고서의 모든 자료를 검토할 준비를 하고 있었다. 우리는 두 시간을 요청했다. 다루어야 할 정보가 많았고, 다양한 통계치를 통해 정보가 얼마나 타당한지 충분히 보여 주고 싶었기 때문이다.

나와 동료는 소장실로 가서 보고서를 전해 주었다(그가 그 회사에서 처음 보고서를 본 사람이었다). 프레젠테이션을 시작하자 그는 보고서를 훑어보았다. 즉각 그의 관리 스타일이 언급된 부분을 찾아냈고, 빠르게 그 부분을 읽었다. 그러고 나서 갑자기 화를 내면서 프레젠테이션을 중단시키고 "고맙다"는 말과 함께 우리를 내보냈다. 우리는 소장과 기껏해야 15분 정도 보냈고, 이후로 다시 소장이나 부회장으로부터 초대를 받지 못했다. 우리가 떠난 이후 그 보고서에 무슨 일이 있었는지 모른다.

이 사례는 과정컨설팅의 관점, 특히 클라이언트의 식별이라는 관점에서 우리가 범한 여러 오류를 보여 주고 있다. 회고해 보건데 우리는 일차 클라이언트를 파악하지도 못했고, 적절하게 표적을 설정하지도 못했다. 부회장일까, 연구소장일까, 아니면

Douglas McGregor이었을까? 그들 모두는 결과에 대해 이해관계를 갖고 있었고, 해결해야 할 문제가 있었다. 행동으로 뛰어들기 전에 탐구를 더 진행하지 않았기 때문에 조사에서 다루어야 할 진짜 문제가 무엇인지를 알지 못했다. 우리는 왜 McGregor가 이 과제를 맡겼는지도 알지 못했다. 우리는 기꺼이 비용을 지불했던 부회장이 무슨 마음이었는지도 알지 못했다. 예를 들면, 그는 연구소장을 겨누고 있고, 이것을 그를 끌어내릴 기회로 보고 있었는지도 모른다. 혹시 소장의 관리스타일에 영향을 주고 싶었고, 근사한 외부 개입인 이 조사를 통해 그 상황을 처리하고 싶었을 수도 있다. 또는 단지 누군가 그에게 제안한 조직개발의 활동을 후원한 것일 수도 있다.

우리는 연구소장이 프로젝트를 진짜 수용했는지, 유혹을 받은 것인지 아니면 부회장에 의해 '강요'받았는지 알지 못했다. 무엇보다 가장 중요한 것은 연구소장이 조사를 통해 진짜 원하는 것이 무엇인지 알아내지 않았다는 것이다. 그는 명확히 관리스타일의 부정적인 측면을 듣고 싶어 하지 않았다. 우리는 누가 일차 클라이언트인지 생각하지 않았고, 그 일차 클라이언트를 프로젝트의 설계에 참여시키지 않음으로써 알 수 없는 결과와 함께 일련의 함정에 빠져 버렸다. 우리는 그 보고서에, 소장에게, 그리고 부회장과 McGregor의 관계에 무슨 일이 일어났는지 모른다. 돌이켜 볼 때, 만약 그 프로젝트의 비용을 부회장이 준다는 사실에 주의를 기울였다면 고집해서라도 시간을 마련하여 그의 동기와 왜 기꺼이 비용을 지불하려고 하는지 알아냈어야 했다. 왜 연구소의 예산으로 비용을 지불하지 않는지 물었어야 했다. 그것에 대한 우리의 무지와 그것에 접근하지 못한 것이 성과를 알 수 없는 일련의 개입에 이르게 했다.

일차 클라이언트를 명확하게 파악하면 컨설턴트는 그 사람 혹은 집단과 적극적으로 탐색적 탐구를 진행해야 한다. 앞의 사례에서 볼 수 있듯이, 일차 클라이언트가 원하거나 필요로 하는 것을 접촉 혹은 중간 클라이언트의 말로 대신할 수는 없다. 일차 클라이언트로부터 직접 정보를 얻는 것은 정확성을 보장할 뿐만 아니라 더 중요하게는 컨설턴트와 일차 클라이언트가 상황을 함께 진단하고, 이후의 개입을 개발하는 관계를 형성하는 시작점이 될 수 있기 때문이다. 문제를 소유하는 것은 클라이언트라는 원리를 기억한다면, 컨설턴트가 이차 정보에 근거해서 제안과 개입을 만드는 덫을 피할 수 있다. 컨설턴트가 혼자 앞서 나간다면 일차 클라이언트는 안도감을 느끼고, 컨설턴트에게 의존하고, 컨설턴트가 문제를 소유하는 것으로 끝나는 부적절한 상황이 만들어질 것이다. 그러므로 현재 함께 일하는 클라이언트가 결정에 대해 공동으로 책임을 지고, 함께 일하는 기제에 새로운 클라이언트를 참여시키는 것이 우리 모두에게 의미 있는 경우에만 나는 기꺼이 새로운 일차 클라이언트와 작업할 것이다.

무의식 클라이언트와 최종 클라이언트의 쟁점

무의식 클라이언트와 최종 클라이언트는 컨설턴트와 직접 접촉하지 않더라도 그들의 이해가 최종적으로 보호되어야 할 관계자이다. 다른 말로 하면 조력 과정이 컨설턴트가 고려해야 하는 다른 집단에게 명백히 위해가 된다면 일차 클라이언트를 도와서는 안 된다. 다른 관리자와의 정치적 투쟁에서 승리를 원하는 관리자로부터 도움을 요청받는다면 궁극적으로 전체 부서 혹은 조직에는 최선이 무엇인지 자신에게 물어야 한다. 자신의 가치관에서 최종 클라이언트가 더 나아질 것이라고 마음으로 정당화할 수 있어야 관리자를 돕는 것이 정당화될 수 있다.

무의식 클라이언트와 최종 클라이언트의 구분은 대부분 정도의 문제이다. 무의식 클라이언트는 나와 같이 일하는 일차 클라이언트의 동료, 상사 혹은 부하 직원이다. 이들은 근접해 있기 때문에 작업의 결과가 즉각적으로 고려되어야 한다. 최종 클라이언트는 전체 조직, 공동체 혹은 사회로 생각해 볼 수 있다. 우리가 잠재적 범죄자나 테러리스트에게 컨설팅 조력을 제공하지 않는다는 의미에서 그렇다. 극단에서 가치의 쟁점은 단순하다. 그러나 가까운 무의식 클라이언트의 경우에 상황은 보다 애매하고 복잡할 수 있다. 예를 들면, 이전 사례에서 나와 동료는 연구소장이 무의식 클라이언트이고, 원하지 않는 조사가 그를 징벌할 가능성을 진지하게 고려하지 않았다. 또한 우리는 연구소장이 그의 관리 스타일에 대한 부정적 평가에 화가 나서 기술 직원들에게 무엇인가 할 수 있다는 것도 생각하지 않았다. 우리는 익명으로 인터뷰를 진행해서 어느 정도 기술 직원들을 보호했다고 생각했지만, 그 상황에서 그들만이 무의식 클라이언트는 아니었던 것이다.

일차 클라이언트는 서비스의 비용을 직접 지불한다. 최종 클라이언트는 그 성과에 영향을 받지만 무엇이 진행되는지 모를 수도 있다. 그러므로 무의식 클라이언트와 최종 클라이언트는 컨설턴트의 전문적 준거의 측면에서 규정되어야 한다. 이 쟁점은 관리자가 컨설턴트의 역할을 할 때 민감해진다. 예를 들면, 중간관리자는 부하관리자가 그의 부하 직원을 착취하는 것을 도와야 하는가? 영업관리자는 소비자를 희생시키면서 영업하는 영업사원을 도와야 하는가? 컨설턴트는 명확하게 공동체에 해를 끼칠 회사의 공장 폐쇄를 도와야 하는가?

그런 질문에 쉽게 대답하기는 힘들다. 그러나 모든 조력관계에서 그 질문을 인지하는 것이 중요하다. 누군가를 돕는다는 것은 사실상 그들이 제시한 목표와 가치에 동맹을 맺는 것이다. 만약 우리의 도움이 나중에 조직이나 집단의 다른 부분에 나쁜 결과를 초래했다고 해서 조력에 대한 책임을 포기할 수는 없다.

이 쟁점들은 내가 대학의 학과장으로 관리자 역할을 할 때 교수와 학생의 이해와 관련해서 빈번히 제기되었다. 내 생각에 학생에게 해가 되는 교수들의 프로젝트, 수업일정, 컨설팅 출장에서 도움을 요청받을 때, 일차 클라이언트인 동료 교수들보다 최종 클라이언트인 학생이 더 중요한 순간이 언제인지 결정해야 했다. 그러한 쟁점에 의문이 생기면 최선의 개입은 즉각적으로 그 질문을 공유하여 클라이언트도 그 쟁점을 자신의 것으로 소유하게 하는 것이다. 그리고 나서 우리는 일차 클라이언트뿐만 아니라 무의식 클라이언트와 최종 클라이언트의 요구를 만족시키는 방법을 함께 찾는다.

영향의 대상으로서의 클라이언트와 비클라이언트의 영향력

많은 컨설팅 프로젝트에서 주요 딜레마는 개인, 집단 혹은 부서가 변화의 표적으로 설정되었지만, 정작 그 단위의 구성원들은 스스로를 도움이 필요한 사람들로 지

각하지 않는다는 것이다. 사실 그들은 누군가의 주목을 받는다는 것도 모르는 무의
식 클라이언트일 수 있다. 이런 상황은 통상 중간 클라이언트, 일차 클라이언트, 심
지어 접촉 클라이언트와의 탐구 과정에서 우리가 직접 접근할 수 없는 사람 A나 부
서 B에게 문제가 있다고 드러날 때 발생한다.

   그러한 표적이 위계적으로 클라이언트보다 낮다면 컨설턴트가 그들에게 가서 어
떻게든 접속할 수 있다고 종종 기대된다. 예를 들면, 앞의 사례에서 우리는 기술 직
원들이 기꺼이 우리를 만나줄지, 그리고 조사에 포함시키면 그들이 클라이언트가
되는가에 대해 결코 질문하지 않았다. 그러나 표적이 지위가 높거나 지리적으로 이
용할 수 없다면 우리는 거기서 막히게 되고, 프로젝트가 진행될 수 없다고 결정을
내린다. 내부 컨설턴트는 다음 은행의 사례에서처럼 때로 이러한 상황을 다루는 데
있어 매우 창조적이다.

   Apex Bank의 조직개발부서장인 Frank는 다른 은행들에서 매우 성공했던 새로운 팀빌
딩 프로그램을 도입하기를 원했다. 그러나 Apex Bank의 CEO는 매우 보수적이고 냉담해서
Frank는 이 프로그램을 직접적으로 제안해서는 안 되겠다는 생각이 들었다. 그러나 CEO의
승인과 지원 없이 프로그램을 시작하는 것은 아무 의미가 없다.

   그러므로 문제는 어떻게 변화의 표적으로 CEO를 승선시키고 클라이언트가 되게 하는가에
있다. Frank는 한동안 CEO의 행동을 연구해서 그가 다른 은행을 벤치마킹하는 활동을 매우
주목하고 있음을 관찰했다. Frank는 Beta Bank의 조직개발부서장인 Mary를 알고 있고, 그 은
행에서는 팀빌딩 프로그램이 잘 실행되고 있었다. 그는 또한 Apex와 Beta의 CEO들이 종종
만나는 것도 알고 있어 Mary에게 연락해서 조만간 있을 두 회장의 점심식사에 Beta의 CEO가
팀빌딩 프로그램과 그것이 얼마나 성공적인지에 대한 보고서를 가져올 수 있도록 조치를 취
했다. 몇 번의 그런 점심이 있은 후 그의 예상대로 Apex의 CEO는 Frank를 불러 Apex Bank
에 팀빌딩 프로그램을 실행할 것을 요구했다.

   상황이 이러한 종류의 관리나 우호조작(benign manipulation)에 적합하지 않다면
중간 클라이언트와 컨설턴트는 이러한 딜레마를 공유하고, 함께 표적을 클라이언트
로 변화시키는 방법을 찾아야 한다. 과정컨설팅의 관점에서 보면 이 방법은 표적인

사람들에게 어떤 방식으로든 도움을 주고, 그러고 나서 그들이 필요로 하는 도움을 찾는 탐구 과정으로 전환하는 것이다. 그러한 탐구 과정을 허용하는 초기의 접촉을 위해 컨설턴트는 종종 클라이언트의 도움을 구하는 것에서 시작해야 한다. 예를 들면, 내부 컨설턴트는 최종적으로 표적이 될 관리자에게 접근하여 관리자가 컨설턴트와 작업하기를 원하는 것이 무엇인지 탐구할 수 있다. 표적인 사람이 가진 문제를 다루는 것은 그가 초기에는 모르거나 조사하기 꺼렸던 영역의 탐구를 허용하는 관계 형성의 기회를 만들 수 있다.

비클라이언트, 즉 무엇이 일어나고 있는지 알고 있으며 반대하기로 선택한 조직의 사람들은? 이 딜레마의 통상적 방식은 컨설턴트는 기술적 혹은 문화적 변화를 실행하는 데 도움을 요청받았지만, 조직의 일부 구성원들은 이를 자신들의 권한을 빼앗거나 심지어 자신들을 내쫓는 위장술로 지각하는 경우이다. 이런 경우에 컨설턴트는 한 집단에게는 생산적이고 행복한 조력을 제공할 수 있지만, 다른 집단으로부터는 저항과 반대에 직면할 것이다. 작업의 설계에 직원을 참여시키는 생산성 프로그램의 제안에 노조는 반대할 수 있다. 그들에게 이 제안은 동일 임금을 주면서 더 많은 일을 시키려는 시도로 보일 수 있기 때문이다. '직무확대(job enlargement)'의 프로그램도 직원들은 반대할 수 있다. 그들은 반복되는 직무에 만족하기 때문이다. 많은 조사와 팀빌딩의 노력에 대해서도 직원을 돕기보다는 착취하는 수단으로 보여 반대에 부딪힐 수 있다.

이러한 경우에 컨설턴트는 최종적으로 도움이 될 것을 분류하고, 비클라이언트 집단을 건설적인 방식으로 다루어야 한다. 이것이 의미하는 바는 다음과 같다. 더 나은 의사소통의 연결, 반대 집단들 간에 더 많은 대화와 이해를 촉구하는 것, 쟁점들을 명확하게 하는 것, 현재의 일차 클라이언트가 반대가 갖는 함의를 충분히 이해하도록 하는 것이다. 명료하게 이해한 다음에 컨설턴트와 일차 클라이언트는 함께 다음에 어떻게 할지 결정해야 한다.

조직역학에 대한 컨설턴트의 지식과 경험은 그러한 쟁점의 해결에서 큰 역할을 한다. 종종 주요 개입이 이루어지기 전에 반대 집단을 예상하고 파악할 수 있기 때문이다. 내 경험에서 찾아낸 가장 중요한 역할은 관리자가 주요 변화를 제안할 때 그를 통해 누가 혜택을 받을지, 누가 위협을 받을지, 그리고 누가 그 변화를 반대할지를 철저히 생각해 보도록 '강제'하는 것이다. 그러한 분석을 토대로 모든 조직집단을 고려한 개입을 계획할 수 있다.

결론과 함의

클라이언트에 대해 가장 중요한 것은 컨설턴트가 주어진 순간에 누가 클라이언트인지 항상 명확히 해야 하고, 접촉, 중간, 일차, 무의식, 최종 클라이언트, 그리고 비클라이언트를 분명하게 구분해야 한다는 것이다. 특히 컨설턴트가 한동안 한 조직 혹은 다른 단위들과 작업할 때 누가 클라이언트인지 잊기 쉽다.

둘째, 컨설턴트는 특히 다루는 문제의 수준에 따라 무의식 클라이언트, 최종 클라이언트, 그리고 비클라이언트가 전환될 수 있다는 점을 항상 인식해야 한다. 예를 들면, CEO와 개인적인 문제로 일대일로 상담할 때는 다른 사람에게 미치는 영향이 작지만, 주요한 전략 쟁점에 대해 도움을 주게 되면 조직과 외부 공동체의 모든 사람에게 영향을 미칠 수 있다.

셋째, 어떤 경우이든 다음 단계가 다른 사람에게 영향을 미치고, 이에 대해 클라이언트가 알지 못한다고 느낀다면 컨설턴트는 그런 영향을 표면으로 드러내고, 일차 클라이언트로 하여금 그들을 충분히 인식하고 그 문제를 자기의 것으로 소유하게 만드는 것이 중요하다. "여기서 누가 진짜 클라이언트인가?"라는 질문을 접촉, 중간, 일차 클라이언트와 함께 제기하는 것이 적절하다. 이 질문에 대해 명확히 사고할 수 있다면 그들뿐만 아니라 컨설턴트에게도 도움이 된다.

사례 예시

대기업에서의 클라이언트의 복잡성

변화하는 프로젝트에서 클라이언트의 복잡성은 유럽의 사업부제 화학회사에서 이루어진 작업을 검토해 보면 잘 설명된다. 나는 수년간 그 회사에서 다양한 컨설팅 활동을 수행했다 (Schein, 1985). 이 사례는 클라이언트의 쟁점뿐만 아니라 컨설턴트가 수행해야 할 다면적 역할과 컨설팅이 개인에서부터 집단, 조직의 쟁점으로 전개되는 방식을 설명한다.

나는 처음에 조직개발부서장인 Peter Stern 박사로부터 전화를 받았다. 그는 거대 기업의 45명의 최고경영자 연례회의에서 6개월간 세미나를 제공해 달라고 요청했다. Stern은 이전 세미나에서 나의 강연을 들었기 때문에 잠정적으로 동의했다. 그는 제공될 세미나가 자신들의 회사와 관련이 있다고 설득했고, 나는 거대 다국적 조직의 최고경영진과 만날 수 있는 기회라서 관심을 갖게 되었다.

과제를 확정하기 전에 우리가 프레젠테이션의 목적에 동의하는지 확인하고, 그리고 회의에 대한 나의 접근에 만족하는지 시험하기 위해 의장인 Richard Maier를 만났다. 지금은 중간 클라이언트가 된 Maier를 만나는 특별 여행 일정이 수립되었다. 우리는 만났고, 목적에 합의했고, 서로 편안한 관계를 형성해서 계속 진행하는 데 합의했다. 이제 Maier는 일차 클라이언트가 되었다.

다음 단계는 한 달 후 연례회의를 계획하고 관리하는 훈련부서장인 Otto Kunz를 만난 것이었다. 그도 일차 클라이언트가 되었다. 나의 프레젠테이션을 언제, 어떻게 제공할지, 그리고 이것을 어떻게 연례회의의 구조에 접목시킬지의 세부 계획을 함께 개발했다. 그러나 그의 요구사항은 의장인 Maier가 나에게 말했던 그의 기본적 목적에 연결되어야만 했다. 동시에 Kunz는 나에게 도움을 주는 컨설턴트가 되었다. 그의 도움을 받아 나의 시간이 당시 기업의 두드러진 쟁점에 관련되고, 그 기업의 문화에 적합하도록 설계했다.

연례회의에서 다른 많은 경영자를 만났다. 집행위원회의 구성원은 지역과 부서의 장과 마찬가지로 잠재적인 일차 클라이언트이다. 이들과의 관계에서 새로운 사람과 상호작용하는 나의 준거는 탐구이고, 동시에 도움이 되는 것이다. 회의 동안에 의장과 몇몇 집행위원이 포함된 기획집단을 Stern이 이끌었다. 이들은 회의를 모니터링하고 필요한 경우에는 사건을 다시 기획했다. 그들은 내가 같이 앉아서 이 과정의 진행을 도와 달라고 요청했다. 이때 그들은 하나의 집단으로 일차 클라이언트가 된 것이다.

나의 실제 프레젠테이션의 측면에서는 45명의 전체 집단이 일차 클라이언트이었는데, 그들은 나의 세미나에서 다루어진 문제들을 소유했기 때문이다. 회의 동안에 나를 찾았던 개별 구성원들은 특정 쟁점에 대해 일차 클라이언트가 되었다. 회의 후 Maier는 나에게 회사의 혁신을 위해 컨설팅을 계속해 줄 것을 요청했다. 그는 자신, 집행위원, Stern을 일차 클라이언트로 규정하고, Stern에게 내가 방문하는 동안에 나의 시간을 관리하도록 요청했다. 다시 한 번 Stern은 접촉 클라이언트가 되었다.

이 시나리오가 전개되면서 나는 고위경영진, 집행위원회의 여러 개인, 그리고 두 번의 연례회의의 참석자들과 함께 작업했다. 하나의 전체로서 회사가 분명 최종 클라이언트이었고, 특정 프로젝트에 영향을 받을 여러 부서는 무의식 클라이언트이었다. 특히 회사가 여러 부분을 축소하는 과정을 시작할 때는 더욱 그러했다. Stern과 Kunz는 이후 컨설팅 작업에서 경영 개발과 훈련 쟁점이 주요 초점이 되면서 접촉 클라이언트와 일차 클라이언트라는 이중의 역할을 계속 수행했다. 여러 관리자도 또한 접촉 클라이언트이자 일차 클라이언트이었다. 그들은 회의 참석에 대해 나와 직접적으로 의사소통했고, 또 특정 문제에 대해 도움을 받았다.

연례회의의 결과로 회사를 회생시키는 프로세스의 설계를 위해 운영위원회가 구성되었고, 여기에 어떤 부서는 축소하고 다른 부서는 수익성을 향상시키는 것이 포함되었다. 이 위원회는 25개의 태스크포스팀에 프로젝트를 부과했는데, 몇몇 팀의 의장은 프로젝트를 조직하기 위해 나의 도움을 요청했다. 설령 내가 태스크포스팀의 의장 개인과 작업한다고 할지라도 이 관계에서 클라이언트의 초점은 전체 회사에 있었다.

Stern은 또한 경력개발 체제를 다시 설계하고 싶어 했다. 그래서 나에게 나의 전문가의 역량으로서 어떤 형태의 국제이동과 교차업무(cross-functional) 이동이 가장 성공적인지 결정하기 위해 상위 경영자 200명의 경력을 조사하는 연구프로젝트를 설계하는 데 도움을 요청했다. 사례들에 대한 꼼꼼한 문서는 국제적 이동의 중요성에 대한 통찰을 가져왔고, 이는 경영진의 이동 방식에 대한 재설계를 이끌었다.

나에게 이 사례의 교훈은 기업에서 만난 각 사람들과 관계를 지속적으로 재평가하고, 클라이언트 체제의 한 부분에서의 개입이 다른 부분에 어떻게 영향을 미칠 수 있는지를 계속 인식하는 것이다. 그런 영향이 확실하지 않다면 '문제를 공유하라'는 원칙으로 돌아가 혼자 결정하지 말고 그 질문이나 쟁점에 내부자를 포함시켜야 한다.

나는 또한 많은 클라이언트에 대응해서 여러 역할을 수행해야 한다는 것을 배웠다. 컨설턴트와 함께 있는 것은 지위의 상실이라는 규범을 마주하게 된 것도 이 조직에서였다. 또한 컨설턴트는 전문가-의사이어야 한다는 규범이 얼마나 강력한가에 대해서도 배웠다. 그들과 작업하는 수년 동안에 그들은 항상 내가 그들에게 의견과 조언을 제공하는 것을 선호했다. 오직 과정컨설팅의 양식으로 나와 많은 경험을 함께 한 이후에야 그들은 과정의 개입, 공동의 탐구, 공동진단의 가치를 인지하기 시작했다.

사례 2   **컨설턴트와 컨설팅하기** - The Jackson Strategy Consultants

최종 클라이언트 쟁점의 흥미 있는 사례는 컨설턴트를 위한 발달세미나를 통해 전략컨설팅 회사가 보다 효과적인 컨설턴트가 되도록 돕는 프로젝트에서 찾아볼 수 있다. 나는 그 프로젝트에서 교수집단의 일원이었다. 일단의 교수요원들은 마케팅, 금융, 인적자원, 그리고 컨설팅 기법에 대한 쟁점에서 회사의 몇몇 수석컨설턴트와 함께 작업했다. 교수요원의 역할은 연구 정보를 제공하고, 컨설팅 집단이 이 정보를 이용해서 클라이언트의 문제를 분석하는 도구를 향상시키도록 돕는 것이었다.

나는 컨설팅 방법과 과정의 전문가로 참여했다. 회사 구성원들과의 개인 시간과 집단세미나에서 클라이언트가 진짜 원하는 것을 어떻게 판독할지, 클라이언트 조직의 문화가 무엇인지, 컨설턴트가 어떻게 최적으로 관계를 관리할 수 있는지와 같은 쟁점들을 논의했다. 나는 개념적 지도를, 그들은 사례 자료들을 제공했다. 그리고 나서 우리는 클라이언트와 작업하기 위해 개발된 새로운 분석도구에 대해 토론했다.

기본 규칙은 명확했다. 교수요원들은 매우 구체적인 이유가 없는 한 클라이언트와 직접 관련되지 않는다는 것이다. 그 결과 최종 클라이언트(Jackson과 함께 작업하는 회사)에게 제공되는 모든 도움은 중간 클라이언트, 즉 Jackson의 컨설턴트를 통해 제공되었다. 표면적으로 보면 이것은 명백한 사례처럼 보였지만, 해결되지 않는 딜레마는 컨설턴트를 훈련시킨 교수요원들이 최종적으로 Jackson이 맡게 될 클라이언트에 대해 어떤 말을 할 수 있는지, 그리고 그런 말을 해야만 했는지이다. 나는 Jackson의 컨설턴트들이 제시한 사례에 대한 나의 반응을 조사함으로써 이 과정을 스스로 모니터링했다. 그들의 사례와 그들이 취한 접근은 일반적으로 타당한 조력에 대한 나의 준거에 부합했다. 그래서 이 쟁점은 갈등 없이 해소되었다.

이 사례는 교수집단이 컨설팅 회사 전체가 보다 효과적이 되도록 돕기 위해 계약했다는 점에서 컨설턴트의 훈련 혹은 '그림자 컨설턴트(shadow consultant)'로 기능하는 일반적 상황과 다르다. 만약 그때 회사가 우리와 가치를 공유하지 않는 사람들을 고용했다면 혹은 우리가 승인하지 않을 클라이언트와 계약했다면 그러한 행위들은 전적으로 우리의 통제를 벗어났을 것이다. 내가 했던 일은 평가를 위해 Jackson 컨설턴트가 그들의 클라이언트에 대한 충분한 사례 자료를 제공하도록 하여 이 프로세스를 매 순간마다 모니터링하는 것이었다.

연습 1 │ 누가 클라이언트인가?(1~2시간)

1. 동료 컨설턴트 한 명 혹은 그 이상의 사람들이 함께 모이도록 주선하라. 당신이 관리자라면 동료 관리자를 모이게 하라.
2. 각 집단 구성원들은 1년 혹은 2년 동안에 자신이 다른 사람에게 도움을 주었던 한두 개의 상황을 정하라.
3. 한 번에 한 사례씩 정해 누가 접촉, 중간, 일차, 무의식, 최종 클라이언트(혹은 표적)인지를 중심으로 재구성하라. 누가 어느 클라이언트의 범주에 적합한지 결정하는 것이 어렵다면 이러한 애매함이 갖는 함의가 무엇인지 탐색하라.
4. 각 사례에서 당신이 무의식 클라이언트와 최종 클라이언트(혹은 표적)의 요구를 고려한 정도와 이것이 당신의 행동에 얼마나 영향을 주었는지 혹은 주지 않았는지를 검토하라.
5. 사례의 분석을 통해 당신이 도출한 교훈은 무엇인가?

과정컨설팅:

도움을 잘 주고받는 법

제2부 | 숨겨진 힘과 과정 판독하기

효과적인 조력자가 되기 위해서는 제1부에 기술된 철학, 실천, 그리고 작업이론이 요구된다. 여기서 이론은 세상이 어떻게 작동하는가에 대한 정신모델을 의미한다. 그것은 일어나고 있는 것을 지각하고, 이해하고, 단순화하고, 설명하고, 예측하고, 통제하는 것을 돕는다. 좋은 의도와 동기만으로는 충분하지 않다. 능력 있는 조력자/컨설턴트는 인간사에 영향을 미치는 심리, 대인 간, 집단, 조직, 조직 간의 역학을 이해해야 한다. 그런 모델이 제2장에 제시되었는데, 거기서 우리는 조력관계의 심리역학에 대해 검토했다. 이해는 그러한 '이론'과 실천의 조합으로부터, 개념의 학습으로부터, 그리고 그 개념이 개인, 집단, 조직 혹은 공동체를 돕는 실제 경험에서 어떤 역할을 하는지에 대한 학습에서 온다. 그러나 실천만으로는 그것을 할 수 없다.

관계의 성과에 영향을 미치는 많은 힘은 숨겨져 있고 판독하기가 어렵다. 보다 효과적인 조력자가 되기 위해서는 이 숨겨진 힘을 포착하고 판독하기 위해 무엇이 일어나고 있는지를 보고 듣는 능력뿐만 아니라 그것에 대응하는 성격적 유연성이 요구된다. 과정컨설팅의 가장 중요한 기능은 보이지 않는 것을 보이게 만드는 것이다. 그러나 보이게 만드는 과정은 단순하거나 분명하지 않다. 클라이언트에게 단순히 무엇이 일어나고 있는지 말해 주는 것은 작동하지 않는다. 왜냐하면 우리의 문화적 가정, 방어, 지각적 편향이 우리 밖에 무엇이 있는지, 우리 안에 무엇이 작동하고 있는지를 보지 못하게 한다. 전문가 혹은 의사는 진행되고 있는 모든 것에 대해 멋있는 진단을 제시할 수 있다. 그러나 클라이언트는 그것을 판독할 능력도, 동기도 없기에 완전히 오해할 수 있다.

그러므로 보이게 만드는 첫 단계는 (1) 클라이언트가 보다 심층적으로 보도록 동기화시키는 조건을 창조하는 것이고, (2) 클라이언트가 '보는 법을 학습'하도록 돕는 것이다. 예술가는 표현하고 싶은 것을 보는 법을 학습해야 하듯이, 문제해결자로서의 우리도 창조하고, 증진하고, 고치려는 것을 보는 법을 학습해야 한다. 우리 모두는 자신의 삶을 통제하고 있는 느낌이 필요하지만, 종종 통제를 잃었다는 느낌, 영향을 미칠 수 없는 다른 사람의 행동이나 사회적 조건의 희생자라는 느낌을 갖는다. 통제의 느낌을 가질 수 없을 때 일어나는 많은 것이 우리가 인식하지 못하는 힘과 구조의 결과라는 것을 깨닫는 대신에 자신을 종종 비난한다. 이 힘의 일부는 학습된 문화적 가정의 결과이고, 그것이 이제 우리의 사고를 틀 짓는다. 그러나 우리는 그것이 본질적으로 내재해 있는 것이 아니라 우리가 학습한 것이라는 점을 잊는다. 이 힘의 일부는 우리에게 각인된 사회구조와 체제의 결과이다. 또한 일부는 우리 마음과 성격의 구조적 복잡성에서, 우리의 무의식에서, 그리고 우리의 뇌와 신체가 함께하는 방식에서 온다.

이어지는 제5장과 제6장에서 둘 혹은 그 이상의 사람들이 어떤 관계에 있을 때, 표면 밑에서 일어나는 것을 이해하는 데 도움이 되었던 개념과 모델을 검토할 것이다. 이 '숨겨진 힘'은 특히 한 사람이 다른 사람을 도우려고 할 때 유관하다. 제5장에서는 먼저 '머리 속에서' 무슨 일이 일어나고 있는지에 초점을 맞춘다. 그리고 나서 제6장에서는 면 대 면의 관계를 지배하고, 제2장에서 검토된 조력관계의 심리적 역학을 설명하는 핵심적인 형태와 규칙을 결정하는 '문화적 힘'을 분석한다.

제5장

정신내부의 과정: ORJI

어떤 관계라도 그것을 이해하기 위해 가장 중요한 것은 '머리 속에서, 특히 자신의 머리 속에서' 무슨 일이 일어나고 있는지이다. 관계에 있는 행위자가 자신의 감정, 편향, 지각적 왜곡, 충동을 관찰하고 측정할 수 없다면 자신의 행위와 개입이 실재의 지각에 기초한 것인지 아니면 단지 자신의 요구나 스스로를 방어하기 위한 것인지를 말할 수 없다. 머리 속에서 무슨 일이 일어나는지, 그리고 이것이 외현적 행동에 어떻게 영향을 미치는지 이해하기 위해서는 실제로는 매우 복잡한 과정에 대한 단순한 모델이 필요하다. 정신내부과정(intra-psychic process)의 복잡성은 우리의 신경체계가 동시적으로 자료수집체계, 처리체계, 선제적 관리체계라는 사실에서 기인한다. 즉, 우리는 관찰하고(Observe: O), 관찰한 것에 대해 정서적으로 반응하고(React: R), 관찰과 감정에 근거해서 분석하고 처리하고 판단하며(Judgments: J), 어떤 것이 일어나게 명시적으로 행동, 즉 개입한다(Intervene: I).[1]

단순한 형태로 [그림 5-1]과 같은 순차적인 순환모델을 제시할 수 있다. 실제의 정신내부과정은 이렇게 단순하고 논리적인 순서로 일어나지 않지만, 이 모델은 마음 안에서 무슨 일이 일어나는지, 빠질 수 있는 함정은 무엇인지, 이것이 어떻게 개입을 효과적으로 만드는지를 보다 상세하게 분석할 수 있게 한다.

---

1) 학습순환이나 문제해결순환을 다루는 여러 종류의 모델이 있다. 여기에 제시된 모델은 많은 사람이 빠뜨리는, 즉 전체 과정에서 정서의 역할을 포함한다.

●

관찰(O)

관찰은 모든 감각을 통해 환경에서 실제 일어난 것에 대한 정확한 기록이어야 한다. 그러나 사실 신경체계는 선제적이며, 들어오는 자료를 이전 경험을 통해 걸러내도록 프로그램되어 있다. 이전 경험을 토대로 '기대'하거나 '예상'한 것을 어느 정도 보고 듣는다. 기대, 예측, 예단에 부합하지 않으면 이용할 수도 있는 많은 정보를 차단한다. 우리는 수동적으로 정보를 기록하지 않는다. 우리의 언어, 문화적으로 학습한 개념, 필요하며 원하는 것에 근거해서 이용가능한 자료에서 등록하고 분류할 수 있는 것을 선택한다. 보다 극적으로 표현하면 우리는 본 것을 생각하고 얘기하는 것이 아니라 생각하고 얘기할 수 있는 것을 본다.

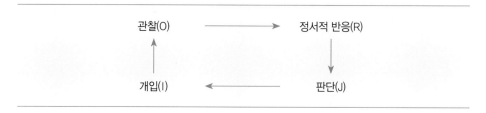

[그림 5-1] **기본적인 ORJI 순환**

심리분석, 인지이론은 얼마나 광범위한 지각적 왜곡이 일어날 수 있는지를 보여준다. 명확한 사례로 방어기제인 '부정'은 자신에게 적용되는 특정 정보범주를 거부하며, '투사'는 실제로는 자신에게 일어난 것을 다른 사람에게서 본다. 또한 갈증이 사막에서 보이는 모든 것을 오아시스로 만드는 것처럼 우리의 필요도 지각을 왜곡한다. '실재'를 다루기 위해, 객관성을 위해, 사물을 있는 그대로 보기 위해(예술가가 사실적으로 그리고 싶을 때 시도하는 것처럼) 우리는 지각체제가 할 수 있고, 할 것 같은 초기의 왜곡을 이해하고 줄이려고 노력해야 한다.

일부 심리학자들은 이 '보는 능력'을 좌뇌에 대비해서 우뇌의 기능과 관련짓는다. 그들은 '비판적' 뇌가 많은 종류의 잘못된 지각의 원인이라고 주장한다. 이 이론은 미술교사들의 주장과 일치한다. 우리가 잘 그리지 못하는 것은 그리고자 하는 것을 실제로 보지 못하기 때문이다. 우리는 그렇게 보여야 한다고 생각하는 사물을 그린다.[2] 유사하게 일부 스포츠 심리학자들은 비판적 뇌가 무엇인가를 하는 우리의 '본질적' 능력을 방해한다고 주장한다. 테니스 선수가 특정 샷을 할 수 없다고 자신을 확신시키면 결과적으로 그것을 놓친다.[3] 그러므로 관찰하기를 학습한다는 것은 경험의 역사와 학습이 부과한 덫을 학습하고 극복하는 것이다. 컨설턴트는 일어나고 있는 것을 정확히 지각하는 법을 학습하지 않는다면 실재를 다룰 수 없다. 이 말은 자신의 성향, 고정관념, 예측을 포착하기 위해 자신의 역사에 접속하는 것을 의미한다.

반응(R)

정서적 반응에 대한 학습에서 가장 어려운 측면은 종종 그것을 전혀 알아차리지 못한다는 것이다. 우리는 감정을 부정하거나 당연한 것으로 받아들이고 그것을 건너뛰어 곧바로 판단과 행동으로 이동한다. 불안, 분노, 죄책감, 당황, 즐거움, 공격성, 행복을 느끼면서도 누군가가 어떤 감정을 느끼는지 물어보기 전에는 혹은 우리 내면에서 무엇이 일어나고 있는지 시간을 내어 성찰하기 전에는 이렇게 느낀다는 것을 깨닫지 못한다.

감정은 삶의 모든 순간에서 많은 부분을 차지하지만 삶의 초기에 감정을 통제, 억압, 극복하고, 다양한 방식으로 없애거나 부정해야 할 상황이 많다는 것을 학습한다. 성역할, 직업역할을 학습하면서, 그리고 특정 문화에 사회화되면서 수용될 수 있는 감정과 수용될 수 없는 감정, 감정의 표현이 적절한 때와 그렇지 않은 때, 기분이 '좋을' 때와 '나쁠' 때를 학습한다.

---

2) '보는 것의 학습'에 대한 좋은 설명은 Frank(1973), Edwards(1979)에서 찾아볼 수 있다.
3) 이에 대한 사례는 Gallway(1974)에서 찾아볼 수 있다.

또한 우리의 문화에서 감정은 왜곡의 원천이어서 판단에 영향을 주어서는 안 된다는 것을 학습한다. 우리는 감정에 의해 충동적으로 행동해서는 안 된다는 말을 듣는다. 그러나 역설적으로 종종 감정에 대해 잘 알지 못할 때 감정에 따라 행동한다. 그러면서 판단에 근거해서 신중하게 행동했다고 스스로를 기만한다. 그리고 종종 우리의 감정이 판단에 미치는 영향을 무시한다.

인식되지 못한 힘은 통제되거나 관리될 수 없다. 우리의 진짜 감정과 그것을 촉발시키는 것을 찾는 법을 학습할 수 있다면 그 감정을 수용할 것인지를 선택할 수 있다. 그것이 무엇인지 혹은 무엇이 원인인지 알지 못하면 사실상 감정의 희생물이 된다. 어려움에 빠지게 하는 것은 충동 그 자체가 아니라 의식적으로 이해되지 않은 충동에서 행동하고, 그래서 우리를 곤란하게 만들 행동이 사전에 평가되지 않는 것이다. 감정에 대한 주요 쟁점은 그것과 접속하는 방법을 찾아 우리의 선택영역을 증가시키는 것이다. 컨설턴트는 반응에서 편향을 피하고, 클라이언트와의 관계에서 무엇이 일어나는지 진단하는 지표로 감정을 사용하기 위해 그들이 느끼는 것이 무엇인지 아는 능력이 중요하다.

판단(J)

우리는 지속적으로 자료를 처리하고, 정보를 분석하며, 평가하고, 판단한다. 행동 이전에 분석하는 능력은 인간으로 하여금 복잡한 목적을 성취하는 정교한 행동을 계획할 수 있게 하고, 앞으로 몇 년이 걸릴 일련의 행동을 유지할 수 있게 한다. 미리 계획하는 능력과 계획에 따라 행동을 조직하는 능력은 인간 지능의 가장 결정적인 측면이다.[4]

---

4) Jaques(1982)는 계획을 수립할 때 고려하는 시간의 지평과 재량권을 갖는 시간의 단위에 의해 관리 수준을 구분하는 방식에 주목했다. 현장의 작업자는 분, 시간, 혹은 하루 단위로 자율성을 가질 수 있다. 낮은 수준의 관리자는 몇 일 혹은 주간 단위로 자율성을 갖는다. 고위관리자는 몇 달 혹은 수년 단위로 계획하고 자율성을 갖는다.

　물론 논리적으로 사고하는 능력도 중요하다. 그러나 분석과 판단은 그것이 근거하는 자료만큼만 가치가 있다. 우리가 다루는 자료가 잘못 지각된 것이라면 혹은 우리의 감정이 왜곡한 것이라면 우리의 분석과 판단은 흠을 갖게 될 것이다. 그래서 사용되는 정보가 획득되는 방식과 그것에 있을 편향을 주목하지 않는다면 정교하게 계획하고 분석을 실행하는 것은 옳지 못하다. 또한 무의식적으로 정서적 반응에 대해 편향적으로 사고한다면 분석은 도움이 되지 못한다. 최선의 조건하에서도 오직 제한된 합리성의 능력이 있을 뿐이고, 체계적인 인지적 오류를 범할 수 있다. 그래서 초기 정보의 투입에서 왜곡을 최소화하도록 노력해야 한다.[5] 이것이 컨설턴트에게 주는 시사점은 사유하는 능력은 제한되어 있고, 그것이 기반하고 있는 자료만큼만 좋다는 것을 처음부터 인식하는 것이다.

개입(I)

　판단을 하면 다음에는 행동을 한다. 판단은 정서적 충동에 따라 행동한다는 '결정' 이상이 아닐 수도 있다. 그럼에도 그것은 판단이고, 그것을 인식하지 못하면 위험하다. 다른 말로 하면 충동적으로 행동할 때, 소위 무릎반사라고 불리는 반응을 보일 때 합리적 판단의 과정을 건너뛰는 것처럼 보인다. 그러나 사실은 건너뛰는 것이 아니라 초기의 관찰과 그에 대한 정서적 반응에 너무 많은 신용을 준 것이다. 우리를 곤란하게 만드는 무릎반사적 반응도 하나의 개입이다. 그것은 필연적으로 나쁜 판단이 아니라 잘못된 자료에 근거한 판단이다. 누군가 나를 공격하면 즉각적으로 반격하는 것은 타당하고 적절한 개입일 수 있다. 그러나 내가 잘못 지각한 것이고 그 사람이 나를 공격한 것이 아니라면 나의 반격은 나를 공격적으로 보이게 만들며, 심각한 의사소통의 붕괴로 이끌 수 있다. 컨설턴트로서 말하고 행하는 모든 것은 결과를 만들어 내는 개입이라는 점을 반복적으로 상기해야 한다.

5) Simon (1960); Tversky & Kahneman (1974); Nisbett & Ross (1980); Carroll & Payne (Eds.) (1976).

집단만남에서 빈번하게 발생하는 전형적인 사례를 조사해 보자.

이전 회의에서 지속적으로 나를 손상시키거나 동의하지 않았던 Steve라는 구성원과 집단 회의에 함께 있었다. 내가 특정 요점을 제시하면 Steve는 곧바로 내 요점에 대해 무언가를 말했다. 이러한 순환은 다음과 같이 전개된 것일 수 있다.

관찰(O) – Steve는 내 요점에 동의하지 않음으로써 나를 공격하고 있다. 내가 모르고 있는 것은 다음과 같은 것일 수 있다. Steve가 말한 것이 동의하지 않는 것이라고 지각한 것은 내가 그렇게 기대했기 때문이다. 동의하지 않는 것을 공격으로 본 것 또한 내가 공격받을 것을 기대했기 때문일 수 있다.

반응(R) – 나는 항상 동의를 받지 못하는 것 혹은 공격받는 것에 대해 불안하고, 그 결과 화가 난다. 내 입장을 분명히 하기 위해 정말 반격하고 싶다. 내가 알지 못하는 것은 나의 정서적 반응은 Steve의 실제 동기에 근거한 것이 아니라 내가 Steve에게 부과한 동기에 근거한 것일 수 있다는 점이다. 또한 내가 모르는 것은 공격받고 있다는 지각에 대한 불안 반응은 타당하지만, 불안해하고 반격하는 것 말고도 불안을 다룰 다른 방법이 있다는 점이다. 어떤 의미에서 불안은 내가 '선택한' 하나의 감정이지 자동적인 것은 아니다.

판단(J) – Steve가 집단에서 지위를 두고 나와 경쟁하고 있다고 판단했다. 그래서 그가 나를 끌어내리고 가도록 둘 수 없다. 내 입장을 방어하기 위해 스스로를 주장해야 한다. 이 지점에서 아마 내가 모르는 것은 이 그럴듯한 논리적 결론은 내가 보았다고 생각한 초기의 해석과 특정한 정서적 반응을 전제한 것이라는 점이다. 만약 이 판단에 따라 행동한다면 나는 적절하게 행동할 수도 있지만 그렇지 않을 수도 있다. 초기의 나의 관찰이 올바른지 알지 못하기 때문이다.

개입(I) – 나는 강하게 Steve의 요점을 비판해서 그를 당황하게 만들고, 그의 ORJI 주기가 작동되도록 했다. 그의 반응이 예측될 수 없다면 나는 무슨 일이 일어났는지 알 수 없을 것이다. 나의 선입견이 어떻게 Steve의 의도와 관련이 없는 개입으로 이끌었는지 모르기 때문이다.

ORJI 주기를 성찰적으로 재구성하면 우리의 판단은 논리적이지만 그 판단이 기초한 '사실'이 부정확해서 결론적으로 성과는 전혀 논리적이지 않을 수 있다. 그래서 이 주기의 가장 위험한 부분은 첫째 단계이다. 거기에서 우리는 진짜 무엇이 일어났는지에 초점을 두기보다는 스스로 어떤 속성을 부여하고, 기존의 것에 근거해

서 판단을 내린다. 누군가가 논리적이 아니라 '정서적으로' 행동한다고 말할 때, 통상 우리가 지각한 상황에 대해 그가 부적절하게 행동한다는 것을 의미한다. 우리는 그 사람에게서 관찰한 행동을 정당화시킬 수 있는 자료를 볼 수 없을 수도 있다. 나중에 그 '정서적' 사람을 인터뷰해 보면 종종 그 행동이 그 사람의 관점에서는 논리적이고 합리적이었다는 것을 발견하게 된다. 즉, 그 사람은 어떤 것을 '관찰했고', 관찰된 것에 적절하게 반응했다. 행동이 부적절했다면 그것은 비합리적이어서가 아니라 초기의 잘못된 관찰에 근거했기 때문이다.

이 과정의 가슴 아픈 사례로 최근 집중적 임원 개발프로그램에서 한 임원에 의해 보고된 것이 있다. 임원인 Dave는 다음 날 아침에 치러질 재정시험의 공부에 몰입하고 있었다. 그는 집에서 특정 장소를 골라잡고는 6세의 아이에게 방해하지 말라고 말했다. 30분 후 아이는 문 앞에 나타났고, Dave는 방해를 받았다. Dave는 즉각적으로 화가 났다. 방해하지 말아 달라고 말했는데, 그가 금지한 무엇인가를 하면서 나타난 아이를 '관찰했기' 때문이다. Dave는 그의 분노가 적절하다고 생각했다(판단). 그래서 방해받고 싶지 않다고 소리 질러서 아이에게 벌을 주었다(개입).

이후 Dave는 아이가 매우 화나 있고, 냉담하며, 생각한 것보다 과하게 반응하는 것을 알아차렸다. 이 새로운 관찰이 긴장. 관심. 아이에 대한 걱정의 감정을 불러일으켰고, 무슨 일이 일어났는지 알아봐야겠다는 판단으로 이끌었다. Dave는 아내에게 질문하기로 마음먹었다(개입). 이 질문은 두 번째 주기를 완성시켰다.

Dave는 알게 되었다. 아내는 아이에게 아빠가 커피를 원하는지 물어보고, 취침인사를 하라고 요청했다(새로운 관찰). 이 설명을 듣고 Dave는 죄책감을 느꼈고, 화를 낸 것이 부끄러웠다(반응). 그는 그렇게 성급하게 행동한 것이 잘못되었다고 판단했다. 그래서 이제 용서를 구하고. 아이와 화해하기로 결정했다(개입).

이 사례에서 Dave는 이전의 오류를 만회할 기회를 가졌다. 그가 상황을 어떻게 잘못 지각했고, 이것이 어떻게 부적절한 개입으로 이끌었는지 인식하게 된다면 미래의 상황에서는 자신이 '정서적으로' 반응하도록 허용하기 전에 자신이 관찰한 것을 점검하도록 자신을 훈련할 수 있다. 정서는 자동적인 것이 아니라 우리가 지각한

것에 근거한다. 그래서 우리의 지각을 점검할 수 있다면 이 과정을 통해 우리의 정
서를 통제할 수 있다. 그러나 우리는 종종 Dave가 가졌던 두 번째의 기회를 갖지 못
한다. 우리는 자신의 잘못된 지각을 알지 못하고, 왜 우리의 행동이 원하는 반응을
산출하지 못했는지 학습하지 못할 수도 있다. 여기서의 교훈은 보다 현실적인 ORJI
주기의 관점을 갖는 것이다. 그리고 판단하고 행동으로 뛰어들기 전에 우리가 본 것
을 '보고', 성찰하는 능력을 개발하는 것이다. 컨설턴트는 자기 마음속의 이 역학을
인식해야 할 뿐만 아니라 이 과정이 어떻게 부적절한 행동으로 이끄는지 클라이언
트가 이해하도록 도와야 한다. 또 지각과 사고가 어떻게 감정과 행동에 관계되어 있
는지를 보다 실제적으로 사고하는 법을 이해하도록 도와야 한다.

현실적인 ORJI 주기

우리가 이야기했던 것을 그림으로 나타내면 [그림 5-2]와 같다. [그림 5-2]에서
는 ORJI 주기에 포함되어 있는 다음과 같은 덫을 요약하여 보여 준다.

덫 1. 잘못된 지각   편견, 기대, 방어 혹은 잘못된 귀인 때문에 무엇이 일어났는지
혹은 왜 일어났는지를 정확하게 지각하지 못한다.

덫 2. 부적절한 정서 반응   부적절한 반응은 두 가지 이유로 발생한다. (1) 무엇이
일어났는지, 왜 일어났는지에 대한 잘못된 지각(덫 1)과 잘못된 자료에 기초했다는
것을 인식하지 못하고 해석에 따라 정서적으로 반응하도록 자신을 '허락하는 것',
(2) 타당한 자료에 정서적으로 과민반응하도록 학습했거나 사랑의 몸짓에 불안이나
분노로 반응하는 것과 같이 그 자체로 부적절한 정서적 반응 때문이다.

덫 3. 잘못된 자료 혹은 잘못된 논리에 기초한 분석과 판단   이 덫에는 다시 두 버전
이 있다. (1) 일단 관찰과 정서적 반응을 옳은 것으로 수용하면(덫 1과 2) 이후 추론

은 적절하게 할 수 있지만 투입이 올바르지 못하면 잘못된 결론을 산출할 수 있다. (2) 다른 대안으로 인지적 편향 혹은 추론능력의 부족을 인식하지 못하면 올바르지 않거나 비논리적으로 추론할 수 있다.

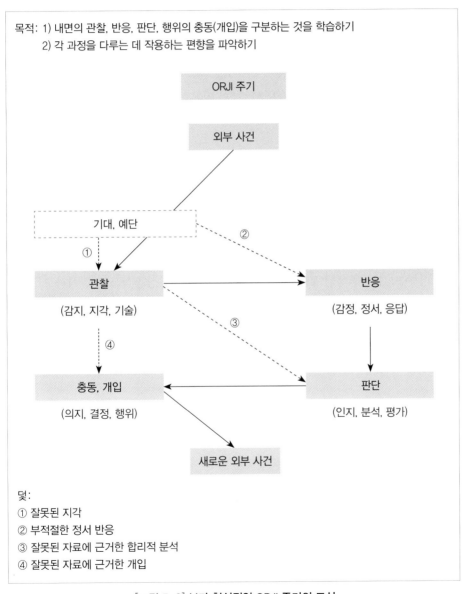

[그림 5-2] **보다 현실적인 ORJI 주기의 도식**

덫 4. 올바른 판단으로 보이지만 사실은 옳지 않은 판단에 의한 개입　전체 순환 주기, 즉 관찰과 정서적 반응이 옳고 적절한지 점검, 성찰하지 않고 개입을 허락한다면 우리는 합리적으로 행동할지 모르지만 상황을 더 악화시킬 것이다.

덫은 누적된다. 첫 덫에 걸리면 자연스럽게 다른 덫도 따라온다. 전체 주기를 볼 수 있으려면, 어디서 행동의 수정이 필요한지 진단하려면 우리는 의사결정과 행동을 충분히 분석하고 성찰하는 것을 학습해야 한다. 다시 한번 강조하면 자신의 머리에서 진행되는 이 역학을 이해하고, 클라이언트로 하여금 그들의 정신 과정에서 그러한 덫을 찾아내도록 돕는 것이 컨설턴트의 직무이다.

덫을 피하는 방법

의사소통의 단절, 감정의 손상, 관계의 왜곡은 종종 악의나 의도보다 앞서 제시한 덫에 빠진 결과이다. 부하 직원을 다루는 상사, 클라이언트를 다루는 컨설턴트, 동료를 다루는 집단 구성원 모두는 정신내부과정의 덫을 심층적으로 인식하고, 이 덫을 피하거나 교정하는 일종의 관례를 학습할 필요가 있다.

잘못된 지각의 가능한 토대를 파악하기

서로 구분될 수 있는 세 가지 잘못된 지각의 토대가 있다.

1. 당연시되는 문화적 가정　같은 행동도 다른 문화적 설정에서는 다른 것을 의미할 수 있다. 한 조직에서는 모든 점을 논쟁하는 것이 문화적으로 적절할 수 있다. 다른 조직에서는 공적으로 집단의 연장자에게 항상 동의하는 것이 문화적으로 적절하다. 컨설턴트로서 그들의 것이 아니라 나의 문화적 가정에서 행동을 해석한다면 의미를 잘못 해석하여 부적절하게 반응하고, 적합하지 않은 개입을 행할 수 있다. 이 장의 〈사례 1〉에서 더 자세히 설명할 것이다.

2. 개인의 방어 필터 혹은 편향성   이전 경험에 근거한 방어기제와 편향 때문에 다른 사람의 특정 행동은 나에게는 항상 특정 의미를 갖는 것으로 지각될 것이다. 모든 부동의를 공격으로 지각하거나 침묵을 동의로 지각할 수 있다. 이는 내가 그런 방식으로 그것을 볼 '필요'가 있기 때문이다. 컨설턴트로서 일정 기간 행동하는 나를 관찰하고, 다른 사람으로부터 교정적 피드백을 얻기 위해 노력해야 한다. 이를 통해 나의 지각 방식에 있는 체계적 편향을 파악해야 한다. 편향을 알게 되면 반응하기 전에 그것을 점검하는 데 상당한 주의를 기울일 수 있게 된다.

3. 이전 경험에 근거한 상황적 기대   이전에 여러 번 주어진 상황 혹은 사람과 마주하게 되면 나는 무엇을 기대할지 안다고 믿게 된다. 이 사례에서 잘못된 지각의 원천은 우선 과거 자신의 학습이다. 학습을 '취소'하거나 이전 '지식'을 무시해야 하기 때문에 아마 이것이 고치기가 가장 어려울 것이다. 도움이 되는 컨설턴트가 되려면 가능한 한 객관적이어야 하고, 상황과 사람이 변한다는 사실을 수용하는 것이 중요하다. 그래서 무엇을 기대할지 '아는' 상황에서도 가능한 한 관찰자로 남아야 한다. '나의 무지에 접근하는 것을 학습해야 한다.'

자신의 정서적 반응의 편향을 파악하기

특정 종류의 자료에 특정 종류의 정서로 반응하는 체계적인 편향을 가지고 있다면 주어진 상황에서 그것의 적절성을 판단하기 위해 편향이 무엇인지 알 필요가 있다. 예를 들면, 클라이언트가 나에게 도전할 때 혹은 내가 틀렸다고 말할 때마다 방어적으로 반응하고 화를 내는 경향이 있다면 이것을 편향으로 인식하고 그 감정을 통제하거나 상쇄시키는 법을 학습할 필요가 있다. 특히 클라이언트와 논쟁하는 것이 컨설팅 과정에 도움이 되지 않는다고 판단할 때는 더욱 그렇다. 그러나 화가 나고 방어적으로 되는 것이 항상 틀린 것은 아니다. 때로 그것은 적절한 반응이다. 그러나 주어진 상황에서 가장 촉진적인 것을 선택하고 결정하기 위해서는 자신의 편향을 알 필요가 있다.

추론과 판단의 문화적 가정 파악하기

추론과 판단은 문화로부터 자유로운 과정이 아니다. 문화는 어떻게 추론해야 하는지, 어떤 자료로부터 어떤 결론을 도출해야 하는지에 대한 가정을 제공한다. 우리의 가정이 무엇인지 모른다면 우리의 관점에서는 올바르게 추론한 것이지만 다른 사람의 관점에서는 여전히 오류일 수 있다. 그러한 오류는 종종 시간과 공간에 대한 암묵적 가정 때문에 일어난다.[6] 예를 들면, 나는 클라이언트와 '사적' 만남을 원할 수 있다. 나의 문화적 설정에서 프라이버시는 큰 사무실의 한 구석 정도로 보장될 수 있지만, 클라이언트에게 프라이버시는 문이 닫힌 곳과 다른 사람의 눈을 피할 수 있는 곳을 의미할 수 있다. 프라이버시에 대한 그의 정의를 이해하지 못하면 개방된 사무실이지만 다른 사람이 들을 수 없는 곳에서 이야기할 때 왜 그가 불편해하는지 이해할 수 없을 것이다.

다른 사례로, 나의 문화에서는 정시의 준수는 효율성의 증표이고, 타인의 바쁜 일정에 대한 존중이므로 클라이언트가 약속시간에서 15분을 기다리게 한다면 기분이 상할 것이다. 그러나 나의 클라이언트의 문화에서는 15분 늦는 것은 괜찮을 수 있다. 그는 우리 모두는 약속에서 원하는 만큼 다른 사람을 기다리게 할 수 있으며, 이것은 우리 회의의 중요성에 대한 존경심을 표시하는 방법이라고 가정할지 모른다. 이런 문화 차이의 덫은 너무 만연해 있고 파악하기 어려워서 로컬문화를 받아들이는 사람과 작업하는 조력 과정에서 우리는 매우 신중해야 한다.

예를 들면, 나는 멕시코의 은행에서 두 집단을 위해 세미나를 한 적이 있다. 그중 한 관리자는 나의 클라이언트였다. 그는 세미나의 한 부분으로 다양한 조직개발 방안을 소개해 달라고 부탁했다. 각 집단이 자신의 이미지와 다른 집단의 이미지를 개발하기 위해 서로 만나는 집단 간 훈련을 소개한 후, 클라이언트와 그의 동료는 실제로 어떻게 하는지 보여 달라

---

6) 이에 대한 좋은 사례는 Hall(1959, 1966, 1976, 1983)과 Schein(1992)에서 찾아볼 수 있다.

고 요청했다. 나는 그들이 시범을 통해 명확한 설명을 원한다고 추론했지, 그들이 원한 것은 이 훈련이 그들 사이의 주요 쟁점을 해결하는 데 도움이 되는 것임을 인지하지 못했다.

훈련은 나의 클라이언트 집단이 그의 리더십에 매우 실망하고 있다는 것을 드러냈다. 이것이 공식적으로 드러났을 때, 다른 관리자는 지금까지 나의 클라이언트가 수행해 왔던 많은 기능을 자신에게 넘길 것을 제안했다. 큰 논쟁이 일어났고, 나는 회의의 통제권을 상실했다. 두 집단이 영어로 대화하겠다는 합의를 깨고 갑자기 스페인어로 논쟁을 시작했기 때문이다. 나의 클라이언트는 훈련의 결과, 체면과 정치적 권력 모두를 잃게 되었다. 나는 그들이 훈련을 제안했을 때 그들의 동기를 완전히 오해했다는 것을 너무 늦게 깨달았다.

논리와 합리는 우리가 만드는 심층의 암묵적 가정에 의존하고, 그런 가정들은 우리에게 붙박혀 있어서 아주 당연한 것으로 받아들인다. 그래서 당연하게 생각하는 것을 조사하도록 초대하고, 심지어는 도전하게 하는 성찰의 절차를 개발하는 것은 매우 필요하고 적절하다.

체계적인 점검 절차를 마련하기

명시적으로 질문하기 덫을 피하는 가장 중요한 방법은 관찰, 반응, 추론이 올바른지 최선을 다해 시험하는 것이다. 이것은 개입 전에 더 많은 질문과 관찰하기, 다른 사람의 관찰과 견주어 보기, 관찰한 것을 클라이언트에게 말해 보기 등에 의해 이루어질 수 있다. "내가 잘 이해했는지 보십시다. 당신은 ~라고 이야기했습니다." "나는 당신이 ~라고 얘기했다고 들었습니다. 내가 올바로 이해했나요?"라고 묻는 것은 때로 어색하지만, 어떤 경우에는 매우 필요하다.

개입으로서 침묵하기 가장 중요한 개입의 하나는 침묵을 유지하고, 무슨 일이 일어나는지 계속 관찰하는 것이다. 침묵을 유지하고 적극적으로 듣는 것은 개입처럼 보이지 않겠지만, 이는 사실 잘못된 지각, 부적합한 정서 반응, 편향된 판단을 최소화하는 데 매우 중요하다. 종종 침묵하기 위해 애쓰는 동안에 우리가 보고 듣는 것이 더 도움이 될 반응에 필요한 정보를 추가적으로 드러낸다. 방해받은 아버지의 사례에서 아이가 취침인사와 커피를 원하는지 물으려고 했다는 것을 알기 위해서는 단지 몇 초간의 기다림이 필요할 뿐이었다.

침묵은 직접적인 질문을 받았을 때에도 종종 적합하다. 내가 답을 깊게 생각하거나 '담뱃대를 만지작거리고 있으면' 상대방은 계속하고, 때로는 스스로 자신의 질문에 답하거나 진짜는 내 대답을 원하거나 기대하지 않았다는 것처럼 자신의 이야기를 계속하는 것을 종종 보곤 한다.

탐구정신을 유지하기   덫을 피하는 최선의 보호대는 탐구정신이다. 즉, 무엇이 진행되는지 해독하려고 하고, 그것이 적절한지 알기 전에는 자신의 충동과 감정을 적극적으로 제시하는 대신에 듣기와 조력에 헌신하는 것이다. 세 컨설팅모델의 중요한 차이는 전문지식 구매모델과 의사-환자모델에서는 탐구양식을 강조하지 않고 컨설턴트가 해답을 갖고 있다는 가정을 받아들일 유혹이 많다는 점이다. 과정컨설팅모델에서는 어쨌든 클라이언트만이 문제를 해결할 수 있기 때문에 이 모델을 실천하는 컨설턴트 혹은 관리자는 결국에는 이 역할이 최선의 해법을 만든다는 점을 알고 편안하게 탐구 역할에 머무를 수 있고, 또 그래야만 한다.

결론

컨설턴트는 도움이 되려면 상황에 개입해야 한다. 그는 개입하지 않을 수 없다. 왜냐하면 침묵도 개입이기 때문이다. 그러한 개입이 적절하고 도움이 되려면 정확한 관찰, 적절한 정서적 반응, 클라이언트의 관찰과 추론을 반영하거나 적어도 어느 정도 고려한 추론 과정에 근거해야 한다. 이 모든 것은 자기통찰을 요구하며, 그러한 자기통찰은 자신과 타인에 대한 진정한 탐구정신을 유지할 때 최고로 획득될 수 있다. 자기통찰은 자동적으로 나오는 것이 아니다. 그것은 ORJI 모델과 같은 개념적 도구, 탐구의 정신, 자신과 다른 사람의 도움을 받는 성찰과 분석의 시간을 요구한다.

관찰과 성찰의 기술을 형성하기 위해서는 누군가 본 것을 보고 생각하는 학습의 시간으로 자신을 단련해야 한다. 예술가가 그리거나 페인트할 것의 특성을 연구하는 것처럼, 조력자도 가급적 실재에 대한 분명한 그림을 형성하기 위해 클라이언트, 상황, 그리고 그것에 대한 자신의 반응을 연구해야 한다. 주의 깊게 듣고, 마음에 있는 것을 적극적으로 그리는 것은 적극적 탐구 과정의 중요한 요소이다. 이 안에서 우리의 비전에 초점을 맞추고, 관련 없는 산만함을 통제해야 한다. 자신이 모르는 것을 적극적으로 탐색하여 자신의 무지에 접근하는 것은 결국 이용가능한 가장 중요한 과정도구이다.

사례 1 Esso Chem Europe에서의 관리자의 선택

나는 이 사례에서 회사의 실명을 사용했다. 어떤 개인에게도 해가 가지 않을 것이고, 기술된 사건도 20년 전의 일이기 때문이다. 이 사례는 자신의 문화적 편향을 '보는' 능력의 부재와 그것이 관리의 결정에 어떻게 영향을 미쳤는지를 보여 주는 극적인 결과를 담고 있다.

한 내부 컨설턴트가 도움을 요청했다. 내용은 나이가 많은 관리자의 수행 순위가 나이에 따라 체계적으로 감소하는 이유를 파악하는 프로젝트이었다. 이 프로젝트를 준비하기 위해 최고경영위원회의 월간회의에 참석해서 잠재성이 높은 후보자를 찾고, 그들을 위한 미래의 경력 계획에 대해 논의했다. (이후의 논의에서 나이와 관련된 결과를 검토할 것이다. 여기서 사례에 대한 논의는 이 집행위원회가 내부 이사회에 포함될 잠재성이 높은 관리자를 찾는 문제를 어떻게 다루는지에 초점을 맞춘다)

구체적으로 여러 번의 회의에서 초점은 이사회로 승진할 유럽 관리자를 찾을 수 없다는 문제였다. 이 상황은 유럽에서도 자회사가 모든 사업을 하고 있다는 사실에 비추어 볼 때 당황스러운 것이었다. 집행위원회는 모두 미국인인 12명의 최고경영자로 구성되어 있었는데, 이들은 몇 명의 유럽관리자를 추가하고 싶었다. 후보자를 검토할 때 집단은 잠재성이 높은 각 관리자에 대한 상세한 토론을 포함한 체계적인 절차를 갖고 있었다. 나의 역할은 잘 듣고, 그 과정이 어떻게 작동하는지를 학습하는 것이었다.

많은 후보자가 미국인이었으며, 토론은 평소의 방식대로 전개되었다. 첫 번째 유럽 후보자가 왔을 때 나의 통찰이 이루어졌다. 이 후보자는 이탈리아 자회사의 관리자였다. 집단은 그의 매우 높은 가능성의 수행 순위에 대해 논의했지만, 좋은 후보자로 결정하는 데 주저하고

있었다. 그 상황에서 한 사람이 그는 능력은 좋지만 '너무 감정적'이라는 점을 제기했다. 그의 감정이 의사결정에 영향을 미치고 경영회의에서 자주 감정을 보인다는 것이다. 이것은 그는 '감정적'이어서 상위의 경영 역할에서 충분히 '객관적'이지 못하다는 점을 함의한다. 집단의 미국인들은 자신들의 '비감정적 객관성'을 자랑스러워했고, 그것을 최고의 역량으로 보았다.

집단은 그 직업은 비감정적인 사람을 요구한다는 가정을 검토하지 않았고, 또한 자신들의 수준으로 승진시킬 유럽인을 찾지 못한 것은 자신들이 정한 요구조건의 직접적 결과라는 것에 대해서도 검토하지 않았다. 그 집단은 스스로는 의식하지 못한 두 개의 문화적 가정의 덫에 빠져 있었다. (1) 고위관리자가 되기 위해서는 비감정적이어야 한다. (2) 감정적인 유럽인 관리자는 비감정적인 미국인보다 역량이 부족하다.

이 과정에 내가 개입하는 것은 계획되어 있지 않아서 오직 무슨 일이 일어나고 있는지 관찰할 수밖에 없었다. 그러나 이 집단이 이 과정에 대한 관찰 결과를 요청했다면 나는 무슨 말을 할 수 있었을까, 아니 해야 했을까를 생각해 보는 것은 흥미롭다. 이 상황에 가장 도움이 되는 개입은 무엇이었을까?

연습 1 ┃ 자신의 ORJI 주기에서 덫을 찾아내기

1. 당신의 행동이 바람직하지 않았거나 예상하지 못한 결과를 산출한 최근의 사건을 생각해 보라.
2. 개입 전에 이루어진 관찰, 정서적 반응, 판단, 그리고 당신을 선택한(실제로 행한) 개입으로 이끈 논리회로를 자세하게 재구성해 보라. 가능한 한 구체적으로 각 단계를 기술해 보라.
3. 당신이 실수를 범했을 가능성이 있는 주기의 부분을 파악해 보라.
4. 어떤 오류도 찾을 수 없다면 동료에게 당신이 단계별로 재구성한 사건을 들려주고, 당신이 본 것, 느낀 것, 생각한 것, 행동한 것에서 어떤 실수를 발견해 달라고 요청하라.
5. 당신의 지각, 정서, 판단, 개입에서 체계적인 편향을 찾기 위해 여러 행동적 사건에 대해 이것을 반복하라.

제6장

대면의 역학: 의사소통과 상호작용의 문화적 규칙

이 장에서는 또 다른 범주의 숨겨진 힘을 탐색한다. 그것은 서로 상호작용하고, 의사소통을 시도하고, 관계를 형성하려고 할 때 사람들 사이에 일어나는 것이다. 표면적으로 이것은 정보와 의견의 교환으로 생각된다. 그러나 실제 사람들이 대면 상황에서 의사소통할 때 일어나는 것은 다면적 목적과 경로하에서 다면적 의미가 전달되는 매우 복잡한 상호작용의 춤이다. 이 복잡성의 한 측면은 제2장에서 탐색되었는데, 거기서는 조력관계의 심리역학을 분석했다. 그러나 조력관계는 의사소통과 상호작용의 한 형태에 불과하다. 이제 의사소통의 보다 광범위한 측면과 거기에 작용하는 숨겨진 문화적 힘을 탐색하고 이해하려고 한다.

사람들은 왜 의사소통을 하는가

우리는 의사소통과 인간의 상호작용을 당연하게 생각한다. 그래서 의사소통이나 상호작용에 별로 신경 쓰지 않는 사람들을 이상하거나 심지어 위협적인 은둔자로 여긴다. 그렇다면 왜 우리는 의사소통을 하고, 그것을 정상적인 인간사로 다루는가? 서로 구분되는 의사소통의 기능을 〈표 6-1〉에 정리했다.

1. '우리 자신과 요구를 타인에게 알려 그러한 요구와 포부를 충족하는 것' 어릴 때부

터 우리는 타인에게 의존하고 있다는 것과 요구를 충족하기 위해 그것을 타인에게 의사소통하는 법을 배워야 한다는 것을 인지하고 있다.

2. '타인이 어떤 사람인지 파악하고, 그들에 대해 아는 것'   어릴 때부터 타인은 만족과 위협의 원천, 그리고 무엇보다 신비한 존재라고 학습한다. 타인에 대한 수수께끼를 풀고, 이해하고, 이해로부터 어떻게 반응해야 하는지 결정하기 위해 의사소통을 시도한다. 이 주제는 외계의 존재를 방문해서 의사소통하는 것이 얼마나 어려운지를 다루는 이야기에 자주 사용된다.

〈표 6-1〉 **의사소통의 여섯 가지 기능**

1. 우리의 요구를 충족하는 것
2. 다른 사람을 알아내는 것
3. 애매한 상황을 이해하는 것
4. 이득을 얻는 것
5. 협력적 관계를 형성하는 것
6. 자신을 표현하고 이해하는 것

3. '지각과 생각을 공유함으로써 애매한 상황을 이해하는 것'   삶은 해석을 요하는 새로운 자료의 지속적 흐름이다. 타인과 공유하는 언어를 갖고 있다면 그 언어를 사용해서 무슨 일이 일어나는지 집단적으로 추론하거나 이해한다. 오늘 비가 올 것인가? 누구에게 투표해야 하나? 그 부서가 우리를 위협할 것인가? Jane이 말했을 때 무엇을 의미했을까? 판매량 감소는 무엇을 의미하나? 사람들의 대화를 분석하면 많은 부분이 함께 이해하고, 상황을 규정하고 추론하여 어떻게 대처할지 알아내는 것에 할애되고 있다.

4. '우리의 요구에 맞게 상황을 구조화하여 이득을 얻는 것, 설득하고 물건을 팔고 확신시키고 가르치는 것'   우리는 이해뿐만 아니라 이득에 맞게 상황을 구조화하기 위해 의사소통한다. 종종 원하는 것을 알고 있고, 최선을 다해 그것이 일어나도록 의사소통한다. 숨겨진 의제를 달성하기 위해 수사학의 공식적인 과정을 사용하거나 다양한 방식으로 상황을 조작할 수 있지만, 모든 경우에 목적을 성

취하기 위해 일종의 의사소통을 사용한다.

5. '타인과 협력적·조력적 관계를 형성하여 혼자 할 수 있는 것보다 더 많은 것을 할 수 있게 되는 것' 우리는 조력관계를 형성하고, 도움을 주고받고, 팀을 형성하기 위해 의사소통한다. 우리의 요구에 부합하는 과업을 성취하기 위해서는 타인과 작업해야 한다는 것을 알기 때문이다. 단지 요구를 충족시키기 위해서라도 그것을 알리거나 요구하기 위해 의사소통해야 한다. 이득을 얻으려면 설득하고, 유혹하고, 조종해야 한다. 협력적 관계, 과정컨설팅에서 보면 '조력관계'를 형성하기 위해서는 상호 이해를 촉진하는 방식으로 의사소통해야 한다.

6. '자신을 충분히 표현하고, 자기표현과 자신에게 귀 기울임으로써 자신을 아는 것' 일부 의사소통은 순전히 표현적이다. 우리의 입에서 무슨 말이 나올지 보는 것은 재미있으면서도 깨달음을 준다. 어떤 이는 "자신이 말한 것을 듣기 전까지 자신의 생각 혹은 감정을 알지 못한다"고 말했다. 순수한 표현적 의사소통에서 우리는 자신의 청자가 될 수 있다. 물론 자신에 대한 지식은 자기표현에 대한 타인의 반응을 관찰하고, 그들로부터 '피드백'을 얻음으로써 증진된다.

　유아의 가장 기본적인 욕구의 표현을 제외하고, 이러한 기능을 충족하기 위해서는 어떤 형태의 언어가 요청된다. 언어는 그 의미가 상황의 참여자에게 공유되는 기본적인 상징체계이다.

언어의 역할

　인류의 가장 강력한 성취는 추상적 의사소통을 가능하게 하는 공유된 언어의 진화이다. 의사소통의 어떤 기능은 툴툴거리는 소리와 몸짓으로도 충족될 수 있다. 그러나 진정으로 애매한 상황을 이해하고, 이득을 얻고, 도움을 구하고, 협력적 관계를 형성하고, 자신을 표현하기 위해서는 상황을 추상적으로 분석할 수 있게 하는 공동의 상징체계가 요구된다. 언어는 인간 사회로 하여금 조화를 이루며 함께 사는 것, 공동체의 삶을 통해 이득을 얻는 것을 가능하게 해 주었다. 언어와 함께 추상적 사고패턴과 상징이 출현했고, 그것은 집단으로 하여금 세계의 본질에 대한 가정과 규범을 개발할 수 있게 했다. 또한 언어와 함께 우리가 문화라고 생각하는 것도 출현한다. 그것은 외부의 목표와 내부의 조화를 성취하면서 축적된 집단의 학습이다. 언어는 결국 문화에서 가장 중요한 인공물이 된다. 언어는 집단이 역사적으로 경험했던 외부 실재를 표상하며, 동시에 새로운 세대에게 자신들의 환경을 지각하고 사고하는 법을 훈련시킴으로써 그 실재를 영속시킨다.

모든 문화는 구성원들이 서로 안전하게 관계를 맺기 위해 대면관계를 규율하는 규칙과 규범을 발전시켜야 한다는 것을 알아냈다. 예를 들면, 우리의 생물적 특성에서 나오는 욕구와 충동을 관리하기 위해서는 어떤 규칙과 규범은 반드시 준수되어야 한다. 특히 공격적 감정, 성적 감정과 사랑을 규율하는 규칙이 필요하다. 사회는 누구를 사랑해도 되는지, 누구를 공격해도 되는지를 정의하는 다양한 종류의 가족 단위를 개발했을 뿐만 아니라 '모든 대면관계'를 지배하고 삶을 안전하고 예측가능하게 만드는 세부적인 규칙의 집합을 만들어 냈다. 대부분의 사회에서 이 규칙들은 잘 학습되어 깨지기 전까지는 그 작용에 대해 의식하지 못한다. 그러한 규칙은 종종 '훌륭한 매너' '에티켓' '세련된 감각'이라고 불린다. 이 명칭 이면에는 모두를 위해 사회적 환경을 어떻게 안전하게 만들지에 대한 깊은 논점이 있다. 다행히도 몇몇 사회학자가 이 규칙들을 분해하여 우리의 분석에 이용할 수 있게 되었다.[1]

대면 상호작용의 문화적 규칙

사회의 상호작용의 문화적 규칙을 이해하기 위해 언어가 대면관계에서 '진짜' 일어나는 것이 무엇인지에 대해 어떻게 단서를 제공하는지를 성찰할 필요가 있다. 예

---

1) 이 상호작용의 규칙에 대한 탁월한 고찰을 Goffman(1959, 1967)과 Van Maanen(1979)의 저작에서 찾아볼 수 있다.

를 들면, 훌륭한 매너, 세련된 감각, 침착, 복종, 처신, 굴욕, 당황, 체면 지키기 혹은 체면 잃기라는 용어는 어떤 의미인가? 왜 인간사에서는 에티켓과 외교술이 중요한가? 왜 사회적 사건 혹은 상황을 '무대'로 기술하고, 우리의 '역할'을 적절히 수행했는지를 이야기하는가? 왜 사회적 관계에서 '속았다'는 느낌을 이야기하는가 혹은 타인이 말할 때 주의를 '기울일' 필요가 있다고 말하는가? 왜 관계에 '투자'해야 한다고 혹은 타인을 '공정하게' 다루어야 한다고 말하는가?

언어가 우리에게 말하는 것은 사람들 사이에 이루어지는 상당 부분을 설명하는 모델이다. 이 모델은 (1) '사회적 경제'와 '사회적 정의', (2) '사회적 극장 혹은 드라마'에 초점을 맞추고 있다. 여러 삶의 무대에서 공연하는 것을 학습하면서 무엇이 적절한 배우와 관중의 행동인지, 어떤 종류의 교환이 공평하고 그렇지 않은지를 학습한다. 정서적 반응은 우리가 상황적으로 적절하다고 보는지와 '공정한' 혹은 '정당한' 사회적 교환이라고 여기는지에 의해 상당 부분 결정된다.

이 모든 것과 컨설턴트 혹은 관리자와의 관련성은 조력이 문화적 규칙에 의해 부과되는 제한 안에서 제공되어야 한다는 점이다. 심지어 도움이 된다는 정의마저도 문화적으로 결정되기 때문에 조력자가 일하는 곳의 문화를 잘 알지 못하면 기능을 수행할 수 없다. 일차 클라이언트가 상처를 받았던 멕시코에서의 세미나를 상기해 보라. 나는 그와 그의 동료에게 작용하는 규칙을 이해하지 못했고, 그들이 스페인어로 전환하자 무슨 일이 일어나고 있는지조차 관찰할 수 없게 되었다. 이 장의 논의는 서양과 미국의 문화에 초점이 맞추어져 있다.

사회적 정의: 기본적 의사소통의 공평한 교환

우리는 삶의 초기에 인간의 상호작용은 상호적이라는 것을 학습했다. 누군가 말하고 있다면 당신은 주의를 기울여야 한다. 누군가 무엇을 주었다면 당신은 고맙다고 해야 한다. 누군가 당신을 모욕했다면 당신은 어떤 식으로든 자신을 방어해야 한다. 우리는 또한 어떤 종류의 상호 간 행동이 적절한지, 언제 기대되는지를 학습하며, 이에 대한 정량적 감각을 갖고 있다. 중요하다고 느끼는 것을 말할 때는 몸짓언어, 목소리의 음색, 도입 발언을 사용해서 의사소통을 한다. 또 상대방이 주의를 기울여 주기를 기대하며, 듣는 사람이 주목하지 않으면 짜증이 난다. 중요한 선물을 주거나 큰 파티를 개최하면 적절한 수준의 감사를 기대한다. 그래서 받는 사람이나 손님들이 당연하게 받아들이면 기분이 상한다. 누군가 자신을 모욕했을 때 적절하게 방어할 수 없었다면 기분이 나쁘고 복수심을 갖게 된다. 우리는 모욕 혹은 상처에 상응하는 정도의 사과를 기대한다. 우리가 관계에 상당한 '투자'를 했는데, 상대방이 태연히 관계를 끊으면 사기당했다고 느끼며 화나고 상처받는다. 관계를 지속하려면 어떤 손해 보상을 기대한다.

　이와 같은 반응이 말해 주는 것은 우리는 무엇이 적절하고 공평한 교환인지 학습된 강한 감각을 갖고 있고, 이 계산은 자동적이고 소리 없이 일어난다는 것이다. 그래서 우리는 다음과 같은 의미에서 오직 결과를 '느낄' 뿐이다. 공평하게 이루어졌을 때 상황이 정상적이라고 느끼고 만족한다. 공평하지 않다고 지각될 때는 무언가 잘못되었다고 느끼고 만족하지 못한다. 관계에서 '이익'을 얻고자 했는데, 성취했다면 의기양양한 느낌이 들 것이다.

　상호작용이 서로 다른 지위나 계급 사이에서 이루어지는 경우에는 추가적으로 학습된 규칙이 있다. 이 규칙은 우리보다 상급자에게 '존경'을 표현하는 적절한 방식과 하급자에게 보여야 하는 올바른 '태도'가 무엇인지를 알려 준다. 하급자는 여러 방식으로 상급자에게 존경을 보여야 한다. 상급자가 들어오면 일어서고, 주장 대신에 질문을 하고, 복종하는 자세를 취하고, 명령에 따라야 한다. 그 외에도 상급자의 말을 중단하지 않기, 열심히 듣기, 공개적으로 반대하지 않기, 공적인 상황에서 상급자를 지지하기와 같은 여러 형태의 존경의 자세를 취해야 한다.

　그 대가로 상급자는 상황을 통제하고, 지시나 명령을 따를 수 있도록 명확하게 의사소통하고, 안전하게 행동하고, 불안해하거나 방어적이지 않고 적절한 자세를 유지하고, 상급자와 동일시하려는 추종자들을 당황하게 만드는 행동을 하지 않는 등의 적절한 태도를 보여야 한다. 하급자는 냉정함을 잃을 수 있지만, 상급자는 침착함을 유지해야 한다. 하급자는 인간의 결점에 굴복하고 무뚝뚝할 수 있지만, 상급자는 공적 상황에서 무뚝뚝함을 피해야 한다. 상급자의 계급이 높을수록 그 이미지는 행동거지, 의복, 여타 공적 행동의 면에서 고정관념에 부합해야 한다. 그래서 높은 계급의 지도자는 하급자를 '실망'시키지 않고, 속았다는 느낌을 주지 않도록 주의 깊게 공적 이미지를 관리해야 한다. 우리가 임원의 개인화장실을 지위의 필요조건으로 생각할 때 잊어버리는 것이 있다. 그것의 가장 중요한 기능은 지도자의 육체적 욕구가 아니라 공개적 외양을 가꾸고, 우월한 존재라는 신화적 이미지를 유지하기 위해 '무대 뒤'라는 공간을 제공하는 것이다.

　다른 말로 하면 다른 사람과 의사소통하고 상호작용하는 상황에 들어갈 때마다 우리는 즉각적이고 무의식적으로 특정 상황을 지배한다고 지각하는 규칙에 의해 역할을 수행한다. 이것은 아주 어릴 적부터의 관찰, 부모와 교사의 공식적 수업, 코칭과 피드백, 그리고 욕구가 충족되지 않거나 공격을 일으키고 타인을 화내게 한 상황에서 무엇이 잘못되었는지 해독했던 고통스런 학습을 통해 얻어진 대본이다. 요약하면 인간의 상호작용을 지배하는 숨겨진 힘은 무엇이 공정하고, 공평한 교환인지에 대한 우리의 암묵적인 감각이다.

드라마로서의 인간의 교환

　상호작용의 규칙과 공평하고 평등하다고 생각하는 것이 모든 상황과 관계에 같은 방식으로 적용되는 것은 아니다. 그보다 삶의 초기부터 우리는 다양한 장면에서 다양한 역할의 수행을 학습했다. 적절함과 형평성의 특정한 규칙은 그러한 역할, 장면과 연결되어 있다. 가장 놀라운 인간 능력 중 하나는 연기하는 여러 인간 드라마에 적용되는 여러 각본을 기억하는 능력이다. 우리는 아이, 친구, 교사, 배우자, 부하 직원, 상사, 고객, 지도자, 부모, 주인, 손님 등이 되는 법을 안다. 사회적 상황에서 이동할 때 우리의 뇌는 즉각적으로 이 역할들을 골라낸다.

드라마로서의 조력

컨설팅과 조력의 복잡성은 사회에서 '조력'이라는 아이디어는 잘 정의되거나 대본이 잘 짜여져 있지 않다는 점에 기인한다. '조력'의 의미에 대해 많은 정의와 개념이 있다. 더 애매한 것은 조력은 대본작가 혹은 지도적 행위자(즉, 컨설턴트)가 아니라 관중의 반응에 의해 규정되는 드라마라는 것이다. 다른 말로 하면 조력은 도와주었다는 조력자의 주장이 아니라 도움을 받았다고 느끼는 클라이언트에 의해 규정된다. 그러므로 포부가 큰 조력자는 그들의 관중과 클라이언트에게 얻은 피드백 신호의 흐름에 따라 행동을 변화시켜야 한다. 즉, 대본을 지속적으로 다시 쓸 준비를 해야 한다. 조력은 '관중 참여'를 포함하며, 조력자가 도움이 되는 법을 알기 위해서는 관중, 클라이언트로부터의 도움을 필요로 한다.

관리자와 컨설턴트는 도움이 되고자 할 때 마음에 일반적 원리를 가지고 있을 수 있다. 그러나 특정 상황에 이 원리들을 적용할 때는 혁신적이어야 한다. 조력은 형식적 드라마보다 즉흥연극에 더 가까운 공연예술이다. 그러나 모든 예술에서 개인 예술가에 의해 도입된 심미적 요소들은 디자인, 색채, 조화와 같은 기본적 원리와 일관성이 있어야 한다. 조력을 즉흥연극에 더 비유해 보자면, 조력에는 관중의 반응을 파악하고 대응하는 기본적 기술뿐만 아니라 즉흥적 기술과 자연스러움이 요구된다. 앞서 지적했듯이, 컨설턴트는 '흐름과 함께해야' 하지만, 동시에 '기회의 표적을 잡을' 준비가 되어 있어야 한다.

이 일반적인 사회적 규정을 넘어 클라이언트와 조력자 사이에 무엇이 일어나는지를 조사하면 조력 과정은 복잡한 상호 호혜적 연극이라는 것을 알게 된다. 거기서는 우선적으로 조력을 구하는 사람이 배우가 되고, 잠재적 조력자는 일차적으로 관객이 된다. 클라이언트는 무대를 차지하여 종종 고통스럽게 자신의 문제를 자세히 내뱉고, 잠재적 조력자는 적극적으로 듣는다. 클라이언트의 대사가 전달되면, 조력자가 무대를 차지하고 극적인 대사를 전달할 것으로 기대된다. 이것이 이전에 규명되었던 '역할 흡입(role suction)'인데, 종종 우리를 즉각적으로 전문가와 의사가 되도록 유혹한다. 여기서 위험한 덫은 클라이언트는 우리가 전문가 혹은 의사 역할을 할 때 무엇을 기대해야 할지 모르고, 종종 우리가 전하는 대사를 좋아하지 않는다는 것이다. 그래서 클라이언트는 제공되는 것을 거부하고, 조력은 전달되지 않게 된다.

　조력자가 과정컨설턴트의 양식을 유지하면 다른 시나리오가 이루어진다. 과정컨설팅 양식을 유지한다는 것은 무대를 차지하는 것을 거부하고, 대신에 무대 뒤의 코칭 역할을 수용하는 것이다. 과정컨설턴트는 클라이언트가 무대의 중앙에 계속 머물도록 돕고, 자신의 문제에 대해 작업하도록 '강제'하거나 선의로 조작한다. 즉, 클라이언트가 자신의 대본을 쓰는 것이다. 조력자는 관중/코치의 역할에 머물고, 자신의 문제를 푸는 배우로서 클라이언트의 노력을 관심 있게 지켜보며 지지한다. 그래서 효과적인 컨설턴트가 학습해야 할 결정적 기술은 올바른 장면을 창조하고 바람직한 성과를 향해 극적인 과정을 관리하는 것이다. 컨설턴트는 이것을 앞에 기술된 상호작용의 문화적 규칙을 어기지 않으면서 행해야 한다[2].

　예를 들면, 클라이언트가 극적인 이야기를 끝내면서 "Ed, 나와 같은 상황에서 당신은 무엇을 했을까요?"라고 물었다고 하자. 내가 할 수 있는 가장 도움이 되는 것은 다음과 같다. "음, 매우 딜레마처럼 보이는군요. 그것에 대해 지금까지 해 온 것을 말해 줄 수 있을까요? 혹은 당신은 무엇을 할 수 있다고 생각하나요?" 새로운 제안을 해야 한다는 압력이 가중되면 다음과 같이 말할 수 있다. "내가 당신 입장에 있다면 x, y, z와 같은 방안들을 생각해 보겠습니다. 그러나 나는 당신의 입장에 있지 않습니다. 이 대안들 중 당신에게 작동할 수 있다고 생각되는 것이 있습니까?" 하나 이상의 대안을 제공하고, 조력자가 제시한 것이 클라이언트의 상황에는 적합하지 않을 수 있다는 점을 상기시킴으로써 클라이언트가 무대 중앙에 계속 있도록 해야 한다.

인간의 신성함: 체면작업의 역학

　관계는 상호 협력에 의존하며, 관계의 모든 당사자가 필요하다고 주장하는 것을

[2] 역대 최고의 컨설턴트 중 하나인 Richard Beckhard가 무대감독 출신이었다는 것은 우연이 아니다.

가능한 한 많이 제공해야 한다는 것이 핵심적인 문화적 가정이다. 인간의 드라마는 배우와 관중 사이에 공평하게 전개되어야 한다. 참여하는 양자는 인간의 상호작용에서 '가치'를 측정하는 방식이 필요하며, 그에 의해 공평성이 평가될 수 있다. 인간의 상호작용에서 가치는 한 인간이 외부적으로 부여받은 사회적 역할과 지위가 허락하는 범위 안에서 주장하는 지위의 정도로 생각할 수 있다. 예를 들면, 한 상황에서 관리자는 하급자보다 더 많은 가치를 주장할 수 있다. 사회는 관리자의 역할을 하급자의 역할보다 '우월한' 것으로 규정하기 때문이다. 그래서 관리자는 하급자의 말에 끼어들어 쉽게 자신에게 주의를 돌리게 요구할 수 있다.

주관적으로 주장된 가치는 자존감, 즉 주어진 상황에서 스스로에게 부여한 가치이다. 다른 사람이 우리의 주장을 승인하지 않거나 자신을 위해 별 주장을 하지 않는다고 남들에게 보이는 방식으로 행동할 때 우리는 '굴욕'을 느낀다('그들이 나를 멍청하게 만들었다' 혹은 '내가 나를 멍청하게 만들었다'). 굴욕은 사회학의 용어로는 '주어진 상황에서 자신이 주장했던 것보다 덜 가치 있는 것으로 보이게 되는 것'으로 규정될 수 있다. 우리가 누군가를 굴욕스럽게 만들면 상대방의 가치에 대한 느낌을 파괴한다. 그래서 굴욕이 강한 정서적 반응을 만들어 내는 것은 그리 놀랄 일이 아니다.

두 번의 굴욕에 대한 생생한 사례가 있다. 그것은 내가 프로방스의 작은 마을 우체국에서 우표를 사려고 할 때 지역의 문화적 규칙을 알지 못해 발생한 것이다. 나는 인내심을 갖고 줄을 서서 내 차례가 되어 점원에게 우표를 달라고 할 참이었다. 이때 한 남자가 우체국으로 들어와 창구로 오더니 내 순서를 가로채어 우표를 요구했다. 나는 점원이 그를 무시하고 나의 요구를 처리할 것을 기대했다. 그러나 놀랍게도 점원은 그에게 주의를 돌려 나보다 앞서 그의 요구를 처리했다. 말할 필요도 없이 이 규칙의 파괴에 기분이 상했고, 그날 오후 이 사건에 대해 프랑스 동료에게 말했다. 그러자 그는 웃으며 다음과 같이 말했다. "Ed, 상황은 네가 생각한 것보다 더 심각해. 네가 너의 주장을 다시 요구하지 않고, 그 남자가 점원의 주의를 얻게 놔둠으로써 너는 우체국에 있던 모든 사람에게 낮은 자존감을 보인 셈이라네. 만약 네가 스스로에게 더 가치를 부여했다면 그 남자를 가로막고 내가 먼저라고 강하게 주장했어야 해." 체면의 규칙에 차이가 있는 문화에서 효과적으로 상황을 관리하기 위해서는 더 많은 노력이 필요하다.

한 상황에서 주장될 수 있는 가치의 양은 제도적 여건, 공식적 지위체제, 그리고 특정 역할을 맡은 사람의 동기에 의해 좌우된다. 관중의 반응은 이 주장들을 정당한 것으로 인정할 수도 있고, 그렇지 않을 수도 있다. '체면(face)'은 개인이 주어진 상황과 역할에서 암묵적으로 주장할 수 있는 사회적 가치로 생각할 수 있다. 이 주장들은 주어진 상황에서 언어적 단서를 통해 초기에 의사소통된다. 그 상황에서 다른 사람, 즉 관중은 가능하다면 그 주장을 승인해야 된다고 자동적으로 느낀다(즉, 그 사람이 '체면을 유지하도록' 돕는 것). 그러한 주장을 승인하려는 의지와 능력은 주장된 체면의 정도가 주어진 지위 혹은 역할에 부여된 제도적 범위 안에 있느냐에 좌우된다.

일반적인 예를 들어 보자. 내가 당신에게 "어제 있었던 재밌는 것을 얘기해 줄게"라고 말하면 당신은 '주의를 기울일' 준비를 하고, 당신이 반응해야 할 때를 알려 줄 내 목소리의 톤, 억양 또는 실제 단어에 따라 즉각적으로 재미있어 할 준비를 할 것이다. 사건이 흥미 있고 재미있다면 이 과정은 부드럽게 진행되고 당신은 적절한 때에 웃을 것이다. 그러나 내 주장이 당신을 재미있게 만들지 못하고 사실 지루하거나 불쾌하다면 당신은 Goffman이 명명한 '체면작업(face work)'에 돌입해야 한다.

체면작업은 내세운 주장이 단기간에 승인될 수 없을 때 양자가 해야 할 작업이다. 문화적 규칙은 넓은 의미에서 실망스런 상호작용에도 불구하고 나의 사회적 자아와 우리의 관계가 어떻든 지속되어야 함을 요구한다. 사회는 궁극적으로 우리 모두가 상대방의 주장된 가치를 가능한 한 승인하고, 자존감의 의도적 파괴와 굴욕을 최소화하는 것에 의존한다. 문화적 규칙은 어쨌든 당신에게 나의 지루한 이야기에도 주의를 기울여야 한다고 요구하고, 진정으로 재밌다고 느끼지 못할 때에도 적절히 미소 짓고 웃도록 요구한다. 만약 당신이 눈살을 찌푸리거나 이야기가 흥미나 재미가 없다고 말하면 나의 주장을 승인하지 않는 것이고, 따라서 나는 '체면을 잃게' 된다. 당신은 그 순간 우리의 관계에서 나의 사회적 가치는 내가 주장한 것보다 낮다고 말하는 것이다. 문화적 규칙은 극히 예외적인 상황이나 당신이 의도적으로 굴욕을 주려는 상황이 아니라면 그렇게 하지 말라고 주문한다. 당신은 재미있는 척 해야 하며, 내가 주장한 바가 성립되도록 최선을 다해 도와야 한다. 다른 한편, 나는 재미있고 흥미 있도록 최선을 다해서 당신이 나의 체면을 승인하게 도와야 한다. 내가 보장할 수 없는 그 이상의 주장을 하는 상황에서조차도 당신은 나에게 창피를 주지 않을 것임에 주목하라. 그러나 당신은 서서히 나를 지루하거나 거만한 사람으로 보고 나를 피하는 법을 알게 될 것이다. 체면의 의도적 파괴는 사회적으로 매우 드문 사건이다.

문자 그대로 우리는 매일 유사한 수많은 상황을 맞는다. 우리는 서로 주장하고, 원하는 반응이 보장되지 않았다고 느낄지라도 그에 대한 반응에서 그 주장을 승인한다. 만남 이후에 우리가 속았고 부정직하다고 느꼈다고, 누군가 한 일이 마음에 들지 않는다고, 그들이 자신을 부끄럽게 만들어 실망시켰다고 얼마나 자주 말하지 않았던가. 그러나 만남 동안에는 주의 깊게 그런 반응을 숨긴다. 사실 문화적 학습은 정서적 반응의 일상화를 포함하며, 그래서 대부분의 체면작업은 사회적 드라마에 참여한 모든 사람에게는 자동적이다. 그것을 우리는 침착, 재치, 적절한 태도 혹은 훌륭한 매너라고 부른다. 우리가 무엇을, 어떻게 느낄지는 상황적으로 대본화되어 있어 많은 상황에서 '실제' 우리가 느끼는 것과 느껴야 할 것 사이에 어떤 갈등도 느끼지 못한다.[3]

사람들이 자신의 지위나 보증능력 이상의 것을 주장하는 경우(누군가 '과장'하거나 '뻔뻔스럽게' 말할 때), 우리는 그들을 무너뜨리고, 환상을 파괴하고, 체면을 손상시키지는 않는다. 그러나 동료가 명령을 내리고, '마치 상사인 것처럼 행동'하는 것과 같이 누군가 그의 지위 범위밖에 있는 주장이나 재미없는 말을 계속하면 우리는 그 사람을 피하고 다시는 상호작용하지 않는다. 우리는 보통 적어도 공적인 상황에서는 상대방의 면전에서 "지옥에나 가라"라고 말하지 않는다. 그렇게 하면 그의 체면을 손상시키는 것이며, 동시에 자신의 매너나 재치가 부족하다는 것을 드러내어 자신의 체면도 잃게 된다. 여기서 이해해야 할 핵심 요점은 항상 상대방의 주장을 승인하려고 노력해야 하며, 자신의 체면을 손상시키는 것을 피할 뿐만 아니라 다른 사람의 체면이 손상되는 것을 막아야 한다는 것이다. 우리는 주의해서 한 상황에서 너무 많은 것을 주장하지 않고, 자신의 지위와 역할의 경계 안에 머물도록 해서 다른 사람이 극단적인 체면작업을 할 필요가 없도록 해야 한다.

---

3) 이 과정에 대한 훌륭한 논의를 Van Maanen과 Kunda(1989)에서 찾아볼 수 있다.

체면작업의 궁극적 이유는 사회적 자아가 수용될 것이라는 점을 우리가 매일 재확신할 수 없다면 삶은 예측될 수 없고 위험해져서 사회가 분열된다는 것이다. 사회의 핵심은 최선을 다해 서로의 사회적 자아를 승인할 것이라는 암묵적 계약이다. 이런 의미에서 인간은 '신성한 대상(sacred objects)'이고, 다른 사람의 체면을 의도적으로 파괴하는 것은 사회적 살인과 같다. 만약 내가 당신에게 이 짓을 벌인다면 당신과 다른 사람이 나에게도 똑같은 일을 해도 된다고 허가하는 것이며, 이는 어떤 형태의 사회도 불가능하게 만든다.

문화적으로 체면의 의도적 파괴가 승인되는 유일한 조건은 자아가 포기되고 재구성되어야 하는 사회화 과정이다. 예를 들면, 한 조직에서 다른 조직으로 옮기거나 한 지위에서 다른 지위로 옮길 때 개인은 종종 새로운 역할을 학습하는 과정에서 의도적 강등과 굴욕의 고통을 받는다.[4] 그러나 체면 파괴가 일어나는 것은 오직 전환의 시기이며, 그것도 통상 부모, 교사, 코치, 훈련부사관, 자격증을 가진 '변화의 에이전트'를 통해서이다. 새로운 역할을 훈련받는 개인은 일반적으로 훈련 기간에 보호받으며, 특정 형태의 '입문식(initiation rite)'을 통해 사회집단에서 피훈련자의 지위와 가치가 재건된다. 입문식과 공식적인 승진의례는 개인에게 더 높은 가치를 부여하는 공식적이고 공적인 사회의 방식이다.

조력관계에서의 체면작업

앞에서 말한 것 중에 컨설팅, 조력과 관계 있는 것은 무엇인가? 모두 다이다. 조력관계의 심리역학을 다룬 장에서 지적했듯이, 문제를 가진 사람에게 조력자가 어떤 방식으로든 문제가 사소하다든가, 문제는 그 사람의 무능력 혹은 강하지 못함을 반영한다는 신호를 보내서 굴욕감을 느끼게 하는 것보다 더 위험한 것은 없다. 문제를 가진 사람은 문제를 수용함으로써 자신의 체면을 드러낸 것이다. 그는 자신이 생각

---

4) Schein(1961, 1978), Van Maanen과 Schein(1979)을 참조하라. 자아의 의도적 파괴는 또한 특정 형태의 치료, 그리고 전쟁포로와 중국 문화혁명기의 민간인 포로가 경험한 강제적 설득에서도 일어난다(Schein, 1961).

했던 것만큼 괜찮은 사람은 아니라고 말하는 것이고, 그를 통해 자신을 상처받기 쉽게 만들고, 실제 자신의 가치보다 낮은 사회적 가치를 주장하고 있는 셈이다. 그는 '자기비하감'을 느낀다.

이 취약성 때문에 잠재적 클라이언트는 종종 '진짜' 문제를 드러내지 않으며, 문제를 갖고 있다는 것을 부정한다. 이미 모든 것이 통제되고 있다고 주장하며, 조력자가 진정으로 공감적이고 진실한 의지가 있는지를 관계에서 여러 방식으로 '시험'한다. 모든 조력자가 반복해서 배우는 것처럼, 오직 많이 듣고 지지한 후에야 진짜 문제가 표면으로 나타난다. 이 관점에서 보면 클라이언트의 반응은 정상이고 예상된 것이며, 조력자는 이를 수용할 준비가 되어 있어야 한다.

청취자가 조급함과 비웃음을 보이고, 클라이언트는 무엇을 해야 할지 모르는 바보나 멍청이라고 암시하면 혹은 클라이언트가 문제를 가진 것에 대해 화를 내면 그는 어떤 방식으로든 클라이언트에게 굴욕을 주는 것이며, 체면을 손상시키게 된다. 체면이라는 문화적 규칙에서 보면 그는 클라이언트에게 굴욕과 체면의 손상이 불러일으킨 분노를 표현할 자격을 주는 셈이다. 그때 클라이언트는 어떤 방식으로든 조력자에게 되돌려줄 권리가 있다는 느낌을 갖는다. 이제 문제해결은 복수에 밀려 부차적이 되고, 그것에 의해 상황은 다시 균형을 이룬다.

이들 중 어떤 것도 의식되지 않을 것이다. 문화적 규칙은 과대 학습되어 있고, 자동적으로 적용되기 때문에 대부분의 과정은 인식 밖에서 일어난다. 굴욕을 느낀 클라이언트는 컨설턴트의 제안에서 멍청하거나 표적을 벗어난 것을 찾거나 해결책이 작동되지 않을 온갖 이유를 컨설턴트에게 말하는 자신을 발견한다. 권고된 해결책이 잘못되어서가 아니라 굴욕을 느낀 것에 화가 나고, 그것을 컨설턴트에게 되돌려주고 싶어 자신이 이렇게 행동한다는 것을 인식하지 못한다.

관리적 관계에서는 추가적으로 존중(deference)과 처신(demeanor)을 고려해야 한다. 상사는 부하 직원에게 쉽게 굴욕을 준다. 상사는 이후 부하 직원이 자신을 향해 느낄 수 있는 깊은 분노에 놀라서는 안 된다. 유사하게 부하 직원도 무의식적으로 상사의 체면을 손상시킬 수 있다. 이때 상사로부터 당할 수 있는 부실한 과제, 승진 기회의 상실, 언어적 폭력이라는 반격에 놀라서는 안 된다. '내부고발자'가 종종 벌을 받게 되는 사회학적 이유의 하나는 조직에서 일어나는 것을 드러내는 과정에서 불가피하게 여러 상사의 체면을 위협하기 때문이다. 이 경우에 효율적인 작업수행의 요구조건이 체면유지라는 문화적 규칙에 위배될 수 있다.

조력 상황에서 전문지식 제공 혹은 의사 역할을 수용하는 것은 클라이언트가 굴욕을 느끼고 체면을 잃을 위험을 증가시킨다. 이것은 내가 내린 진단이나 처방이 이미 클라이언트가 생각했고 거부했던 것으로 판명된 상황에서 가장 많이 발생한다. 클라이언트는 나의 제안에 의해 멍청함과 열등감을 느낄 수 있다. 왜냐하면 그것은 클라이언트가 스스로 생각하지 못했거나 생각할 수 없었다는 것을 암시하기 때문이다. 과정컨설팅 양식으로 시작하는 것이 도움이 된다. 그것은 클라이언트가 스스로를 도울 능력이 있고, 아마도 이미 어떤 대안을 생각했을 것이라고 가정하기 때문이다. 너무나 명백한 대안이 언급되지 않았다면 컨설턴트는 그것을 가능한 대안으로 불쑥 얘기하는 대신에 "왜 아직"이라고 스스로에게 물어야 한다. 제안 혹은 조언을 제시하기 전에 항상 물어야 할 핵심 질문은 클라이언트가 이미 시도해 보았거나 스스로 생각했던 것이 무엇인지이다.

조력자가 다음과 같은 메시지를 전달할 수 있다면 이것은 '체면을 인정'하는 것이고, 클라이언트에게 당신이 주장하는 것보다 당신은 더 가치 있다고 얘기해 주는 것이다. "당신의 문제는 진짜이고, 당신은 스스로를 도울 수 있다. 그리고 나는 당신이 스스로를 돕도록 도울 것이다." 체면의 인정은 내가 제3장에서 말한 '지위균형화(status equilibration)'에 대한 사회적 등가물이다. 그것은 문제를 갖는 것이 허용된다는 메시지를 전달한다. 새로운 클라이언트에게 사용한 초기의 가장 보편적인 개입은 내가 경험했던 유사한 문제의 사례를 말해 주는 것이다. 이를 통해 내가 클라이언트를 이해하고 있는지를 시험하고, 동시에 클라이언트에게는 그의 문제가 고유하지도 않고 부끄러워할 필요도 없다고 말해 준다. 다음의 두 개의 사례가 이를 잘 설명하고 있다.

◆ The Allen and Billings 회사에서의 체면작업 ◆

Allen의 부서관리자인 Ralston과 Billings의 설립자이자 의장인 Stone은 자기제시에서 극적인 차이가 있다. Ralston은 자존감이 강한 남자이다. 그는 부하 직원들에게 아버지의 역할을 보이고 있다. 그는 맞서기 어려운 사람이다. 대인 간 상황에서 강하게 주장하고 상당한 존중을 원한다. 그는 자신을 일종의 교사로 제시하며, 부서 회의에서 긴 연설로 이 점을 의사소통한다.

만약 사람들이 동의하지 않으면 자신의 입장을 설명하고 고수하기 위해 몹시 애쓴다. 표면적으로 참여를 공언하지만, 매너, 몸짓, 의사소통 스타일은 종종 부하 직원들에게 그의 마음은 이미 정해져 있다는 신호를 보낸다. 그러므로 공개적으로 도전하는 것은 그의 체면을 손상시킬 위험이 있다. 결과적으로 부하 직원들은 그와 직접 소통하지 않고 '주변에서 일하며', Ralston의 입장에 동의하지 않을 때 실제적 요점을 전달할 방법을 알 수 없기 때문에 종종 좌절한다.

Ralston과 부서장들의 관계는 대부분은 불균등한 것으로 보고 있으며, 그들은 종종 불공정하게 다루어진다고 느낀다. 그들은 Ralston의 힘든 목표를 수용하여 달성하고 있지만, 그들은 자신들에게 충분한 신뢰를 주지 않는다고 느낀다. 그들에게 보상과 휴식은 주지 않고 더 많은 신규 프로그램을 쌓아 가고 있다고 생각한다. 그들의 관점에서 보면 이길 수 있는 방법은 없다. 그들은 항상 지도자에 대해 어떻게든 실망하고 있음을 느낀다.

불평등과 부적당의 감정은 위험하기 때문에 Allen의 컨설팅에서 일차적인 목적은 이 쟁점을 해결하는 것이다. 즉, Ralston의 요구를 줄이거나 성공에 더 많은 보상을 제공하는 것이다. 나는 그에게 이 쟁점을 제기할 수 있었다. 왜냐하면 그는 나를 인정하고 존중하였으며, 종종 조력과 피드백을 요청했기 때문이다. 그럼에도 불구하고 이 쟁점들은 그가 훌륭한 리더십 기술이라고 여기는 것을 인정하고, 그 가치를 존중하는 방식으로 다루어져야 한다. 예를 들면, 그가 벌을 주는 행동이 목표를 성취하는 필수적인 것은 아니라는 것을 목격한 후에라야 덜 벌을 주는 행동으로 변화될 수 있다. 자신의 자아와 사회적 가치가 손상되지 않고 여전히 그가 상상하듯 위대한 지도자이어야 얼마간 자신의 행동을 변화시킬 수 있다.

이와 대조적으로 Billing 회사의 설립자인 Stone은 자신을 대면하기 쉽고, 논의할 수 있고, 누구와도 말싸움할 준비가 되어 있지만, 그의 지위 덕택에 "충분해, 나는 결정했어"라고 항상 강하게 말할 수 있는 한 명의 사내로 표현하고 있다. 그는 충분하다고 느꼈을 때 그것을 분명하게 의사소통할 수 있다. 물론 때로는 부하 직원들이 그의 결정을 충분히 설명하지 않았다고 불평하기도 한다.

Stone은 부하 직원들과 밀접함을 유지하고 있으며, 회의에서 다른 사람의 말을 듣는 데 기꺼이 많은 시간을 할애하고 있다. 자신을 과정지향적 관리자로 보고 있으며, 만남 후에 그의 역할을 더 효과적으로 수행하는 데 도움이 되도록 나에게 항상 피드백을 요청한다. Billing에서 존중의 의례는 잘 보이지 않지만, Stone이 논쟁할 여지가 없는 영역이라고 선언한 것은 알 수 있어서 집단은 그 영역에는 결코 도전하지 않는다.

Stone의 자기제시는 그에게 직접적인 피드백을 제시하고, 그의 행동을 비판하는 것을 가능하게 한다. 반면에 그도 동등하게 종종 공적으로도 다른 사람을 비판하는 데 자유로움을 느끼며, 이것이 회의에서 체면작업의 여러 규칙을 변경시켰다. 부하 직원들의 공적인 굴욕은 흔한 것이며, '진짜 굴욕은 아니라고' 합리화되어 정상적인 것이 되었다. 너는 동료들 앞에서 신랄한 비판을 받을 수 있지만, 그것은 Stone이 너의 수행 향상을 원할 정도로 너를 충분히 배려하고 있음을 의미하기 때문에 지위를 잃는 것은 아니다. Stone에 의해 무시되는 것, 즉 비판의 표적도 되지 못할 정도로 가치를 인정받지 못하는 것이 정말 심각한 체면의 손상이다!!!

두 조직의 회의에 참석해 보면 서로의 체면을 유지하기 위해 집단 구성원들이 어떻게 주의하고 있는가를 즉각적으로 알 수 있게 된다. Allen 회사의 기제는 부동의를 그대로 두는 데 동의하는 것이다. 쟁점의 해소보다는 부동의에 동의하는 것이 누군가를 끌어내림으로써 그의 체면을 손상시키는 것을 피하는 하나의 방법이 되었다. Allen 회사의 부서장들은 Ralston 없이 만날 때는 서로에 대해 보다 논쟁하고 쟁점들을 해소한다. 그러나 그들도 위험을 무릅쓰지 않음으로써 체면을 관리한다. 그들은 자신들의 생각을 '의견타진(trial balloons)'의 방식으로 제안하거나 태스크포스의 추천을 요청함으로써 주어진 결정과 관련하여 자신의 체면을 위태롭게 하지 않는다. 그 집단은 개인적으로 체면의 위협 없이 과제 갈등을 관리하는 법을 학습했다.

반면에 Billing 회사의 회의는 어떤 때는 희극이며, 어떤 때는 비극이지만 아주 열정적인 고도의 인간 드라마의 생생한 사례이다. Stone과 핵심 임원인 부의장이 주연 배우이지만, 집단의 나머지도 종종 관중의 역할 이상으로 자신들을 위치시킨다. Stone의 지도적 역할 아래 직면하고, 논쟁하고, 서로를 때려 눕히는 것이 규범이다. 각 회의가 끝난 후에 메시지를 해독하고 상처를 치료하는 데 몇 시간이 걸릴 수 있다. 회의 후에 의미부여의 대부분은 잃었던 체면을 복구하고, 공적 굴욕은 실제로는 Stone이 그들을 돕기 위한 조치라고 합리화한다. 그들은 그와 같은 상황이 일어나는 것을 좋아하지는 않았지만, 그 상황을 다르게 다루는 법을 알지 못했다. Stone의 강한 성격과 직면적 스타일이 집단 구성원과 나로 하여금 그의 의사소통의 규칙을 수행하도록 훈련시켰지만, 보다 전통적인 문화적 규칙이 작동하는 회의 후의 회의에서는 관계, 체면, 지위가 공들여 복구되었다.

이 두 사례는 집단과 조직이 다르면 체면을 유지하는 다른 기제를 발달시킨다는 점을 보여 준다. 그렇지만 문화적 규칙은 충분히 강력해서 각 집단은 생존하거나 해소할 어떤 기제를 찾는다. 인간 배우로서 우리는 주장된 가치가 승인되지 않는 장면에서는 생존할 수 없다. 결국 관계는 평등하고 공정한 것으로 지각되어야 한다. 그렇지 않으면 관계는 붕괴될 것이다.

필터링

상호작용의 문화적 규칙은 상당 부분 의사소통의 공동체적 일치를 설명하고 있다. 즉, 우리가 서로 어떻게 의사소통하는지를 설명한다. 그러나 그것이 항상 경험하고 있는 의사소통의 변이도 설명하고 있는 것은 아니다. 다른 말로 하면 문화적 범위 안에서도 무엇을, 누구에게, 어떤 스타일로 말할지, 동반되는 몸짓언어, 타이밍, 목소리의 톤, 단어의 선택에는 변이의 여지가 크다. 각자는 고유한 개별 역사를 갖고 있어서 그것이 다른 사람과 어떻게 의사소통할지, 그리고 어떻게 듣고 지각할지에 대한 필터를 형성한다. 모든 대면만남에서 발신자와 수신자는 자동적으로, 그리고 무의식적으로 무엇을 보내고 받을지 선택할 때 그런 필터들을 사용한다. 나는 의식적인 검열(물론 이런 것도 일어나지만)을 암시하는 것은 아니다. 말하고자 하는 것은 우리는 살면서 학습하고, 각자 고유한 역사를 반영하는 복합적 의사결정의 규칙에 따라 무엇을, 언제, 어떻게 말할지를 선택한다는 것이다. 다섯 개의 필터가 규정될 수 있다.

1. 나의 자아 이미지   발신자와 수신자는 자신에 대한 이미지 혹은 개념과 자기가치나 자기존중에 대한 느낌을 갖고 있다. 그들의 자기개념과 주어진 상황에서 자신에게 부여하는 가치가 부분적으로 그들의 의사소통을 결정한다. 예를 들면, 한 영역에서 자신을 전문가라고 생각하고, 그 상황에서 스스로에 대해 큰 자신감(즉, 자아에 대해 큰 가치를 부여)이 있다고 생각해 보자. 나는 자신이 없고, 같은 주제에 대해 다른 사람의 말을 들으려고 하고, 누군가 나의 주장과 충돌할 때 방어하려는 사람과는

다르게 먼저 의사소통하려고 하고, 의사소통에서 단언적으로 말해 주는 스타일을 선택할 것이다. 어떻든 내가 전문가이다. 그러나 주어진 상황에서 내 지위가 불확실하다고 느낀다면 미소를 머금고, 순수한 탐구질문을 요구하고, 어떤 방식으로든 나와의 상대적 지위가 알려지지 않은 누군가를 공격할 가능성을 피할 것이다.

2. 다른 사람 혹은 사람들에 대한 나의 이미지 발신자와 수신자는 한 상황에서 다른 사람에 대한 이미지나 개념을 갖고 있고, 상대방에게 어떤 가치를 부여한다. 다른 사람에 대한 이미지와 그들에게 승인하는 가치 또한 부분적으로 의사소통 방식을 결정한다. 예를 들면, 한 상황에서 상대방은 전문성이 없고 지위가 낮다고 보는 경우를 가정해 보자. 나는 그들이 '찍소리 못하게 만들고', 표적을 벗어났다고 생각하면 끼어들고, 그들의 고유한 생각에 귀 기울이기보다는 나를 이해시키거나 동의하게 만들 것이다. 만약 그들을 보다 전문적이거나 높은 지위를 가졌다고 지각한다면 나는 덜 말하고, 열심히 듣고, 그 상황에서 어떻게 지위를 얻을지를 계산할 것이다. (이것이 우연히 좋은 청취를 방해하고, 관심을 과제에서 관계의 쟁점으로 돌리게 만들수도 있다.) 사람의 특성으로 부여하는 오만함 혹은 겸손함이라는 말은 이런 종류의 자아지각과 타인지각을 반영한다.

3. 나의 '상황에 대한 규정' 발신자와 수신자는 함께 작용하는 상황, 즉 무대, 역할, 연극의 성질에 대한 특정 그림을 갖고 있다. 특정 문제를 해결하기 위한 회의인가? 비공식적 간담회인가? 우린 상사에게 그의 아이디어를 말할 기회를 주기 위해 여기 있는 걸까? 종종 이 '상황을 규정하는' 과정은 누군가가 "우리는 무엇을 위해 여기에 있는가?" 혹은 "우리의 과제는 무엇인가?"라고 질문하기까지는 언어화되지 않는다. 상황의 규정은 성취해야 할 목적 혹은 과제를 상세화하는 것 이상이다. 그것은 그 상황에서 자신과 타인의 역할, 기간, 범위, 규율하는 규준과 관련된 하나의 완성된 지각이다. 우리가 말하는 내용과 방식은 대체로 우리가 상황을 어떻게 규정하느냐에 의해 규제된다. 관계 혹은 집단이 의사소통의 어려움을 갖는 주요 이유는 참여자들이 상황에 대해 서로 다르게 규정하면서도 그것을 발견하지 못하거나 고치지

못하기 때문이다. 상황에 대한 공통된 규정은 거의 모든 종류의 효과적인 집단행위의 필요조건이다.

4. 나의 동기, 감정, 의도, 태도   발신자와 수신자의 의사소통 과정에 영향을 미치는 또 하나의 필터는 그 상황에 가져오는 요구와 동기, 의도, 그리고 상대방을 향한 태도이다. 나의 요구가 제안을 팔거나 타인에게 영향을 미치는 경우와 단지 어떤 것이 궁금하고 정보를 얻고자 하는 경우에 서로 다르게 의사소통할 것이다. 영향을 미치는 것과 정보를 얻는 것 중 무엇이냐에 따라 상대방의 말을 다르게 들을 것이며, 들으려는 내용도 다를 것이다. 예를 들면, 영향을 주려고 할 경우에는 새로운 아이디어보다는 동의나 비동의에 귀 기울일 것이다. 의사소통은 요구의 충족, 자기표현, 공동의 의미 형성, 상대방에게 영향 주기와 같은 여러 기능을 할 수 있기 때문에 서로 다른 기능마다 다른 수단을 사용할 것이다.

5. 나의 기대   필터를 만들어 내는 마지막 범주의 심리적 요인은 실제 경험에 근거하든 선입관과 고정관념에 근거하든 상황에 대한 나 자신과 타인에 대한 기대이다. 나의 관중이 이해력이 부족하다고 기대하면 나는 단순한 말을 사용할 것이다. 그들이 수용적이라고 기대하면 좀 더 편안한 방식으로 이야기할 것이다. 그들이 비판적이라고 기대하면 나의 주장을 주의 깊고 정확하게 짤 것이다. 청자로서 화자가 매우 스마트하다고 기대하면 메시지에서 많은 의미를 읽어 낼 것이다. 화자가 명료하지 않거나 지적이지 않다고 기대하면 좋은 요점을 듣는 데 실패할 수 있다. 동의하지 않을 것을 기대하면 화자가 말하는 내용을 적대적으로 읽을 것이다. 지지를 기대하면 비동의를 듣는 데 실패할 것이다.

앞의 여러 필터를 생각할 때, 사람들 사이의 의사소통의 과정에 많은 어려움이 있다는 것은 그리 놀랄 일은 아니다. 제5장의 ORJI 과정에서 주장했듯이, 우리의 관찰과 청취 기술을 왜곡하고, 부적절한 정서적 반응과 잘못된 추론에 노출시키는 것은 이런 선행하는 기대이다. 과정컨설팅 양식에 있다고 해서 기술된 심리적 요인으로부터 면제되는 것은 아니다. 우리 또한 요구, 기대, 이미지, 의도에 근거한 자신의 필터를 갖고 있다. 우리는 관찰하는 훈련을 받았고, 정확하게 관찰하여 그 상황에서 다른 사람보다 더 빨리 필터의 영향을 발견해야 할 필요를 의식하고 있지만, 그렇더라도 '우리가 다른 구성원보다 절대적 의미에서 진리를 더 잘 볼 수 있다고 말할 수는 없다.' 이것이 왜 우리가 자신의 진단을 마치 절대적 진리인 듯 제공하기보다 클라이언트가 진단하는 것을 도와야 하는지에 대한 부분적인 이유이다. 모든 구성원의 공동의 노력에서 나와야 교정적 행동을 보장하는 진리에 가까운 진단을 만들 수 있다.

순환 과정과 자기충족적 예언

필터링의 범주하에 기술된 여러 요인은 특히 위험한 방식으로 의사소통을 붕괴시킬 수 있다. 발신자와 수신자의 기대가 너무 강하면 자신들의 고정관념을 확증하고, 서로를 피할 수 없는 역할에 가두는 방식으로 상대방의 단서를 해석할 수 있다. 예를 들면, 이전 경험에 근거해서 A는 긍정적 자기이미지를 가지며, 자신감이 있고, 다른 사람에게 영향을 미치려고 하며, 그것을 할 수 있다고 기대한다. 그러므로 의사소통은 단언적이고, 자신감이 있고, 명확하다. 청취자는 그가 말하는 바에 주의를 기울이는 것으로 그의 명확성과 확고함에 반응하고, 이것은 다시 영향력 있는 사람으로서의 A의 자아이미지를 강화한다. 그는 다른 사람의 경청을 통해 자신감을 얻고, 점차적으로 집단에서 강한 역할을 수용한다.

반면에 B는 이전 경험에 근거해서 스스로를 확신하지 않고, 많은 사람 앞에서 자신감이 부족하다고 느끼고, 다른 사람에게 영향을 주고 싶으면서도 영향을 확신하지 못하고, 집단에서 자신을 내세우는 데 어려움이 있다고 기대한다. 그 결과 비록 그것들이 A만큼 명확할지라도 그의 의사소통은 주저하고, 낮은 목소리에, 자신이 없다. 그의 청취자들은 그의 자신 없음과 주저함에 대해 B는 제공할 것이 별로 없다고 가정하는 반응을 보일 수 있다. 그래서 그에게 주의를 기울이는 것을 멈추고, 별로 기여할 것이 없다는 초기의 인상을 확증한다. B는 자신감을 잃고, 점점 덜 의사소통하고, 다른 사람들은 그의 공헌 가능성의 부족을 확인하고 점차 도움이 되지 않는 역할을 수용한다.

두 사례에서 최종의 성과는 특정 의사소통의 방식을 만들어 내는 초기 기대의 결과이며, 이것은 다시 초기 기대의 확증으로 이끈다. 위험성은 초기의 기대는 집단 생산에 대한 A와 B의 실제적 기여의 가능성과 별 상관이 없다는 점이다. 그렇지만 A는 높은 기여자가 될 것이며, B는 낮은 기여자가 될 것이다. 이런 종류의 자기충족적 예언에 민감해질 때에야 집단은 실제적 능력과 관련 없는 뒤죽박죽의 기여로부터 자신을 보호할 수 있다.

과정컨설턴트의 핵심 역할은 집단에서 서로 다른 참여와 기여의 비율이 관찰되었을 때, 이것이 정확히 기여의 능력을 반영한 것인지 아니면 앞에 기술된 순환 과정의 결과인지를 질문해야 한다. 컨설턴트가 후자의 증거를 찾았다면 집단이 자신의 작용을 다시 검사하고, 누가 무엇에 기여할 수 있는지의 고정관념을 재조사하고, 낮은 자신감의 기여자가 다른 사람의 경청을 통해 자신감을 갖게 하는 규범을 형성하도록 도와야 한다. 예를 들면, 집단이 얼버무리고 넘어가려고 할 때 컨설턴트는 B의 요점을 스스로 반복하거나 집단의 주의를 다시 B에게 돌리도록 할 수 있다.

결론

상호작용의 문화적 규칙은 가장 어려운 것이지만, 동시에 작업가능한 조력관계가 형성될 수 있는지에 대한 가장 강력한 결정자이다. 클라이언트는 그들이 열등감을 느끼지 않고 도움을 받는다고 느낄 때 기분이 좋은 듯하다. 그들의 위엄은 손상되지 않고, 실제로는 조력 과정 후에 더 강해진 느낌을 갖는다. 우리가 관리자를 조력자로 간주할 때, 이 요점은 더욱 명확해진다. 부하 직원은 자신의 문제를 해결할 수 있다고 느끼게 만들고, 대신해 주는 것이 아니라 코칭하고 도와주는 상사를 한결같이 더 선호한다. 너무 스마트하고, 기술이 뛰어나며, 항상 부하 직원보다 우월함을 보이는 상사를 결과를 얻을 수 있지만, 원망을 받을 수 있고, 결국에는 조직을 약하고 의존적으로 만들 수 있다.

　서로의 체면을 유지하는 것은 사회적 기능에서 핵심이다. 누군가가 관계에서 체면을 잃는다면 그 사람은 당황스럽고 모욕을 느끼며, 결국에는 복수심을 느낄 것이다. 그러나 체면을 잃게 만든 사람도 자신이 인간 드라마에서 신뢰할 수 없는 사람이라는 것을 그것을 통해 드러낸 셈이다. 자신의 적절한 역할을 수행하는 데 신뢰받지 못하는 사람은 결국 도편추방되고 고립된다. 컨설턴트와 관리자는 이 규칙을 준수해야 할 뿐만 아니라 다른 사람으로 하여금 이 규칙이 얼마나 중요한지 이해하도록 적극적인 역할을 수행해야 한다. 그들은 체면작업의 적극적인 역할모델이 되어야 한다.

　이 문화적 규칙 안에서 조력자는 의사소통의 결정자인 자신과 다른 사람의 필터를 의식해야 한다. 과정컨설턴트는 자신의 필터를 인식해야 하고, 클라이언트가 의사소통할 때 일어나는 지각적 편향을 최소화시키는 데 있어 역할모델이 되어야 한다. 이 요인들은 특히 의사소통을 학습을 위한 도구로 사용할 때 어떤 역할을 하는데, 이에 대해서는 다음의 두 장에서 논의할 것이다.

연습 1 | 상호작용의 문화적 규칙을 시험하기(20분)

　이 간략한 연습은 공식적 연습 이후에 발생한 것을 분석하는 데 충분한 시간이 있을 때에 시도되어야 한다.

　당신이 친구 혹은 동료와 대화할 때, 시간을 내서 임의적으로 어느 순간에 당신의 청중 역할을 중단하기로 결정하라.

1. 당신의 얼굴 표정을 '굳게' 하라. 가능한 한 수 초간 그 상태를 유지하라.
2. 당신의 몸의 자세를 고정시키라. 즉, 머리의 끄덕임을 멈추고, 몸을 앞으로 숙이는 것을 멈추라.
3. 침묵하라. 예를 들면, "그렇지, 그래"와 같이 말하는 것을 멈추거나 상대방이 말하는 것을 인지하고 있다는 어떤 표식을 멈추라.

10초에서 20초 정도 지나고 당신과 상대방은 모두 불편함을 느낄 것이고, 1, 2, 3 단계를 유지하는 것이 힘들 것이다. 상대방은 이야기를 멈추고, "뭐가 잘못됐어?" "무슨 일이야?" "아직 거기 있니?"와 같은 질문을 할 것이다. 적극적 청자이기를 멈추었을 때 어떤 감정이 일어났는지 논의하라. 문화적 상호작용의 규칙에 따라 실제 우리의 수행이 얼마나 자동적으로 일어나는지 조사하라. 당신의 청자가 무반응적일 때 어떤 느낌이 들지 알기 위해 역할을 바꾸라.

과정컨설팅:

도움을 잘 주고받는 법

제3부 학습서비스에서의 개입

과정컨설팅의 핵심 원리의 하나는 컨설턴트가 행하는 모든 것이 하나의 개입이라는 것이다. 그러나 모든 컨설턴트가 알고 있듯이, 조력관계를 형성하기 위해 설계된 개입과 진단적 개입은 그 기능이 자극하고, 통찰을 만들어 내고, 궁극적으로 행동, 신념, 가정의 변화를 촉진하는 개입과 다른 특성을 갖는다. 나는 지금까지 여러 형태의 적극적 탐구에 초점을 맞추면서 관계 형성과 진단적 개입을 강조했다. 이제 클라이언트의 학습 과정을 조력하기 위해 의도적으로 설계된 개입으로 이동하려고 한다. 이 개입들은 두 개의 주요 범주로 나뉘는데, 다음의 여러 장에서 설명될 것이다.

첫째 범주는 일반적으로 '의도된 피드백(deliberate feedback)'이라고 부를 수 있다. 이는 클라이언트가 다른 사람에게 어떻게 다가가는지에 대해 자료를 제공하려고 컨설턴트가 말하거나 행하는 것이다. 우리는 항상 일상적 삶에서 피드백을 얻는데, 어떤 것은 단순히 다른 사람으로부터의 반응을 해석해서 얻는다. 그러나 학습서비스에 있는 피드백 과정에서는 피드백을 제공하는 사람은 명시적 혹은 묵시적으로 그것을 클라이언트에게 제공할 것을 그로부터 승인받았고, 도움이 되는 방식으로 피드백을 제공할 전문적 능력을 갖고 있다는 것이 가정된다. 제7장에서는 이 의도적 피드백 과정의 기제를 다루는데, 대인 간 의사소통의 단순모델과 가능한 한 도움이 되는 피드백 개입의 안내 지침이 포함되어 있다.

둘째 범주의 의도적 개입은 '과정의 개입(process interventions)'이다. 개인 혹은 집단이 학습하려는 노력에서 보이는 '과정'을 다루는 관찰, 질문, 조언, 제안을 의미한다. 과정의 개입은 집단이 어떻게 정체성을 형성하고, 경계를 관리하며, 주요 과제를 작업하고, 내부의 대인 간 관계를 관리하는지와 같은 다양한 종류의 집단 과정을 다룬다. 나는 집단의 작업방법에 대한 단순모델과 그 과정과 관련하여 발견된 유용한 개입의 사례들을 제공할 것이다.

과정에 초점을 맞추면서 나는 관찰에서 가능한 두 가지 초점, 즉 작업되고 있는 내용과 상대적으로 안정된 구조에는 주의를 덜 줄 것이다. 먼저 구조에 대해 말하자면, 나에게 구조는 항상 과정을 보는 법을 학습하고 관찰하면 자연스럽게 스스로를 드러냈다. 어떤 의미에서 구조는 특정 상황에서 예측적으로 반복되고, 어느 정도의 안정성을 보이는 과정으로 생각될 수 있다. 이 종류 중 가장 중요한 범주는 조직문화라고 명명된 것이다. 이는 집단 구성원이 어떻게 지각하고, 생각하며, 만나는 사건에 대해 어떻게 느껴야 하는지에 대해 당연시되는 암묵적 가정이다. 조직도, 보고관계, 명령계통, 기타 일상적으로 '구조'라고 생각되는 것들이 문화범주에 포함된다. 이것은 집단의 이전 학습을 반영한 것이고, 당연시되는 암묵적 가정에 의존한다. 물론 이런 가정 중 많은 부분이 과정 그 자체와 관련하여 가장 강력하게 작용해서 일이 어떻게 되어야 하는지에 대한 우리의 가정은 종종 집단이 작업하는 방식의 가장 안정적인 요소이다.

'내용'은 무엇인가? 운영되는 많은 집단과 조직을 관찰하면서 두 가지 반복되는 현상으로 인해 충격을 받았다. (1) 집단이 사용하는 과정이 내용보다 무엇이 일어나는지에 대해 더 많이 드러낸다. (2) 클라이언트는 과정영역에서 더 많은 도움이 필요하다. 대부분의 사람은 내용의 쟁점에 대해 의사소통하고 협상하는 훈련은 꽤 잘 받는다. 그러나 과정으로 오면 숲 속의 아기와 같다. 우리는 과정에 주목하지 않고, 내용에 대한 논의의 질에 미치는 영향을 과소평가하고, 보다 효과적인 과정을 디자인할 기술을 갖고 있지 못하다. 그래서 나는 과정의 사건이 일차적 초점이 되어야 한다고 주장한다. 물론 내용의 수준에서 무엇이 일어나고 있는지, 그리고 우리가 관찰한 과정의 사건에 의해 드러나는 구조가 무엇인지에 대한 시각은 잃지 않아야 한다.

예를 들면, 내용의 수준에서 우리는 서로에게 듣는 법을 학습했다. 때로 우리가 이해한 것을 확실히 하기 위해 요점을 반복하고, 해결책을 얻기 위해 협상하고 타협한다. 우리는 의제설정(agenda setting), 로버트 회의진행법(Roberts rules of order),* 브레인스토밍(brainstorming), 합의 검증(consensus testing)과 같은 과정도구를 사용해서 내용의 쟁점이 공평하게 다루어지도록 한다. 우리는 고질적 끼어듦, 한 구성원이 너무 많은 시간을 차지하기, 중요한 순간에 방을 나가는 구성원, 토론 주제의 이탈과 같은 과정 사건에 대해 많은 경험을 갖고 있지 못하다. 전형적으로 우리는 그런 사건에 대해 "위원들이 별로야"라고 말하면서 단지 불평만 한다. 우리는 이런 상황을 고칠 개입과 디자인 기술을 갖고 있지 못하다.

구조면에서 극적인 사례는 '다수결(majority rule)'에 대한 자동적 의존이다. 즉, 다수의 의지가 우세해야 하며, 소수는 투표가 8대 7이라도 좋은 보이스카우트가 되어 함께 가야 한다는 암묵적 가정이다. 나는 또한 서구집단의 구조적 가정을 관찰했다. 모든 사람이 공평한 시간을 분배받아야 하고, 참여할 의무가 있으며, 이는 의장이 사람들을 부른 의지에 반영되어 있다는 것이다. 암묵적인 문화적 가정은 우리는 시간을 균등하게 배분할 권리가 있고, 사람들은 회의를 준비할 것이며, 의장은 사람들을 출석시킬 권리가 있다는 것 등이다. 그러한 가정은 또한 회의의 타이밍, 길이, 사용되는 의사결정 과정의 종류 등에서 일어나는 경향이 있다.

이어지는 장에서 조직에서 작업집단에 참여하고 관찰할 때 무슨 일이 일어나는지 알아내는 데 나에게 가장 유용했던 단순모델을 통합하려고 한다. 제8장에서는 집단의 과제과정(task process), 즉 집단이 어떻게 문제해결과 의사결정에 접근하는지를 다룬다. 제9장에서는 집단 안의 대인 간 과정(interpersonal processes)과 유지와 성장을 위해 집단이 내부적 관계를 어떻게 관리하는지에 초점을 맞춘다. 제10장에서는 어떻게 이 다양한 과정이 '다이얼로그(dialogue)'의 개념에서 함께하는지, 그리고 학습의 촉진에서 다이얼로그의 역할을 논의한다.

독자들은 큰 집단, 조직 단위, 공동체가 클라이언트가 되는 거시체제와 같은 매우 복잡한 상황에서도 조력관계의 개발에 필요한 건축 벽돌로서 이 모델들, 원리들, 그리고 초점화된 의도적 개입의 기법들을 모두 알아야 한다. 이 개념들과 모델들은 서로를 형성하기 때문에 거시체제의 복잡한 역학을 이해하기 전에 먼저 관계와 집단에 대해 읽는 것이 중요하다.

---

* 역주) 1876년 Henry M. Martin에 의해 저술된 책에 회의를 진행하는 규칙이 제시되어 있다.

제7장

의사소통과
의도적 피드백

제6장에서는 대면관계와 필터에 대한 암묵적인 문화적 가정에서 도출된 숨겨진 힘을 기술했다. 이 암묵적 가정은 의사소통의 과정을 안내하고 제한한다. 그러나 그 한계 안에서 사람들이 언제, 누구에게, 어떻게 의사소통할 것인지에 대해서는 선택의 범위가 크다. 그러한 선택은 관계와 집단이 어떻게 전개되는지의 결과를 초래하기 때문에 컨설턴트와 관리자, 그리고 조력관계를 형성하고 관리하는 사람은 반드시 이해해야 한다. 특히 조력자가 '학습의 과정'을 향상시킬 의사소통의 과정을 개발하려고 한다면 숨겨진 역학을 이해해야 한다. 이 학습 과정의 가장 근본적인 하나는 '의도적' 피드백을 주고받는 것이다. 의도적 피드백은 대인 간 의사소통의 '수준' 혹은 깊이를 변경시키는 특정한 형태이다. 그런 수준의 단순모델로서 '조해리 창(Johari window)'을 제시하는 것으로 시작하겠다[1].

의사소통의 수준

자신의 행동을 관찰하면서 알 수 있듯이, 우리는 다른 사람이 말한 표면적인 내용에 반응하는 경향이 있을 뿐만 아니라 메시지의 '진짜' 의미를 얻기 위해 몸짓 언어,

---

1) 이 분석은 Joe Luft와 Harry Ingram의 모델(그래서 그 이름이 'Johari window'임)에 근거하고 있다.

목소리의 톤, 억양, 정서적 강도, 메시지의 형태, 타이밍과 같은 여러 미세한 단서를 해석한다. 표면적 의미와 잠재적 의미에서 동일한 메시지가 전달될 수 있다. 그러나 때로 두 의미가 서로 상충될 수 있다. 간단한 사례를 들어 보자. 어떤 사람이 "언제라도 우리 집에 오세요"라고 초대를 하지만, 목소리의 톤을 통해 그 초대를 충분히 모호하게 만들어서 진짜로는 당신이 오는 것은 원치 않고 단지 예의만 차린다는 것을 당신이 깨닫게 한다. 가끔 사람은 어떤 감정을 내보이면서 동시에 언어적으로는 그것을 부정한다. 작업팀에서 어떤 사람이 이전의 지위와 일관적이기 위해 혹은 그가 대표하는 집단을 방어하기 위해 어떤 제안을 반대하지만, 논쟁의 방식을 통해서는 개인적으로 설득될 준비가 되어 있고 결국에는 함께 갈 것이라는 점을 알게 하는 것은 그리 드물지 않다. 종종 우리는 체면을 유지하기 위해 하나를 얘기하면서 동시에 다른 것을 의사소통한다. 이중의 메시지는 발신자가 그것을 인식하고 오해를 명확히 할 수 있다면 특별한 어려움을 주지는 않는다. 어려움은 이중의 메시지가 스스로 인식하지 못하는 자신의 어떤 부분이 반영된 것일 때 일어난다.

이를 설명하기 위해 인간은 [그림 7-1]에 나타나 있는 여러 부분으로 구성되어 있다고 생각하자. 창 위쪽인 1, 2는 다른 사람에게 노출되는 우리의 부분이다. 창의 왼쪽인 1, 3은 우리가 아는 자신이다. 그래서 1은 '개방된 자아(open self)'를 나타낸다. 우리도 인식하고 있으며, 낯선 사람을 포함해서 다른 사람에게 기꺼이 공유하는 영역이다. 3은 우리의 '감추어진 혹은 숨겨진 자아(concealed or hidden self)'이다. 우리가 의식적, 의도적으로 다른 사람에게 감추는 부분이다. 한 집단에게 다른 사람에게 감추는 것을 익명으로 보여 달라고 요구하면 전형적인 대답은 인정하기 부끄러운 불안영역, 반사회적이거나 자아이미지와 일관되지 않은 감정과 충동, 실패했거나 자신의 기준에서 잘못한 사건의 기억들, 그리고 가장 중요하게는 공개하는 것이 무례하거나 상처를 준다고 판단되는 다른 사람에 대한 감정이나 대응이다. 예를 들면, Jill은 상사가 중요 회의에서 끔찍한 프레젠테이션을 했고, 이것이 영업의 손실로 이어졌다고 생각한다. 하지만 '상사의 감정을 다치지 않게 혹은 그가 돌아버리지 않게' 자신의 반응을 숨기고 상사에게 찬사를 보내야 한다고 느낀다. 상호 간의 성공적인 체면작업은 우리의 주장된 자아를 승인할 수 있게 즉각적인 대인 간 반응을 감출 것을 요구한다. 살펴보겠지만, 의도적 피드백은 그렇게 깊게 준수되고 있는 문화적 규칙을 처음부터 위반한다.

[그림 7-1]의 2는 '맹목의 영역(blind area)'이다. 무의식적으로 스스로에게는 숨기지만, 다른 사람에게 의사소통되는 우리의 한 부분이다. 상사는 얼굴이 벌개지고 주먹으로 책상을 내리치면서 "나는 화나지 않았어"라고 큰 소리로 말한다. 손이 떨리고 목소리가 갈라지며 눈에 띄지 않게 진정하려고 노력하면서 경영자가 "이 회의는 매우 편안해"라고 말한다. 관리자가 "나는 다른 사람의 의견에 신경 쓰지 않는다"고 말하면서 다른 사람이 그의 작업을 주목하지 않고 칭찬하지 않으면 화를 낸다.

	자신에게 알려진	자신에게 알려지지 않은
타인에게 알려진	1. 개방된 자아	2. 맹목 자아
타인에게 알려지지 않은	3. 숨겨진 자아	4. 무의식적 자아

[그림 7-1] **조해리 창**

성장의 과정에서 특정 종류의 사람이 되면 보상받고, 다른 종류의 사람이 되면 벌을 받는다. 이런 학습은 성, 사회적 계급의 문화적 규범을 반영한다. 전형적으로 소년은 다른 소년에게 공격적 감정을 갖는 것은 괜찮지만, 두렵거나 부드러운 느낌은 좋지 않다고 학습한다. 그 결과 소년은 부드러운 느낌은 자신의 부분이 아니라고 거부하기 시작한다. 그 감정을 억누르고, 일어날 때마다 설령 다른 사람에게는 잘 보일지라도 자신의 것으로 인정하기를 거부한다. 우리는 무뚝뚝하고 터프한 남자가 실제로는 매우 부드럽다고 얼마나 자주 묘사했는가? 우리는 부드러운 행동을 보지만, 그 사람은 자신의 부드러운 측면을 허락할 수 없다. 그는 거친 외관을 유지하며 그것을 계속 거부한다. 일부 남성은 주변 사람들에 대해 느끼는 부드러움의 양에 정비례하여 공격적이 된다.

　반면에 많은 소녀는 삶의 초기부터 특정 종류의 공격적 감정은 적절하지 않다고 학습한다. 심지어 충분한 공격성을 경험해도 그 감정을 누르거나 부정하도록 학습한다. 여성이 공격적인 행동은 수용될 수 없다고 학습하면, 그녀가 느끼는 공격성(그러나 자신의 것으로 수용하지 않는)의 정도에 비례해서 신중하게 배려하고 부드럽게 된다. 우리는 자신의 부분으로 믿지 않는 감정과 특성을 갖고 있다. 그러나 우리가 그런 감정을 다른 사람에게 의사소통하고 있다는 사실은 모르고 있다. 그것들은 '새어 나와서' 다른 사람에게 보이게 된다.

　4는 진정한 '무의식적 자아(unconscious self)'로 우리도, 다른 사람도 알지 못한다. 이 자아의 사례는 깊게 억압된 감정과 충동, 숨겨진 재능 혹은 기술, 검증되지 않은 잠재성이다. 우리의 목적을 위해 무의식적 자아를 세 영역으로 구분하는 것이 중요하다. (1) '억압된 지식 혹은 감정'으로 심리적 방어에 기초하고 있다. (2) '암묵적 지식'으로 성찰하면 쉽게 복구될 수 있는, 예를 들면 우리에게 작용하는 문화적 규칙과 같은 무의식의 영역이다. (3) '숨겨진 가능성'으로 아직 요구되거나 도출되지 않아 잠재되어 있는 지식, 기술, 감정의 영역이다. 이 영역은 정서적으로 극단적인 상황이나 진짜 창조적이 되도록 스스로를 허락할 때 자체를 드러낸다. 클라이언트가 진정 추구하는 것이 무엇인지 해독하도록 도와줄 때, 컨설턴트가 숨겨진 영역이 표면화되는 조건을 창조하는 것이 적절한 경우가 있다. 그러나 무의식에 간섭할 때 사적 영역으로 들어간다는 것을 인지해야 한다. 그 영역은 우리가 임상적으로 훈련받았고, 클라이언트가 진정으로 컨설턴트와 함께 그 문제로 들어가기를 원하는 경우에만 탐색해야 한다.

　중요한 요점은 우리가 보내거나 보내지 않는 메시지는 우리의 심리적 기질의 복잡성을 반영한다는 것이다. 우리는 의식적으로 체면작업을 관리할 뿐만 아니라 우리가 인식하지 못하는 메시지를 흘리기도 한다. 또 우리는 다른 사람에게 관련되어 있을 메시지를 숨기기도 한다. 이 역학을 조사하기 위해 조해리 창을 사용하여 두 사람 사이의 대면적 상호작용을 설명한다.

상호 호혜적이고 상호작용적인 의사소통의 효과

아래 모델은 두 사람 사이에 일어날 수 있는 네 가지 종류(수준)의 의사소통을 보여 준다.

1. 개방적 의사소통(화살표 A) 대부분의 의사소통은 이 첫째 수준인 개방된 두 자아 사이에 일어난다. 의사소통의 과정에 대한 많은 대중적 분석은 이 수준에 한정되어 있다.

2. 부지 간의 의사소통, 누설(화살표 B) 둘째 수준의 의사소통은 맹목자아로부터 끄집어낸 신호 혹은 의미이다. 발신자는 자신의 발신을 인식하지 못한다. 우리는 이 의사소통을 '누설'이라고 생각한다.

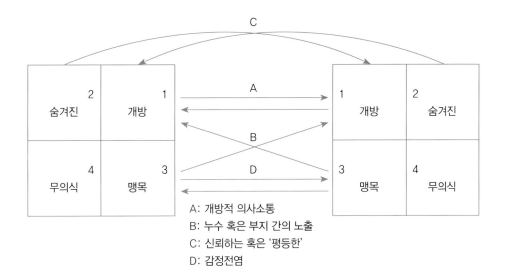

A: 개방적 의사소통
B: 누수 혹은 부지 간의 노출
C: 신뢰하는 혹은 '평등한'
D: 감정전염

[그림 7-2] **두 사람의 의사소통 상황에서 메시지의 유형**

3. 신뢰하고, 평등한(화살표 C) 셋째 수준의 의사소통은 평소에는 숨겼던 것을 의도적으로 드러낼 때 일어난다. 일반적으로 순간적으로 일어난 사건에 의해 형성된 반응이나 감정을 공유하는 경우에 누군가를 '신뢰하거나' '평등화하는' 것으로 생

각한다. 명시적인 피드백을 주고자 결정할 때, 우리는 종종 "좋아, 솔직하게 터놓고 말할게(OK, let me level with you)"라고 말한다.

4. 감정전염(화살표 D) '감정전염(emotional contagion)'이라는 명칭이 잘 어울리는 이 수준의 의사소통은 잘 일어나지는 않지만, 중요하지 않은 의사소통은 아니다. 어느 누구도 감정의 기원을 의식적으로는 인식하지 못하지만 한 사람이 다른 사람의 감정에 영향을 미친다. 발신자에 의해 거부된 긴장이 그럼에도 수신자를 또한 긴장하게 하듯이, 때로 수신자에게 일어난 감정은 발신자의 감정을 거울처럼 반영한다. 다른 사례에서는 감정이 서로 다른데, 한 사람이 표면적으로는 부정하는 감정을 표출한다. 이때 다른 사람은 개방자아로부터 도출된 의사소통의 명시적 수준에 반응해야 하는지 아니면 맹목자아에서 나온 암시적 수준에 반응해야 하는지 모르기 때문에 긴장한다.

자아의 여러 부분에서 발신하는 메시지가 서로 일관되고 일치되는 정도에는 차이가 있다. 이 차이가 우리로 하여금 어떤 사람을 다른 사람보다 '진실한' 혹은 '개방적'이라는 판단으로 이끈다. 우리는 '일치'와 '개방성'에는 긍정적 가치를, '혼란한 신호를 보내는 것' 혹은 '폐쇄된 것'에 대해서는 부정적 가치를 부여한다. 예를 들면, 우리는 "Joe가 무슨 생각을 하는지 알 수 없기 때문에 그와 함께 있는 것을 좋아하지 않는다"라고 말한다. 반면에 의사소통의 모호성은 체면작업이 효과적이게 허용한다. 우리의 자아를 승인하는 데 필요한 것을 의사소통에서 읽어 낼 수 있기 때문이다. 황제의 새 옷에 관한 이야기에서 우리가 의사소통에서 정확하고 개방적이었다면 우리는 지속적으로 서로의 적나라함을 드러낼 것이며, 사회적 삶은 불가능하게 될 것이다.

디자인된 학습 과정으로서의 의도적 피드백

지금까지 우리가 성장한 문화가 지시한 '정상적' 사회관계를 기술했다. 그러나 우리의 의도가 학습하는 것, 보다 일관되는 것, 개방자아를 확장하는 것, 억압하고 부정했던 감정과 반응을 아는 것에 있다고 가정해 보자. 예의와 세련됨이라는 문화적 규칙에 지배되는 정상적 의사소통의 과정으로는 그러한 학습을 가능하게 하는 명료한 피드백을 제공할 수 없다. 성취하려는 특정 목적에 대한 피드백을 얻기 위해서는 의도적이고 설계된 과정이 필요하다. 그것에는 우리의 맹목자아가 포함된다. 혹여 실제로는 목적을 성취하는 데 방해가 되는 신호를 보내지는 않는지 알 필요가 있다. 오래된 Pogo 만화의 "우리는 적을 만났는데, 그 적이 바로 우리였다"는 아닌지 알 필요가 있다. 또한 우리가 사용하는 것에 깔려 있는 무의식적이고 암묵적인 가정을 더 알 필요가 있다. 이 영역을 학습하기 위해 그러한 학습을 가능하게 하는 과정을 디자인할 수 있어야 하고, 컨설턴트는 그러한 과정을 디자인하고 창조하는 것을 돕는 데에서 결정적 역할을 수행해야 한다.

피드백은 성취하려는 목적을 향한 우리의 진척을 알려 주는 정보라고 생각할 수 있다. 그래서 물리적 · 대인 간 환경에서 오는 어떤 정보도 피드백이 될 수 있다. 그러나 그 용어는 "나에게 피드백을 줘" 혹은 "너에게 피드백을 줄게"라고 말하는 것처럼 보다 통제되고 의도된 어떤 것을 의미한다. 초점을 맞춘 피드백이 없다면 다른 사람이 우리를 어떻게 지각하는지를 짐작하거나 다른 사람과 대면으로 공유하지 않는 지각과 반응에 대해 서로 뒤에서 험담하면서 삶의 많은 부분을 보낼 것이다. 대인 간에 정확하고, 초점이 있고, 의도적인 피드백이 없으면 학습하려는 노력은 단순한 시행착오로 격하될 것이다.

의도적이고 초점화된 피드백은 사람들 사이, 특히 수행평가 상황에 있는 상급자와 하급자, 또는 보다 효과적이기 위해 노력하는 팀 성원들 사이에 강력한 영향의 원천이 될 수 있다. 단순모델로서의 조해리 창의 가치가 이제 분명해졌다. 그것은 의도적 피드백을 통한 학습이 어떻게 학습 과정 당사자들 사이의 '공모'에 달려 있는지를 보여 준다. 한 사람이 다른 사람에게 일상적으로 감추어 왔던 것을 드러내지 않는다면 자신의 맹목영역에 대해 정확한 피드백을 얻을 수 없다. 속담처럼 "하나를 보는 데에는 두 사람이 필요하다." 컨설턴트의 도움이 있든 없든 서로 의도적 피드백을 주려는 사람들은 먼저 일상적으로 감추어 왔던 것을 안전하게 드러내기 위해

'체면작업의 문화적 규칙을 유예'하는 방법을 찾아야 한다. 서로 간의 그러한 드러냄 혹은 '평등화(leveling)'는 위험한 과정이다. 예를 들면, 진짜 나의 자아이미지를 위협하는 것을 들을지도 모른다. 당신은 무의식적으로 적대적이거나 벌을 줄 수도 있고, 그것은 나로 하여금 복수하고 싶게 만들고 결과적으로 관계를 손상시킬 수 있다. 심리적으로 안전하게 서로 의도적 피드백을 주기 위해서는 일상적으로는 말해지지 않거나 말하지 말아야 할 것을 말해도 좋다는 새로운 규범을 형성할 필요가 있다. 이 과정에서 조력자의 결정적인 역할은 그러한 규범이 확실하게 만들어지고 힘을 발휘하도록 하는 것이다.

피드백 수신자의 관점에서 보면 결정적인 질문은 다음과 같다.

"당신이 나에 대해 말한 것과 내가 얻은 것이 '진실하고', 나를 도와주려는 '진지한 동기'에 따라 인도되며, 내가 학습하려는 것과 '관련'이 있다는 것을 어떻게 확신할 수 있는가?"

피드백 제공자의 관점에서 보면 결정적인 질문은 다음과 같다.

"당신이 나의 말을 '경청할' 것이고, 당신에게 말하는 것을 '진지하게' 수용하며, 나를 벌주는 사람이 아니라 '도움이 되는' 사람으로 본다는 것을 어떻게 확신할 수 있는가?"

제공자는 메시지가 도움으로 지각되지 않아 총에 맞는 전달자가 되기를 원치 않는다. 다른 말로 하면 디자인된 피드백 과정에 종사하는 두 당사자는 서로를 신뢰해야 한다. 심지어 메시지의 내용이 수신자의 자아이미지에 도전한다는 의미에서 해가 될 수 있어도 상대방이 도움을 주려고 한다는 것을 믿어야 한다. 그러한 신뢰는 발신자와 수신자의 동기가 선하다는 것뿐만 아니라 '관찰하여 명확하게 의사소통하는 능력도 있다'는 것을 함의한다. 내가 어떻게 행동하는지에 대해 정확하게 지각하지 못하고, 자신이 지각한 것을 의사소통할 수 없는 사람의 피드백은 나에게 별 도움이 되지 않는다.

컨설턴트/조력자는 다음을 통해 그러한 학습을 촉진하는 결정적인 역할을 수행할 수 있다. (1) 클라이언트가 피드백 과정의 역학을 이해하도록 돕는 것, (2) 피드백을 주고받는 것을 클라이언트에게 훈련시키는 것, (3) 체면을 위협하거나 잃지 않게 이 과정을 관리하는 역할모델이 되는 것이다. 이 장 마지막에 제시된 사례는 이 과정에 얼마나 섬세함이 필요한지를 설명하고 있다.

의도적 피드백을 위한 무대 설정

의도적 피드백이 가능하려면 참여자들이 상호작용의 문화적 규칙을 임시적으로 유예할 수 있는 설정이 만들어져야 한다. 충분한 통찰이 있다면 참여자 스스로가 할 수 있지만, 보다 전형적 상황은 컨설턴트/조력자에게 무대를 설정하는 데에서 적극적인 역할이 요구된다. 첫 번째 단계는 참여자들이 조해리 창의 모델, 그리고 상호작용의 규칙과 특정 상황이 연결되는 방식을 보여 주는 문화적 모델을 인식하도록 하는 것이다. 원칙상 이것이 이해되었다면 참여자들은 세부 단계를 밟고, 평가함으로써 신뢰하는 상황으로 가는 방식을 '느껴야' 할 것이다. 새로운 규범은 일련의 작은 성공들을 통해 형성될 것이다.

다음 단계는 조력자가 일반적 함정을 피할 지침을 제시하고 훈련을 제공한다. 여기서 우리의 목적상 일차적으로 상사−부하 직원의 관계에서 그러한 함정을 분석하는 것이 유용하다. 그것을 효과적으로 관리하는 것이 가장 어렵기 때문이다. 의도적 피드백은 수행평가의 맥락에서 가장 민감해지는데, 이 설정에서 이해관계가 가장 첨예하다. 우리는 자신의 수행에 높은 가치를 부여할 뿐만 아니라 수행에 대한 타인의 판단은 우리의 경제적 복지에 직접적으로 영향을 준다. 상급자, 동료, 하급자가 수행에 대한 기대 혹은 요구보다 낮게 판단하면 무엇이 부족한지 찾아내는 것이 중요하다. 즉, 우리를 향상시킬 수 있는 타당하고 유용한 피드백을 구해야 한다. 그런 상황에서 상사는 조력자/컨설턴트가 되어 무대를 설정하고 문화적 규범이 안정적으로 유예될 수 있는 풍토를 형성해야 한다. 그러나 동등하게 하급자도 일상적 신호가 명확하지 않다면 의도적 피드백을 구해야 한다. 양자가 동기화되었다면 의도적 피드백을 통한 학습이 일어날 대화의 형성이 가능하다.

무대가 설정되었어도 확실하게 체면의 위협을 최소화하고 의사소통의 명확성을 최대화하는 원리들이 있어야 한다. 올바른 메시지가 전달되기 위해서는 ORJI 과정의 역학과 의사소통에 작용하는 필터 때문에 제공자와 수신자 모두는 특별한 배려를 취해야 한다. 다음에 기술된 원리 혹은 지침은 그러한 명확성을 확실히 하기 위해 설계된 것이다. 그것은 일차적으로 상급자와 하급자의 관계로 진술되었지만, 모든 조력관계에 적용될 수 있다.

의도적 피드백을 위한 원리와 지침

원리 1: 제공자와 수신자는 수신자의 목적에 합의를 이루어야 한다

초점 있는 피드백은 수신자가 성취하려는 목적과 관련해서 그가 목표에 도달했음을 알려 주는 정보이다. 피드백은 항상 수신자의 부분에서 어떤 목적을 함의한다. 그러므로 첫 번째로 그리고 가장 중요한 함정은 성취하려는 목적과 충족되어야 할 수행 기준의 합의에 실패하는 것이다. 만약 상사와 부하 직원이 목적과 수행 기준에 동의하지 않는다면 혹은 명확하지 않다면 상사로부터의 교정적 정보는 부하 직원에 의해 관련 없는 비판으로 지각될 것이다.

이 원리는 의도적 피드백이 제공되기 전에 제공자와 수신자는 수신자가 성취하려는 목적에 대해 대화할 필요가 있다는 점을 함의한다. 예를 들면, 내 목적이 두 개의 강의를 하나의 강의로 압축하여 자료를 납득시키는 것이 목적이었을 때, 선의의 동료로부터 내 강의가 너무 길고 상세하다는 말을 듣는 것은 별 의미가 없다. 스포츠의 예를 들어 보자. 내 목적은 풋워크를 향상시키는 것일 때 테니스 인스트럭터가 지적한 백핸드의 문제는 별 의미가 없다. 훌륭한 코치는 교정적 피드백을 시작하기 전에 피훈련자에게 "오늘 원하는 것이 무엇이야?"라고 묻는다.

같은 논리가 클라이언트와 컨설턴트의 조력관계에도 적용된다. 컨설턴트는 클라이언트에게 의도적 피드백을 제공하는 일방적 의사결정을 내릴 유혹에 빠진다. 그러나 두 당사자가 클라이언트의 목적에 동의하지 않는다면 이것은 매우 위험하다. 제시할 결정적 피드백이 있다고 느끼면 먼저 대화가 향하는 곳과 클라이언트가 성취하려는 것이 무엇인지를 질문해야 한다. 내 피드백이 해당 시나리오에 맞는 경우에만 피드백을 제공할 수 있다는 느낌을 가져야 한다.

원리 2: 제공자는 서술과 인정을 강조해야 한다

피드백은 다음을 강조할 수 있다. (1) 부하 직원이 잘한 '긍정적인' 것, (2) 부하 직원이 실제로 했던 것에 초점을 두는 '서술적'이고 '비평가적'인 정보, (3) 부하 직원이 잘하지 못한 '부정적'인 것이다. 대부분의 학습이론은 세 정보 유형의 결과가 다르다는 것을 보여 준다. 긍정적 피드백은 학습하기 쉽고 가장 유쾌하다. 그것은 이미 효과적인 것을 미래의 행동에서 더 하도록 직접 안내한다. 잘된 것에 대한 긍정적 피드백과 인정은 높은 수준의 자기존중감을 유지하려는 개인의 요구에 부합한다.

서술적이고 중립적인 피드백은 부하 직원이 자신의 명확한 기준을 갖고 있고, 오직 알고 싶은 것은 행해진 것에 대한 관찰의 결과일 경우에 효과적일 수 있다. 사람들이 매우 민감하고 자아가 포함된 영역에서는 이것이 사람들이 수용할 수 있는 유일한 종류의 정보일 수 있다. 또한 서술적 피드백은 제공자에게 평가의 토대를 명확하게 할 것, 그리고 보다 적응성 있는 행동에 초점을 맞출 것을 요구한다.

부정적 피드백은 종종 어떤 종류의 행동이 반복되지 않게 하는 데 필수적이다. 그렇지만 그것은 또한 가장 문제일 수 있다. 그것은 방어를 가져오고, 거부되거나 듣지 않으려고 하고, 여러 방식으로 받아들여지지 않을 수 있다. 게다가 부정적 피드백은 그 사람이 무엇을 해야 할지에 대해 어떤 지침도 제공하지 않아서 긍정적 학습 방향을 제시하지 못한다.

피드백 과정의 흔한 함정은 부정적 피드백에 과도하게 의존하고, 서술적이고 긍정적인 인정 피드백은 불충분하다는 것이다. 우리는 의도적 피드백을 '건설적 비평(constructive criticism)'의 개념과 연결시키고, 잘하는 것으로부터 학습하는 것이 더 중요하다는 것을 잊어버리는 경향이 있다. 또한 인정과 긍정적 피드백은 수신자의 체면을 구할 수 있다. 이 원리는 수행평가의 '샌드위치' 기법으로 이어진다. 긍정적인 것을 말하고, 고기에 해당하는 건설적인 비평을 사이에 끼워 넣는다. 그리고 긍정적인 것으로 끝맺음을 한다. 그러나 이 기법에서 간과하는 것은 종종 긍정적 요소가 비평보다 더 '고기'라는 점이다.

원리 3: 제공자는 구체적이고, 세부적이어야 한다

피드백은 이전에 소개된 의사소통의 모든 함정이 적용되는 의사소통의 과정이다. 그러므로 피드백 메시지가 명확하지 않거나 의미적 혼동(특히 성격 특성이 포함되었을 때)이 일어날 가능성이 있다. 몇 가지 사례가 있다.

"넌 너무 공격적이다"(부정적, 모호한, 일반적) 대 "난 네가 다른 사람이 자신의 관점을 표현할 때 큰 소리를 쳐서 반대하는 것을 관찰했다"(서술적, 정확한, 세부적인).

"넌 네 사람들을 잘 다루지 못한다"(부정적, 일반적) 대 "넌 너의 부하 직원을 의사결정에 참여시키지 않고, 그들에게 자신의 견해를 표현할 기회를 주지 않는다"(부정적, 세부적) 혹은 "난 너가 네 사람들을 의사결정에 참여시키고, 그들의 관점을 들어 줄 때 더 생산적이라는 것을 발견했다"(긍정적, 세부적).

"넌 더욱 주도적일 필요가 있다"(부정적, 일반적) 대 "네 비용이 초과되는 것을 내가 찾도록 하는 대신에 이것을 찾아내고, 문제가 커지기 전에 그것을 고칠 수 있는 너의 체제를 왜 마련하지 않는가"(중립적, 세부적).

의미적 명확함의 열쇠는 상세함에 있다. 긍정적이든, 부정적이든 논평은 일반적일수록 오해의 가능성이 크다. 피드백이 '제공자와 수신자 양자가 관찰했던' 행동에 근거할수록 오해의 가능성은 줄어든다. 다르게 말하면 피드백은 수신자가 들은 것에 대해 무엇인가를 행동할 수 있도록 일차적으로 바뀔 수 있는 행동을 다루어야 한다. 반면에 사람의 변하기 어려운 특성이 원하는 목적의 성취를 방해하고 있다면 때로 그가 환상과 비현실적 기대를 갖고 살게 하기보다는 누군가 이를 말해 줄 필요가 있다.

원리 4: 제공자와 수신자 모두는 건설적 동기를 가져야 한다

의도적 피드백의 또 다른 문제는 피드백 제공자와 수신자의 지각된 동기와 관련이 있다. 만약 수신자가 제공자의 동기를 의심하거나 불신하지 않고 진정으로 도움을 주려 한다고 믿는다면 들으려고 하고 주의를 기울일 것이다. 우리는 누군가에게 화가 나서 "내가 너에게 피드백을 줄게"라고 화를 표현한 경험이 있다. 말할 필요도 없이 수신자는 제공자의 요구가 전달되고 있다는 것을 감지한다.

수신자의 동기의 불명확함도 동일하게 잠재적 문제이다. 수신자가 듣지 않으려고 하고 오직 자신의 인정만을 원하거나 피드백으로부터 학습할 동기가 없다는 신호를 보낸다고 제공자가 믿는다면 그가 어떤 보상을 바라고 애쓰겠는가? 다시 다음의 사례가 명확하게 보여 줄 것이다.

"너는 부하 직원들이 자신들의 비용을 통제하도록 동기화시켜야 한다. 이번 분기에도 예산을 초과했다"(상사는 부하 직원이 다음 층의 수행을 향상시키기를 원하지만, 부하 직원은 상사가 오직 자신의 재정적 요구만을 다룬다고 느낀다) 대 "기본적으로 운영은 잘되었지만 다시 예산을 초과한 것이 계속 걱정된다. 당신 부하 직원이 비용을 의식하도록 할 수 있는 방안은 무엇인가?"(상사는 이를 인정하고, 자신의 감정을 명확하게 하고, 상세한 질문을 통해 세부적인 쟁점에 초점을 맞춘다).

"나는 네가 고객을 잘 다루는 법을 학습할 필요가 있다고 생각한다"(상사는 부하 직원이 한 영역에서는 약하지만 높은 가능성이 있는 사람이라고 지각할지 모른다. 그러나 부하 직원은 자신을 일반적으로 실패했다고 지각하여 방어적이 된다) 대 "너는 이미 매우 효과적이지만, 고객을 보다 잘 다루는 법을 학습하는 데 집중한다면 효과성을 향상시킬 수 있다"(상사는 자신의 동기가 좋은 수행을 더 향상시키는 데 있다는 것을 명확히 한다).

"일반적으로 회사의 상황이 좋지 않아 올해는 2퍼센트만 인상할 수 있다"(상사는 진실하려고 노력하지만 모호하다. 부하 직원은 상사가 자신은 평균적인 수행자라는 것을 교묘하게 말한다고 생각해서 사기가 꺾인다) 대 "올 한 해 너의 수행은 뛰어났고, 그것에 대해 금전적으로 보상하고 싶다. 그러나 올해 일반적으로 회사의 상황이 좋지 않아 누구도 2퍼센트 이상의 인상을 해 줄 수는 없다"(상사는 세부적이고, 부하 직원 수행을 적절한 맥락에 위치 지으며, 그에 대한 인정을 표현한다).

이 원리의 작동에서 가장 어려운 측면은 두 당사자가 실제로 동기와 감정에서 접속되어 있다는 점이다. ORJI 순환에서 부각시켰듯이, 포함된 감정과 그런 감정이 가져온 동기를 인지하거나 성찰하지 않고 쉽게 관찰에서 판단으로 넘어간다.

원리 5: 관련 있다면 부정적 피드백을 피하지 말라

피드백 제공에서 중요한 문제는 종종 방어와 불쾌한 반응을 생산하기 때문에 자연스럽게 비판을 피하는 경향이다. 비판적 코멘트는 거부되거나 들으려고 하지 않기 때문에 부정적 피드백을 주려는 모든 노력은 시간 낭비처럼 보인다. 그러나 상사는 진정으로 부하 직원의 관리에 영향을 주는 부정적 평가를 갖고 있다면 부하 직원에게 왜 진급하지 못하고, 좋은 평가를 받지 못하며, 좋은 임무를 맡지 못하는지 생각해 볼 수 있도록 해야 한다.

여기에서 해법은 이전의 일화에서처럼 모호한 일반성은 피하고, 부정적 평가로 이끈 분명하고 상세한 행동사례에 초점을 맞추는 것이다. 예를 들면, 나는 특정 상황에서 특정 행동에 대한 비판은 수용할 수 있지만, 나의 특성이나 보다 일반적인 성격에 대한 비판은 수용하기 힘들다. 내 행동이 비판을 받는다면 나는 그것이 그 순간의 여건 때문인지, 그런 여건을 피하는 법을 학습할 것인지를 사정할 수 있다. 그것이 성격적 특성 때문이라면 그것을 변화시킬 것인지 아니면 근본적으로 내가 이 직업과 어울리지 않는지를 결정할 수 있다. 그러나 그것은 명확한 피드백에 근거한 '나의' 결정이어야 한다.

피드백 제공자가 특성 혹은 성격을 비판하면 자아이미지와 자아존중감이 포함되어 있어 나는 쉽게 성격의 일반적 부분을 변화시킬 수 없다. 그래서 비판을 거부하거나 저항할 것이다. 반면에 부정적 피드백이 제공자와 수신자가 본 구체적 행동을 다룬다면 제공자는 그 행동에 대한 자신의 감정과 평가를 표현할 수 있다. 그리고 수신자는 자아가 포함되는 것을 피할 수 있다. 다른 말로 하면 상사가 내게 화를 낸다면 이것은 나의 문제일 수 있다. 그러나 내가 '했던' 특정한 것에 화를 낸다면 나는 그 피드백으로부터 새로운 통찰을 얻을 수도 있다. 이 지침을 이용해서 부정적 피드백을 제시한 사례를 살펴보자.

"우리 회사는 높은 수준의 보다 많은 팀 플레이어가 필요하다. 지금까지 너의 수행은 충분한 팀 플레이어가 될 수 있는지 혹은 되려고 하는지 의심스럽게 한다"(부정적, 일반적이고, 수신자의 동기와 능력 탓으로 봄) 대 "당신이 회사의 높은 수준으로 진급하는 데에서 내가 보는 문제는 당신이 집단에 들어갈 때마다 XYZ 위원회에서처럼 지배권을 탈취하고 싶어 보인다는 것이다. 당신이 ABC 태스크포스에 있었을 때 그 집단은 최선의 기여를 만들어 내지 못했다. 부서에 대한 당신의 충성심이 토론을 승패 논쟁으로 만들었기 때문이다. 당신이 다른 사람을 그런 방식으로 끌어내리는 것을 볼 때 나는 화가 나며, 당신이 회사의 높은 자리로 이동할 수 있게 새로운 행동을 학습할 수 있을지 걱정된다"(부정적이고 판단적이지만, 상세해서 상사의 화의 토대가 명확함).

"너는 진짜 주도성이 부족하다. 이런 종류의 작업에서 충분히 공격적이지 못하다"(변화하기 어려운 일반적인 특성을 다루고 있고, 상사가 주도성 혹은 공격성으로 의미하는 것에 대한 상세한 자료를 제공하지 않음) 대 "올해 너의 수행에 대해 몇 가지 생각한 바가 있다. ABC 프로젝트에서 우리가 막혀 있을 때 문제를 직면하고, 앞으로 나아가게 하는 제안을 하는 대신에 문제가 떠돌아다니게 놔두는 듯 보였다. 다른 부서가 네가 가려는 방향에 도전했을 때, 너의 해법이 왜 옳은지 보여 주는 대신에 물러섰다. 나는 이 두 패턴을 다른 프로젝트에서 보았다. 그래서 그런 행동들이 주도성과 공격성의 부족을 의미하는 것은 아닌가 생각한다"(일반적 속성은 유지하지만, 그것으로 이끈 행동 자료를 제공함).

"넌 마지막 영업회의 때 진짜 그것을 날려 버렸다. 거의 계약을 성사시키려고 할 때 쓸데없이 참견하여 고객이 철회하게 만들었다"(한 번의 관찰에 근거해서 사람 전체를 평가함) 대 "당신이 마지막 영업회의에 XYZ 쟁점을 갖고 왔을 때, 당신이 진짜 그것을 날려 버렸다고 생각한다. 당신이 코멘트하기 전에 거의 계약을 마무리했는데, 당신의 코멘트가 고객이 철회하도록 만들었다"(강조점이 그 사람의 행동으로 전환되었다. 제공자는 절대적 평가보다는 자신의 의견으로 제시하여 그의 평가를 부드럽게 함).

앞의 사례에서 제공자는 평가적 코멘트를 제공했다. 일반적 특성이나 전체 사람 대신에 세부적 행동을 지시하고 있다. 목적과 기준이 명확하고, 합의되어 있을 때는 그러한 평가가 도움이 될 수 있다. 그러나 합의가 없다면 서술적 피드백이 더 낫다.

그때 제공자와 수신자는 함께 행동을 평가할 수 있다. 어떤 경우이든 상세함이 열쇠이다. 평가가 일반적일수록 오해되고, 거부되고, 저항받고, 방어적 행동을 불러일으킬 가능성이 커진다.

원리 6: 제공자는 자신의 관찰, 감정, 판단을 소유해야 한다

이 원리에는 두 가지 중요한 함의가 있다. ORJI 주기의 관점에서 보면, 피드백이 실제적 관찰에 근접할수록 청취되고 수용될 가능성이 높아진다. 왜냐하면 수신자도 같은 행동을 관찰할 것이기 때문이다. 게다가 정서적 반응의 피드백이 판단의 피드백보다 수용될 가능성이 크다. 당신의 행동이 나를 화나고, 불안하고, 낙담하게 만들었다고 말하는 것이 당신의 행동이 부적절하거나 '나쁘다'는 판단보다 더 청취될 것이다. 같은 논리가 긍정적 피드백에도 적용된다. 당신의 어떤 행동이 나를 기쁘게 혹은 자랑스럽게 만들었다고 말하는 것이 단지 "잘했어요"라고 말하는 것보다 학습 과정에서 가치가 있다.

두 번째 함의는 제공자는 의식적으로 관찰, 정서적 반응, 판단을 스스로의 것으로 부여하고 모호한 일반화가 되지 않도록 해야 한다. 이 함의는 미세해서 피드백 행동의 작은 차이에 주목한다. 내 판단을 보편적 진술로 만들 수 있게 "넌 대단해"(혹은 "넌 좋지 않아")라고 말할 수 있다. 혹은 "난 네가 대단하다고 생각해"(혹은 "난 네가 좋지 않다고 생각해")라고 말할 수 있다. 보다 세부적이려면 "당신이 고객에게 도전했을 때, 그것을 날려 버렸다"라고 말할 수 있다. 혹은 "당신이 고객에게 도전했을 때, '그것이 나를 화나게 만들었다.' 그가 철회하기 시작한 것처럼 보였기 때문이다. 난 그 지점에서 진짜 당신이 그것을 날려 버렸다고 느꼈다"라고 말할 수 있다.

제공자가 그것을 토론할 수 있고, 잠재적 학습의 원천으로 만들기 위해 자신의 피드백을 소유하는 것이 중요하다. 비인격적 일반화는 제공자의 특이한 반응일 수 있다는 합리성을 없애기 때문에 다른 사람의 품위를 손상시키는 일이다. 일반화는 제공자가 스스로를 도전이나 탐구될 수 없는 최종 판단에 맡겼다는 것을 함의한다. 또한 일반적 판단은 다른 사람과 함께 검증된 것이어서 제공자의 즉각적 반응이 아니라 최종 결론이라는 것을 함의한다.

원리 7: 피드백은 제공자와 수신자가 준비되어 있을 때에 맞추어져야 한다

이전에 효과적 개입의 측면에서 '타이밍이 결정적이다'라는 원리를 말한 적이 있다. 타이밍은 또한 의도적 피드백을 효과적 과정으로 만드는 측면에서도 결정적이다. 어떤 준거에서 피드백의 올바른 타이밍을 결정할 수 있겠는가? 지금까지 가장 중요한 준거는 '수신자의 준비성 혹은 학습하려는 동기'이다. 그것이 있다면 수신자는 제공자에게 언제 피드백에 관한 토론을 할 것인지를 기꺼이 이야기할 수 있다. 동기가 없다면 제공자는 의도적 피드백이 제공될 수 있는 설정을 만들어 내야 하는 골치 아픈(그러나 때로는 필요한) 입장에 서게 된다. 상사는 수행에 대한 피드백 토론이 어떤 시기에 이루어질 필요가 있다고 말할 수 있지만, 언제, 어디에서 할 것인지는 부하 직원이 결정할 수 있도록 남겨 둔다.

두 번째 준거는 '제공자'가 준비되어야 한다. 이것은 통상 세부적인 행동 수준에서 생각하는 것, 제공자의 반응과 감정, 판단을 위한 토대, 도움이 되는 방식으로 도움이 되는 정보를 제공할 심리적 준비를 의미한다. 그러한 준비에는 의도적 피드백을 제공하는 법에 대한 훈련과 여기서 진술된 원리를 주의 깊게 생각하여 이해하는 것을 포함한다. 예고 없이 부하 직원이 들어와서 피드백을 요구할 때 효과적이기는 어렵다.

세 번째 준거는 두 당사자는 '목적에 동의해야' 하고, '서로를 신뢰하는 어떤 예비적 규범'을 형성해야 한다. 다른 말로 하면 타이밍은 적절한 무대 설정에 달려 있고, 그것은 다시 제공자와 수신자 모두의 동기와 역량에 대한 진지한 성찰에 의존한다. 상사가 수행 리뷰가 필요하다고 지시하는 경우에 그는 부하 직원에게 지난 몇 주 혹은 몇 달간 목적이 무엇이었는지를 검토하고, 피드백 토론이 그 목적과 관련되도록 요구함으로써 회의를 시작할 수 있다. 부하 직원의 목적이 상사가 기대한 것과 일치하지 않는다면 양자는 의도적 피드백 전에 목적에 대한 합의를 도출해야 한다. 목적에 대한 합의는 상호 간의 신뢰를 형성하기 위한 최소한의 조건이다.

타이밍의 네 번째 준거는 피드백은 수신자가 사건을 기억하고, 그것을 자신과 관련지을 수 있게 관련된 사건과 시간적으로 가까워야 한다. 사건이 지난 뒤 너무 오래 있다가 피드백이 제공되면 수신자는 사건을 기억하지 못하고, 그래서 그것을 부정할 수 있다. 피드백이 사건 직후에 제시되면 수신자는 아직 정서적으로 고조되어 있어, 특히 그것이 부정적이라면 들을 수 없다. 예를 들면, 내 동료는 때로 수업이 끝난 직후에 나에게 피드백을 주고 싶어 했다. 그때가 행동이 가장 잘 보일 수 있기 때문이다. 그러나 그 사건에 대한 나의 반응은 아직 처리되지 않아서 통상 그런 피드백을 다루기가 어렵다. 내가 그 수업에 대한 나의 목적이 충족되었는지를 사정하기까지는 나의 수업에 대한 다른 사람의 목적을 반영하는 새로운 자료를 진지하게 받아들일 수 없다.

요약과 결론

　의도적 피드백이 학습을 자극하고 촉진하는 데 효과가 있으려면 이 일곱 원리를 함께 생각해야 한다는 점이 중요하다. 목적은 명확하고 동의되어야 하며, 강조는 서술과 인정에 있어야 하고, 피드백은 가능한 한 구체적이고 세부적이어야 한다. 제공자와 수신자 모두 건설적인 동기를 가져야 하고, 세부적이고 행동에 초점을 두고 비판을 회피하지 말아야 한다. 제공자는 비인격적 일반화로 분류하지 말고 자신의 감정과 반응을 소유해야 하고, 제공자와 수신자 모두는 피드백 토론에 대해 심리적으로 준비가 되어 있어야 한다.

　다시 요약하면 우리가 수행을 평가하는 상사를 생각하든, 아니면 클라이언트의 상황을 탐구하는 컨설턴트를 생각하든 조력자가 하는 모든 것은 사실상 개입이다. 컨설턴트는 모든 시간에, 침묵할 때에도 피드백을 제공한다. 그래서 선택할 수 있는 것이란 '의도적' 피드백을 확대시킬 수 있는 시간, 방법, 형태이다. '정상적' 탐구 흐름에 끼어들기에 언제, 어떤 방식이 적합한가? 체면작업의 규범을 유예하는 것을 토대로 서로 다른 의사소통의 수준을 위한 무대를 설정해야 한다. 제3장에서 논의한 탐구 형태의 측면에서 그 질문을 다른 방식으로 말해 보면, 언제 순수 혹은 진단적 탐구에서 직면적 탐구로 전환해야 하는가? 직면적 탐구는 절제된 방식으로 전달됨에도 불구하고 하나의 의도적 형태이기 때문이다.

　이 질문에 명확하고 간단한 답은 없다. 클라이언트와 컨설턴트의 관계가 전개되면서 컨설턴트는 지속적으로 내부적 상황을 진단하고, 클라이언트가 직면적 개입에 얼마나 '준비'되어 있는지를 계산해야 한다. 분명한 단서는 클라이언트가 직접적인 투입을 요구하는 것이다. 다른 단서는 책상 위에 충분한 자료가 있을 때, 말하자면 클라이언트가 일어나고 있는 것을 스스로 볼 수 있다고 컨설턴트에게 자신감을 주는 것이다. 컨설턴트가 양자가 본 것에 연결시킬수록 피드백이 수용되고 그것으로부터 학습이 일어날 가능성이 커진다. 어떤 경우이든 클라이언트와 컨설턴트의 대화는 서로의 가정과 목적에 대해 상호 간에 상당한 이해의 수준에 도달했다는 것을 전제해야 한다.

이 장의 시작에서 의도적 피드백은 필요하지만 왜 어려운가를 보여 주는 두 사람의 의사소통 모델을 요약했다. 우리의 맹점을 제거하고, 우리가 다른 사람에게 어떻게 영향을 미치는지를 학습하고, 인식하지 못하면서도 다른 사람에게 보내는 신호를 발견하기 위해 그러한 피드백이 필요하다. 동시에 문화적 규칙은 다른 사람은 우리가 보내는 신호에 대한 반응을 숨길 것을 요구한다. 그래서 의도적 피드백 상황을 창조하는 것의 딜레마는 두 집단이 감춘 것을 개방할 정도로 충분히 체면작업의 문화적 규범을 유예하는 방법을 찾는 것이다. 두 집단은 그러한 새로운 규범을 만들어 내야 하며, 거기에는 높은 수준의 상호 신뢰가 함의되어 있다. 그렇기에 의도적 피드백은 그것으로부터 많은 것이 학습될 수 있지만 신중하게 관리되어야 하는 의사소통의 유형이다.

> **사례 1** Billing 회사에서의 피드백 과정의 설계

피드백을 위한 무대를 설정하는 것이 항상 신중하게 계획된 과정은 아니다. 나는 Billing 회사의 최고경영위원회와 매달 규칙적으로 만났다. 통상 한 번에 하루 혹은 이틀간 '회사 밖'에서 주요 전략적·운영적 쟁점에 대해 논의하였다. 회사의 설립자이자 CEO인 Stone이 일반적으로 회의의 의제를 설정했다. 공식적인 의제가 없어도 자신이 원하는 주제를 소개했다. 회의 첫째 날 중간쯤, 그는 집단의 여덟 명이 서로에게 직무 수행과 상황을 어떻게 향상시킬 수 있을지에 대한 피드백을 주는 것이 어떨까 하는 좋은 생각이 났다고 말했다.

Stone이 제안하는 순간에 방 안의 긴장이 고조되었다. Stone도 피드백받기를 기대한다는

것을 다들 인지했기 때문이다. 그의 성격과 정서를 감안할 때 집단 구성원은 중요한 것은 말할 것도 없고 어떤 것이든 그에게 말하는 것이 얼마나 안전할지 알 수 없었다. Stone이 나를 보고 다음과 같이 말했을 때 나의 긴장도 높아졌다. "Ed, 집단훈련의 경험이 많은 당신은 왜 우리가 서로 피드백을 주어야 한다는 제안을 하지 않았나요?" 전체 훈련을 연기하기 쉽지 않을 어조로 말했기 때문에 나는 '안전한' 무언가를 제안해야 할 덫에 걸려들었음을 느꼈다.

컨설턴트는 '곤란한 입장'에 선 순간 어떤 통찰이 떠오르기를 희망한다. 나의 주요 관심은 집단이 과거의 행동에 대해 비난받지 않아야 한다는 것이어서 훈련에서 최선의 방법은 한 번에 한 사람씩 어떻게 미래에 특정 직무를 보다 효과적으로 수행할 수 있을지, 즉 이후의 12개월에서 회사의 전체 전략과 부합되는 방법을 논의하자고 제안했다. '미래'의 행동을 제안한 논리는 비판이 명시적으로 나타나지 않아 체면을 살릴 수 있었다. 재무부의장이 "Joe, 당신이 앞으로 12개월 동안 생산라인의 사람들과 자주 만나 그들의 재고관리를 도와야 한다고 생각합니다"라고 들었다면 이런 진술은 그들이 느낀 것을 쌀쌀맞게 말하는 것을 피할 수 있게 한다. ― "Joe, 당신은 지난해 우리가 고칠 기회를 갖기 전에 재고문제에 대한 모든 감사를 공개함으로써 진짜 우리를 망쳐 버렸다." Joe는 충분한 조력자 없이 강타를 맞았고 그들은 분개하였지만, Joe는 그 메시지를 직접적으로 수용할 수 없었을 것이다.

각 집단의 구성원이 '불유쾌한 과제를 순서적으로 하는 것'에서 벗어나 부정적이고 비판적인 언급을 미래를 위한 제안의 방식으로 주의 깊고 민감하게 제시하는 것을 관찰할 수 있었다. 이 과정은 특히 Stone에게 말할 때 중요했다. 그는 그의 순서를 고집했고, 특히 앞으로의 회의 중 공공장소에서 부하 직원에게 덜 비판적이어야 한다는 조언을 주의 깊게 들었다. 우리는 '역할 협상'의 건설적인 기회로 전환된 여러 시간을 관리했다. 거기에서 많은 양의 개인적 피드백은 묻혔지만, 얼굴을 맞댄 상황에서 비판적 조언에 직면하는 것은 피할 수 있었다.

비록 모든 상황에 적용되는 것은 아니지만, 이 경험의 중요한 교훈은 유용한 피드백이 '계획의' 맥락에서 이루어질 수 있다는 것이다. 과거를 드러내는 것이 필수적인 것은 아니다. 때로는 미래를 위한 계획에서 메시지를 이해시키는 것이 쉽다.

연습 1 | 조해리 창에 무엇이 있는가?(30분)

이 연습은 적어도 15명 이상의 집단 상황에서 가장 잘 이루어질 수 있다.

1. 조해리 창에 대한 간략한 프리젠테이션 후에 각 참가자에게 두 장의 빈 종이를 꺼내도록 요청하라. 종이에 이름을 적지 않는다.

2. 한 장의 종이에는 당신 자신은 인식하고 있지만, 다른 사람에게는 의도적으로 혹은 의식적으로 숨기고 있는 것을 쓰도록 하라. 종이에는 익명이기 때문에 느끼는 것은 무엇이든지 자유롭게 쓰도록 하라. (숨겨진 자아)

3. 두 번째 종이에는 다른 사람은 자신이 의사소통하고 있다는 것을 깨닫지 못하지만 당신은 확신할 수 있는, 다른 사람에게서 당신이 보는 것을 적으라. (맹목자아)

4. 모든 종이를 걷는데, 주의할 것은 두 장의 종이가 섞이지 않게 따로 모아야 한다.

5. 개별 종이가 특정 사람과 연결되지 않도록 각 종이를 섞으라.

6. 전체 집단에게 전형적으로 다른 사람에게 숨기는 것의 사례를 큰 소리로 읽어 주라(종이 1). 충분한 사례가 있다면 그것을 칠판에 적고 쟁점의 유형에 따라 분류하라. 숨기는 경향에 대한 느낌을 얻을 수 있도록 당신과 함께 분석하도록 격려하라.

7. 자신이 의사소통을 하는지 깨닫지는 못하지만 다른 사람에게서 전형적으로 볼 수 있는 사례를 전체 집단에 큰 소리로 읽어 주라(종이 2). 이것 또한 분류하라.

8. 두 목록의 관계를 분석하라. 항목이 완전히 서로 다른 종류인가? 감춘다고 생각하지만, 실제로는 '누설'되어 다른 사람이 보게 되는 감정이나 정보의 영역이 있는가? 감춘 것을 드러내거나 다른 사람의 맹점에 대해 피드백을 제공하는 데 있어 보다 개방적이 되는 것의 장점과 단점은 무엇인가?

9. 사람 2가 일상적으로 감추어진 것을 드러내지 않는다면, 사람 1은 맹점을 제거할 수 없다는 연결을 집단이 볼 수 있도록 도와라. 즉, 하나를 보려면 두 가지를 취해야 한다는 것을 볼 수 있도록 하라. 즉, "하나를 보는 데에는 두 사람이 필요하다."

연습 2 | **의도적 피드백의 실습**

다른 참여자와 짝을 지으라. 가깝게 작업하지 않았던 사람이 더 좋다. 실습의 각 부분에서 10~15분 이상을 넘기지 말라.

부분 1. 몇 시간 안에 두 사람이 경험한 어떤 사건에 대해 당신의 파트너와 자유롭게 대화하라. 5분이 지난 후에 대화를 멈추고, 각자 역할을 바꾸어서 상대방에게 순전히 '서술적'이고 행동적인 수준에서 의도적 피드백을 제공하라. 여러분 각자가 상대방에게 관찰한 것이 무엇인가? 중립적이고 서술적이려고 노력하라. 가능한 한 행동의 세부에 초점을 맞추라(각자 5분 이상을 넘기지 말라).

부분 2. 마지막 15분의 대화를 사용하여 15분 동안에 당신에게 일어났던 '감정'의 측면에서 상대방에게 의도적 피드백을 제공하라. 각자는 자신에게서 어떤 감정을 관찰하였는가(각자 5분 이상을 넘기지 말라)?

부분 3. 대화의 마지막 25분을 사용하여 마지막 25분 동안에 당신이 행한 '판단'과 '평가'와 관련하여 상대방에게 의도적 피드백을 제공하라(각자 5분 이상을 넘기지 말라).

부분 4. 처음 세 개의 각 부분 동안에 당신의 관찰과 반응을 서로 공유하라. 세 부분에서 자신에게서 관찰한 것이 어떤 방식으로 다른가? 의도적 피드백의 경험으로부터 무엇을 학습하였는가? 당신이 일상적으로 감추어 왔던 반응을 공유할 수 있었는가? 무엇이 그것을 가능하게 했는가? 상대방은 그런 드러냄에 대해 어떻게 반응했는가? (25분)

제8장

촉진적 과정의 개입: 집단에서의 과제과정

이 장에서는 이전 장에서 검토했던 여러 진단적 개입을 보충하는 '촉진적 과정 개입'의 개념을 개발한다. 또한 이 장의 초점은 두 사람의 관계가 아니라 거대 클라이언트 체제에서 컨설턴트가 다루어야 할 회의와 집단으로 전환될 것이다. 그러나 개입을 위한 디자인의 중요한 준거는 같다. 즉, 어떤 것이라도 모든 개입은 도움이 되어야 한다는 것, 다른 말로 하면 클라이언트가 하려는 것을 촉진해야 한다. 그러나 이 원리를 회의와 집단에서 실행하는 것은 보다 복잡하다. 진단적 탐구와 의도적 피드백을 제공하는 것은 잠재적으로 촉진적 개입으로서의 자격이 있다. 그러나 대화나 회의에서 자연적으로 일어나는 넓은 범위의 다른 개입이 있다. 그래서 다음을 위한 유형학과 단순화된 모델이 필요하다. (1) 회의에서 관찰할 수 있는 여러 층 중에서 무엇에 초점을 두어야 할지 결정하기 위해, (2) 어떤 종류의 개입이 더 촉진적인지를 결정하기 위해서이다.

일차적 초점은 과정이 될 것이다. 컨설턴트/조력자는 사물이 '어떻게' 말해지고 행해지는지, 즉 '과정'은 '무엇이' 말해지고 행해지는지, 즉 내용보다 더 중요하다는 것을 인식해야 한다. 그러나 대부분 우리는 개념 혹은 인식의 초점으로서 과정에 익숙하지 않다. 우리는 과정을 관리되어야 할 무엇이 아니라 당연한 것으로 받아들이는 경향이 있다. 조력과 학습에서 과정을 어떻게 사용할지 결정할 수 있는 개념적 도구를 갖고 있지 못하다. 이 장에서는 먼저 과정을 사고하기 위한 일반적 범주를 개관하고, 집단에서 관찰할 수 있는 뚜렷한 과정을 위한 단순한 모델을 제시한다.

그리고 나서 조력자/컨설턴트가 어떻게 자신의 개입을 클라이언트가 과정의 관리를 학습하도록 돕는 데 건설적으로 초점을 맞출 수 있는지 제시할 것이다.

과정이란 무엇인가

　넓은 의미에서 '과정'은 무엇이 행해지느냐가 아니라 어떻게 행해지느냐를 지칭한다. 길을 건넌다면 그것이 내가 하는 '무엇'이다. 과정은 내가 '어떻게' 길을 건너느냐는 것이다. 즉, 걷고, 달리고, 차를 피해 건너고, 혹은 어지러워서 누군가에게 길 건너는 것을 도와 달라고 요청할 수 있다. 내가 다른 사람에게 이야기할 때, 그것이 내가 하는 무엇이다. 그러나 나는 그녀를 보고, 땅을 보고, 중얼거리거나 목소리를 높이고, 몸짓을 하거나 가만히 서 있는 이 모든 것이 '어떻게' 이야기하는가에 해당한다. 과정은 모든 곳에 있고, 우리가 하는 모든 것에 포함된다. 때문에 '그것'과 무의식적으로 사용될 수 있는 서로 다른 과정들의 결과를 어떻게 인식할 수 있겠는가? 컨설턴트/조력자는 상황을 향상시키고, 클라이언트의 학습을 자극하는 개입을 시도할 때 무엇에 주목할지 어떻게 아는가? 조력관계와 적극적 탐구를 다룬 이전의 장에서 대면 상황에서 일어나는 다양한 과정을 기술하였다. 이제 이 분석을 다양한 종류의 회의와 집단의 사건에서 두 사람 이상과 작업할 때 일어나는 과정으로 확장하려고 한다.

　집단이 보다 효과적이 되도록 도와줄 수 있는지 보기 위해 임원회의에 초대받았다고 생각해 보자. 당신에게는 '촉진자'라는 명칭이 붙을 수 있다. 조용히 앉아서 관찰하는 것도 또한 결과를 가져오는 개입이라는 사실을 항상 염두에 두고, 개입에서 어디에 초점을 두어야 할지의 측면에서 이것은 무엇을 의미하는가? 당신이 회의를 소집한 관리자라면 회의를 가능한 한 효과적으로 만들려고 노력하는 스스로를 상상해 보라. 무엇에 주의를 기울여야 하며, 어떤 구성원이 말한 의제와 내용에 대해 전통적인 초점을 넘어 생각해 보아야 할 개입의 종류는 무엇인가? 〈표 8-1〉에는 컨설턴트가 주의의 초점으로 고려할 수 있는 관찰가능한 사건의 일반적 범주가 제시되어 있다.

〈표 8-1〉의 셀은 겹치고, 실제로 그것의 구분은 기술된 것만큼 명확한 것은 아니다. 그러나 인간의 상황에서 전형적으로 직면하게 되는 복잡한 자료에 어떤 의미를 부여하려면 단순화된 모델이 필요하다. 모든 집단은 이 정의에 두 사람의 관계를 포함시켰는데, 항상 다루어야 할 세 가지 근본 쟁점을 갖고 있다. (1) 어떻게 경계를 관리할 것인가, 누가 안에 있고 밖에 있는지를 규정하고, 어떻게 그들의 정체성을 유지할 것인가?, (2) 기능이나 일차적 과제를 충족함으로써 외부의 환경에서 어떻게 생존할 것인가?, (3) 내부의 대인 간 관계를 관리함으로써 기능적 실체로서의 스스로를 어떻게 형성하고 유지할 것인가가 그것이다. 세 쟁점이 표의 상단에 제시되어 있다.

〈표 8-1〉 **관찰과 개입이 가능한 영역**

	집단경계 관리	집단과제 성취	대인 간, 집단 관리
내용	(1) 누가 안이고, 밖인가	(2) 의제	(3) 서로에 대한 구성원의 감정
과정	(4) 경계 관리의 과정	(5) 문제해결과 의사결정	(6) 대인 간 과정
구조	(7) 경계 관리를 위해 반복되는 과정	(8) 반복되는 과제과정과 조직구조	(9) 권위, 친밀성에 관한 공식적 규칙

집단이나 관계가 오래되었다면 앞의 각 쟁점, 그리고 집단이 다음의 세 수준에서 어떻게 기능하는지를 관찰할 수 있다. (1) 작업되고 있는 것의 '내용', (2) 일을 처리하는 데 사용되는 '과정'의 종류, (3) 안정적이고 반복적인 방식 또는 운영이라는 의미에서의 '구조'이다. 세 관찰의 초점은 표의 왼쪽에 제시되어 있다. 그렇다면 컨설턴트는 어떤 과정 쟁점에 초점을 맞출지, 그리고 언제 내용 혹은 구조로 전환할지를 결정해야 한다. 다른 말로 하면 어떤 셀이 전략적이고 전술적으로 집중하여 관찰하고, 개입하기 위한 최적의 곳인가? 어떤 개입의 초점이 가장 촉진적일 수 있는가? 우리는 중간의 '과제' 초점과 '내용' 초점에서 시작할 것이다. 이것이 초기에 컨설턴트

를 부르는 이유일 가능성이 가장 높기 때문이다.

과제의 내용(task content) – 의제 관리(셀 2)

어떤 회의나 대화에서도 가장 분명하게 초점을 두어야 하는 것은 왜 집단이 존재하느냐이다. 집단의 일차적 과제 혹은 기능은 무엇인가? 회의의 목적은 무엇인가? 왜 집단이 존재하는가? 모든 집단 혹은 조직은 궁극적 기능, 즉 존재의 이유가 있다. 그리고 그 궁극적 기능으로부터 미션, 목적, 과제가 도출된다. 그러나 집단은 궁극적 미션을 인식하지 못할 수도 있고, 구성원들이 목적에 동의하지 않을 수도 있다. 사실 컨설턴트의 주요 기능의 하나는 집단이 자신의 과제와 기능을 이해하도록 돕는 것이다.

과제의 내용에서 관찰할 수 있는 측면은 집단이 논의하거나 작업하는 실질적 주제이고, 그것은 전형적으로 공식적인 의제로 명명된다. 집단에 비서가 있고 회의록을 작성한다면 토론의 내용은 회의록에 나타날 것이다. 컨설턴트는 과제의 내용을 면밀히 관찰하여 '제대로 진행되는지' 확인할 수 있다. 나는 종종 회의 시작 전에 다음과 같이 묻곤 한다. "우리는 무엇을 하려고 하는가?" 혹은 "오늘의 목적은 무엇인가?" 또는 "오늘 오후까지 우리가 성취하기를 원하는 것은 무엇인가?"(혹은 집단이 해체될 예정일 때마다). 때때로 컨설턴트는 참여자들을 인터뷰하고, 전체적으로 그들의 마음에 무엇이 있는지 요약할 것을 요청받으면, 혹은 어떤 개념을 제시하거나 집중적인 연습 제공 등 교육적 개입을 요청받으면 의제를 만들어 내기도 한다.

Billing 회사의 초기 회의 중 내가 무의식적으로 개입한 때에 의제 관리의 잠재적 중요성이 드러났다.

집단은 통상 번호 없이 정리된 10개 정도의 의제를 가지고, 한 번에 한 의제씩 다룬다는 것을 상기하자. 두 시간의 회의가 끝났을 때 통상 반도 미치는 못하는 의제만을 끝낼 수 있었고, 더 다루지 못한 것에 대해 아쉬워했다. 나는 항목의 순서가 큰 의미가 없다는 것을 인지했다. 나의 선택은 관찰했던 것을 집단에게 피드백해 주거나 내가 선택한 것처럼 무지에 접근하여 진지하게 묻는 것이었다. "이 의제는 어떻게 만들어지나요?"

집단의 첫 번째 반응은 아무도 답변을 모르는 듯한 혼란이었다. 그러고 나서 의장은 자신의 행정비서가 의제를 만들고 회의를 위해 준비한다고 말했다. 집단은 회의실로 Martha를 불렀다. 그리고 사람들이 전화로 항목을 알려 주거나 비서실로 와서 의제로 삼아 달라고 요구하면 들어온 순서대로 목록을 만든다는 것을 알게 되었다.

이것을 듣자마자 집단은 곧 이 상황의 어리석음을 깨달았고, 그 자리에서 Martha는 기존대로 하지만 회의를 시작할 때 비슷한 항목은 묶고, 우선순위에 따라 순서를 정해 의제를 처리할 것을 결정했다. 이 재배치를 통해 기본적으로 두 가지 유형의 항목이 있다는 것을 알게 되었다. '불끄기'처럼 즉각적으로 결정해야 할 유형과 장기간의 계획이 필요한 유형이다. 우리는 불끄기와 같은 항목은 전체 집단에 의해 우선순위가 정해져야 하고, 계획이 필요한 항목은 금요일 오후 2시간의 회의에서는 다룰 수 없다고 결정했다.

대신에 집단은 한 달에 한 번씩 전체 집단이 현장을 떠나 하루나 이틀 동안에 장기적 항목을 다루기로 결정했다. 수년간 이 현장을 떠난 장기회의는 규칙적 패턴이 되었고, 회사를 운영하는 정규 부분으로 제도화되었다. 나는 그런 유형의 회의에 경험이 많았기 때문에 이 장기회의를 디자인할 때 전문가의 역할을 수행했다. 결국 그것은 2~3일간 계속되는 분기별 또는 반기별 회의로 발전되었고, 집단은 그것을 통해 회사의 성장에 관련된 전략적 쟁점을 심층적으로 다룰 수 있게 되었다. 이 모든 것은 의제에 대한 하나의 순수한 질문에서부터 결과된 것이다.

표면적으로 보면 집단은 단지 보다 효율적이 되는 것을 학습했다. 실제로는 이 모든 의제 처리는 집단에게 자신들의 진정한 일차과제가 무엇인지, 그리고 일차과제를 충족시키는 것, 즉 회사의 전략적 의제를 설정하게 하는 회의의 패턴을 어떻게 디자인할지를 직면하게 만들었다. 그들은 금요일 오후 회의로는 이 쟁점을 다룰 수 없다는 것을 인지했고, 나의 도움으로 전략적 논의를 위한 일차적 도구로서 현장 밖 회의를 개발했다.

과제의 과정(task process) - 작업을 효과적으로 끝내기(셀 5)

내가 대부분의 시간을 작업하는 영역은 〈표 8-1〉의 중심에 있는 셀인 과제의 과정이다. 과제의 과정은 종종 클라이언트에 의해 잘못 관리되고, 그것이 집단이 비생산적이라고 느끼는 이유가 된다. 사람들은 다른 사람의 말을 듣지 않거나 오해한다.

다른 사람이 말할 때 끼어들고, 논쟁하여 갈등이 일어난다. 집단은 결정을 내리지 못하고, 사소한 쟁점에 너무 낳은 시간을 보낸다. 곁가지의 분쟁적인 대화가 일어나고, 효과적인 과제작업을 방해하는 행동들이 나타난다.

다양한 집단을 관찰할 경우, 같은 과제를 작업하는 서로 다른 집단은 그것에 서로 다르게 접근한다는 것을 인식할 수 있게 된다. 한 집단에서 의장은 사람들에게 의견을 제시하도록 요청한다. 다른 집단의 의장은 관리하는 사람에게 말을 해 줄 누군가를 초대한다. 한 집단에는 분노에 찬 직면과 논쟁이 있다. 다른 집단에는 예의 바르고 공식적인 질문이 있다. 의사결정이 한 집단에서는 합의에 의해, 다른 집단에서는 투표에 의해, 그리고 또 다른 집단에서는 한동안의 토론을 들은 관리자에 의해 이루어진다.

과제의 과정은 난해하다. 그것을 경험하고 관찰하기는 쉽지만, 규정하고 작업되고 있는 내용으로부터 명확히 분리하는 것은 어렵다. 집단의 구성원은 과정을 통제함으로써 부분적으로 내용의 성과를 통제할 수 있다는 것을 학습한다. 이는 마치 상원의원들이 필리버스터를 할 때 하는 것, 또는 토론자가 조롱, 주제의 변경 또는 어떤 방식으로든 말하고 있는 내용으로부터 과정을 전환하여 반대자의 주장이나 평정심을 파괴할 때 하는 것과 같다. 컨설턴트/조력자에게 가장 어려운 과제는 내용에 현혹되지 않는 것, 집단이 작업하고 있는 실제 문제에 사로잡히지 않는 것, 그래서 '어떻게' 작업되고 있는지에 대한 주의를 그만두지 않는 것이다.

집단이 자신들의 일차과제로 움직이기 위해서는 어떤 과정의 기능이 충족되어야 한다. 이 기능들은 종종 집단의 지도성과 연관되거나 의장의 의무로 간주되기도 한다. 그러나 잘 기능하는 집단에서는 다른 구성원들이 다른 시간에 이 기능을 충족시킨다. 컨설턴트의 중심 역할은 종종 '상실된 기능을 찾아내고 그것을 충족시키는 것'이다. 고려되어야 할 중심적인 과제의 기능에 대한 단순모델이 〈표 8-2〉에 제시되어 있다.

집단이 과제에서 진전을 이루려면 어떤 '발의'가 있어야 한다. 누군가가 목적 혹은 문제를 진술하고, 어떻게 작업할지 제안을 제시하고, 일정한 시간 혹은 표적을 설정해야 한다. 종종 이 기능은 지도자가 해야 하거나 처음으로 집단을 함께 소집한

〈표 8-2〉 **과제의 성취를 위해 필요한 기능**

과제의 기능(task functions)
발의하기(initiating)
정보 구하기(information seeking)
정보 제공하기(information giving)
의견 구하기(opinion seeking)
의견 제공하기(opinion giving)
명료화하기(clarifying)
정교화하기(elaborating)
요약하기(summarizing)
합의 검증하기(consensus testing)

사람에게 있다. 그러나 집단이 성장하고 자신감을 얻으면서 발의 기능은 점차 보다 넓은 범위의 구성원들에게서 온다.

진척을 이루려면 과제와 관련된 다양한 이유에 대해 '정보를 구하고 제공하기'와 '의견을 구하고 제공하기'가 있어야 한다. 과제를 추구하면서 집단이 구하는 정보와 의견의 종류가 종종 해결책의 질을 결정한다. 컨설턴트는 정보와 의견 구하기 기능에 충분한 시간이 주어졌는지를 스스로 평가하도록 집단을 도와야 한다. 또한 구하기와 제공하기, 정보와 의견을 구분하는 것도 중요하다. 충분한 정보 구하기와 제공하기가 일어나기 전에 너무 많은 구성원이 의견을 제공하기 때문에 집단은 종종 어려움을 겪는다. 그렇게 되면 생산적인 대화 대신에 결실 없는 논쟁이 되고 만다. 컨설턴트는 쟁점을 해결하기 위해 어떤 종류의 정보가 필요한지를 질문함으로써 도울 수 있다.

명료화하기와 정교화하기는 집단에서 의사소통의 적합성을 점검하고, 다른 사람의 아이디어를 기반으로 보다 창의적이고 복잡한 아이디어를 형성하기 위해 중요한 기능이다. 그런 활동이 일어나지 않는다면 집단은 진정으로 자신의 고유한 강점을 사용하지 않는 것이다. 컨설턴트가 할 수 있는 가장 공통적이고 강력한 개입은 명료화 질문을 하거나 구성원들의 아이디어를 정교화함으로써 자신이 들은 것을 검증하는 것이다.

요약하기는 집단의 크기나 토론 시간의 길이로 인해 아이디어가 소실되지 않도록 하는 기능이다. 효과적인 요약은 집단이 이미 다룬 요점과 진술된 서로 다른 아이디어를 검토하는 것을 포함한다. 이를 통해 결정의 시점에 도달했을 때 집단이 충분한 정보를 가지고 작동하도록 한다. 내가 위원회, 태스크포스, 집행팀에서 관찰한 공통적 문제는 그들이 순서적으로 작업하는 경향이 있고, 한 번에 하나의 아이디어만 처리해서 토론의 전체에 대한 관점을 갖지 못한다는 것이다. 이들이 놓치는 것은 요약하기의 기능이다. 요약하기는 집단이 진행하는 동안에 칠판에 아이디어를 기록하여 항상 눈 앞에서 볼 수 있게 함으로써 충족될 수 있다. 또는 구성원 중 한 명 혹은 컨설턴트가 종종 들은 것을 단순히 검토하고, 그것으로부터 집단이 고려해야 할 가설적 일반화를 도출할 수 있다.

마지막으로 집단은 결정할 때가 되었는지 아니면 토론을 계속할지를 주기적으로 점검할 사람이 필요하다. 합의 검증하기는 단순히 "결정할 준비가 되었나요?"라고 묻는 것에 포함될 수 있다. 또는 다음과 같은 요약하기에 포함될 수 있다. "제가 보기에 세 가지 대안이 제시되었습니다. 그중 두 번째로 기운 것 같은데, 제가 맞나요?" 집단을 전진시키는 이 기능의 성공은 대체로 올바른 검증 시간을 선택하는 그 사람의 민감성에 달려 있다. 그러나 검증의 시간이 잘못 선택되었다고 할지라도 집단에게 토론할 것이 더 있다는 것을 상기시킨다는 점에서 여전히 유용하다.

이 넓은 과제 기능의 구조 안에서 특히 문제해결의 단계에 초점을 두는 두 번째 단순모델을 규정할 수 있다. 대부분의 회의는 해결하려는 목적, 기능, 세부 문제를 갖고 있다.

집단의 문제해결과 의사결정

하나의 과정으로서 문제해결은 토론이 많이 되었지만, 거의 이해되지 않고 있다. 제안된 이 과정에 대한 단순모델은 우리 분야의 문헌에 나타난 모델들과 유사한데, 특히 관찰과 분석에 적합해서 채택했다. 내가 기술하고 분석한 단계와 순서는 그것이 개인 관리자의 사고이든, 두 사람의 집단이든, 더 큰 위원회이든, 조직 전체이든 어떤 종류의 문제해결 과정에도 적용될 수 있다. [그림 8-1]에 제시된 기본모델은

Richard Wallen이 감수성 훈련프로그램에서 사용하기 위해 개발했던 애초의 모델을 정교화한 것이다.

이 모델은 활동에서 기본적인 두 개의 순환 주기를 구분한다. 하나는 의사결정이나 행위 이전에 일어나는 것이고, 다른 하나는 행위에 대한 의사결정이 이루어진 이후에 일어난다. 첫째 주기는 세 단계로 구성된다. (1) 문제의 형성, (2) 행위를 위한 제안의 형성, (3) 제안된 해결책의 결과를 예측하기 혹은 행위에 몰입하기 전에 제안된 해결책을 개념적으로 검증하고 평가하기가 그것이다.

이 주기는 집단이 무엇을 할지 공식적인 의사결정을 내리면 끝난다. 두 번째 주기에는 다음 단계가 포함된다. (4) 행위의 계획, (5) 행위의 단계, (6) 행위단계의 결과 평가이다. 이는 종종 문제의 재정의와 함께 첫 번째 주기로 다시 돌아간다. 총체적 과정을 단계로 나누는 이유는 문제해결이 실패했을 때 일반적으로 제시된 단계가 잘못 관리되거나 완전히 누락되기 때문이다.

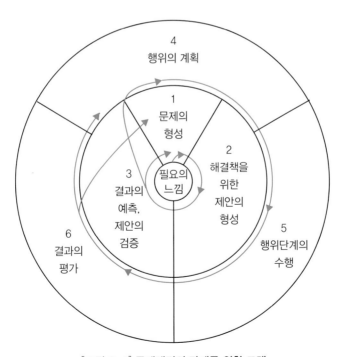

[그림 8-1] **문제해결의 단계를 위한 모델**

각 단계마다 특징적인 공통 함정이 있다. 이 함정의 인식은 컨설턴트가 언제, 어디에 개입할 것인지 초점을 맞추는 것을 도울 수 있다. 클라이언트와 관계를 형성하는 것처럼 두 사람의 집단에 초점을 두든지 혹은 클라이언트 조직에 친숙해지기 위해 참석을 요청받은 태스크포스 회의이든지 거기에는 항상 명시적이든, 암시적이든 규정된 과제, 해결해야 할 문제, 이루어져야 할 의사결정, 관리되어야 할 시간과 노력이 있다. 그럴 때 집단은 어떻게 문제에 대처하고 문제를 해결해야 하는가?

1주기: 무엇을 할지 결정하기

1. 문제의 형성   문제해결에서 가장 어려운 단계는 문제를 규정하는 것이다. 그 어려움은 부분적으로 '증상'과 '문제'를 혼동하는 데에서 온다. 관리자는 누군가 어려운 것을 가져와서 그것에 주목할 때 혹은 마땅히 그래야 하는데 그렇지 못한 것을 발견했을 때 전형적으로 문제해결의 과정을 시작한다. 영업이 감소하고, 배달 일정이 지켜지지 않고, 화난 고객이 전화를 하고, 생산라인에 차질이 빚어지고, 평가가 높은 부하 직원이 사직하겠다고 하고, 가게에 불이 난다. 학습과 변화의 일반이론에 의하면, 이것은 '기대불일치(disconfirmation)'라고 생각될 수 있다. 기대되지 않거나 바람직하지 않은 것이 관찰된 것이다.

그러나 관찰된 어떤 것은 진정으로 작업되어야 할 '문제'가 아니라 제거되어야 할 증상이다. 관리자는 문제해결을 시작하기 전에 증상의 원인을 파악해야 한다. 이것은 추가적인 진단이 요구되기 때문에 종종 어렵다. 이것은 하나의 '근본 원인'이 아니라 아마도 수용 혹은 변화될지의 여부가 결정되지 않은 복합적이고 체계적으로 서로 맞물려 있는 원인들을 드러낼 것이다. 예를 들면, 관리자 X는 감소하는 영업의 '문제'를 토론하기 위해 핵심 부하 직원들을 모두 불렀다. 관리자가 앞서 제기되었던 쟁점에 민감하지 않다면 그는 곧 홍보 예산을 증액해야 할지 아니면 현장에 10여 명이 넘는 영업사원을 보내야 할지의 논쟁에 빠져들 것이다. 그러나 그는 문제를 규정했는가? 감소를 가져올 수 있는 다양한 대안적 여건과 이것들이 어떻게 서로 관련되어 있는지를 파악했는가?

　영업의 하락에는 수많은 원인이 있다. 현장에서는 아무것도 하지 않고 마케팅 부서에서는 무엇인가를 한다는 것을 암시하는 잘못된 영업의 예측, 새로운 경쟁자가 갑자기 시장에 들어온 것, 생산품질의 하락, 경쟁사에게 두 명의 핵심 영업사원을 뺏긴 것, 또는 고객 성향의 변화가 원인일 수 있다. 예비적인 진단(그런데 그것은 시간과 노력을 요한다) 없이는 관리자는 정말로 작업해야 할 것이 무엇인지 모를 것이다. 컨설턴트는 이 단계에서 종종 핵심 역할을 할 수 있다. 관리자와 달리 시간 압박에 덜 시달리고, 그래서 추론과 잘못된 진단에서 미숙한 지름길을 알아차릴 가능성이 크다. 컨설턴트의 역할은 종종 집단이 속도를 늦추도록 도와주는 것이다. 속도를 늦추고 논쟁 대신에 다이얼로그의 시간을 갖고(제10장을 보라), 잘못 규정된 문제에 근거해서 경솔하게 행동하는 것을 알아차리고, 진짜 문제가 무엇인지를 파악하는 데 투자된 초기의 시간이 이후의 시간과 노력의 낭비를 줄여 보답한다는 것을 보여 준다.

　대인 간 관계를 포함하는 문제는 특히 진단하기가 어렵다. 한 관리자는 부하 직원의 동기를 부여하고, 다른 부서와 조정하고, 그의 상사에게 영향을 주고, 여러 사람의 노력을 통합하고, '변화에의 저항'을 극복하는 데에서 문제를 갖고 있다고 말할 수 있다. 종종 이 '문제들'은 좌절과 긴장으로 느껴지지만, 관리자의 입장에서는 무엇이 실제로 그를 좌절시키고 긴장하게 만드는지 명확히는 이해하지 못한다. 무언가 올바르지 않다는 것은 알지만, 진짜 문제가 무엇인지는 모른다. 그래서 그것에 대해 무엇을 해야 할지 모른다.

　그러한 경우에 촉진적인 개입은 클라이언트가 가능한 한 구체적이 되어 '탐색적' 탐구를 통해 좌절의 원천을 파악하도록 돕는 것이다(제3장을 보라). 컨설턴트는 다음과 같이 질문할 수 있다. "마지막으로 '이 문제를' 경험한 때는 언제인가? 무엇이 일어나고 있는가? 당신이 문제를 경험한 추가적인 사례를 말해 줄 수 있는가?" 오직 일련의 사례가 형성된 뒤에야 컨설턴트는 가능한 원인에 대한 '진단적' 탐구와 공동의 탐색으로 이동할 수 있다. 사건의 세부를 주의 깊게 조사하고, 어떤 사건이 실제로 좌절을 가져왔는지를 파악한 후에야 컨설턴트는 집단이 진짜 문제를 규정하도록 도울 수 있다. 핵심적 순서는 문제에 대한 감을 일반화할 수 있는 충분히 구체적인 사건들을 얻고, 그것들을 함께 묶는 패턴을 찾는 것이다.

[그림 8-2] **초기에 문제를 형성하는 순서**

[그림 8-2]의 과정은 어떤 문제 형성에서도 필요한 순서이다. 그렇지만 흔히 간과되어 문제의 잘못된 진단에 근거해서 설익은 결론을 맺게 한다. 판매 하락의 예에서 집단은 모든 판매 하락의 사례가 정확히 언제, 어디에서 일어났는지 신중히 재구성해야 한다. 그후 그 사례들에서 공통된 것이 무엇인지, 파악된 여러 요인이 서로 어떻게 관련되는지를 결정해야 한다. 이때 체제도식화(systems diagramming)를 사용하는 것이 도움이 될 것이다. 특히 그것은 문제해결자가 억지로라도 원인이 되는 요인들의 상호작용을 고려하도록 한다(Senge, 1990; Senge et al., 1994).

2. 해결책을 위한 제안의 형성   문제가 적절하게 공식화되었다면 집단은 문제를 해결하거나 상황을 향상시킬 아이디어 혹은 행위 과정의 형성으로 이동할 수 있다. 이 단계에서 일어날 수 있는 가장 흔한 함정은 제안들이 한 번에 하나씩 평가되고, 집단이 다이얼로그 방식을 개발하는 대신에 논쟁에 빠지는 것이다. 이것이 일어나면 집단은 가능한 해결방안들의 전체를 보지 못하고, 문제에 대한 관점을 얻지 못한다.

컨설턴트는 여기서 설익은 평가의 결과를 지적함으로써 도울 수 있다. 설익은 평가는 아이디어와 그것을 제안한 사람을 위협하는 경향이 있고, 다른 아이디어와 비교될 수 없었기 때문에 아이디어를 균형적 시각에서 판단할 기회가 부족하다. 초기에 자신의 아이디어가 거절된 구성원은 이후 단계에서 아이디어를 제공하고 싶지 않을 것이다. 집단이 이 단계를 브레인스토밍의 방식으로 시작할 수 있도록 격려해야 한다. 많은 아이디어가 생산되고, 어떤 평가가 내려지기 전에 그것들 모두는 집단 앞에 유지되어야 한다. 브레인스토밍은 그 시점에 필요한 창의성을 자극하기 위해 아이디어의 생산 국면에서는 평가가 허용되면 안 되고, 객관적으로 볼 수 있도록 아이디어와 제안자를 분리해야 한다는 규칙에 토대를 둔다. 나는 종종 이 상황에서 플립차트를 사용해서 아이디어를 받아 적고, "여기에 세워야 할 다른 아이디어는 없나요?"라고 말한다.

집단이 아이디어의 목록을 갖게 되면 명백히 작업될 수 없는 아이디어를 빠르게 골라내고 작업가능해 보이는 두세 개의 아이디어를 탐색할 수 있다. 컨설턴트는 체계적 사고를 격려하고, 제안된 아이디어들이 어떻게 서로 상호작용하고 관련되는지를 조사하도록 집단을 초대해야 한다. 컨설턴트는 또한 아이디어를 끌어내는 것이 그것을 선택하고, 추진할 결정을 내리는 일을 쉽거나 빠르게 하는 것은 아니라는 것을 경고해야 한다. 나의 경험상 집단은 브레인스토밍할 때 생산된 다양한 아이디어를 평가하는 데 충분한 시간을 할애하지 못한다.

3. 결과의 예측과 제안의 검증　해결을 위한 아이디어가 제안되었다면 특정 해결책을 수용한 결과를 예측하고, 결과를 평가하는 것이 필요하다. 이 과정은 종종 어려운데, '집단이 평가할 때 사용하는 준거가 명확하지 않거나 어떤 것을 사용할지에 대해 이견이 있기' 때문이다. 그러한 준거로는 (1) 개인적 경험, (2) 전문가의 의견, (3) 기존 자료나 정보의 조사, (4) 계획적 검증 혹은 연구가 포함될 수 있다. 개인적 경험과 전문가의 의견은 제일 기대기 쉽지만, 종종 가장 타당성이 떨어진다. 설문조사, 초점집단, 면담, 공식적인 연구 과정은 타당성은 높지만 시간이 걸리고 비용도 비싸다. 이 단계에서 컨설턴트의 주요 기능은 대안의 범위를 제공하고, 집단이 검증하려는 아이디어와 타당한 검사방법을 올바로 결합시킬 수 있게 하는 것이다.

예를 들면, 집단이 개발하고 있는 두 생산품 중에 하나를 선택해야 할 경우에는 아마도 시장조사와 테스트 마케팅을 해야 할 것이다. 집단이 잉여자금을 자본 확장 혹은 투자프로그램에 투입할지를 결정할 경우에는 재정전문가로부터의 조언을 구해야 한다. 집단이 조직을 운영하는 새로운 방식에 대한 저항을 어떻게 극복할지 결정할 경우에는 초점집단을 운영하고, 미래의 참여자를 포함시켜서 그들이 어떻게 반응할지에 대한 아이디어를 얻어야 한다. 집단은 흔히 평가하려는 아이디어가 무엇일지라도 단지 검증된 하나의 방법만을 사용한다. 그 방법은 종종 어떤 종류의 공식적 탐구보다 누군가의 개인적 경험에 근거한다.

문제해결의 각 단계에서 토론은 문제의 재형성으로 이끄는 새로운 특질을 드러낼 수 있다. 예를 들면, 새로운 홍보 캠페인이 필요하다는 아이디어를 검증하는 경우에 기존의 정보를 조사하면서 이전의 홍보 캠페인이 더할 나위 없이 좋았다는 것이 드러날 수도 있다. 이 발견은 초기에 '소비자의 구매 저항'으로 문제를 형성한 것에 의문을 제기한다. 컨설턴트는 집단이 이런 종류의 재순환, 즉 초기의 형성, 아이디어의 생산, 아이디어의 검증, 문제의 재형성이 설령 시간이 걸리고 비효율적으로 보일지라도 매우 건전한 진척이라는 것을 인식하도록 도와야 한다. 집단이 자신의 문제해결 주기에 대한 감을 경험하기 전에는 보통 컨설턴트가 안심시키는 것이 필요하다. 문제의 지속적 재형성을 단지 시간의 낭비로 믿는 경향이 있기 때문이다.

1주기는 집단이 앞으로 나아가려는 하나의 행위 항목의 결정으로 끝난다. 그 결정은 더 많은 정보를 수집하는 것일 수도 있지만, 어쨌든 회의장 밖으로 나가 대안을 생각하는 것을 넘어서 무엇인가를 할 것을 요구한다. 다음 쟁점은 집단이 실제로 어떻게 의사결정을 하는지, 그리고 의사결정의 과정을 집단이 하려는 의사결정의 종류에 어떻게 맞추는가의 문제이다. 이와 같은 경우에 여러 대안이 고려되어야 한다.

집단의 의사결정 방법

의사결정은 문제해결의 모든 단계에 포함되지만, 1주기에서 2주기로 전환될 때 가장 분명하게 드러난다. 거기에서는 문제해결의 집단이 행위를 위한 제안을 만들거나 해결을 위한 특정 제안을 결정하기 전에 정보를 더 수집할 것인지를 결정한다. 이 순서 이전에 집단은 언제 어디에서 만날지, 어떻게 조직할지, 어떻게 시간을 배분할지, 어떤 절차나 규칙으로 토론을 운영할지(예를 들면, 공식적 의장을 둘지, 로버트 회의진행법을 따를지), 문제가 충분히 공식화되어 아이디어 생산으로 넘어갈 때 그것을 어떻게 말할지 결정해야 한다. 종종 집단 구성원은 그들이 많은 과정에 대해 결정을 했고, 이것이 집단의 풍토와 문제해결의 질에 실질적 결과를 가져온다는 것을 인지하지 못한다. 그러므로 컨설턴트는 다음에서 설명된 선택안[1]을 제시하는 '교육적 개입'을 통해 이용가능한 의사결정의 기제에 주의를 기울이게 할 준비가 되어 있어야 한다.

이때 서로 다른 의사결정의 방법을 검토하면서 한 방법이 다른 방법보다 좋다고 너무 빨리 판단하지 않는 것이 중요하다. 각 방법이 유용한 적절한 상황이 있으며, 미래의 집단운영에 어떤 결과를 가져올 수 있다. 중요한 것은 집단이 이 결과를 충분히 이해해야 이용가능한 시간, 집단의 과거의 역사, 작업되고 있는 과제, 집단이 원하는 풍토에 적합한 의사결정의 방법을 선택할 수 있다는 것이다.

1. 반응의 결여에 의한 의사결정(decision by lack of response – 'Plop')   가장 일반적이지만 눈에 잘 띄지 않는 집단의 의사결정 방법은 한 사람이 아이디어를 제시하고, 그것에 대해 누군가 얘기하기 전에 다른 사람이 다른 아이디어를 제시하는 것이다. 종국적으로 집단이 행위할 것을 찾아내기까지 이것이 계속된다. 지나간 모든 아이디어는 진정한 의미에서 집단에 의해 그렇게 결정된 것이다. 그러나 그 결정은 단순히 그것들을 지지하지 않기로 한 일반적인 결정이었으며, 제안자로 하여금 그들의 제안이 '풍덩 떨어진' 것처럼 느끼게 만든다. 대부분의 집단 회의실 바닥은 풍덩 소리(plops)로 가득하다. 이 방법의 암묵적 가정은 '침묵은 동의하지 않음을 의미한다'는 것이다.

2. 공식적 권위에 의한 의사결정(decision by formal authority)   많은 집단은 의장이나 권위를 가진 사람이 결정하는 것을 명확히 하는 권력구조를 갖고 있다. 집단은 아이디어를 생성하고 자유롭게 토론하지만, 토론을 들은 후에 의장은 언제라도 이렇게 하기로 결정했다고 말할 수 있다. 이 방법은 매우 효율적이다. 이것의 효과는 많은 부분에서 의장이 그의 결정이 토대를 두는 올바른 정보를 뽑아낼 수 있는 충분히 좋은 청자인가에 달려 있다.

게다가 집단이 다음 단계로 이동하거나 결정을 실행해야 한다면 권위 규칙 방법

---

1) 집단의 의사결정 방법을 분류한 'Plop to Consensus' 체계는 1950년대 초반 NTL 워크숍에서 Robert Blake 등에 의해 처음 개발되었다.

은 최소한의 집단 참여만을 이끌어 낼 수 있다. 그래서 그것은 의사결정 실행의 잠재
적 질을 손상시킨다. 나는 종종 의장이 몇 분간 집단이 말한 것을 듣고 의사결정을
했는데, 정작 이루어진 행위는 의장이 원한 것이 아닌 회의에 참여했던 적이 있다.
이후의 재구성에서 밝혀진 것은 집단이 결정을 오해하거나 처음부터 동의하지 않았
다는 것이다. 그래서 집단은 그것을 효과적으로 수행할 능력도, 동기도 없었다.

　3. 자기승인 혹은 소수에 의한 의사결정(decision by self-authorization or minority)
집단 구성원의 가장 일반적인 불평은 어떤 의사결정과 관련해서 '너무 급하게 통과
시킨다'는 느낌이다. 일반적으로 이러한 느낌은 행동을 산출하는 전술을 도입한 한
명, 두 명 혹은 세 명으로부터의 결과이다. 따라서 이것은 의사결정으로 간주되어야
하지만, 다수의 동의 없이 이루어진 것이다. 이 사례에서 암묵적 가정은 침묵은 동
의를 의미한다는 것이다.

　소수 규칙의 한 버전은 '자기승인(self-authorization)'이다. 자기승인은 한 구성원
이 무엇을 할지 제안하고, 다른 제안이 없고 부정적인 것을 말하는 사람이 없어서
집단이 제안된 것을 행하는 경우에 존재한다. 이 의사결정의 가장 대중적인 버전은
Harvey(1974)가 명명한 "애빌린의 역설(Abilene paradox)"이다. 이것은 그의 가족이
점심을 먹기 위해 애빌린으로 간 유쾌하지 않은 여정에서 이후 누구도 그날 거기에
가고 싶지 않았다는 것을 알게 된 그의 경험과 관련되어 있다. 한 사람이 가능성의
하나로 무언가를 제안했고, 다른 모든 사람은 침묵했다. 그 사람과 다른 사람들은
침묵은 동의를 의미한다는 가정을 수용했다.

　나의 경험에서 이 형태의 의사결정은 가장 일반적인 것이지만, 집단이 작업할 '과
정'을 선택하는 데 사용될 때는 가장 부적절할 위험이 있다. 누군가 "로버트 회의진
행법으로 회의를 하자"라고 말하고, 그들이 동의하지 않음에도 불구하고 누구도 그
제안에 도전하지 않으면 집단은 누구도 원하지 않는 방법을 사용하게 된다. 혹은 한
사람이 "다수결, 좋지?"라고 말하고, 누구도 그에 도전하지 않으면 집단은 8대 7로
도 결정을 한다. 그러나 잘 실행되지 않는 것을 목도하게 된다. 자기승인된 제안이
의제로 올라왔을 때, 종종 컨설턴트가 "집단이 여기에 동의했나요? 이것이 우리가

원하는 것인가요?"라고 말하는 것이 중요하다.

한 사람, 특히 그가 의장 역할을 할 때 반대를 구축할 기회를 주지 않음으로써 의사결정을 통과시킬 수 있다. 의장은 다음과 같이 말한다. "내 생각에 이 문제를 해결하는 방법은 각자 주제에 대한 우리의 의견을 말하고 우리 모두가 어디에 있는지 확인하는 것이다. 자 나의 의견은 ⋯⋯이다." 자신의 의견을 제시한 후에 오른쪽의 사람에게 몸을 돌린다. "어떻게 생각하는가, Joan?" Joan이 이야기하면 의장은 다음 옆 사람을 지목하고, 집단은 이렇게 계속 진행한다. 그 결과 의장의 자기승인에 근거해서 작업을 어떻게 할지 의사결정을 내리게 된다. 다른 유사한 전술에서는 다음과 같이 말한다. "자, 모두 동의한 것처럼 보이니 Joan의 아이디어부터 시작해 보자." 이때 주의 깊은 관찰자라면 의장과 John, 그리고 아마 다른 한 사람만이 그 아이디어에 호의적으로 반응했음을 감지할 수 있을 것이다. 다른 사람들은 침묵을 유지한다. 어떻게 동의로 결론 내렸냐는 질문에 다음처럼 답변할 것이다. "침묵은 동의를 의미하지 않나요? 모든 사람이 의견을 말할 기회가 있었어요." 이후 집단 구성원을 인터뷰하면 종종 다수는 John의 아이디어에 반대하고 있었지만, 침묵하는 사람들이 그것을 찬성한다고 생각해서 주저했다는 것을 알게 된다. 그들 또한 '침묵은 동의를 의미한다'는 함정에 빠진 것이다.

아마도 소수 규칙의 일반적인 형태는 두세 사람이 일련의 행위에 대해 빠르고 강력한 동의에 도달하는 것이다. 그리고 다음과 같이 말해서 집단에게 빠르게 도전한다. "반대하는 사람?" 2초간 말하는 사람이 없다면 "자, 그럼 이렇게 합시다"라고 나아간다. 다시 한번 함정은 주도자의 입장이나 소수의 반대자가 되는 것을 두려워하는 부동의자의 입장에서도 침묵은 동의를 의미한다는 가정이다. 집단이 이런 방식으로 작동되면 종종 '다수의 무지(pluralistic ignorance)'의 조건이 생긴다. 거기서는 모두가 잘못된 것으로 판명날 구성원의 의견에 대한 가정을 만들어 내지만, 아무도 검토하지 않는다. 혹은 극단적으로 '집단적 사고(group think)'(Janis, 1982)에 빠질 수 있다. 전체 동의를 전제해서 의사결정이 내려지지만, 실체적 소수(또는 심지어 다수도)는 동의하지 않을지도 모르지만 침묵한다.

컨설턴트는 이 의사결정의 방법과 관련해서 중요한 역할을 수행할 수 있다. 일차적으로 그들은 이것을 의사결정의 방법으로 인지하지 못하며, 이름을 붙이지도 않는다. 많은 집단의 의사결정, 특히 집단의 절차, 회의 진행의 규칙과 같은 중요한 쟁점이 이렇게 빨리 정해진다. 집단의 구성원이 그런 진행에 도전해서 "우리는 진짜로는 동의하지 않는다"라고 말하는 것은 종종 저지현상으로 보인다. 그래서 집단의 구성원에게 설령 동의하지 않을지라도 침묵하고 일이 진행되도록 하라는 강한 압박이 있다.

컨설턴트는 먼저 집단이 내린 의사결정과 그런 결정을 만든 방법을 인식하도록 해야 한다. 그리고 나서 집단의 구성원들이 그 방법이 그 상황에서 적절하다고 느끼는지 사정하도록 해야 한다. 예를 들면, 구성원들은 의장이 빠르게 결정을 내렸다는 것에는 동의하지만, 시간이 없었고 집단이 더 중요한 것을 얻을 수 있게 결정을 빨리 내려 줄 누군가가 필요했기 때문에 적절했다고 느낄 수 있다. 다른 한편으로 집단은 각 사람이 차례로 자신의 관점을 진술하는 것과 같은 의사결정은 형식적이고 관례적인 요소를 집단에 도입하여 이미 발전된 아이디어를 창의적으로 구축할 수 있는 능력을 손상시킨다고 생각할 수도 있다. 그럴 경우에 집단은 아이디어를 생산하는 다른 방법을 선택하고 싶어 할 것이다. 중요한 것은 그런 과정에 대한 토론을 정당한 것으로 만들고, 집단이 컨설턴트가 말하는 것을 식별하기 어렵다면 관찰을 이용하게 하는 것이다.

4. 다수결에 의한 의사결정: 투표와 여론조사(decision by majority rule: voting and/ or polling) 다음은 우리의 정치체제를 반영하고 있어 종종 어떤 집단 상황에서도 당연한 것으로 간주되는 익숙한 의사결정의 절차이다. 단순한 버전은 토론 후에 모든 사람의 의견을 조사한다. 다수가 같은 방식을 느낀다면 그것이 의사결정이라고 가정한다. 다른 방법은 보다 형식적인 것이다. 제안하고, 두 번째 혹은 명확한 대안을 진술한 다음에 찬성, 반대, 기권을 투표한다.

표면적으로 이 방법은 완전한 것처럼 보이지만, 놀랍게도 이 방법에 의해 내려진 의사결정은 그 결정을 내린 집단에 의해서도 종종 잘 실행되지 않는다. 무엇이 잘못되었는가? 집단이 그 과정을 토론한다면 혹은 소수 구성원을 인터뷰한다면 효과적인 실행을 방해하는 세 가지의 심리적 장애를 찾아낼 수 있다. (1) 소수 구성원은 종종 '다수결'이 적용되어야 한다는 가정에 동의하지 않지만, 그것에 도전할 수 없다고 느낀다. (2) 소수 구성원은 종종 자신의 관점을 진정으로 이해시키기에는 토론 시간이 충분하지 않다고 느낀다. (3) 소수 구성원은 종종 투표 과정이 집단 안에서 두 진영을 만들어 내고 이제 승패 경쟁을 한다고 느낀다. 그들의 진영은 1차전에서는 패했지만, 재집결하고 지지를 얻어 다음 투표 때의 승리는 단지 시간문제로 본다.

다른 말로 하면 투표는 파벌을 형성시키고, 패배한 연합은 다수가 원하는 것을 어떻게 실행할 것인가가 아니라 다음 전쟁에서 어떻게 이길 것인가에 몰두한다. 투표가 다시 사용된다면 집단은 자기들의 주장을 할 기회가 있고 거기에서는 다수의 결정을 따라야 한다는 의무감을 느낄 풍토를 확실하게 할 것이다. 컨설턴트의 핵심 역할은 집단에게 각 방법의 함정을 강조하고, 집단풍토에 대해 충분한 토론을 해서 집단이 적절한 의사결정의 과정을 선택하도록 하는 것이다.

5. 합의에 의한 의사결정(decision by consensus)   가장 효과적이지만 시간이 걸리는 집단의 의사결정 방법은 합의를 구하는 것이다. 내가 규정한 합의는 만장일치와 같은 것은 아니다. 그것은 의사소통이 충분히 개방적이고, 집단풍토가 충분히 지지적이어서 집단의 모든 구성원이 의사결정에 영향을 줄 공정한 기회를 갖고 있다고 느끼는 상태이다. 그런 다음에 누군가가 투표와 같은 공식적 절차를 조심스럽게 피하면서 '회의의 의미'를 검증한다. 여론조사는 집단이 단순히 다수와 함께 가는 것이 아니라 광범위한 동의를 구한다는 원리를 수용하는 조건하에서 합의에 도달하는 데 효과적일 수 있다.

대부분의 구성원이 동의하는 분명한 대안이 있고, 그것에 반대하는 사람도 의사결정에 영향을 줄 기회가 있다고 느낀다면 거기에는 합의가 존재한다. 조작적으로 합의는 다수의 대안에 동의하지 않는 구성원도 그것을 명확하게 이해하고, 그것을 지지할 준비가 되어 있다는 사실에 의해 규정될 수 있다. 그것은 검증되어야 할 심리적 상태이지만, 다음과 같이 기술될 수 있다. "나는 당신들 대부분이 원하는 것을 이해한다. 개인적으로 그것을 원치 않지만, 당신들이 나의 대안을 이해하고 있다고 느낀다. 당신들이 나의 관점에 기울도록 만들 충분한 기회가 있었지만 그렇게 할 수 없었다. 그러므로 당신들 다수가 원하는 것을 따를 것이며, 그것의 실행에 최선을 다할 것이다."

그러한 조건을 성취하려면 반대자도 충분히 진술하여 다른 사람들이 진정으로 자신들을 이해하고 있다는 느낌을 가질 수 있는 시간이 허용되어야 한다. 이 조건은 이후에 그들이 다른 사람들이 자신들의 진짜 마음을 이해했다면 자신들의 관점을 납득했을 것이라는 생각에 빠지는 것을 막는다. 오직 반대자에 대한 주의 깊은 청취가 그러한 감정을 미연에 방지할 수 있고, 효과적인 의사결정에 도달할 수 있다.

컨설턴트는 집단이 어떤 종류의 의사결정이 합의에 의해 이루어져야 하는지 결정하도록 도울 수 있다. 즉, 어떤 의사결정이 노력을 보장해야 할 정도로 충분히 중요한가? 그가 제안할 수 있는 한 가지 지침은 집단이 작업하는 방법에 관한 절차적 의사결정인데, 그것은 모든 사람이 참여하는 가장 중요한 것이다. 그래서 이것들은 가능한 한 합의에 의해 이루어져야 한다. 집단은 의장에게 완전한 권위를 주자고 결정할 수도 있고, 비공식적인 토론 절차를 시도하자고 결정할 수도 있으며, 어떤 아이디어에 대해 브레인스토밍을 원할 수도 있다. 그러나 무엇이 결정되든지 간에 모든 사람에게 완전히 분명해야 하며, 오해되었다거나 집단절차를 은밀히 방해하고 싶은 느낌이 남지 않도록 해야 한다.

6. 만장일치에 의한 의사결정(decision by unanimous consent) 논리적으로는 완벽하지만 성취하기 어려운 의사결정은 수행되어야 할 일련의 행위에 모든 사람이 진정으로 동의하는 것이다. 특정 종류의 의사결정에서는 만장일치가 필요할 수 있지만, 대부분의 중요한 결정은 진정한 합의가 있다면 합의로도 충분하다. 컨설턴트는 어떤 사례에서는 집단이 너무 높은 기준을 설정하고 있다고 지적함으로써 도울 수 있다. 만장일치가 항상 필요한 것은 아니고, 의사결정에서 비효율적일 수 있다. 중요한 것은 어떤 종류의 과제와 상황에서 사용될 방법에 대해 동의를 만드는 시간을 내는 것이다.

마지막 생각 − 종종 의사결정의 방법은 단순하게 회의 주재자 혹은 의장에 의해 집단에게 공표된다. 이런 경우에 컨설턴트는 집단이 사용될 방법에 편안해 할지 결정해야 한다. 집단이 편안해하지 않는다면 컨설턴트는 의사결정의 영역을 어떻게 다룰지에 대한 집단의 토론을 의장에게 제안할 기회를 찾아야 한다. 나의 경험에서 보면, 회의 주재자는 종종 그러한 토론에 대해 위협을 느끼는 경향이 있다. 그들은 집단에 대한 통제를 잃고 무질서와 혼동이 초래될까 봐 두려워한다. 그들을 안심시키는 방법은 다른 의사결정의 방법이 필연적으로 무질서한 의사소통의 과정을 의미하는 것은 아니라는 점을 알려 주는 것이다. 컨설턴트가 실행가능한 대안들을 제공한다면 종종 의장은 다른 방법들을 실험해 보고 자신의 결론을 도출할 수 있다.

2주기. 행위하기, 평가하기, 그리고 재형성하기

1주기의 모든 순서는 집단이 아이디어의 평가를 위해 추가적인 자료 수집을 선택하지 않는 한 토론에서 일어나는 일이며, 행위에 대한 몰입은 포함되지 않는다. 집단이 제안된 해결책에 어느 정도 합의하고 행위하기로 결정하면 두 번째 주기인 행위 주기로 간다. 행위에 대한 의사결정은 도식에는 나타나 있지 않지만, 1주기와 2주기 사이의 경계를 가로지르는 행위에 해당한다. 주어진 제안 혹은 해결을 위한 아이디어가 결정된 지점은 아직 문제해결의 과정이 끝나기에는 멀리 있다. 집단은 여전히 상세한 행위코스를 계획하고, 행위순서를 수행해야 하며, 행위순서가 문제를 해결했는지 결정할 방법을 갖고 있어야 한다. 이 마지막 순서는 행위를 취하기 전에 고려되어야 한다. "행위순서가 바람직한 결과를 성취했는지 결정하기 위해 무슨 정보를 살펴보아야 하는가?"

이 단계의 어디에서나 집단이 문제를 올바르게 형성하지 않았다는 것을 발견할 가능성이 있고, 그러면 다시 문제를 재형성하고 아이디어를 제안하고 검증하기 위해 1주기로 되돌아가야 한다. 그러한 재순환은 전적으로 바람직한 것이고, 시간의 낭비로 간주되어서는 안 된다. 초기에 문제를 올바르게 규정하는 데 많은 노력을 기울이는 것이 잘못된 문제를 가지고 비용이 드는 행위순서를 취한 이후에야 발견하는 것보다 훨씬 비용이 덜 든다.

4와 5. 행위순서의 진행   행위계획의 단계는 문제 형성, 아이디어의 생산, 아이디어의 검증을 요구하는 새로운 문제로 다루어질 수 있다. 이 하위단계가 단축되거나 회피된다면 좋은 제안이 부적절하게 수행될 수 있다. 그러면 집단은 그 원인을 불충분한 행위계획으로 보는 대신에 제안에 결함이 있다는 잘못된 결론을 내릴 것이다. 여기서 컨설턴트는 집단이 속도를 늦추어서 행위로 뛰어들기 전에 신중하게 계획하도록 격려해야 한다.

이 단계의 주요 함정은 특정 구성원에게 특정 행위에 대한 명확한 책임을 부여하지 않고 일반적인 계획을 수립하는 것이다. 나는 의사결정이 이루어져서 회의가 종료되었지만, 이제 누군가가 무엇을 하겠지 하고 생각하는 바람에 아무 일도 일어나지 않은 많은 회의에 참여한 적이 있다. 행위에 대한 책임을 명확히 할당하는 것은 확실히 행위를 일어나게 할 뿐만 아니라 이루어진 의사결정에 대한 검증일 수 있다. 실행의 책임을 맡은 사람은 이전에는 생각해 보지 않았던 의사결정에 대해 질문을 제기할 수 있다.

어떤 경우에 두 번째의 전체 주기가 다른 사람 혹은 집단에 위임되기도 한다. 예를 들면, 처음의 문제해결 집단이 '홍보 캠페인을 강화하자'고 결정했다고 하자. 이 결정에 도달한 즉시 그 집단은 홍보부서에 특정 생산품에 대한 홍보를 강화하라고 주문할 것이다. 그리고 나서 집단은 긴장을 풀고 되돌아가서 영업수치를 검토할 것이다. 이것은 괜찮은 접근인가? 많은 경우에 대답은 "아니다"이다. 다른 사람들이 2주기를 수행하면 그들은 1주기의 사람 혹은 집단이 제공한 제안이나 해결책을 명확히 이해하지 못할 뿐만 아니라 특히 헌신하지도 않는다. 그들은 문제를 규정하느라 애쓰지도 않았고, 그들에게 떠오른 다른 대안들이 왜 거부되었는지의 이유도 알 기회가 없었다. 그들은 또한 주어진 제안을 실행하기에는 너무 불명확하다고 느낄 수 있다.

동일한 문제가 관리자 집단이 문제 형성(1주기)을 태스크포스나 컨설팅 조직에 위임하고, 진단과 행위를 위한 제안보고서를 기다리는 경우도 있다. 애초의 집단이 문제 형성에 참여하지 않고, 태스크포스가 행위실행(2주기)을 충분히 생각하지 않을 때 열 중에 아홉의 관리자 집단은 그 제안을 좋아하지 않고 보류할 핑계를 찾는다. 이러한 문제 때문에 1주기와 2주기의 구성원들이 되도록 많이 겹치게 하는 것 (혹은 적어도 의사소통)이 바람직하다. 물론 가장 이상적인 상황은 두 주기의 사람들이 같은 문제해결 집단인 경우이다. 그것이 가능하지 않다면 두 집단이 서로 의사소통을 연결하기 전에 2주기 집단이 완전히 참여할 수 있게 1주기 집단이 중간단계를 제공해야 한다. 이를 위한 방법은 실행자를 가능한 한 초기단계의 문제해결 과정에 초대하거나 적어도 1주기 집단이 문제해결을 위한 제안에 도달한 모든 순서를 그들과 함께 철저하게 검토하는 것이다.

그러한 검토에서 핵심 과정은 실행집단이 더 나은 것으로 생각될 수 있는 다른 대안들이 선택되지 않은 이유 등을 질문하여 스스로 만족할 수 있도록 허용하는 것이다. 그들이 만족스런 답변을 얻거나 1주기의 집단이 되돌아가서 실행집단이 가져온 추가적인 대안들을 검토해야 한다. 여기서 컨설턴트의 역할은 복잡한 행위 제안을 실행자들에게 의사소통하는 것이 얼마나 어려운지 집단이 이해하도록 돕고, 의사소통의 붕괴에 대한 보호 조치를 마련하기 위해 이것을 문제해결 과정의 초기에 충분히 이해하도록 도와야 한다.

6. 결과를 평가하기　적절한 평가를 위해서 집단은 다음의 합의에 도달해야 한다. (1) 평가를 위한 준거, (2) 시간 일정 – 언제 최초의 결과가 나와야 하는지, (3) 평가될 정보를 다시 보고해야 할 책임이 있는 사람. 결과가 나오면 집단은 다른 해결대안으로 급히 뛰어들기보다는 1주기로 되돌아가서 문제를 다시 형성하는 것에 대해 심리적으로 준비가 되어 있어야 한다. 집단은 항상 본 것을 다시 문제로 고려할 준비가 되어 있어야 하고, 컨설턴트는 "우리가 작업하고 있는 문제는 무엇인가?"라는 질문을 지속적으로 제기해야 한다.

문제해결과 의사결정의 요약

문제해결은 두 주기로 구성될 수 있다. 하나는 일차적으로 토론을 포함하고, 다른 하나는 행위하기를 포함한다. 첫 주기는 문제 파악과 형성, 아디이어 혹은 제안의 생성, 결과의 예측을 통한 아이디어나 제안의 검증으로 구성된다. 가장 어려운 단계는 진짜 문제를 파악하고 형성하는 것이다. 종종 이 단계에서는 문제를 명확히 파악하기 전에 추가적인 자료 수집을 요구한다.

두 번째 주기는 행위계획, 행위순서, 결과평가로 구성된다. 행위의 계획은 그 자체로 또 하나의 문제해결의 과정이고, 그렇게 처리되어야 한다. 전체 주기에서 주요 난관은 서로 다른 집단이 포함되었을 때 1주기에서 2주기로 전환하는 것이다. 의사결정을 실행하는 사람들이 가능한 한 초기단계에 포함되어야 한다.

의사결정의 과정은 다음과 같이 처리될 수 있다.

1. 집단반응의 결여
2. 권위의 규칙
3. 소수의 규칙
4. 다수결의 규칙
5. 합의
6. 만장일치

집단이 서로 다른 의사결정의 방법을 인식하는 것이 중요하다. 그리고 과제의 종류나 작업되는 의사결정에 적합한 방법을 선택하는 것을 학습해야 한다.

개입 초점의 선택

기본 기능과 같은 과제의 쟁점, 문제해결 과정의 주기, 의사결정의 방법은 효과적인 집단기능과 관련되기 때문에 컨설턴트가 집단으로 하여금 이를 관찰하고 관리하게 하는 것은 어렵지 않다. 컨설턴트의 큰 딜레마는 앞서 제시된 여러 범주, 즉 집단의 주의가 주어져야 할 행동으로부터 개입의 초점을 선택하는 것이다.

가능성의 배열에서 선택할 경우에 세 가지의 핵심 준거는 다음과 같다.

1. 집단의 효과성과 관련된 과정의 쟁점을 컨설턴트가 지각한 정도
2. 과정의 쟁점에 대한 자료가 충분히 명확하여 쟁점에 주의를 기울이면 집단 구

성원도 컨설턴트가 지각한 것을 또한 지각할 가능성의 정도

3. 컨설턴트가 단순히 과정에 끼어드는 대신에 과정의 진행을 촉진할 수 있는 개입을 생각할 수 있는지의 여부

명확히 보이지 않는 과정의 쟁점에 대한 모호한 언급은 집단학습을 증진시키지 못하고, 중요한 의사결정에서 시간적 압박을 받을 때 집단이 어떻게 작업할지 생각하는 데에도 도움이 되지 않는다. 컨설턴트는 집단이 일차과제로 무엇을 생각하고 있는지 이해하고, 일차과제와 명확히 관련된 과제과정의 개입에 초점을 맞추어야 한다. Action 회사와의 나의 초기 작업이 이 쟁점을 설명하고 있다.

Action사 집행위원 회의의 두드러진 특징은 구성원들이 무한경쟁의 의사소통에 참여하는 것이었다. 구성원들은 계속해서 서로의 말에 끼어들고, 종종 시합하듯 소리치고, 토론의 주제를 왔다 갔다 하고, 결정했다는 명확한 지각없이 한 의제에서 다른 의제로 이동했다. 나는 10년간 훈련자로 일한 National Training Lab의 훈련집단에 대한 경험과 집단연구에 대한 지식에 근거해서 효과적인 집단의 작업방법에 대해 명확하게 정리된 정신모델을 갖고 있었다. 나의 초기 개입의 노력은 전문가 컨설턴트의 관점에서 만들어진 것이다. 기회가 있을 때마다 집단에게 서로 지속적으로 끼어드는 것의 결과를 생각하도록 요구했고, 끼어들기는 '나쁘고' 효과적인 집단작업을 방해한다는 나의 가정을 명확하게 소통했다. 나는 중요한 내용 아이디어가 얼마나 손실되는지, 잠재적인 좋은 아이디어가 얼마나 충분히 공표되지 않는지를 지적했다.

집단은 변함없이 동의와 더 잘하겠다는 다짐으로 반응했지만, 10분 안에 다시 옛 패턴으로 돌아갔다. 이 역기능적 순환을 성찰해 보면 나는 집단에게 분명히 다른 경로에 있는 이상적 모델을 부과한 것을 알 수 있다. 그것은 이 집단을 추동하고 있는 공유된 암묵적 가정의 관점에서 가장 잘 이해된다. 내가 다른 곳(Schein, 1985, 1992)에서 자세히 기술했지만, 집단은 '진리'에 도달하려고 노력하고 있으며, 진리를 성취하는 유일한 방법은 철저하게 아이디어와 싸우는 것이라는 가정에서 작동되고 있었다. 오직 격한 논쟁에서 살아남는 아이디어만이 추구할 가치가 있다.

이 기본 가정을 이해했을 때 스스로에게 실제로 무엇이 더 촉진적인가를 물었고, 그 과정에서 전문가컨설팅과 다른 과정컨설팅의 관련성을 알게 되었다. 내 모델을 부과하기보다는 집

단을 추동한 목적과 가정 안에서 작업해야 했다. 그들의 일차과제는 회사의 사활을 걸 만한 완전한 아이디어를 개발하는 것임을 학습해야 했다. 계속된 회의에서 아이디어의 생성과 평가는 그들이 작업할 두 가지의 가장 결정적인 기능이었다.

이 통찰로부터 두 종류의 개입이 나왔다. 첫째, 너무 많은 정보가 급하게 처리되기 때문에 아이디어들이 실제로 손실되고 있는 것에 주목했다. 부분적으로는 나를 위하고, 부분적으로는 그것이 도움이 된다고 생각했기 때문에 나는 플립차트로 가서 그들이 제기한 주요 아이디어를 받아 적었다.

불완전한 아이디어나 요점들(제안자가 방해를 받았기 때문에)은 두 번째 종류의 개입으로 이끌었다. 내가 해 왔던 것처럼 '잘못된' 행동에 대해 집단을 벌주는 대신에 누군가 방해를 받았을 때 그 사람에게 다시 돌아갈 기회를 주고자 했다. 그래서 "John, 무언가를 말하려고 했지요? 우리가 그것을 모두 들었나요?"라고 말하였다. 이것은 왜 처음에는 다 말하지 않았는지에 불필요하게 주목을 끌지 않으면서 아이디어가 공표될 기회를 만들었다. 이 두 개입의 결합은 이제 집단이 플립차트에 있는 아이디어에 주목하게 했고, 그들이 복잡한 지형을 탐색하는 데 도움을 주었다. 손실될 뻔한 아이디어들이 되살아났고, 플립차트에 쓰이게 되었다.

교훈은 분명하다. 집단이 진짜 무엇을 하려고 하는지 이해하기 전에는 옳은 과정에 주목할 수도 없고, 어떻게 도움이 되게 개입할지도 알지 못한다. 어떤 종류의 개입이 '촉진적'일지 결정할 수 있으려면 그 전에 일차과제가 무엇이고, 집단이 어디서 막혔는지(불완전한 아이디어의 형성과 너무 빠른 평가)를 알아야 한다.

'과제의 구조(task structure)'란 무엇인가(셀 8)

집단을 어느 정도 관찰하면 특정 패턴이 되풀이되는 것을 지각할 수 있다. 어떤 종류의 사건은 규칙적으로 일어나고, 또 어떤 종류의 사건은 결코 일어나지 않는다. 예를 들면, 한 집단은 항상 의회운영의 절차를 사용하고, 다른 집단은 다른 수단으로 쟁점을 해결할 수 없을 때조차 쟁점에 대한 투표를 거부한다. 한 집단은 항상 의제를 갖고 그것을 독창성 없이 따른다. 이에 반해 다른 집단은 주제의 목록을 생성하기 전에 회의가 시작될 때까지 기다린다. 집단작업의 그러한 규칙성은 집단의 과제구조라고 할 수 있다. 비교적 '안정적이고' '반복되는' 과정인데, 이는 집단 혹은 조직이 과제를 성취하도록 돕는다.

큰 조직에서 구조라고 생각되는 것은 공식적인 위계구조, 규정된 명령체계, 정보와 통제체제, 기타 안정적이고 반복적으로 일어나는 과정으로 신입 구성원에게 '우리가 여기서 작업하는 방법'으로 가르치는 것이다. 그러나 구조의 개념은 오직 과정 개념의 확장이라는 것을 아는 것이 중요하다. 그것은 안정적이고, 반복되며, 집단의 구성원들에 의해 자신들의 '구조'로 규정된 과정을 지칭한다.

모든 집단은 환경과 작업 패턴을 예측하고 관리하기 위해 규칙성과 안정성을 요구한다. 그러한 패턴의 전제로 개발된 가정은 집단문화의 한 부분이다. 그것들은 공유되고 당연시되는데, 우리가 관찰할 수 있는 구조는 집단문화의 인공물 혹은 표현물로 간주될 수 있다(Schein, 1985, 1992). 문화 그 자체는 즉시 볼 수 있는 것은 아니다. 문화는 공유되고 당연시되며, 집단이 직면한 다양한 외부와 내부의 쟁점을 처리하면서 전개된 기저의 무의식적인 가정이기 때문이다. 그러나 문화는 외현적 행동에 반영될 것이기 때문에 외부자와 집단의 구성원이 함께 탐색하는 과정을 통해 조사될 수 있다. 대부분의 목적을 위해서는 종극적으로 고려되어야 할 기저의 가정을 반영하고 있다는 것을 명심하면서 명시적 인공물, 보여지는 행동에 주목하는 것으로 충분하다. 그러나 집단이 자신의 문화를 볼 준비가 될 때까지 컨설턴트가 그것에 초점을 맞추는 것은 어렵다.

집단에서 형성된 과제의 구조는 특히 외부 환경에서 집단의 생존에 속한 규칙성으로 구성된다. 모든 집단은 적어도 다섯 개의 기본적인 생존문제에 직면한다. 그것을 인지함으로써 컨설턴트는 관찰에서 초점을 맞출 수 있고, 무엇에 집중할지 정신적 점검표를 만들 수 있다.

1. 미션/일차과제   집단의 존재를 정당화하는 근본적인 미션은 무엇인가? 즉, 집단의 일차과제는? 이 쟁점을 다루는 구조적 요인은 일반적으로 회사의 헌장, 철학 혹은 미션의 언명, 공식적 의제 진술, 그리고 집단의 궁극적 역할에 대한 구성원의 암묵적 이해에 대한 문서들이다.

2. 특정 목적과 전략   보통 미션으로부터 도출되고 쓰인 목적 진술, 전략, 공식적

계획, 공적으로 규정된 표적과 최종 기한에 반영된다.

3. 목적을 성취하는 데 사용되는 수단   목적의 성취를 위한 구조는 공식적 조직, 할당된 과제의 역할, 문제해결과 의사결정을 위해 반복되는 절차로 규정된다. 조직도, 위계구조, 직무기술, 공식적으로 상세화된 책무성이 이 범주에 속한다.

4. 측정과 모니터링시스템   모든 집단은 목적의 성취를 알 필요가 있다. 공식적 정보와 통제시스템이 설정되고, 관리 계획, 예산 책정, 검토 과정이 공식화된다.

5. 문제를 고치고, 정상을 회복하는 시스템   측정시스템은 집단이 언제 표적을 벗어났는지 혹은 목적을 성취하지 못했는지를 드러낸다. 그때 집단은 상황을 수정하고, 문제를 해결하며, 다시 정상으로 돌아올 필요가 있다. 종종 해결은 임시적으로 발명되지만 집단이나 조직은 수정하고 교정하는 과정을 규칙적으로 만들 수 있어야 하며, 그래서 그것을 집단구조의 한 부분으로 만들어야 한다.

얼마 안 된 집단에서 과제의 구조는 안정적이지 않을 것이다. 즉, 그 집단은 '구조화'되어 있지 않다. 집단이 성장하면서 작업되는 그러한 과정을 계속 유지하고, 성공으로 이끈 스스로에 대한 가정을 공유하게 된다. 그러면서 그 과정은 보다 가시적이 되고, 조직 헌장, 절차 매뉴얼, 회의 규칙, 그리고 성장하는 문화의 다른 인공물에 공식적으로 기술될 것이다. 이 과정이 점점 더 안정적이 되면 우리가 말하는 '관료주의(bureaucracy)'와 '제도화(institutionalization)'가 된다.

컨설턴트가 과제의 구조에 건설적으로 개입할 수 있을지의 여부는 집단이 스스로 그 구조를 의식하고, 그것을 변화시킬 필요의 정도에 달려 있다. 나의 경험상 이 영역에서 가장 강력한 개입은 집단이 자신의 무의식적 가정에 대해 통찰을 얻게 하는 것이다. 보이는 외부의 구조는 관찰하기 쉽다. 그러나 그 구조를 만들어 내는 기저의 가정은 포착하기 훨씬 어렵다. 그러나 그러한 가정에 대한 통찰 없이 집단은 보다 효과적으로 기능하는 법을 학습할 수 없다.

다루어야 할 마지막 쟁점을 컨설턴트가 구조적 쟁점을 목적으로 한 개입에 참여할 수 있거나 또는 해야 하는가의 문제이다. 집단을 관찰하고, 그들이 구조를 직면하도록 돕는 것은 틀림없이 필요한 개입의 하나이다. 보다 문제적인 것은 구조와 문화의 '변화'에 참여할 것인가의 여부이다. 컨설턴트는 촉진적이고 도움이 되어야 한다는 중심 준거는 계속된다. 만약 집단이 진정으로 그들의 구조와 문화의 작업에 내가 참여하기를 원한다면 그렇게 할 것이다. 그러나 여기에는 조건이 있다. 우리는 구조의 변화가 높은 수준의 불안과 저항을 가져올 변화 과정을 포함한다는 것을 명확하게 이해해야 한다. 발전되어 온 구조는 집단 구성원에게 예측, 의미, 안전성을 제공한다. 문화는 구조에 붙박혀 있기 때문에 수용된 문화적 가정을 위협하지 않으면서 구조를 변화시킬 수는 없다.

요약과 결론

이 장에서는 먼저 컨설턴트가 관찰할 수 있고, 개입을 위해 준비해야 할 주요 개입영역을 검토했다. 이 장에서의 초점은 집단이 가지고 있는 일차과제와 그 과제를 규정하는 방법이다. 그 영역 안에서 집단의 과제와 관련된 내용, 과정, 구조에 초점을 맞출 수 있다. 나는 각 영역에서 관련된 관찰 범주를 검토했고, 컨설턴트가 할 수 있는 가장 도움이 되는 종류의 개입 방안들을 제시했다. 많은 것이 과제의 과정에 속하지만, 내용이나 구조를 무시할 수는 없다.

다음 장에서 나는 과제의 쟁점에 동반되는 대인 간 쟁점, 즉 집단이 스스로를 어떻게 규정하고 경계를 관리하며, 집단이 기능하고 성장하고 발전하고 자신을 유지하게 하는 작업가능한 대인 간 관계를 어떻게 형성하는지 논의할 것이다. 그리고 나서 그러한 쟁점들에 대해 언제, 어떻게 개입의 초점을 맞출지, 어떻게 과제의 과정과 대인 간 과정 개입들이 균형을 이루게 할지를 논의할 것이다.

여기서 과제의 과정을 위한 연습을 제공하지는 않는다. 그러나 제9장의 말미에 제시된 연습이 대인 간 과정뿐만 아니라 과제과정과 집단형성을 포괄할 것이다.

제9장

촉진적 과정의 개입: 대인 간 과정

이전 장에서는 '과제'의 과정에 초점을 두었는데, 이것이 컨설턴트가 가장 많이 요청되는 이유이기 때문이다. 그러나 계속해서 효과적인 과제 수행이 일어나기 위해서는 집단과 관계의 형성에 포함된 '대인 간' 과정이 관찰되고 관리되어야 한다. 진행 중인 상황에서 과제와 대인 간의 과정은 동시에 일어나고 복잡하게 서로 얽히면서 무엇에 초점을 두고, 언제 대인 간 쟁점에 개입할지의 쟁점을 지속적으로 만들어낸다.

대인 간 그리고 집단 과정은 두 개의 넓은 범주로 나눌 수 있다. (1) 집단이 어떻게 경계를 규정하고 유지하여 자신을 만드는가?(〈표 8-1〉의 셀 1, 4, 7), (2) 집단은 어떻게 내부 관계의 패턴을 성장시키고 개발하는가(〈표 8-1〉의 셀 3, 6, 9)이다. 나는 두 개의 영역을 검토하면서 단순화된 모델을 제시하고, 각 영역과 관련해서 컨설턴트가 어떻게 촉진적이고 도움이 될 수 있는지를 제안한다. 일차적으로는 과정의 쟁점에 초점을 맞출 것이지만, 적합하다면 내용과 구조적 쟁점에 대해서도 조언할 것이다.

집단을 형성하고 유지하는 과정

초기에 클라이언트 조직과 접촉할 때 가장 두드러진 현상은 함께 일해야 할 집단이 서로 다른 수준의 발달단계에 있다는 점이다. 가능한 컨설팅을 알아보기 위해 나에게 온 클라이언트들은 이전에 서로 일한 적이 없기 때문에 아마 새로운 소집단일 수 있다. 참석이나 디자인의 도움을 요청받은 탐색적 회의는 매주 정기적으로 만나는 집단의 특별회의일 수도 있고, 컨설팅 프로젝트 때문에 처음 만나는 집단의 특별회의일 수도 있다. 클라이언트가 나와 함께 초대한 사람들은 서로 밀접하게 일해 왔던 사람들과 첫 회의 때는 실제로 낯선 사람도 포함될 수 있다. 이런 다양한 상황에서 컨설턴트에게는 집단이 어떻게 시작하고, 발전할 수 있을지에 대한 단순화된 모델이 중요하다.

기저의 이론적 전제는 두 사람 이상이 모여서 작업 혹은 과제 지향의 집단을 형성할 때는 먼저 집단의 새 구성원이라면 경험할 것으로 기대되는 다양한 관심을 반영하는 '자아지향적' 행동의 시기가 있다는 점이다. 자아지향적 행동이 감소함에 따라 구성원들은 서로에게, 그리고 당면한 과제에 더 많은 주의를 주기 시작한다. 집단이 스스로를 형성하고 유지하는 데 도움을 주는 종류의 행동들은 집단의 작업을 성취하기 위해 설계된 행동들과 동시에 일어난다. 나는 그 순서를 연대기적으로 기술할 것이다. 각 국면은 다른 것과 겹칠 수 있지만, 어느 정도는 연속적으로 일어난다.

새로운 집단에 들어갈 때의 정서적 문제 – 자아지향적 행동의 원인

누구라도 새로운 집단에 들어갈 때 직면하는 문제들은 새로운 상황에서 편안함을 느끼기 전에 반드시 해결되어야 할 기저의 정서적 쟁점에서 기인한다. 그러한 네 가지 쟁점이 [그림 9-1]의 왼쪽 열에 제시되어 있다.

정체성과 역할 첫 번째, 그리고 가장 우선적인 것은 자신과 다른 사람들에게 수용될 수 있는 정체성 혹은 역할을 선택하고, 자신들의 적절한 가치를 주장하는 문제이다. 새로운 구성원은 그것을 인식하는지의 여부와 상관없이 다음과 같은 질문에 답을 찾아야 한다. "나는 이 집단에서 누구이고, 무엇인가?" "이 집단에서 나의 가치를 어느 정도 주장해야 하는가?" "이 상황에서 다른 사람에게 어떤 얼굴을 보여 줄 것인가?"

우선적으로 이 쟁점이 존재하는 이유는 우리에게는 어떤 상황에 가져올 수 있는

문제	결과적 감정	대응 반응(자아지향적)
1. 정체성 나는 무엇이 되어야 하는가?		1. '강한' 반응 싸움, 통제, 권위에의 저항
	좌절	
2. 통제와 영향 다른 사람을 통제하고 영향을 줄 수 있는가?		2. '부드러운' 반응 지원, 조력, 동맹 형성, 의존
	긴장	
3. 요구와 목적 집단의 목적은 나의 요구를 포함할 것인가?		3. '철수' 혹은 거부 반응 수동, 냉담, '논리와 합리'의 과도한 사용
	불안	
4. 수용과 친밀 집단이 나를 수용하고 좋아할까? 얼마나 친 밀한 집단이 될까?		

[그림 9-1] 새로운 집단에 들어갈 때 자아지향적 행동을 일으키는 문제

가능한 역할과 행동스타일의 많은 상연목록을 갖고 있기 때문이다. 한 상황에서 작동했던 행동패턴인 지배적이고 공격적인 지도자가 되어야 하는가? 혹은 다른 상황에서 작동했던 유머러스한 긴장완화자가 되어야 하는가? 또는 또 다른 상황에서 작동했던 조용한 청취자가 되어야 하는가?

다양한 수준에서 우리는 다른 삶의 상황에 있는 서로 다른 사람들이다. 그래서 새로운 상황에서 항상 어느 정도 선택을 한다. 공식적 위원회 또는 작업집단에서 이런 종류의 쟁점은 종종 부분적으로 초기의 임무에 의해 해소된다. 한 사람은 '인사팀의 관점'을 대표해서 태스크포스에 참여해 달라는 말을 듣는다. 혹은 강한 회의주재자는 그가 원하는 종류의 역할을 수행해 달라고 구성원에게 말한다. 그러나 그러한 해결은 기껏해야 오직 부분적이다. 거기에는 여전히 집단에서 한 사람이 자신을 만족시키고, 다른 사람에게 수용될 수 있는 스타일을 개발하는 데 있어 큰 허용 범위가 있다. [그림 9-1]에서 지시하듯이, 정서적 쟁점이 있는 동안에 그것은 긴장의 원천으로 작동한다. 그래서 일차적으로 자신에게 매몰되도록 하고, 결과적으로 다른 사람이나 집단의 과제에 대해 경청과 관심을 덜하게 만든다.

　　통제, 권력, 영향　　새로운 집단에서 새 구성원이 풀어야 할 두 번째 쟁점은 권력과 영향의 배분이다. 모든 구성원은 다른 사람을 통제하고 영향을 미치려는 요구를 갖지만, 요구의 정도와 표현의 형태는 사람마다 다르다고 가정하는 것이 안전하다. 한 사람은 실제 과제 해결에 영향을 미치기를 원하고, 다른 사람은 집단이 사용하는 방법이나 절차에 영향을 주기를 원한다. 셋째 사람은 집단에서 우세한 지위를 원할 수 있고, 넷째 사람은 겸손한 공헌만을 희망할 수 있다.

　　모든 구성원의 딜레마는 집단 역사의 초기에는 구성원들이 다른 사람의 요구나 스타일을 몰라서 누가, 어떤 사람에게, 그리고 무엇에 영향을 미칠 수 있을지 쉽게 결정할 수 없다는 것이다. 결과적으로 컨설턴트는 초기 회의에서 종종 많은 울타리 치기, 서로 검증하기, 영향의 형태에 대한 실험을 관찰할 수 있다. 컨설턴트는 이 행동을 오해하지 않도록 신중해야 한다. 표면적으로 보면 이것은 집단이 직면한 과제로부터의 분명한 도피처럼 보인다. 심층적으로 보면 이것은 구성원들이 자아의 관심에서 유연해지고, 과제에 집중하기 위한 중요한 정리이며, 친해지는 것이고, 서로를 받아들이는 것이다.

　　회의주재자가 친숙해지고 검증하는 것을 방해하는 타이트한 형식적 일정을 고집한다면 피상적 해결안을 생산할 위험이 있다(구성원들은 그 과제에 진짜로 작업할 준비가 되어 있지 않다). 또는 구성원들에게 과제작업의 맥락에서 울타리를 치도록 만들어서 진전을 느리게 하고 해결안의 잠재적 질을 손상시킬 위험이 있다. 이런 상황에서 컨설턴트는 회의주재자가 다음의 것을 이해하도록 도와야 한다. 그는 구성원을 위한 초기의 정리행동의 기능, 집단을 형성하는 시간의 필요성, 그리고 좋은 의사소통은 구성원들의 자아몰두가 감소할 때까지 개발될 수 없다는 것을 이해해야 한다.

　　개인적 요구와 집단의 목적　　모든 집단 구성원이 직면하는 세 번째 쟁점은 집단의 목적이 개별 구성원의 개인적 목적과 요구를 포함하는가에 대한 관심이다. 이 쟁점에의 몰두는 전형적으로 그 사람으로 하여금 기다리면서 집단이 어떻게 나아가는지 지켜보게 만든다. 일이 자신의 뜻대로 되고, 자신의 의제가 포함될 때까지는 자신을 그렇게 많이 투입하지 않는다. 전체적으로 집단의 관점에서 보면 꽤 많은 수의 구성원이 기다리면서 지켜보자는 태도를 취하게 되면 어떤 집단의 행위도 출발하거나 일관성 있는 집단의 목적을 형성하기가 어렵다. 이 상황에서 집단은 전형적으로 의제를 설정하고, 문제를 형성하고, 과제를 제안하기 위해 이용할 수 있는 권위자에게 의지한다. 회의주재자가 압박에 반응해서 목적을 설정한다면 그는 부분적으로 문제를 해결할 수 있다. 그러나 자신이 설정한 목적이 모든 구성원을 포함시켜서 그들이 과제에 몰입할 수 있도록 할 것인지에 대해서는 확신할 수 없게 된다.

　보다 건전한 절차는 직접 그 패러독스에 직면하여 구성원들의 요구가 어느 정도 노출되고 공유되지 않으면 타당한 집단목적이 개발될 수 없다는 것을 이해하도록 도와야 한다. 구성원들이 진정으로 집단에서 도출되기를 원하는 것이 무엇인지 탐색할 수 있도록 충분한 회의 시간이 배정되어야 한다. 이 상황에서 컨설턴트의 역할은 통상 집단의 속도를 늦추고, 구성원에게 서로 의사소통하려는 초기의 분투는 필요하며, 이는 집단 성장의 중요한 부분이라는 점을 확신시키는 것이다. 각 사람이 논의하고 있는 쟁점에서 자신의 역할 혹은 입장을 진술하도록 초대하는 공식적인 '입실수속(check-in)'이 유용할 수 있다. 다음 장에서 볼 것이지만, 다이얼로그의 시간을 설정하면서 각 사람이 현재의 상황에 대해 어느 정도 말하는 공식적인 입실수속은 포용의 분위기를 만드는 중요한 요소이다.

　수용과 친밀　두 쟁점은 같은 기저의 문제를 다루기 때문에 모아 놓았다. 집단의 다른 사람들은 나를 좋아하고 받아들일까? 상호 존중과 수용의 편안한 수준을 성취하려면 어느 정도 가깝거나 친밀해야 할까? 모든 사람과 상황에서 이 쟁점을 해결하는 데 도움이 될 규범이 집단에 의해 개발되어야 한다. 모든 집단, 모든 때를 위한 최적의 또는 절대적 수준의 수용과 친밀은 없다. 그것은 구성원들, 집단의 과제, 집단이 이용할 수 있는 시간의 양, 그리고 다른 많은 요인에 달려 있다. 그러나 이 쟁점은 작업 규범이 형성되기 전에는 긴장의 원천으로 항상 거기에 있다.

　처음에 이 쟁점은 호칭의 형식과 공손함의 패턴으로 나타난다. 집단이 전개되면서 이 쟁점은 집단절차의 공식 혹은 비공식적 중심을 차지할 것이다. 더 나중 단계에서도 이 쟁점은 여전히 집단토론이 공식적인 작업에 충실해야 하는지 혹은 더 많은 사람 간에 교류가 바람직하고 허용되어야 하는지의 중심을 차지한다. 심지어 회의주재자가 집단의 교환에서 '개방적'일 것을 요구해도 사람들은 '개방성'은 매우 모호한 개념이고, 회의주재자가 요구하고 원하는 것보다 전적으로 집단에서 형성된 신뢰 수준에 달려 있다는 것을 상기할 것이다. 집단은 로버트 회의진행법이나 유사한 도구를 사용해서 해결안을 만들려고 시도할 수 있다. 그러나 그러한 절차는 해결보다는 쟁점을 카펫 밑에 쓸어 넣어 감추는 것과 같다. 컨설턴트의 역할은 이 쟁점이 다루어져야 할 합법적인 것임을 집단이 인지하도록 돕는 것일 수 있다.

새로운 집단에서의 대응 반응의 유형

새로운 구성원이 한 집단에서 직면하는 기저의 정서적 문제들은 긴장, 좌절, 자기몰두로 이끈다. 사람들은 이러한 쟁점과 그로 인한 긴장에 대응하기 위해 전형적으로 무엇을 하는가? [그림 9-1]의 오른쪽 칸에 제시되어 있는 것처럼 세 가지 종류의 기본적인 대응 패턴이 있다. (1) 다정한 친화 요구의 거부를 토대로 기본적으로 강하고 공격적인 대응, (2) 공격적이고 독단적인 요구의 거부를 토대로 기본적으로 부드럽고 지지를 추구하는 대응, (3) 어떤 감정의 거부에 기초해서 행동이 위축되고 '논리'와 '구조'에 의지하는 반응이 그것이다.

'강하고 공격적인 반응'은 논쟁하기, 다른 구성원의 관점을 깎아내리기, 조소하기, 다른 사람을 의도적으로 무시하기, 신랄하고 적대적인 유머와 같은 다양한 종류의 싸움에서 볼 수 있다. 그 행동은 '논점에 대한 논쟁' 혹은 '서로의 차이에 대한 탐색'과 같은 가면을 써서 집단토론의 규칙에서는 합법적일 수 있다. 그렇더라도 컨설턴트는 표현되는 감정의 기저가 더 나은 과제 해결을 위한 관심인지, 아니면 정서적 쟁점을 해결하는 과정에서 다른 구성원에게 도전하고 검증하려는 방식인지를 주의 깊게 주목해야 한다.

강한 반응은 또한 절차를 스스로 승인하고, 사람들을 소집하고, 다른 사람에게 그들이 이야기해야 할 내용을 말함으로써 다른 구성원들을 통제하려는 시도에 반영된다. 집단의 권위적 인물, 예를 들면 의장에 대한 이런 유형의 정서적 반응은 반의존성(counterdependency)으로 비춰진다. 반의존성은 권위에 저항하고 싶은 감정을 지칭한다. "의장이 우리에게 무엇을 원하는지 알아보고, 그러고 나서 그것을 하지 말자." 혹은 "그가 원하는 것을 하지 말고, 우리 마음대로 하자."

공손함의 기준과 공식적인 권력의 차이로 반의존성을 공개적으로 표현하는 것은 불리하기 때문에 대부분의 공식적 집단에서 그러한 행동은 교묘하게 진행된다. 그렇지만 컨설턴트가 그러한 행동을 관찰하는 것은 어렵지 않기 때문에 컨설턴트는 집단이 그것의 합법성을 인식하고, 과제 수준에 대한 다름의 순수한 표현과 정서적 대응을 구분하도록 도와야 한다.

'부드럽고 지지를 추구하는 반응'은 다양한 방법으로 반영된다. 구성원들은 동의할 듯 보이는 사람을 찾고, 큰 집단 안에서 지지적 동맹 혹은 하위집단을 형성한다. 구성원들은 갈등을 피하려고 하고, 지지를 보내며, 서로를 돕고, 일반적으로 공격적이고 분열적인 감정을 억누르려고 노력한다. 권위와 관련하여 그러한 행동은 의존성으로 비춰진다. 기댈 수 있고, 안내해 주고, 갖고 있는 문제를 해결해 줄 누군가를 찾는 것이다.

컨설턴트는 어떻게 이런 종류의 행동과 건설적인 문제해결의 행동을 구별할 수 있는가? 첫째, 집단 혹은 구성원 역사의 어떤 지점에서 그 행동이 일어났는지 주목하는 것이다. 정서에 기초한 자아지향적 행동은 구성원들이 집단에서 자신들을 형성하려는 역사의 초기에 일어난다. 이후 같은 종류의 행동은 단순히 과제와 관련된 순수한 지지를 의미할 수 있다. 둘째 준거는 그 지지가 순수한 상호 이해에 기초한 것인지, 아니면 맹목적 반응인지에 대한 컨설턴트의 느낌이다. 여기서 기술한 정서에 기초한 행동은 종종 서로의 관점에 대한 이해를 보여 주는 진정한 증거 없이 구성원들이 동맹을 형성한다는 것을 보여 준다. 컨설턴트는 집단이 성급한 지지 구하기, 아무렇게나 조력하기, 부적절한 의존과 이후의 문제해결 및 팀빌딩 과정에서 일어날 수 있는 유사한 행동을 구분할 수 있게 도와야 한다.

'철수 혹은 거부 반응'은 긴장과 감정의 억압이며, 그 결과 종종 수동적이고, 냉담하며, 자극이 없는 반응으로 나타난다. 그것은 마치 어떤 사람이 "여러분은 내가 싸워서 집단이 굴러가게 하세요. 나는 지켜보겠어요. 난 진짜 그것에 대해 어떤 감정도 없어요. 적절하게 조직되면 참여할게요"라고 말하는 것과 같다. 이 정서적 행동의 다른 버전은 집단토론에서 감정은 설 자리가 없으니 어떤 비용이 들더라도 감정은 억압되고 존재하지 못하도록 해야 한다고 주장하는 것이다. 싸움이 일어났을 때 다음과 같이 말할 수 있다. "여러분, 우리 모두는 문명화되고 성숙한 개인들입니다. 이것을 논리적이고 조용하게 해결할 수 있습니다. 감정에 휘둘리지 맙시다. 사실에 충실합시다."

만약 그 사람이 진실로 합리적이고 논리적이라면 그 상황에서 감정들은 반드시 고려되어야 할 어떤 '사실들'이라는 것을 깨달았을 것이다. 그것은 집단절차를 공식화함으로써 억압되고 의제에서 제외될 수 있다. 그러나 그것을 사라지게 만들거나 구성원의 문제해결 행동에 미치는 영향을 막을 수는 없다. 집단 구성원이 긴장하고 자기몰두에 빠진다면 다른 구성원들에게 귀 기울이지 않거나 관심을 갖지 않을 것이다. 그래서 결국 효과적인 문제해결에 공헌하지 못한다.

인간으로서 우리는 집단의 정서적 쟁점에 대응하는 과정에서 이 기본적인 유형으로 반응할 수 있다. 반응 스타일의 경향은 우리의 성격, 대인 간 상황에서의 과거 역사, 집단의 다른 구성원의 행동, 상황의 공식성과 구조에 의해 좌우될 것이다. 예를 들면, 공식적이고 강하게 통제된 집단은 철수와 거부로 반응할 확률이 높고, 결국에는 동기가 낮은 소외된 집단을 형성할 것이다. 그런 집단이 어려운 문제를 해결하려고 할 때, 그들의 에너지를 문제에 쏟을 정도로 동기화되거나 진정한 집단해결을 형성할 수 있게 서로 간에 의사소통을 잘할 수 있다는 것을 보증할 수는 없다. 반면에 정서적 표현의 탐색을 허용하면 초기에는 불편하겠지만, 결국에는 높은 수준의 의사소통과 보다 강하고 효과적인 집단을 형성할 수 있다.

정서적 쟁점의 해결과 작업을 향한 이동

새로운 집단상황에 들어갈 때 모든 사람이 직면하는 네 가지 종류의 정서적 쟁점에 대해 기술했다. 정체성의 문제, 영향과 권력의 문제, 요구와 목적의 문제, 수용과 친밀의 문제이다. 이 쟁점에 대응하면서 구성원들은 서로를 알고 집단에서 자신들의 편안한 수준을 찾으려는 과정에서 강하고 공격적인, 부드럽고 친화적인, 철수하는 반응을 사용할 것이다. 구성원들이 집단에서 자신의 역할을 찾고 집단이 목적, 영향력, 친밀성에 관한 규범을 개발할 때까지 그들은 긴장하고 정서적으로 다양한 방식으로 반응한다. 그러한 행동의 대가는 구성원들이 자신의 감정에 몰두함으로써 상대방의 말을 듣고 문제를 해결하는 것을 어렵게 한다. 그렇지만 모든 집단은 구성원들이 이 쟁점에서 작업하고, 자신들의 자리를 찾는 얼마간의 성장통을 거쳐야 한다. 공식적 구조가 그러한 성장을 허용하지 않는다면 결코 집단적으로 노력하는 진정한 집단이 될 수 없다. 단지 공식적 구조에 의해 모인 개인들의 집합일 뿐이다.

우리 각자는 또한 대응에서 학습된 선호하는 방식을 갖고 있기에 이를 통찰하는 것이 중요하다. 대인 간에 긴장에 처했을 때 정서적으로 싸우는, 친화적인 혹은 철수하는 경향이 있는가? 각 반응 유형의 결과는 무엇인가? 사람들이 선호하는 스타일이 다르기 때문에 한 과제에서 작업하는 집단이 갖는 딜레마는 서로 다른 스타일이 서로에게 방해가 될 수 있다는 것이다. 공격적인 사람과 부드러운 사람이 원하는 것들은 서로를 위협하고, 두 집단은 정서적 철수자를 위협한다. 집단은 구성원들이 차이를 관찰하고 인지하며, 가장 중요하게는 집단의 힘의 원천으로 수용할 때까지는 효과적으로 작업할 수 없다. 이 장 말미에서 집단의 구성원들이 이러한 쟁점을 받아들이도록 돕는 연습을 제공한다.

컨설턴트는 집단이 정서적 쟁점을 여러 방식으로 해결하도록 도울 수 있다. 첫째, 컨설턴트는 무엇이 일어나고 있는지를 인식해야 하며, 구성원들 사이의 초기의 의사소통의 문제를 걱정해서는 안 된다. 둘째, 컨설턴트는 초기의 싸움, 동맹, 철수 반응이 구성원들의 입장에서는 서로를 알아 가고, 시험하고, 집단에서 자신의 자리를 찾아가는 노력이라는 것을 집단이 깨달을 수 있도록 도와야 한다. 컨설턴트는 교육적 개입, 즉 여기서 제공된 종류의 집단이론의 요점을 통해 집단 자체에 대한 관점을 제공함으로써 이것을 할 수 있다. 컨설턴트는 구성원들이 시간을 낭비하는 것이 아니라 합법적인 집단형성의 과제에 종사하고 있다는 자신의 믿음을 나타내야 한다. 셋째, 컨설턴트는 집단의 정서적 스타일의 다양성을 인정하고, 각 스타일이 집단의 삶에서 역할이 있다는 것을 이해하도록 도울 수 있다.

도움이 되기 위해 컨설턴트는 집단이 어떻게 형성되는지를 충분히 이해해야 한다. 개인의 자아지향적 행동이 줄어들고 집단이 형성되기 시작함에 따라 생존과 일차과제를 충족하기 위해 외부적 관계와 내부적 기능 양면에서 집단이 어떻게 하면 더 잘 관리될 수 있는지도 이해해야 한다. 컨설턴트로서 나는 클라이언트 관리자가 집단기능에서 그들이 해야 하는 투자의 현실을 수용하도록 돕는 나를 발견한다. 일 반적으로 관리자는 집단이 곧바로 작업에 뛰어들 것을 기대하고, 집단 형성을 위한 시간을 허용하지 않는다. 집단이 빨리 문제를 해결하지 않으면 구성원들은 화가 나 고 집단의 노력에 환멸을 느끼며, 왜 이것이 일어났는지에 대한 정서적 이유를 이해 하는 데 실패한다. 컨설턴트는 그러한 관리자가 인내심을 갖고, 집단의 성장을 가능 하게 하는 집단회의에 충분한 시간을 할당하도록 격려해야 한다. 또한 그들의 분노 와 조바심은 다른 구성원들도 직면하는 같은 정서적 쟁점의 반영이라는 것을 깨닫 도록 해야 한다.

마지막으로, 컨설턴트는 구성원들이 자신의 행동을 고려할 때 유용하고 도움이 되는 피드백을 제공하는 기술이 있어야 한다. 대부분의 대응은 무엇이, 왜 일어났는 지에 대한 집단 구성원들의 인식 없이 일어난다. 그들이 이 행동에 대해 통찰하고, 그것을 진단하는 데 보다 전문가가 되도록 컨설턴트는 각 구성원들이 자신의 대응 행동을 이해하도록 도와야 한다.

구성원들이 이와 같은 통찰을 얻고, 다른 사람이 어떻게 느끼고 반응하는지를 알 게 되며, 집단이 그들과 공헌의 가능성을 받아들일 수 있다는 것을 깨달음에 따라 점차 긴장이 완화되고 다른 사람들에게 주의를 집중하는 능력이 증가된다. 이것이 일어나면 집단의 풍토와 분위기에 변화가 생긴다. 덜 촉박하고 서로에게 보다 귀 기 울인다. 수행될 과제로부터 덜 도망가고, 보다 총체적인 집단으로서 협력하려고 한 다. 덜 공식적이고, 덜 임의적 규칙으로 빠지며, 보다 자아규율적이고, 총체적 집단 수행을 위해 개인적 의제를 억누른다. 알아야 할 중요한 것은 그러한 상태는 오직 집단에게 내부적 · 외부적 문제와 작업하는 것이 허용될 때 성취된다는 점이다. 그 것은 부과되거나 강제될 수 없다.

집단 형성과 내부의 유지기능

초기 단계에서 정서적 문제의 해결이 집단이 효과적인 작업 단위가 되는 것을 보장하지는 않는다. 다른 복잡한 체제와 마찬가지로 집단 또한 형성과 유지를 요구하며, 특정 종류의 대인 간 기능이 지속적으로 충족되지 못하면 더 높은 수준의 기능으로 진전될 수 없다. 다른 말로 하면 집단이 생존하고 효과적인 문제해결의 도구로 성장하려면 구성원들 스스로 좋은 관계의 형성과 유지에 관심을 가져야 한다. 이상적으로 그러한 관심은 집단의 삶의 주기 전체를 통해 표현될 것이지만, 집단 삶의 초기 국면을 조사하면서 우리가 보았듯이 구성원들은 자신의 요구에 몰두하고, 그래서 다른 사람과의 관계를 손상시킬 수 있다.

집단의 문제는 관계를 손상시키는 초기의 경향을 어떻게 최소화하고, 손상된 관계를 어떻게 재형성하느냐이다. 내가 말하는 손상된 관계의 의미가 무엇인지 다른 예를 살펴보자. 두 구성원이 과제의 쟁점에 대해 반대되는 견해를 갖고 있어서 서로에 대해 화를 낸다. 구성원들은 투표에서 제외되어 무시되거나 소외되었다고 느끼기 때문에 서로 돕는 것을 거부한다. 구성원들이 오해되었거나 쟁점에서 빗나갔다고 느끼기 때문에 합의된 해결책을 실행하는 데 실패한다. 구성원들이 체면을 잃었거나 굴욕을 느끼기 때문에 서로에 대해 분개한다. 각 사례에서 사람들은 일시적으로 개인의 요구와 감정에 몰두해서 상대적으로 집단의 노력에 공헌할 가능성이 적어진다. 집단의 유지가 일어나지 않고 집단의 화합이 회복되지 않으면 구성원은 집단의 자원이 되지 못하며, 더 심각한 것은 집단의 노력을 적극적으로 파괴하는 사람이 된다. 이 부정적 결과를 피하려면 〈표 9-1〉에 제시된 집단 형성과 유지 기능이 한 명 이상의 집단 구성원에 의해 충족되어야 한다.

'화합'은 구성원들이 '분노 등을 진정시키거나' 유머를 통해 긴장된 상황을 풀어 불일치와 갈등을 완화하려는 노력을 말한다. 그러나 화합에 의해 서로의 견해와 그것이 기반하고 있는 심층의 가정을 충분히 탐색하여 동의와 상호 이해에 도달하려는 실제의 노력은 약해진다. 카펫 밑으로 숨겨 버리거나 부정된 갈등과 불일치는 구성원이 집단과 화합하는 데에는 도움이 될 수 있겠지만, 그러한 부정은 좋은 과제해결을 방해할 수 있다. 그래서 화합은 오직 갈등과 불일치가 역기능이 되거나 구성원들이 너무 자기에 몰두되어 서로에 귀 기울일 수 없게 되었을 때에만 요구된다. 화합은 '타협'과 명확하게 구분되어야 한다. 화합은 갈등을 부정하고 피하려는 것이고, 타협은 한 명 이상의 구성원이 실행가능한 동의에 도달하기 위해 부분적으로 양보하려는 의지로 갈등과 불일치를 줄이려는 시도이다.

〈표 9-1〉 **형성과 유지 기능**

화합(harmonizing)
타협(compromising)
게이트키핑(gatekeeping)
격려(encouraging)
진단(diagnosing)
기준의 설정(standard setting)
기준의 검증(standard testing)

화합과 타협은 과제의 기능이 아니라 유지의 기능이다. 그것은 개인 간의 파괴적 유형의 불일치를 줄이는 데에는 유용하지만, 과제의 문제를 해결하는 데에는 유용성이 제한적이다. 이것은 매우 중요한 요점이다. 집단의 효과성에 관심을 가지는 컨설턴트는 항상 화합과 집단의 기능을 부드럽게 하는 것을 선호하는 것으로 지각된다. 사실 집단은 어떤 화합이나 타협도 포함되지 않는 진정한 통합적 해결을 위해 불일치에 맞서 작업하는 것이 필요하다. 컨설턴트는 종종 집단이 물러서서 타협하고 싶을 때 집단이 문제에 직면해서 철저히 작업하게 도와야 한다. 그러나 의사소통이 붕괴되고, 몇몇 구성원이 집단에서 지위를 유지하기 위해 자아지향적 이유로 논쟁하거나 입장을 취한다면 유지단계가 필요하다. 그러한 단계는 갈등을 화합하고, 구성원들이 자신의 행동을 살피도록 도와서 일차과제에 대한 작업을 재개하기 전에 좋은 의사소통을 다시 형성시킨다.

어떤 구성원의 활동은 예방적 유지라고 생각될 수 있다. 예를 들면, '게이트키핑'의 기능은 문제해결에 공헌할 사람에게 그렇게 할 기회를 확실하게 만들어 주는 것이다. 그래서 게이트키핑은 너무 나대는 구성원의 활동은 줄이고, 너무 수동적인 구성원의 활동을 증가시키는 것 모두를 포함한다. 나는 종종 집단에서 한 사람이 반복적으로 한두 마디를 하면, 곧바로 보다 공격적인 사람이 끼어들어 발언권을 빼앗고 자기 주장을 펼치는 것을 목격한다. 누군가 문제를 인지하고 그 사람에게 자신의 요지를 말할 기회를 제공하지 않는다면 그는 두세 번의 시도 후에는 포기한다. 그러나 게이트키핑의 전술은 복잡하다. 우리는 그 사람의 체면을 잃게 할 위험을 무릅쓰고 그를 차단하고 싶지도 않고, 관심이 없거나 참여하지 않겠다는 것을 드러낼 위험을 고려하지 않고 누군가를 대화에 초대하고 싶지도 않다.

'격려'는 사람이 자신의 주장을 펼치도록 돕는 기능이다. 부분적으로는 집단에 내용의 이익을 제공할 뿐만 아니라 집단의 풍토가 수용적이라는 것을 자신과 다른 사람이 느낄 수 있도록 보장한다. 격려는 또한 자신은 완전하게 정교화하지 못했을 주장을 정교화하고 명료화하도록 돕는 데에도 기여한다. 그러나 명료화가 과제에 관련된 기능이라면, 격려는 집단의 유지와 성장에 더 관련되어 있다.

'진단' '기준의 설정' '기준의 검증'은 관계가 얼마간 깨졌을 때 다시 고치는 조치와 관련되어 있다. 이 기능들은 치유하기 위해 필요한 기능이다. 집단에게 필요한 것은 다음 두 가지를 하는 동안에 과제의 작업을 일시 중지하는 것이다. (1) 집단의 과정을 살펴보고, 사람들이 집단, 규준 그리고 작동 방식에 대해 어떻게 느끼는지 점검한다. (2) 일어났을 문제와 갈등을 알린다. 대부분의 집단은 과정컨설턴트가 없거나 구성원 중 한 명이 진짜 과정지향적 입장을 갖지 않는다면 이런 종류의 행동에 종사하지 않는다. 그러나 대부분의 과제집단이 효과를 유지하려면 이러한 재평가와 정화의 기간이 반드시 필요하다.

이 유지영역에서 컨설턴트의 역할은 종종 빠진 기능을 제공하는 것이다. 집단이 경험을 축적하면서 집단 구성원들이 스스로 무엇이 필요한지 인지할 것이며, 여러 구성원이 필요한 역할을 수행할 것이다. 그러나 어떤 지점에서 컨설턴트는 그들이 충족시킬 필요가 있는 역할을 구성원에게 환기시키기 위해 교육적 개입의 일환으로 유지 기능의 전체 목록을 소개할 수 있다.

경계 관리의 기능

모든 집단은 어떤 조직적 혹은 사회적 환경에서 존재한다. 그러므로 주요 과제의 하나는 환경과의 관계를 관리하는 것이다(Ancona, 1988). 이 과정에는 서로 다른 기능이 포함되어 있다. 어떤 것은 경계를 설정하는 것과 관련되어 있고, 어떤 것은 경계를 유지하고 집단이 필요하다고 느끼면 그것을 강화하는 것과 관련되어 있다. 〈표 9-2〉에는 기본적인 기능이 제시되어 있다.

〈표 9-2〉 경계 관리의 기능

경계의 규정(boundary defining)
스카우팅(scouting)
협상(negotiating)
번역(translating)
기술공학적 게이트키핑(technological gatekeeping)
보호(guarding)
입구와 출구의 관리(managing entry and exit)

집단에 있어야 할 사람과 그렇지 않을 사람을 지정하는 '경계의 규정'은 이 기능의 가장 근본적인 것 중 하나이다. 컨설턴트는 내부자와 외부자에게 집단의 정체성을 알리는 지도자와 구성원의 다양한 행동을 관찰할 수 있다. 구성원의 명단, 특별한 유니폼, 의사소통의 스타일, 비밀악수, 집단이 스스로에게 부여한 이름, 특정 구성원에게만 회의록을 배포함으로써 누가 안에 있고 그렇지 않은지를 의사소통하는 것 등이다.

'스카우팅'은 집단에 필요한 환경의 정보를 제공하는 활동을 지칭한다. 그러한 정보는 무슨 일이 일어나고 있는지를 지시한다. 그래서 집단은 자신의 미래를 예측할 수 있게 되고, 어떤 자원이 이용될 수 있는지, 환경의 주요 인물이 집단에 대해 어떻게 생각하는지, 어떤 지지와 위험의 원천이 존재하는지를 알 수 있다. 컨설턴트는 경계 연결의 역할(boundary-spanning role) 덕분에 어떤 결정적인 스카우트 기능이 수행되지 않는지를 파악해서 집단이 예기치 않은 환경 사건에 의해 위기에 빠지지 않도록 특별한 도움을 줄 수 있다.

환경과의 '협상'은 집단이 필요한 것을 얻는 것, 기회나 위협의 원천을 관리하는 것, 집단의 운명에 영향을 미칠 수 있는 환경의 사람들과 일반적으로 좋은 관계를 유지하기 위해 설계된 다양한 활동이 포함된다. 그래서 때때로 집단은 정보를 배포하고, 이해관계의 갈등이 있거나 필요한 경우에 다른 집단과 의사소통의 채널을 열기 위해 특사를 지명하여 주요 외부인과 협상해야 한다.

'번역'은 다른 사람의 메시지가 집단에 어떤 의미가 있는지를 알아내고, 다른 사람이 이해할 수 있는 술어로 집단의 메시지를 외부로 만들어 내는 데 포함되는 기능을 지칭한다. 환경과 정보를 교환하는 이 과정에서 집단은 내부의 이해와 외부의 수용을 위해 정보를 거르고 분류하며 정교화해야 한다. 여기서 컨설턴트는 집단의 말을 잘 들어보면서 서로 다른 단어들이 다른 사람에게는 어떤 의미를 가질지를 질문하는 특별한 기회를 가질 수 있다.

이 영역에서 특별히 중요한 활동은 '기술공학적 게이트키핑'이다. 이는 과제를 수행하는 데 필요한 특별한 정보를 집단에 가져오는 활동이다(Allen, 1977). 생산개발 팀처럼 기술적으로 지향된 집단에서는 어떤 구성원이 특정 과제와 관련되어 있는 중요한 정보 아이템을 위해 외부의 기술 환경을 살핀다. 그러나 모든 집단에게는 일차과제에서 효과적인 작업을 위해 가져올 필요가 있는 정보의 범주가 요구되기 때문에 누군가는 이 기능을 충족시켜야 한다.

'경계의 보호 혹은 순찰'은 집단의 위상(sense of integrity)이 파괴되지 않도록 하는 활동을 지칭한다. 여기에 있는 활동 중에는 다음과 같은 것이 있다. 누가 회의에 초대되어야 하는지, 어떤 외부인과 무슨 정보를 공유해야 하는지, 정보의 비밀유지에 대하여 구성원들 사이에 어떤 합의가 있어야 하는지, 반갑지 않은 방문자를 어떻게 관리해야 하는지, 정보를 흘리거나 집단을 당황하게 만드는 구성원을 어떻게 다루어야 하는지가 그것이다.

'입구와 출구의 관리'는 집단이 새로운 구성원(이주자)을 데려오고, 떠나는 구성원(이민자 혹은 추방자)을 방출하는 데 사용되는 과정을 지칭한다. 새로운 구성원에게는 사회화, 교화, 훈련, 입사의식, 그리고 떠나는 구성원에게는 떠나는 상황에 따라 여러 종류의 퇴사의례가 일어날 것이다. 떠나는 구성원은 집단 밖으로 승진해서 떠나는 것인가, 집단에 의해 어떤 임무를 맡고 보내지는 것인가, 집단을 좋아하지 않았기 때문인가, 집단에 적응하지 못했는가 혹은 집단의 규범을 어겨서 제명당한 것인가? 퇴사의 의례는 이유에 따라 다양할 것이다.

다른 기능이 밝혀질 수도 있고, 내가 제공한 특정 목록이 집단 구성원들이 충족시켜야 할 다양한 활동과 역할을 분류하는 최선의 방식도 아니다. 컨설턴트에게 중요한 것은 모든 집단은 내부적으로 그리고 외부적으로 자신의 생성과 유지를 관리해야 한다는 것을 깨닫는 것이다. 컨설턴트는 집단이 이 다양한 활동을 어떻게 관리하는지, 그리고 어떤 것이 너무 과하게 혹은 부족하게 관리되는지 관찰하면 그의 마음에서 어떤 개입이 가장 필요한지 정할 수 있다.

집단의 성장, 구조와 문화의 개발

함께 작업하고 공동의 문제에 직면하면서 집단은 점차 자신과 행위의 규범에 대한 공동의 가정을 형성한다. 다른 말로 하면 하나의 전체로서 집단은 자신의 환경에서 외부적 생존의 문제에 대처하는 법과 내부적 과정을 관리하고 통합하는 법을 학습한다. 당연하게 수용되는 암묵적 가정의 체화물인 이 학습의 총체를 집단의 '문화'라고 생각할 수 있다. 그 문화를 유지하는 데에서 반복되는 과정은 과제의 기능을 규정하는 조직구조에 비교하여 집단의 대인 간 구조라고 말할 수 있다. 그래서 안정된 역할관계, 적절한 존경과 처신의 의례로 지지되는 안정된 지위 패턴, 누가 누구를 좋아하고 누가 누구와 비공식적으로 모이는가에 대한 일정한 패턴 같은 것이 생겨난다.

문화의 중요한 측면은 집단 구성원의 일상 행동을 안내하는 규범과 규칙이다. 규범과 궁극적으로 문화적 가정이 개발되는 과정은 집단의 삶에서 '결정적 사건'과 집단이 그것을 어떻게 다루는지 볼 수 있다면 관찰될 수 있다(Schein, 1985, 1992). 예를 들면, 과정컨설턴트로서 나는 종종 문제해결의 과정에서 관리자나 영향력 있는 인물이 자신의 길을 가려고 시도하고, 한 명 이상의 구성원이 논쟁하거나 동참하기를 거부하는 순간을 관찰한다. 어떤 형태의 '불순종'이 일어난다. 관리자가 징벌적으로 대응하고 그의 제안이 명령으로 수용되길 기대한다는 것을 명확히 한다면, 그리고 다른 구성원들이 논쟁을 중단하고 그 징벌을 수용한다면 권위를 다루는 규범이 형성된 것이다. 그 패턴이 과제와 대인 간의 문제를 해결하는 데 성공을 이끈다면 그것은 강화되고, 결국에는 집단의 작업 방식에 대해 공유되는 암묵적 가정이 된다. 이때 안정성의 검증은 새로운 집단 구성원이 "이것, 즉 명령을 따르는 것이 이 집단에서 우리가 하는 방식"이라는 말을 듣게 되는지의 여부이다.

다른 예로서 다양한 '의사소통의 개방성'과 관련된 규범은 어떻게 형성되는가? 집단의 한 구성원이 갑자기 다른 구성원에게 "당신이 고객을 다룰 때 형편 없었다고 생각한다"고 말했다고 하자. 집단의 다른 구성원, 특히 권위의 위치에 있는 사람이 이러한 언급을 어떻게 다루는지가 개방과 직면에 대한 규범을 형성하기 시작한다. 충격의 침묵이 있고 상사가 아무 일도 일어나지 않은 것처럼 행동하고 주제를 바꾼다면 그러한 개방은 환영되지 않는다는 분명한 신호를 보내는 것이다. 반면에 "John, 당신의 감정을 이해해요. 당신이 무엇을 보고 판단을 내렸는지 더 듣고 싶군요"라고 말한다면 그러한 언급을 합법적으로 수용할 뿐만 아니라 추가적인 정보를 요구함으로써 대화를 지속하게 한다. 그는 또한 판단은 사례, 사실, 수치로 입증될 때에야 합법적이 된다는 규범을 형성하는 것일 수도 있다.

규범과 문화적 가정을 규정하거나 집단의 과정에서 파악하는 것은 쉽지 않다. 그렇지만 그것들은 구성원의 지각, 감정, 행동을 결정하는 데 매우 영향력이 있다. 그 영향력의 한 부분은 그것이 보이지 않게, 즉 개인적 안내로서 각 구성원의 머릿속에서 진행된다는 사실에 기인한다. 보다 중요한 것은 한 번 규범과 가정이 공유되면 그것을 지키고 사용하는 것이 집단에서 멤버십을 표현하는 방식이 된다는 사실이다. 한 번 규범 혹은 가정이 공유되면 전체 집단의 참여 없이 그것을 변화시키기는 매우 어렵다. 각 구성원은 그의 멤버십을 유지하는 방식으로서 변화에 저항할 것이기 때문이다. 예를 들면, 집단에서 다음과 같은 것이 전형적인 규범일 수 있다.

"이 집단에서는 악담하거나 쌍스러운 말을 사용해서는 안 된다."
"회의에는 정시에 참여해야 한다."
"집단의 의장의 말에는 질문하거나 도전해서는 안 된다."
"우리는 서로 비공식적이어야 하고, 이름을 사용해야 한다."
"집단의 모든 사람이 참여해야 한다."

"우리는 합의를 도출해야 하고, 투표에 의존해서는 안 된다."
"모든 구성원이 올 때까지 회의를 시작해서는 안 된다."

개방되고 언어화된 또는 문서화된 규범들은 집단의 규칙과 규정으로 기능하고, 이 측면에서 '명시적' 규범으로 불릴 수 있다. 말해지지 않은 것은 '암묵적' 혹은 묵시적 규범일 수 있다. 그것이 위반되었을 때 구성원들의 반응을 관찰하면 그것이 거기에 있었음을 알게 된다. 예를 들면, 충격의 침묵, 심한 비난, '엄하게 꾸짖음'이다. 규범을 반복적으로 위반하면 구성원들은 다양한 방식으로 벌을 받고, 중요한 영역을 준수하지 않으면 결국에는 집단에서 쫓겨난다.

컨설턴트의 중요한 기능은 규범과 공유된 묵시적 가정을 집단이 인식하게 하고, 그 과정에서 특정 쟁점에 대해 얼마나 합의되어 있는지 검증하게 하는 것이다. 집단의 기능에 대한 이전 논의에서 이러한 활동들은 기준의 설정과 검증으로 분류되었다. 집단행동의 가장 파괴적인 측면의 하나는 중요한 집단 과정에 대한 합의의 부재에서 온다. 구성원들은 규범이 작동된다고 가정하지만, 실제로는 아무것도 없는 경우이다. 구성원들이 수용되지 않을 것이라고 가정함으로써 가치 있는 아이디어와 제안들이 억압된다. 때로는 이전에 언급된 애빌린의 역설처럼 진정 아무도 원하지 않는 것을 하도록 집단을 이끈다.

컨설턴트는 결정적 사건이 어떻게 다루어지는지 가까이에서 관찰하고, 때로 부지불식간에 집단이 스스로 형성하는 규범을 추론함으로써 집단을 도울 수 있다. 컨설턴트는 집단이 하던 방식대로 사건을 다루면 그 결과가 어떨지를 질문할 수 있다. 또는 성찰과 분석의 시간에 결정적 사건을 회고함으로써 집단이 어떤 규범을 파악하고 재구성하게 도울 수 있다. 그러면 집단은 규범이 도움이 되는지 혹은 효과적인 행위에 장애가 되는지를 스스로 검증할 수 있다. 예를 들면, 집단은 의견이나 정보에 대해 직접 질문을 받을 때에만 말해야 한다는 규범을 발견할 수 있다. 집단은 그러한 작동의 공식적 양식이 좋은 아이디어의 생성에 방해가 된다고 느낄 수 있다. 규범을 파악한 후에 집단은 어떻게 작동해야 하는지에 대한 자신들의 감정을 명시적으로 일치시킴으로써 그것의 변화를 설정할 수 있다.

집단은 또한 명시적 규범과 암묵적 규범이 때로 상충한다는 것을 발견할 수 있다. 예를 들면, 명시적 규범은 자신의 생각을 정확하게 말하는 것이지만, 암묵적 규범에서는 집단에서 권력이 있는 사람들의 생각을 반박해서는 안 된다. 이와 유사하게 명시적 규범에서는 집단의 모든 구성원은 평등하고 토론에서 동등한 발언권을 갖고 있지만, 암묵적 규범에서는 지위가 높은 사람들이 먼저 말하고 다른 사람들은 그들의 관점을 따라야 한다. 집단은 종종 구성원들이 다른 사람에 대한 반응에서 개방적이어야 한다고 명시적으로 말하지만, 체면작업의 규칙은 그러한 개방성을 막고 모든 사람은 왜 명시적 언명이 존중되지 않는지를 이해한다. 규범은 그 작동에서 매우 미묘할 수 있어 집단이 규범들의 효과를 관찰하는 것을 배우려면 컨설턴트는 구체적인 사례를 찾아낼 수 있어야 한다.

규범이 개발되고 서로 맞물리면서 집단의 '문화'를 생각할 수 있게 된다. 문화가 변화되기 어려운 이유는 규범들이 서로 지지하게 되면 방해되는 한두 개가 아니라 전체 규범을 변화시켜야 하기 때문이다. 예를 들면, 집단이 중요한 의사결정에서는 합의를 추구해야 한다는 규범을 개발했다고 해 보자. 이 규범은 다음과 같은 다른 규범들에 의해 지지된다. "진행되는 의사결정에 동의하지 않는다면 터놓고 얘기해야 한다." "과제 지향의 토론에서는 항상 진실하고 개방적이어야 한다." "집단이 행위에 대한 합의에 도달하기 전에는 행위를 시도해서는 안 된다." 집단이 이 개방적 작동양식에서 성공했다고 가정해 보자. 새로운 의장이 임명되고, 집단은 작업이 보다 빨리 이루어져야 한다는 압박을 받는다. 의장은 의사를 결정하고, 구성원들이 따를 것을 기대한다. "의장이 말한 대로 해야 한다"는 의사결정 규범의 변화는 구성원들이 또한 참여에 대한 그들의 태도와 좋은 의사결정의 과정 및 타당한 실행이 무엇인지에 대한 심층의 가정을 바꾸지 않는다면 일어나지 않을 것이다. 컨설턴트는 집단으로 하여금 이 상호 연결성을 보게 해서 변화 과정이 실제적으로 시작되도록 도울 수 있다.

감추어지고 논의되지 않는 의제   과제, 대인 간 쟁점과 비교되는 중요한 집단현상은 '감추어진 의제' 혹은 관련된 쟁점과 '논의되지 않는' 의제이다. 상호작용의 문화적 규칙과 '체면'의 상호 보호는 강력한 힘이기 때문에 집단 구성원들은 종종 집단논의에 부적합하거나 위험한 내용이라고 여기는 것은 숨긴다. 감추어진 쟁점의 한 범주는 공적으로 되면 수용되지 않을 것이라고 느끼지만(그러니까 '감추어진 의제') 구성원이 추구하는 사적인 목표이다. 아마도 이것들 중 가장 일반적인 버전은 주어진 의제 항목에서 집단이 어디서 찬성해야 하는지에 대한 지도자의 선입견일 것이다. 구성원들은 종종 지도자가 참여를 요청하는 상황에서도 그는 이미 결정했고, 오직 승인을 구하고 있다는 것을 알아차린다.

논의되지 않는 또 다른 범주의 의제 목록은 모든 사람이 알지만 다음의 이유 때문에 대놓고 이야기하길 꺼리는 것과 관련되어 있다. 그것은 집단을 당황하게 하거나 고통을 준다. 혹은 집단의 다른 사람이 그 목록을 수용할 수 없을 것이라는 것을 사람들이 알기 때문이다. 이 범주가 연상시키는 이미지가 자초지종을 말해 준다.

"불편한 이야기를 해 볼까요(Are we going to throw the dead rat on the table)?"

"쉬쉬하고 있는 쟁점에 대해 토론해 볼까요[Are we going to discuss the elephant (horse, moose) that is on the table]?"

"화제를 돌리기 위해 충격적인 것을 공표하자(Let's throw the dead cat over the wall)."

"우리가 말하지 않은 생각이나 감정은 무엇인가(What is in our left-hand column)?"

"우리가 숨기거나 다루지 않고 있는 것은 무엇인가(What are we brushing under the rug)?"

"약점이나 사생활을 말하지 말라(Don't bring out the dirty linen)."

"다루기에 너무 위험할 것 같다(That might be too hot to handle)."

논의되지 않는 것은 항상 거대하고, 더럽고, 악취 나고, 너무 뜨겁거나 보기가 역겨운 것이라는 점을 주목하라. 우리는 그것이 항상 거기에 있다는 것을 안다. 하지만 그것을 보지 않거나 인지하지 않는 것을 선택한다. 이 주제, 사실, 쟁점에 대한 컨설턴트의 역할은 컨설턴트가 종종 왜 그 쟁점이 논의되지 않는지 모르거나 그것이 인지되어 공개되었을 때 누가 당황할지 모르는 정도에 비례해서 복잡하다. 이 현상을 감지했을 때 내가 자주 하는 방법은 "우리가 아직 다루지 않은 어떤 것이 있나요?"라고 질문하는 것이다. 나는 집단이 거부를 선택하여 계속 다루지 않는 것을 허용하는 방식으로 코치한다. 집단의 성장과 발달을 보는 하나의 방법은 집단이 점차적으로 자신을 위한 심리적 안전을 형성하는지 혹은 Isaacs(1993)이 말한 "컨테이너"를 형성하여 사람들이 다치지 않고 일이 처리되는지 주목하는 것이다.

대인 간 내용과 구조는(셀 1, 3, 7, 9)

어떤 집단이나 조직도 내부의 일을 관리하고, 구성원들을 함께 일할 수 있게 하고, 한 집단으로서 안전감을 느끼게 할 안정되고 반복적인 과정을 개발할 필요가 있다. 반복되고 안정적인 과정은 집단의 내부 환경을 안전하고 예측가능하게 만들어서 구성원들이 정서적 에너지를 외부의 생존 과제에 쏟을 수 있도록 긴장을 완화시키는 데 필요하다. 그러한 안정성을 요구하는 내부문제는 무엇인가? 대인 간 과정에서 '내용' 혹은 의제는 무엇인가? 어떤 집단이라도 기능하기 위해서는 다음에 제시될 문제 각각에 대해 안정적인 해결책을 개발해야 한다. 독자는 이러한 쟁점이 새로운 집단에 들어갈 때 파악되었던 쟁점과 밀접히 병렬되어 있다는 것에 주목할 것이다. 그러나 앞의 것은 개별 구성원이 집단에 들어가는 과정의 쟁점들이라면, 다음의 쟁점들은 어떤 집단이나 조직에도 적용될 수 있는 보다 일반적인 쟁점들이다.

1. 공통 언어와 개념 범주 만들기　관찰가능한 구조는 집단이 함께 일하면서 형성되는 실제적 언어이다. 특별한 용어, 단어와 개념에 부여된 특별한 의미, 내부자만이 이해할 수 있는 특별한 상징을 나타낸다.

2. 집단의 경계 그리고 포함과 배제의 준거를 규정하기　관찰가능한 구조는 유니폼이나 배지와 같은 맵버십의 상징이 누구에게 주어지느냐와 같은 직원 충원의 정책과 실제가 될 것이다. 떠났던 사람을 다시 고용하는 정책, 임시 구성원 혹은 계약 직원에 대한 정책, 누구에게는 말하고 누구에게는 비밀을 유지할 것인가에 대한 규칙

등을 나타낸다.

   3. **권력과 지위 배분하기**   모든 집단은 누가 누구에게, 그리고 어떤 쟁점에 대해 영향을 미칠 수 있는가에 대한 준거를 개발해야 한다. 이 영역에서는 공식적으로 구조화되는 것과 실제로 작동되는 것이 종종 다르다. 조직도를 그리고 명령체계의 규칙을 만드는 것은 가능하지만, 관찰자는 종종 규칙적인 방식으로 이 규칙들이 무시되고 '비공식적' 구조라고 불리는 대안적 구조가 발달하는 것을 알게 된다.

   4. **친밀과 우정의 규범을 개발하기**   모든 집단은 개방성과 친밀함, 그리고 적합한 수준의 협력과 경쟁의 규범을 개발해야 한다. 이 영역은 종종 가장 늦게 구조화되기 때문에 새로운 구성원이 게임의 암묵적 규칙을 학습하기까지는 많은 불안의 원천이 된다. 교화 프로그램이나 멘토링 논의를 관찰하면서 이 구조가 다음과 같은 언급을 통해 표현되는 것을 알게 된다. "여기서는 팀 작업이 경기의 이름이다." "정치를 하다가 들키지 말라." "여기서는 항상 상사를 직책으로 부른다." "우리는 매우 비공식적이고, 이름을 부른다." "설령 너를 곤란하게 할 수 있다는 느낌이 들더라도 항상 네 생각을 정확하게 말하는 것이 낫다." "상사와는 공적으로 대립하지 않도록 항상 주의해야 한다." 그런 규칙은 명시적 규칙처럼 보이는 공식적 구조로 장착되지는 않지만 항상 문화 안에 존재한다(Van Maanen, 1979). 심층적 수준에서 이 규범과 규칙은 애정과 사랑의 감정을 관리한다. 공격적 감정의 경우와 마찬가지로 강한 애정과 성적 감정은 적절한 행위 양식으로 전달되어야 한다. 그런 채널이 참여자들의 안전을 관리하는 데 실패한다면 우리는 성희롱과 같은 사회적 파탄을 보게 될 것이다.

   5. **보상과 벌의 규정과 책정**   공식적인 보상체제, 수행평가체제, 훈육체제, 가능성의 평가, 진급을 위한 실제 절차, 기타 다른 보상과 벌은 일반적으로 관찰이 가능하다. 그러나 4번과 같이 문서화된 정책과 절차에 체화된 구조가 관찰되는 반복적 규칙, 즉 비공식적 보상체제와 항상 일치하는 것은 아니다.

6. 설명하기 어렵고 예측할 수 없는 것을 설명하고 다루기 이 영역은 공식적으로 구조화되기 어렵지만 모든 집단은 쉽게 통제되지 않고 예측할 수 없는 스트레스를 주는 사건을 다루는 관례와 절차를 발달시킨다. 집단은 '기우제 춤(rain dance)'과 같은 미신, 신화, 상징적 관례를 개발한다. 그러한 과정은 새로운 세대의 구성원에게 교수되고 전해져서 안정적이 된다.

상호작용하면서 집단은 앞의 영역을 다루는 안정된 지각과 관계를 발전시키며, 이것은 점차 자신에 대한 가정이 되고 집단문화의 중요한 부분을 구성한다. 다시 한 번 기저의 가정은 집단의 명시적 작업에서는 보이지 않겠지만, 컨설턴트는 그 효과를 정치적 동맹에서, 의사소통의 패턴에서, 구성원 간에 표현된 감정의 패턴에서, 그리고 구성원들의 서로에 대한 존중과 처신에서 볼 수 있다.

관찰자가 보는 것은 구성원도 볼 수 있기 때문에 즉각적으로 개입할 때 그 초점은 눈으로 볼 수 있는 역동적 과정이어야 한다. 궁극적으로 집단이 자신의 과정을 분석하는 데 더 정교해진다면 잘 보이지 않는 구조와 문화적 요소에 초점을 둔 개입도 증가할 것이다. 집단이 자신의 문화를 이해하려는 요구를 표현한다면 문화평가에 맞추어진 초점화된 교육적 개입이 도입될 수 있다.

집단의 성숙

집단의 성숙을 검증하는 데 보편적으로 적용될 수 있는 단일한 준거는 없다. 그러나 집단이 어느 정도 성숙했고, 발달해야 할 곳이 어디인지 파악하고 측정하는 데 사용될 수 있는 여러 측면이 있다. 이 측면들은 간단한 자기평가 설문지로 만들어져서 구성원들이 각 측면에 대해 어떻게 느끼는지, 그리고 이 감정들이 어떻게 변했는지를 주기적으로 결정할 수 있다. 연습 2에서 볼 수 있는 간단한 설문지가 예시인데, 선택된 특정 측면에서 절대적인 것은 없다.

측면은 개인의 성격을 판단하기 위해 개발된 성숙의 기본적 준거를 반영한다. 유사한 준거가 집단에 적용될 수 있다.

1. 집단은 환경을 현실적으로 다룰 역량이 있는가? 환경으로부터의 독립성은 적정한 수준인가?

2. 집단에는 미션, 목적, 궁극적 가치에 대해 기본적 동의가 있는가?

3. 집단은 자기인식의 역량이 있는가? 집단은 왜, 무엇을 하는지 이해하는가?

4. 집단은 이용가능한 자원을 최적으로 사용하고 있는가?

5. 집단에 내부적 과정, 즉 의사소통, 의사결정, 권위와 영향의 배분, 규범이 적절하게 통합되어 있는가?

6. 집단은 경험으로부터 학습할 역량이 있는가? 새로운 정보를 소화하고 그것에 유연하게 반응하는가?

모든 측면에서 완벽한 수준을 성취하는 집단은 없다. 그것의 유용성은 집단이 오랜 기간 자신의 진전을 조사하고, 작동 방식에서 약점을 파악하게 하는 것이다. 이것은 학습의 역량을 함의하고, 앞의 6번의 질문에 특별한 강조를 둔다.

집단과 조직을 위한 건강한 학습 혹은 대응 주기를 파악함으로써 이 준거들을 더욱 정교화할 수 있다. 그것은 집단이 자신의 경험으로부터 학습하려면 성공적으로 협상해야 하는 단계이다(Schein, 1980).

1. 외부이든, 내부이든 환경의 어떤 부분에서의 변화를 포착하기

2. 관련된 정보에 대해 조치를 취할 수 있는 집단 혹은 조직의 해당 부분으로 가져오고, 그 정보를 거부하거나 왜곡하는 대신에 소화하기

3. 획득된 정보에 따라 내부 과정을 변화시키고, 동시에 변화가 가져오는 바람직하지 않은 부수적인 효과를 줄이거나 관리하기

4. 감지된 환경의 변화에 대응하기 위해 새로운 행동 혹은 '상품'을 내놓기

5. 새로운 대응이 환경의 변화를 성공적으로 다루었는가에 대한 피드백 얻기

컨설턴트는 집단이 대응 과정의 단계를 파악하고, 잘 수행한 단계와 그렇지 않은 단계를 평가하는 것을 돕는 역할을 수행할 수 있다. 집단이 잘 다룬 영역을 파악하

고, 성장의 실질적 증거를 보여 주는 것은 특별히 중요하다. 종종 구성원들은 그들의 수행에서 역기능적 측면만을 보기 때문이다. 결과적으로 그들은 서로의 작업에 대해 너무 성급하게 위축된다.

어디에 개입할 것인가: 과제 또는 인간관계 혹은 내용, 과정 또는 구조

마지막 두 장에서 관계나 집단 상황일 때 관찰해야 할 주요 요소들을 검토했다. 진행되고 있는 내용은 관찰이 가능하다고 느낄 수 있는 것이지만, 그것이 필연적으로 집단 기능의 성과 측면에서 가장 중요한 것은 아니다. 구조는 궁극적으로 일어나는 것을 제한하고 결정하는 것이지만, 해독하고 변화하기는 어렵다. 관찰, 분석, 개입에 가장 결실이 있는 것은 과정의 측면이다. 가장 도움이 될 가능성이 높은 것도 과정이다. 그러나 과제의 과정, 경계의 관리, 혹은 대인 간 과정 중 어떤 과정인가? 나의 관점에서 보면 대답은 명백히 집단의 일차과제와 관련된 과정이다.

개입을 위한 가장 중요한 초점으로서의 일차과제

무엇을 관찰하고, 어디에 개입할지 결정할 때 가장 중요한 준거는 집단의 일차과제가 무엇인지에 대한 컨설턴트의 지각이다. 일차과제의 의미는 집단의 존재를 정당화하는 일련의 목적이다. 집단이 함께 모인 이유, 집단의 기본적 미션, 집단을 외부 환경과 관계를 맺게 하는 지각, 그리고 궁극적으로 한 집단으로서 생존을 결정하는 것이다. 일차과제는 언제나 즉각적으로 명백한 것은 아니지만, 일반적으로 추론하거나 심지어 물어볼 수도 있다. 질문의 타이밍이 너무 이르면 정확한 대답을 구할 수 없어 더 많은 관찰과 점검이 요구된다. 그렇지만 어떤 경우이든 집단이 일차과제에 대해 명시적이 되도록 강제하는 것은 도움이 된다.

개별 클라이언트와의 새로운 관계나 새로운 집단을 관리할 때 가장 안전하고 생산적인 초점은 조력자 혹은 관리자로서 과정컨설턴트 자신의 일차과제 혹은 목적이다. 당신과 당신의 클라이언트 혹은 부하 직원이 하려는 것은 무엇인가? 당신은 언제까지 어디에 있기를 원하는가? 성취하려는 작업을 고려할 때 가장 적합한 다음 단계는 무엇인가? 여러 컨설팅모델에서 이 초점은 종종 '클라이언트와 계약하기'로 파악된다. 그것은 나의 관점에서 보면 올바른 공식은 아니다. 클라이언트와 컨설턴트 모두에게 알려지지 않은 미래에 대해 추측할 것을 요구하기 때문이다. 처음부터 효과적으로 개입하고, 접촉의 순간부터 클라이언트나 부하 직원에게 도움을 주기 위해서는 그 순간의 목적에 초점을 두는 것이 더 낫다.

집단의 성과는 과제와 대인 간 수준에서 일어나는 복잡한 상호작용의 결과이기에 대인 간 과정을 '관찰하는' 것이 중요하다. 그러나 집단이 명시적으로 대인 간 쟁점을 다루기로 결정하기 전에는 관찰한 것에 필수적으로 개입할 필요는 없다. 컨설턴트에게 가장 어려운 선택은 대인 간 과정에 개입할 때, 단지 주목하기만 할 때, 그리고 혼자 놔두어야 할 때이다. 다시 한번 핵심 준거는 다음과 같다. 대인 간 과정이 실제로 얼마나 과제의 수행에 지장을 주는가? 집단의 모든 구성원에게 그 과정이 어떻게 보이는가? 다음의 사례 1에서 딜레마를 설명하고 있다.

요약과 결론

이 장에서 나는 모든 관계와 집단에서 관찰할 수 있는 대인 간 과정, 내용, 구조에 초점을 맞추었다. 관찰하고 이해해야 할 중요한 초점은 구성원이 집단에 들어가는 방식, 직면하는 대인 간 쟁점, 그 쟁점들에 대응하는 방식, 사용하는 서로 다른 스타일이다. 집단은 형성되고 관리되어야 하며, 이 과정은 충족되어야 할 여러 기능의 복합이다. 이것들 중 어떤 것은 집단 내부의 정서 관리를 다루고, 다른 것은 외부와의 관계, 즉 집단이 경계, 정체성, 위상을 유지하는 방법을 다룬다.

내부의 관계를 관리하는 데에서 집단이 직면하는 주요 구조적 쟁점을 검토했다. 다양한 과정이 집단 삶의 관례적 부분이 되면서 관찰될 수 있다. 그것은 의사소통, 경계의 규정, 권력과 지위의 배분, 보상, 통제, 훈육, 비공식적 관계 규범의 규정, 집단이 직면하는 예측하고 통제하기 어려운 사건을 관리하는 구조이다.

이 구조의 기저에 있는 가정은 암묵적이며, 합의되고, 당연하게 수용된다. 이 가정은 다음과 같은 것을 결정한다. 집단이 최종적으로 환경과 어떻게 관련을 맺을지, 일차과제를 어떻게 관리할지, 어떻게 내부의 관계를 함께 관리하여 집단의 문화를 형성할지이다.

개입의 초점을 선택하는 데 있어 컨설턴트는 자신이 관찰한 생생할지 모르지만 관련성이 떨어지는 대인 간 사건에 과잉반응하지 않도록 조심해야 한다. 개입의 초점은 과제의 과정에 유지되어야 한다. 대인 간 사건은 오직 그것이 집단의 효과를 해친다는 명확한 증거가 있고, 집단이 명백히 대인 간 쟁점을 다룰 준비와 능력이 있을 때 개입의 초점이 되어야 한다.

사례 1 ┃ 대인 간 과정 개입의 역기능적 결과

제조업 집단의 장으로부터 격주마다 진행되는 여덟 명의 임원회의에 참여해 달라는 요청을 받았다. 일차 클라이언트인 제조업의 장은 그와 집단이 보다 효과적이 되기 위해 집단과 지도자로서의 그의 행동을 관찰하기를 원했다. 정기적인 작업회의에 참여해서 적절하다고 생각하면 개입하는 것이었다. 나는 하나의 집단을 만났고, 환영을 받았고, 정규 참석자로 참여했다.

다섯 번의 회의 후에 나는 혼란을 주는 반복되는 패턴을 인지했다. Joe라고 불리는 한 구성원이 논평했을 때 체계적으로 무시되었다. 그는 집단에서 정기적 임무를 맡고 있고 가시적인 모든 징후는 완벽히 기능하는 구성원으로 보였지만, 집단은 Joe를 대할 때 예의가 없고 거의 무례했다. 나는 회의에서 이 대인 간 패턴을 충분히 보아서 그것이 진짜 거기에 있다고 생각했고, 틀림없이 다른 구성원도 그것을 보았을 것이라고 확신해서 지적하기로 결정했다. "Joe의 참여와 관련해서 집단에 무슨 일이 있는지 의문입니다. 그는 공헌하기 위해 노력하는 것처럼 보이는데, 집단은 지속적으로 그를 무시하고 있습니다"라고 말했다.

내 입에서 이 말이 나오자마자 죽음의 장막이 집단 위에 내려 앉았고, 그 문제에 대해 더 이상의 언급이 없었다. 회의의 의장인 나의 클라이언트는 내가 어떤 말도 하지 않은 것처럼 행동했고, 의도적으로 다음 의제로 넘어갔다. 나는 보이지 않는 위험이 많은 장소로 들어갔음을 깨달았다. 그러나 회의가 끝난 후 나의 클라이언트가 나를 그의 옆으로 데려가기 전에는 무슨 일이 일어났는지 알 수 없었다. 그의 설명에 의하면, Joe는 초기에 그의 경력에서 기술적 지도자이었고, 몇몇 중요한 상품을 개발해서 회사의 많은 성공을 가능하게 했다. 그러나 나이가 들면서 점차 '시대에 뒤지게' 되어 유용한 공헌을 할 수 없게 되었다. 고위경영진은 Joe를 해고하거나 조기 은퇴를 강제하지 않기로 결정했고, '많은 해를 주지 않으면서' 그가 '머물' 수 있는 다양한 집단을 조사하고 있었다.

나의 클라이언트는 자원해서 그를 데려왔고, 자기 집단에게 조건이 허락하는 한 Joe를 잘 대우하라고 부탁했다. 그러나 모든 사람은 Joe의 기여가 집단의 과제 성취에 잘 부합하지 않는다는 것을 알고 있었다. 나의 기술공학적 무지로 인해 Joe의 언급이 관련성이 떨어진다는 것을 보지 못했던 것이다. 게다가 Joe도 신경을 쓰지 않는 것 같았다. 그는 누군가 집단의 무례함을 주목하여 말하지 않는 한 집이 있고, 자신이 기여하고 있다는 느낌에 만족했다.

나의 개입은 누구도 보기를 원하지 않은 '식탁 위의 코끼리'를 기술함으로써 모든 사람을 당황하게 했고, Joe에게 자신이 화냈어야 했다는 점을 인식시키는 위험을 초래했다. 나는 실제로 그것이 집단의 효과성을 방해하고 있는지에 대한 충분한 자료 없이 대인 간 사건에 대한 토론을 선택했다. 당신이 무슨 일이 일어나고 있는지를 진짜로 알지 못한다면 과제의 과정 쟁점을 다루는 것이 최선이고, 대인 간 사건은 미래의 참조를 위해 기록해 두라는 것이 여기서 얻은 교훈이다.

| 연습 1 | **집단이 자신에 대해 학습하도록 돕기** |

주최자 혹은 구성원으로서 당신의 역할은 다음의 집단 혹은 회의에서 회의를 끝내기 전에 15분을 마련하여 '의사결정과 그 결정에 도달하게 된 과정을 검토하도록' 제안한다.

아이디어는 회의가 어떻게 진행되었는지에 대한 구성원의 느낌을 모으는 것이다. 그런 감정은 개방적 방식으로 수집될 수 있고, 다음과 같은 진단도구의 도움을 받을 수도 있다. 이 문항은 내부적 관계에 초점을 두고 있지만, 집단이 외부-경계 관리에서 도움이 필요하다고 느낀다면 그에 적합한 문항을 만들 수 있다.

진단적 설문지가 사용된다면 좀 더 많은 시간이 분석에 할당되어야 한다. 집단이 진단의 가치에 회의적이라면 짧게 개방된 토론으로 시작하는 것이 더 낫다. 집단이 그런 토론의 가치를 학습하고, 그것에 기꺼이 더 많은 시간을 할당하기 전에는 설문

지를 유보한다. 당신은 항상 제기되어야 한다고 느끼는 특정 쟁점에 대해 한두 개의
질문에만 초점을 맞추어 토론을 시작할 수 있다.

연습 2 | **집단효과성의 척도**

　구성원은 다음의 각 측면에서 집단회의에 대해 빠르게 점수를 매겨야 한다. 플립
차트에 각 측면을 붙이고, 구성원들은 그 측면에 대한 자신의 점수를 매긴다. 집단
의 분포를 붙인 후에 각 측면을 토론한다. 특히 한 명 이상의 구성원이 중심 경향을
벗어난 사례를 탐색한다. 어떤 사건 혹은 과정이 구성원들이 그런 점수를 매기도록
했는가?

A. 목적

1	2	3	4	5	6	7
혼란, 갈등						명확, 공유

B. 참여

1	2	3	4	5	6	7
소수 지배, 잘 듣지 않음						모두 참여, 잘 들음

C. 감정 표현

1	2	3	4	5	6	7
무시, 표현되지 않음						자유로운 표현

D. 집단문제의 진단

1	2	3	4	5	6	7
곧바로 해결책으로 감				행위하기 전에 기본 원인 탐색		

E. 의사결정의 과정

1	2	3	4	5	6	7
자기 승인, 소수 규칙						합의

F. 지도성

1	2	3	4	5	6	7

독재적, 중앙집권적   분산적, 폭넓은 공유

G. 신뢰 수준

1	2	3	4	5	6	7

구성원이 서로를 신뢰하지 않음   구성원의 높은 신뢰

연습 3 │ 조용한 관찰과 피드백

   세 번째의 보다 강한 연습은 집단의 한 구성원이 과정에 대한 조용한 관찰자가 되고, 적절한 때에 그가 집단에게 피드백을 주는 것이 유용하다는 것을 집단에게 납득시키는 것이다. 이 역할은 때로 촉진자의 역할과 결합된다. 집단은 회의가 종료되기 전에 30분을 마련하여 조용한 관찰자가 논평을 하도록 하고, 자신들의 관찰과 반응을 분석한다.

   회의 후 진단 기간 동안 '컨설턴트(조용한 관찰자)'의 역할은 신중하게 관리되어야 한다. 큰 유혹은 성급하게 뛰어드는 것이다. 집단이 문을 여는 즉시 지난 수 시간에 걸친 두툼한 관찰을 보고한다. 이 유혹은 종종 집단이 실제로 컨설턴트에게 관찰한 모든 것을 말해 달라고 초청했을 때 더욱 강화된다. "회의 동안에 우리가 한 것에 대해 어떻게 느꼈는가?" "당신은 몇 시간 우리를 관찰했다. 당신의 생각은 무엇인가?"

   이 순간에 컨설턴트는 자신의 기본적 미션을 되돌아봐야 한다. 집단이 진단을 공유하고, 집단이 자신의 과정에 대한 진단을 학습하도록 도와주는 것이다. 그가 굴복하여 관찰을 이끈다면 집단이 진단에 대한 자신의 책임을 포기할 위험이 커진다. 게다가 컨설턴트가 어떤 구성원이 동의하지 않는 관찰을 한다면 그는 자신을 중립화시켜야 할 입장에 서게 된다는 것을 알게 된다. 결국 컨설턴트가 먼저 자신의 관찰을 갖고 온다면 자신의 필터가 작동되고, 상대적으로 중요하지 않거나 자신의 편향을 반영한 것을 보고할 수 있다는 점을 잊어버리게 된다.

집단이 스스로 관찰할 영역을 파악하고 나면 컨설턴트가 자신의 관찰을 추가하여 집단이론과 관찰을 제공함으로써 구성원의 이해를 깊게 할 기회를 사용하는 것이 적절하다. 그러나 집단이 이끌어야 하며, 컨설턴트는 집단에 의해 관련된 것으로 규정된 영역 안에서 작업해야 한다. 만약 집단이 컨설턴트에게 자신들을 위해 이것을 촉구한다면 컨설턴트는 예의 바르게 사양하고 집단 스스로가 진단을 하도록 촉구해야 한다.

연습 4 ┃ 집단의 성숙도를 측정하기

집단이 '성숙도' 혹은 성장을 측정하는 것을 도울 때 설문의 형태로 특정 측면을 제공하는 것이 도움이 된다. 집단은 개방적 과정 분석의 기간에 이를 개발할 능력이 부족할 수 있다. 다음에 제시된 설문지가 시작점을 제공할 수 있다.

성숙한 집단이 소유(주어진 척도에 따라 각 측면에 점수를 매기시오)

1. 피드백을 얻는 적합한 기제

빈약한   우수한

1   2   3   4   5   6

2. 적합한 의사결정의 절차

빈약한   우수한

1   2   3   4   5   6

3. 적절한 단결

낮은   적절한

1   2   3   4   5   6

4. 융통성 있는 조직과 절차

융통성이 없는   매우 융통성이 있는

1   2   3   4   5   6

5. 구성원이 가진 자원의 최대 사용

빈약한   우수한

1   2   3   4   5   6

6. 명확한 의사소통

불명확한   매우 명확한

1   2   3   4   5   6

7. 구성원에 의해 수용된 명확한 목적

명확하지 않고 수용되지 않은   명확하고 수용된

1   2   3   4   5   6

8. 권위자와의 상호 의존성

낮은   높은

1   2   3   4   5   6

9. 지도 기능의 적절한 공유

낮은   높은

1   2   3   4   5   6

10. 창조성과 성장의 역량

낮은   높은

1   2   3   4   5   6

11. 관련된 추가적인 측면을 제공하기

제10장

촉진적 과정의 개입:
다이얼로그

모든 인간관계는 몇몇 형태의 대화(conversation)와 관련되어 전개된다. 컨설턴트는 대화를 통해 클라이언트와 관계를 형성한다. 진단적 탐구는 정보 전달, 설득, 직면, 의도적 피드백과 마찬가지로 대화의 한 형태이다. 회의에서 이루어지는 집단의 상호작용은 연속되는 대화이다. 어떤 관점에서 보면 우리의 삶은 여러 역할 수행자 사이의 구조화된 대화이다. 사실 우리를 분명한 인간으로 만드는 것은 대화하는 능력이다.

우리 모두가 알고 있듯이, 어떤 형태의 대화는 다른 것보다 만족스럽다. 어떤 대화는 다른 대화보다 학습을 더 생산하고, 클라이언트가 그들의 문제를 해결하고, 목적과 이상의 성취를 도울 확률이 더 크다. 대화는 전적으로 자연발생적일 수도 있고, 참여자의 의도에 의해 관리될 수도 있다. 제7장에서 기술한 의도적 피드백은 클라이언트가 다른 사람에게 어떻게 다가가는지, 자신들의 수행이 다른 사람에게 어떻게 지각되는지, 자신들의 맹점이 무엇인지를 잘 감지하도록 돕기 위해 설계된 '관리된' 형태의 대화이다. 그러한 형태의 '관리된' 대화 중 또 다른 것이 다이얼로그(Dialogue)[1]이다.

다이얼로그는 참여자들이 문화적 학습, 언어, 심리적 구성물로부터 도출된 숨겨

---

1) 이 분야와 전 세계에는 많은 버전의 다이얼로그가 있다. 내가 여기서 논의하는 형태는 David Bohm (1989)의 작업에서 도출된 것이고, 최근에 William Isaacs(1993)이 발전시킨 것이다.

진 암묵적 가정까지 인식하게 되는 대화의 형태라고 생각될 수 있다. 일상적 혹은 자연발생적 대화는 앞서 기술된 모든 문화적 규칙에 의해 지배되고, ORJI 분석에서 제시된 심리적 편향과 필터에 종속되어 있다. 일상의 삶에서 기능하기 위해 우리는 서로를 이해하고, 유사한 가정 아래 작동하고 있다고 가정해야 한다. 오직 의사소통이 멈추어졌을 때에야 무엇이 일어나고 있는지 질문하고, 종종 의사소통의 붕괴를 대화의 상대방의 동기나 무능력으로 돌린다. 다른 사람과 논쟁하고 갈등이 일어나게 되면 서로 다른 전제와 가정하에 작동하고 있을 가능성을 고려하지 못하고 다시 그 문제를 동기와 의도로 돌린다. 협상촉진자의 가장 중요한 도전은 진정 서로를 이해하면 그들의 목적은 갈등을 일으키지 않을 수 있다는 점을 당사자들이 받아들이도록 하는 것이다.

대화의 형태로서의 다이얼로그는 모든 사람은 다른 가정을 갖고 오고, 상호 이해는 대부분 환상이라는 가정에서 출발한다. 그래서 의도적 피드백으로 학습을 얻기 전까지는 자신의 암묵적 가정을 더 의식하고, 대화의 상대방은 다른 가정에서 작동하고 있다는 것을 인지해야 한다. 다이얼로그는 보다 효과적인 대인 간 학습풍토를 만들 뿐만 아니라 서로 다른 암묵적 가정과 의미의 규정으로부터 일어나는 대인 간의 갈등을 해소하는 유일한 길이다.

이 장에서는 대화의 형태인 다이얼로그를 보다 형식적으로 분석할 것이지만, 보통의 인간사에서도 진정한 다이얼로그처럼 느끼는 의미 있는 대화가 추구될 수 있다. 컨설턴트는 클라이언트와의 대화에서 그 대화에 다이얼로그라는 형식적인 명칭을 붙이지는 않지만 의미 있는 다이얼로그를 추구한다. 우리 모두는 충만하고, 상호 이해의 감으로 채워진 많은 대화의 사례를 떠올릴 수 있다. 이해할 필요가 있는 것은 무엇이 그러한 상호 이해를 가능하게 하고, 어떻게 다이얼로그의 가능성을 증가시키도록 대화를 구조화할 수 있는가이다.

다이얼로그와 감성훈련의 비교

　다이얼로그라는 개념을 탐색하는 최선의 방법은 대화와 의사소통의 형태로서 그 것을 Bethel Human Relations Training 강좌에서 개발된 감수성훈련집단(Sensitivity Training Group)의 개념과 대조해 보는 것이다(Schein & Bennis, 1965; Bradford et al., 1964). 다이얼로그와 감수성훈련의 신비를 벗기기 위해 두 집단에서의 나의 경험을 기술할 것이다. 일부 주창자는 다이얼로그를 굉장히 신비한 경험처럼, 그리고 감수 성훈련을 중요한 개인치료의 경험처럼 만들었다. 나의 관점에서 두 고정관념은 학 습 과정의 실천을 위해서는 올바르지 않다. 두 방법을 연결하는 것, 그리고 동시에 날카롭게 구분하는 것은 '듣기'의 특정 요소를 개발하는 것과 관련되어 있다.

　대부분의 의사소통과 인간관계의 워크숍은 '적극적' 듣기를 강조한다. 여기서 적 극적 듣기는 의사소통의 모든 채널, 즉 말해진 단어, 바디랭귀지, 목소리의 톤, 정서 적 내용 모두에 주의를 기울이는 것을 의미한다. 우선 자신의 의도된 반응보다는 다 른 사람이 말하는 것에 초점을 맞추는 학습을 해야 한다. 이와 대조적으로 다이얼로 그는 우선 자신에 귀 기울이고, 우리가 무엇을 언제 말할지를 '자동적으로' 결정하는 기저의 가정에 접촉하는 데 초점을 맞추어야 한다. 감수성훈련은 다른 사람의 '감 정'을 듣는 데 초점을 맞추고, 모든 수준의 의사소통에 귀를 기울인다. 다이얼로그 는 '사고'의 과정과 과거의 경험에 의해 우리의 지각과 인지가 이루어지는 방식에 초 점을 맞춘다.

　다이얼로그에 전제된 가정은 우리의 사고 과정이 어떻게 작동하는지 잘 의식하 게 되면 의사소통과 상호 이해의 내재적 복잡성을 잘 감식하며, 점차 집단적 사고 과정이 개인의 사고 과정을 능가하도록 허용하는 공통의 이해를 형성할 것이라는 점이다. 다이얼로그의 중요한 목적은 '집단'이 공유된 의미와 '공통'의 사고 과정을 점차 형성해서 높은 수준의 의식과 창조성에 도달하는 것이다. 비록 초점은 큰 집단 이 이 공통의 사고를 어떻게 성취하는지에 있지만, 그 개념은 클라이언트와 컨설턴 트라는 두 사람에게도 마찬가지로 적용된다. 진정한 도움은 클라이언트와 컨설턴트 양자가 공통의 가정들을 사용하고, 어떤 공통의 언어를 개발할 때에야 전달될 수 있다.

적극적 듣기는 다이얼로그의 과정에서 역할을 하지만, 그것이 초기의 핵심 초점이나 목적은 아니다. 사실 다이얼로그 집단에서 나는 많은 시간을 '자기분석'과 '나의 가정'이 무엇인지 이해하는 데 사용하고, 상대적으로 다른 사람의 말을 적극적으로 듣기에는 초점을 두지 않는다. 최종적으로 다이얼로그의 참여자들은 서로의 이야기를 '적극적으로 듣게' 되지만, 거기에 도달하는 경로는 매우 다르다.

전형적 감수성훈련 워크숍에서 참여자들은 '마음 열기'와 공유를 통해, 의도적 피드백의 주고받기를 통해, 의사소통의 모든 '정서적' 문제에 대한 조사를 통해 관계를 탐색한다. 다이얼로그에서 참여자들은 '사고'와 '언어'의 모든 복잡성을 탐색한다. 우리의 사고와 지각의 기본 범주가 얼마나 자의적인지를 발견하고, 그것을 통해 기본적인 '인지' 과정의 불완전성 혹은 편향을 의식하게 된다. MIT의 동료였던 Fred Kofman은 오리너구리의 이야기를 통해 그러한 편향의 좋은 사례를 제시해 주었다. 이 생물체가 처음 발견되었을 때 과학자들은 큰 논란에 휩싸였다. 그것은 포유류인가, 조류인가, 파충류인가? 자동적으로 가정된 것은 '포유류' '조류' '파충류'라는 범주가 이 새로운 생물체가 소속되어야 할 '실재'라는 것이었다. 우리는 이들 범주가 실재가 아니라 실재를 '표현하고', '범주화하기' 위해 고안된 것이라는 점을 잊는 경향이 있다. Kofman은 오리너구리는 오리너구리라는 것을 일깨워 주었다. 편의성을 제외하고 오리너구리를 어느 범주에 강제적으로 분류할 필연성은 없다. 사실 억지로 기존의 것에 두드려 맞추려고 하면 실제 저기에 있는 실재를 학습할 기회를 감소시킨다.

다이얼로그의 과정은 어떻게 사고 과정이 지각과 식별을 위해 세계를 편의적 범주로 '분해'한 것에 토대하는지를 의식하게 한다. 이들 범주는 우리가 학습하는 언어에 의해 삶의 초기에 교수된다. 그러나 우리는 이 범주들이 임의적인 것이고, 우리의 문화에서 생존에 관련된 외부의 실재를 다루기 쉽고 편리하게 만드는 과정에서 나온 것이라는 점을 잊는다. 우리가 다이얼로그 집단에서 보다 성찰적이 될수록 외부의 실재를 지각하는 임의적인 방식을 볼 수 있게 되고, 집단의 다른 사람은 그들의 외부 실재를 다르게 조각낸다는 것을 깨닫게 된다. 실재는 하나의 연속체이고, 그것을 개념과 범주로 분해하는 것은 우리의 사고 과정이라는 것을 알게 된다.

　감수성훈련의 목적은 집단 과정을 '개인'의 대인 간 기술을 개발하는 데 사용한다. 이에 반해 다이얼로그의 목적은 생성적이고, 창조적이며, 가장 중요하게는 '함께' 생각할 수 있는 집단을 형성하는 것이다. 다이얼로그가 작동할 때 집단은 개인 구성원의 창조적 능력을 넘어설 수 있게 되고, 초기에는 누구도 상상하지 못했던 창조적 사고의 수준을 성취한다. 그래서 다이얼로그는 창조적인 문제 파악과 문제해결을 위해 가능성이 큰 수단이다. 클라이언트/컨설턴트 관계에서 다이얼로그는 클라이언트나 컨설턴트가 혼자 생각할 수 있는 것을 넘어서는 진단적 통찰과 추가적 개입을 위한 아이디어를 이끌 수 있다.

　감수성훈련에서 학습의 강조점은 의도적 피드백을 주고받는 방법을 학습하는 것이며, 그 과정은 체면 유지의 필요성 때문에 반문화적이다. 그러므로 그것은 높은 수준의 감정과 불안을 끌어낸다. 그 과정은 새로운 통찰을 주고, 우리의 맹점을 드러내고, 다른 사람이 우리를 보는 것처럼 우리 자신을 볼 기회를 제공한다. 많은 사람에게 이것은 생소할 뿐만 아니라 아무리 궁극적으로 자아 향상을 위해 필요한 것이라도 잠재적으로 파괴적이다. 의도적 피드백을 받는다는 것은 스스로에 대한 환상을 건다는 것이고, 의도적 피드백을 준다는 것은 수신자의 기분을 상하게 하고 적대감을 불러일으킬 위험을 감수한다는 것이다.

　반면에 다이얼로그는 대화의 자연스런 흐름을 강조한다. 비록 그것은 내 경험상 암묵적인 것이지만, 실제로 의도적 피드백과 직접적인 대인 간의 만남을 부추기지는 않는다. 다이얼로그에서는 전체 집단이 학습의 대상이고, 어떤 구성원도 개인적으로는 생각하지 못했던 아이디어를 집단적으로 발견하는 흥분을 공유하게 된다. 피드백은 특히 대화의 자연적 흐름을 손상시키는 개인의 행동에 대해 일어날 수 있지만, 집단 과정의 목적으로 부추기지는 않는다.

　다이얼로그는 종종 집단 구성원이 원으로 둘러앉아 서로에게 말하는 대신에 '모닥불'에 말할 때 가장 잘 작동한다. 집단의 일반적인 속성은 다른 사람들도 우연히 듣게 되는 특정 개인 간의 발언이 아니라 우리 모두가 말해야 하는 것이다. 따라서 다이얼로그는 질문에 응답해야 하고, 말할 때 서로의 눈을 바라봐야 하고, 모두에게 동등한 시간을 제공해야 한다는 규범과 같은 일부 문화적 규칙의 위반을 초래한다. 많은 사람에게 대화의 자연스러운 흐름은 속도를 늦추고, 초점을 놓고, 과제를 성취하겠다는 혹은 결론에 도달하려는 관심을 내려놓는 것과 같은 것으로 느낀다. '적응'이라는 규범의 가장 극적인 설명은 한두 시간의 다이얼로그가 끝날 때 참여자가 말한 논평이다. 이것은 수년 동안에 내가 "말하지 않아도 될 권한을 받았다"는 느낌을 가진 첫 경험이었다.

다이얼로그와 다른 의사소통 증진자 사이의 가장 중요한 차이점은 집단의 크기가 자의적으로 제한되지 않는다는 것이다. 감수성훈련은 오직 10~15명 정도의 집단에서 효과적으로 작동한다. 이에 반해 나는 60명이나 되는 다이얼로그 집단을 가진 적도 있고, 100명 이상의 집단에서 다이얼로그가 성공적으로 시도되었다는 말을 들은 적도 있다. 그런 큰 집단이 어떤 것을 성취할 수 있다는 개념은 반직관적이다. 그러나 큰 집단은 종종 이전에 작은 다이얼로그 집단을 경험한 개인들로 구성된다. 큰 집단에서 이 사람들은 초기에는 모든 사람이 의미 있는 '출연시간(air time)'을 가져야 한다는 요구에 대해 낮은 기대감과 가정을 갖는다. 반대 극단에서 다이얼로그는 두 사람으로 구성된 집단에도 적합하다. 내가 주장했듯이, 다이얼로그는 클라이언트와 컨설턴트 사이에 관계 형성의 한 부분으로 필요하다.

감수성훈련에서 모든 사람은 학습 과정에 참여하고 학습하기를 기대받는다. 다이얼로그에서 개별적 공헌의 역할은 하나의 집단으로서 더 높은 수준의 의사소통에 도달하는 목표에 의해 다소간 무뎌진다. 많은 개인적 작업이 내부적이고 자신의 감정을 조사하는 것이기 때문에 '전체 시간의 공유'를 위한 경쟁의 요구는 점차 줄어든다. 회의의 길이와 빈도라는 측면에서 다이얼로그 회의는 보다 유연하고, 다양하며, 덜 격렬하다.

다이얼로그는 어떻게 시작되는가

내가 참여한 모든 집단에서 주최자는 가능한 한 '원형'으로 자리를 마련하고, 다이얼로그의 개념을 '기술함으로써' 시작한다. 각 경우에 집단은 대화를 시작하기 위해 핵심을 충분히 이해할 수 있어야 한다. 이해의 열쇠는 우리가 진정한 의사소통이라고 느꼈던 경험과 다이얼로그를 연결하는 것이다. 한 가지 시작 방법은 참여자들에게 다른 사람과 진정 좋은 의사소통이라고 느꼈던 과거로 돌아가서 공통의 주제를 파악하기 위해 그것들을 보고하는 것이다. 이 과정은 〈표 10-1〉에 윤곽이 제시되어 있다.

이러한 시작을 뒷받침하는 이론은 전적으로 집단역학과 일관성이 있다. 이 이론은 새로운 집단에 대한 몇 가지 중요한 가정을 포함한다.

1. 집단은 구성원들이 가능한 한 동등하다고 느낄 때 가장 잘 기능한다(집단에서 지위나 계급에 실제적 차등이 있을 때라도 모든 사람은 원형으로 앉아야 한다).
2. 집단은 모든 구성원이 집단의 정체성을 형성하는 데 '출연시간'이 보장되어 있다고 느낄 때 가장 잘 기능한다. 그래서 초기 '입실수속(check-in)'에서 모든 사람에게 의견을 말하도록 요청하면 사람들은 자신의 차례와 공간을 갖게 될 것이다. 큰 집단에서는 모든 사람이 말할 수는 없을 것이다. 그러나 원한다면 모든 사람은 말할 기회가 있어야 한다는 것이 규범이어야 하며, 집단은 어떻든 그것이 일어나는 데 필요한 시간을 가져야 한다. 이 '입실수속'은 원을 돌면서 각 사람이 서로의 이름을 말하고, 간단한 의견을 말하는 것으로 진행될 수도 있다. 여기서 중요한 요점은 모든 사람이 무언가를 말하는 것이다.
3. 집단 삶의 초기에 구성원들은 일차적으로 자신과 자신의 감정에 대해 관심을 가질 것이다. 그래서 개인적 경험을 인정하고 이 경험을 끌어내는 것이 좋은 시작의 방법이다.

〈표 10-1〉 다이얼로그 시간의 초기 주최자/촉진자의 역할

- 물리적 공간을 가능한 한 원형으로 조직하라. 사람들이 한 책상이나 여러 책상에 앉느냐가 아니라 원으로 앉는 것에서 오는 동등감이 중요하다.
- 일반적 개념을 소개하라. 그리고 나서 모든 사람에게 과거의 '좋은 의사소통'이라는 점에서 다이얼로그의 경험을 생각해 보도록 요구하라.

- 그 경험을 옆 사람과 공유하고, 경험의 특성을 생각해 보도록 요구하라(사람들은 추상적 개념이 아니라 구체적인 경험과 관련되기 때문에 작동된다).
- 집단 구성원에게 좋은 의사소통을 만들었던 과거의 경험이 무엇이었는지 공유하고, 이 특성들을 플립차트에 쓰게 하라.
- 집단에게 자신의 반응에 대해 순서대로 말함으로써 이 특징들을 성찰하게 하라.
- 모든 사람이 의견을 말하면 대화가 자연스럽게 흐르도록 하라(여기에 한 시간 반에서 두 시간 혹은 그 이상이 소요될 것이다).
- 필요하다면 의사소통의 문제를 설명하는 개념과 자료를 사용하여 명확하게 하거나 설명하는 개입을 행하라(몇 가지 개념이 다음에 제시될 것이다).
- 자신들이 선택한 방식에 대해 각자 논평을 하도록 요구하면서 시간을 종료하라.

회의의 길이와 빈도는 집단의 크기, 함께 모인 이유, 구성원에게 작용하는 구속에 달려 있다. 내가 참여한 대부분의 집단은 한두 시간 만났는데, 내 감으로 회의는 이보다 더 짧을 수도 있고 길 수도 있다. 몇 일간 아이디어를 소개하려고 노력한 워크숍에서 나는 매일 20분간의 시간을 시도해서 좋은 성공을 거두었다. 집단이 한 번 이상 만난다면 두 번째 회의부터는 그 순간의 감정에 대한 한두 마디의 진술일지라도 공식적인 입실수속으로 시작하는 것이 일상적이다. 다시 한번 중요한 것은 모든 사람의 출연시간을 공인하는 것이고, 설령 공헌의 내용이 실제적으로 사소한 것일지라도 모든 사람이 회의를 시작하는 데 공헌해야 한다는 것을 넌지시 암시하는 것이다. 분명 이 과정은 집단의 크기에 따라 다양하지만, 의사소통해야 할 중요한 원칙은 '동등한 입장에서 함께 여기에 있다'는 것이다.

이론적 투입을 어떻게 할 것인지, 시작할 때 혹은 과정이 진행될 때 할지를 선택한다. 개념은 집단이 진짜 필요로 할 때 주어져야 한다. 프레젠테이션이 적절한 시기에 이루어지지 않는다면 집단의 과정을 혼란시킬 수 있다.

다이얼로그를 소개하는 대안적 개념들

집단이 다이얼로그의 아이디어에 익숙하지 않다면 도입 설명과 개념적 기초지식이 도움이 될 수 있다. 특히 참여자들에게 다이얼로그가 다른 종류의 대화와 어떻게 다른지를 보여 주는 것이 도움이 된다. 나에게는 Isaacs(1993)의 기본모델에 근거한

[그림 10-1]의 로드맵이 도움이 되었다. 대화의 형태를 두 개의 기본적 경로로 도식화함으로써 다이얼로그의 기저에 있는 핵심 개념을 조명해 준다. 즉, 언제, 무엇을 말할지를 선택하는 자신의 내부 과정을 발견하는 것이다.

유예(suspension)　대화가 발전하면서 필연적으로 어떤 부당성을 느끼는 지점이 온다. 우리의 요점이 이해되지 않거나 부동의, 도전 혹은 공격을 끌어냈다는 것을 지각한다. 그 순간에 통상적으로 우리가 인지하지 못할지라도 불안하거나 화가 난다. 그때 첫째 쟁점은 그 감정을 신뢰할 것인지, 그리고 그 감정을 드러낼 것인지 선택하는 것이다. 우리는 보통 자신의 정서를 더 성찰하고 의식하기 전까지는 이것을 선택으로 경험하지 못한다. 그러나 우리는 그 감정을 어떤 형태로 명시적으로 표현할 것인지 분명히 선택한다.

우리가 이 선택에 대해 더 인식하게 되면 그 감정이 집단에서 다른 사람이 행한 것에 대한 우리의 지각에 의해 촉발된 것이고, '이 지각 자체가 틀릴 수도 있을' 가능성을 인식하게 된다. 앞서 지적했듯이, ORJI 주기에서 가장 어려운 부분은 정확하게 관찰하는 것이다. 불안해하거나 화를 내기 전에 자료가 정확하게 지각되고 해석되었는지를 결정해야 한다. 실제 우리가 도전이나 공격을 받았는가?

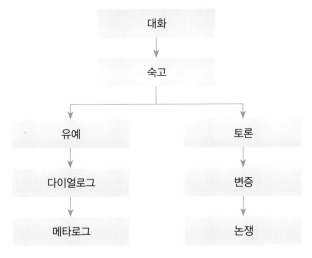

[그림 10-1] **대화의 두 가지 경로**

이 순간이 결정적이다. 우리가 더 관찰하고 성찰하면 우리의 초기 지각이 문화적 학습과 과거의 학습 경험에 근거한 기대에 의해 어떻게 색칠되는지를 깨닫기 시작한다. 우리가 지각한 것은 종종 우리의 요구, 기대, 투사, 심리적 방어, 그리고 가장 중요하게는 문화적으로 학습된 가정과 사고 범주에 근거하고 있다. 다른 사람을 듣는 데에서 첫째 문제는 자신의 인지 과정을 거르는 왜곡과 편향을 파악하기라는 것을 깨닫게 만드는 성찰의 과정이다. '다른 사람을 진정으로 이해하기 전에 스스로에게 귀 기울이는 것을 학습해야 한다.' 그러한 내부적 듣기는 적극적인 과제지향적 토론 중에는 특히 어렵다. 게다가 우리의 문화적 학습에는 그러한 내적 성찰을 지원하는 것이 없을 수 있다.

우리의 지각이 정확하지 않을 수 있다는 기본적 쟁점을 파악하게 되면 두 번째의 보다 근본적 선택에 대면하게 된다. 요점을 잡아서, 그 사람이 진정 의미하는 것이 무엇인지 질문해서, 우리 자신에 대해 더 설명해서 부당한 사건을 만든 사람에게 구체적으로 초점을 맞추는 방식으로 그 지각을 적극적으로 점검할 것인지를 선택해야 한다. 집단 과정의 관찰을 통해 알 수 있듯이, 즉각적으로 상황에 맞서는 것을 선택하면(예를 들면, 특정 언급에 대해 그것이 무엇을 의미하는지 누군가에게 질문하는 것) 그 즉시 대화를 소수의 사람과 쟁점으로 몰게 된다.

대안적 선택은 '유예하는' 것이다. 유예는 쟁점, 즉 우리의 지각, 감정, 판단, 충동을 잠시 유예의 상태로 두고 우리 자신의 내부로부터, 그리고 다른 사람으로부터 무엇이 더 나오는지 살펴보는 것이다. 대화에서 이것의 조작적 의미는(내가 반복해서 경험한 것은) 누군가가 말한 것 때문에 화가 났을 때 진정 두 가지 사이에서 선택해야 한다는 것이다. (1) 내 반응을 소리 내는 것과 (2) 놓아두는 것(그것을 통해 나의 반응을 유예하는 것)이 그것이다. 유예는 나의 중요한 요점이 오해되거나 잘못 해석되었다고 지각할 때는 특히 어렵다. 그럼에도 불구하고 내가 유예한다면 추가적인 대화가 쟁점을 명확하게 하고, 진행되는 것에 대한 나의 해석이 나의 적극적인 개입이 없이도 정당화되거나 변하는 것을 반복해서 보게 된다.

집단의 여러 구성원이 자신의 반응을 유예하는 것의 가치를 발견하게 되면 집단은 [그림 10-1]의 다이얼로그의 경로로 내려가기 시작한다. 이와 대조적으로 여러 구성원이 즉각적으로 동의하지 않고, 정교화하고, 질문하고, 그리고 다른 방식으로 그들을 그렇게 만든 특정 촉발자에 초점을 둔다면 집단은 토론의 경로로 가게 되고, 궁극적으로 비생산적인 논쟁이라는 수렁에 빠지게 된다. 유예는 집단역학에서 강조하는 '여기, 그리고 지금'을 보는 훈련과 유사한 성찰을 허용한다. 그러나 Isaacs(1993)이 올바로 지적했듯이, 성찰적 주의는 과거를 보는 것이다. 대신에 그는 우리에게 필요한 것으로 "고유감각(proprioception)", 즉 지금 이 순간에 집중해서 살기를 제시했다.

궁극적으로 다이얼로그는 우리가 사고할 때 우리의 사고를 아는 상태를 성취하려고 한다. 이런 의미에서 고유감각이 심리적으로 가능한지는 논쟁적이지만, 기본적 아이디어는 가능한 한 내부의 피드백을 단축하는 것이다. 그 결과 지금-여기에서 일어나는 것에 접속할 수 있고, 우리의 지각과 사고가 얼마나 과거의 학습과 그것을 촉발시킨 그 순간적 사건의 기능인지를 의식하게 된다. 이것은 잘 해도 학습하기 어렵지만, 다이얼로그에 들어가는 능력의 핵심이다.

다이얼로그와 토론의 비교 토론과 논쟁이 다이얼로그보다 다소간 바람직한지 어떻게 알 수 있는가? 우리는 항상 다이얼로그의 경로로만 가야 하는가? 나는 토론/논쟁은 "오직 집단 구성원이 '같은 언어를 말할' 정도로 서로를 잘 이해한다는 것을 가정할 때에야" 타당한 문제해결과 의사결정의 과정이라는 것을 주장한다. 역설적으로 범주를 공유하는 그러한 상태는 종종 어떤 형태의 다이얼로그가 집단의 역사에서 일어나지 않는다면 성취될 수 없다. 성급한 토론의 위험은 집단이 '허위의 합의', 즉 어떤 술어로 같은 것을 의미한다고 가정하는 것이다. 나중에야 그들은 의미의 미묘한 차이가 행위와 실행에 중요한 결과를 가져온다는 것을 발견한다.

반면에 다이얼로그는 공통의 이해를 형성하는 기본적 과정이다. 다이얼로그는 우리 자신의 의사소통에서 단어의 숨겨진 의미를 볼 수 있도록 허용한다. 유예하고 불일치를 허용함으로써 의미들은 더 분명하게 되고, 집단은 점차 일련의 공유된 의미를 형성한다. 그리고 그것은 보다 높은 수준의 상호 이해와 창조적 사고를 가능하게 한다. 우리는 종종 혼란스럽고 다소 무작위적인 대화처럼 보일 수 있는 자신과 다른 사람의 말에 귀 기울일 때, 각 구성원의 생각과 의미를 표현하는 데에서 편향과 미세한 차이를 보기 시작한다. 이 과정에서 우리는 서로를 설득하지 않고, 오히려 집단적으로 학습하는 것을 가능하게 하는 공통의 경험 기반을 형성한다. 집단이 공동의 이해를 더 많이 성취할수록 의사결정에 도달하기 쉽다. 그리고 집단이 의미한 방식으로 의사결정이 실행될 가능성이 높아진다.

집단역학 '집단을 형성하는' 역학은 다이얼로그를 생산하는 과정과 평행해서 일어난다. 정체성, 역할, 영향, 집단의 목적, 개방성과 친밀성의 규범, 권위의 문제는 비록 명시적이 아니라 묵시적으로 일어난다고 할지라도 모두 작동되어야 한다(인간관계 혹은 집단역학 워크숍의 사례에서처럼). 집단은 촉진자의 권위와 관련해서 일어나는 고전적 쟁점을 보여 줄 것이다. 촉진자는 무엇을 해야 하는지 우리에게 말할 것인가? 우리가 들은 것이라도 해야 할 것인가? 촉진자가 답을 갖고 있고 그것을 보류하고 있는가, 아니면 우리와 함께 탐색하고 있는가? 우리는 어떤 지점에서 촉진자 없이 기능할 수 있는가?

집단의 성장과 발달의 쟁점이 제기됨에 따라 다이얼로그의 과정을 방해 혹은 혼란스럽게 한다면 그것은 처리되어야 한다. 그러므로 촉진자는 집단의 촉진에도 기술이 있어야 하며, 집단에서 제기된 쟁점을 적절하게 두 범주로 분류할 수 있어야 한다. 하나는 다이얼로그의 발달과 관련된 쟁점이고, 다른 하나는 하나의 집단으로서 집단의 발달과 관련 있는 쟁점이다. 나의 경험에서는 다이얼로그의 과정이 집단의 발달을 빠르게 하기에, 그것은 각 회의에서 중요한 추진 과정이 되어야 한다. 이 '속도 향상'이 중요한 이유는 다이얼로그가 심리적 안전을 만들어 개인과 집단의 변화를 일어나게 하기 때문이다. 이미 어떤 변화의 동기가 있다는 것을 받아들인다. 다이얼로그가 변화의 필요를 만들 수는 없지만 분명 변화의 과정을 촉진한다.

다이얼로그에 종사하려는 초기의 동기가 있어야 한다. 그 과정은 초기에는 매우 '비효율적'으로 나타나기 때문에 집단은 다른 측면에서 누그러지지 않는 한 기꺼이 다이얼로그에 종사하려고 하지 않을 것이다. 즉, 집단 구성원이 거절되고(상처를 입고), 어떤 죄책감이나 불안을 느끼고, 작업을 계속하기 위해 그러한 감정을 극복할 필요가 있는 상황이 아니어야 한다. 그렇다면 핵심 과제 혹은 궁극적 문제는 집단이 애초에 만나야 했을 장기적 이유가 될 가능성이 높다.

집단은 초기에는 다이얼로그를 문제해결을 우회하거나 더디게 하는 것으로 경험할 수 있다. 그러나 진정한 변화는 사람들이 심리적으로 안전함을 느낄 때까지 일어나지 않는다. 다이얼로그 시간에서 형성되는 명시적ㆍ묵시적 규범은 사람들에게 방향감과 상호작용의 위험한 측면이 포함될 것이라는 느낌을 제공함으로써 그런 안전감을 제공한다. 집단이 다이얼로그 형태를 사용해서 과제나 문제를 다룰 수 있으려면 보다 빨리 타당한 수준의 의사소통에 도달할 수 있어야 한다.

격납장치(containment)   Isaacs은 사람들이 "타 버리지" 않고 "뜨거운 쟁점"을 다룰 수 있는 분위기와 일련의 명시적ㆍ묵시적 규범을 생성하는 다이얼로그를 위해 "컨테이너"가 필요하다고 주장했다. 컨설턴트/촉진자는 행동모델, 즉 비판단적이고 자신의 범주와 판단을 유예하는 능력을 보여 줌으로써 이 모든 것에 기여해야 한다. 이 기술은 특히 갈등이 너무 뜨거워서 컨테이너 밖으로 넘치거나 쏟아질 위험이 있는 집단 상황에 더 관련되어 있다. 그 지점에서 촉진자는 간단하게 그 상황을 합법화, 즉 갈등은 진짜이고, 지금-여기에 있는 모든 구성원이 판단하거나 비난으로 맞서지 말고 혹은 그것에 대해 무엇인가 할 필요가 있다는 느낌을 갖지 않고 보아도 되는 어떤 것이라는 것을 인지하게 할 수 있다. 갈등도 또한 유예될 수 있다.

감정을 담는 데 도움이 되는 다이얼로그의 가장 중요한 특질은 초점이 정서가 아니라 사고 과정에 주어진다는 것이다. 참여자들은 정서를 다루어야 할 일차적 실재로 받아들이기보다는 그것이 어떻게 사고 과정의 작업 결과로 나온 것인지를 볼 수 있게 된다. 감정은 필연적으로 표현되어야 할 것이 아니라 이해될 필요가 있는 것이다. 그리고 표현된다면 그것은 무릎반사와 같은 반응이어서는 안 된다. 집단 구성원들은 감정이 어디서 오는지, 그 결과가 무엇인지를 이해하려고 노력할 수 있다. 정서를 지성화함으로써 구성원들은 그것을 가두어 둘 수 있다.

과제와 과정의 비교: 무엇에 대한 다이얼로그인가   다이얼로그를 제안했을 때 제기

되는 공통적 질문은 "무엇을 이야기해야 할까요?"이다. 나의 경험에 비추어 볼 때, 그에 대한 대답은 상황에 따라 다르다. 어떤 경우에는 다이얼로그 그 자체에 대해 이야기하는 것만으로도 충분하다. 다른 경우에는 이야기할 필요가 있는 과제에 관한 압박이 있지만, 보다 성찰적인 '다이얼로그'의 방식으로 진행될 수 있다. 때로는 촉진자가 주제를 소개할 수 있지만, 종종 주제는 그저 입실수속 과정에서 이루어진 논평으로부터 나오기도 한다.

집단이 한 번 다이얼로그를 경험하면 과정 그 자체가 조장되는 경향이 있다. 원형으로 앉기를 선택하고, 다른 작업, 즉 제한된 시간 안에 다루어야 할 구체적인 과제를 다룰 때 조차도 다이얼로그의 방식을 지속한 집단이 있었다. 입실수속의 가치에 대한 통찰, 구성원들의 유예하는 능력의 성장, 외부적 실재를 임의적 방식으로 분해하는 사고경향에 대한 공통의 인식, 우리와 다른 사람의 가정에 대한 지각이 과제의 작업에까지 영향을 미친다.

다이얼로그는 정의에 의하면 오직 집단에서만 의미를 갖는 과정이다. 두 명 이상의 사람이 다이얼로그가 일어나기 위해 협력해야 한다. 그러나 이 협력은 대화를 최대한 활용하는 방법에 대한 특정한 태도, 그리고 성찰과 유예의 특정한 기술에 기반한 개인적 선택에 달려 있다. 집단이 단체로 그런 태도와 기술을 갖게 되면 시간에 매우 민감한 문제해결 회의조차도 다이얼로그의 형태를 가질 수 있다.

앞에서 지적했듯이, 대부분의 사람은 다이얼로그가 무엇인지 일반적 감을 갖고 있고, 과거의 관계에서 그것에 대한 어떤 형태의 경험을 갖고 있다. 그래서 문제해결 회의에서도 촉진자는 집단이 다이얼로그를 시도해 보자고 제안할 수 있다. 나의 경험에서 보자면 우리의 논평과 지각 뒤에는 항상 가정이 있고, 자신과 다른 사람의 가정을 알게 되면 문제해결의 과정은 향상될 것이라는 아이디어를 빨리 소개하는 것이 최선이다. 결론적으로 대화가 너무 토론이나 논쟁으로 변하게 되면 나는 합법적으로 불일치가 서로 다른 가정에 근거한 것인지 질문을 제기하고 명시적으로 그런 가정을 탐색할 수 있다. 이 관점에서 보자면 지속적으로 집단이 대화의 기저에 있는 인지적 범주와 가정에 초점을 맞추도록 하는 것이 컨설턴트의 중심적 역할이다.

결론 그리고 과정컨설팅에 주는 함의

다이얼로그는 '좋은' 의사소통으로 생각될 수 있다. 우리는 다이얼로그를 대화라고 생각하는데, 거기에서 서로를 이해하고, 의미 있는 방식으로 관점을 교환한다. 이런 의미에서 클라이언트와 컨설턴트 사이의 조력관계의 형성은 각 사람이 토론이나 논쟁이 아니라 다이얼로그로 경험하는 대화 수준에 도달하는 것과 같다. 그러므로 다이얼로그는 어떤 조력관계를 위해서이든 대면 수준의 전제조건이다. 대규모 집단수준에서 다이얼로그의 본질을 분석하는 것은 의사소통의 기저에 있는 핵심 쟁점을 명료화하는 데 도움이 되지만, 그러한 쟁점은 대규모 집단과 마찬가지로 두 사람의 상황에도 적용된다.

과정컨설팅의 쟁점으로 남겨진 것은 어떻게 대화가 다이얼로그처럼 되도록 관리할 수 있는가이다. 컨설턴트는 클라이언트와의 의사소통을 향상시키기 위해 어떻게 개입할 수 있을까? 첫 번째 원칙은 컨설턴트가 그 차이를 이해하고, 언제 어떻게 가정하고, 자신의 사고 과정이 세계를 어떻게 임의적인 언어적 범주로 분해하는지, 실재의 본질에 대한 자신의 가정이 어떻게 클라이언트의 그것과 다른지를 아는 것이다. 자신의 의사소통 행동에서 컨설턴트는 유예하고, 가정을 점검하고, 클라이언트가 자신의 가정을 직면하도록 돕는 능력을 보여 주어야 한다.

이것을 일으키는 컨설턴트의 최선의 개입은 어떤 질문에 대한 답을 의식적으로 유예하는 것이다. 나는 종종 클라이언트로부터 무엇을 해야 할지 말하거나 혹은 다음에 무엇을 할지 조언하라는 압박을 받는다. 이 순간에 나는 반문화적이지만 효과적인 선택을 한다. 나는 침묵하고 기다린다(즉, 나의 대응을 유예함). 놀랍게도 종종 침묵은 클라이언트로부터 더 많은 정보, 그의 대답, 심층적이고 추가적인 질문으로 채워진다. 대응을 유예함으로써 나는 또한 클라이언트에게 항상 질문에 답변해야 하는 것은 아니라는 점을 역할모델로 보여 준다. 유예할 수 있게 되는 것은 성찰에서 기술발달의 시작이고, 이는 클라이언트가 학습해야 할 기술이다. 상황에 대한 클라이언트의 새로운 통찰은 더 기술적인 관찰과 성찰로부터 오기 때문이다.

클라이언트/컨설턴트의 관계가 발달할수록 필연적으로 다이얼로그를 향해 가지만, 두 당사자가 그것에 더 익숙해지면 그들은 또한 무엇을 하고 있는지도 잊을 것이다. 때때로 자신들의 대화의 성질을 분석하고, 그것이 효과적인 다이얼로그가 되었는지 평가하는 것은 도움이 된다. 그러한 분석은 클라이언트가 대화의 역학을 통찰하는 데 도움을 주고, 동료에게 대화의 양식을 향상시키는 훈련을 제공할 수 있도록 한다. 우리 모두가 알고 있듯이, 다이얼로그에 들어가는 능력은 대화의 당사자들이 서로 다른 문화나 하위문화 집단에서 올 때 더 중요해진다. 다음의 사례는 이 일반적 요점을 설명하기 위한 것이고, 연습은 독자가 무엇이 포함되어 있는지에 대한 감을 갖는 데 도움을 줄 수 있다.

사례 예시

사례 1   다이얼로그의 반문화적 요소

과정컨설팅과 문화에 대한 5일간의 훈련워크숍의 한 부분으로 나는 100여 명의 참여자들을 여덟 집단으로 나누고, 매일 30분 정도 대화의 한 형태인 다이얼로그의 사용 방법에 대해 학습하도록 했다. 일반적인 설명을 제공하고, 참여자들에게 몇 가지 대화의 규칙을 유예함으로써 보다 성찰적인 태도를 부추겼다. (1) 캠프파이어 주변에 앉아 있다고 가정하고, 모든 발언을 불에게 하도록 했다. 서로를 보지 말라. (2) 이해하지 못했을지라도 다른 사람에게 명료화를 요구할 의무감을 갖지 말라. (3) 누군가 당신에게 직접 물었다고 할지라도 그 질문에 답할 의무감을 갖지 말라는 것이 그것이다.

첫 30분 후에 나는 논평과 질문을 요청했다. 가장 강한 반응은 사람들이 눈 맞춤, 명료화, 질문에 답변하기라는 문화적 규칙을 깨는 것이 거의 불가능했다는 것이다. 많은 참여자는 매우 불편해했으며, 단순히 규칙을 무시하고 다른 사람들을 서로 보지 않으려고 시도했지만 그것은 매우 어렵다는 것을 알게 되었다. 거의 모든 사람이 유예는 정상적인 것을 어긋나게 한다는 것에 동의했다. 그러나 두세 번째의 시간에서 모든 집단은 눈 맞춤의 유예에 편해졌고, 극단적 명료화나 질문/답변의 토론이 없이도 대화할 수 있게 되었다. 집단에 귀 기울여 보면 이어지는 30분의 시간에서 회의실의 소리의 수준이 놀랍게도 작아졌다.

사례 2　동등한 참여라는 규범에 도전하기

　　과정컨설팅에 대한 이틀간의 워크숍에서 두 시간의 다이얼로그 시간을 운영할 것을 요청받았다. 집단 구성원 20명은 모두 전문적인 상담가와 컨설턴트였기 때문에 많은 것을 안내할 필요는 없었다. 우리는 입실수속(check-in)으로 시작했고, 사람들에게 자신의 이름과 이 시간에서 기대하는 것을 한두 문장으로 말해 줄 것을 요청했다. 두 시간의 대화는 한 주제에서 다른 주제로 비교적 편안하게 흘러갔고, 집단 구성원들이 보다 성찰적이 되는 것을 볼 수 있었다.

　　말미에 각 구성원들에게 '퇴실수속(check-out)'으로 다이얼로그 시간에 대한 반응을 한두 문장으로 말해 달라고 요청했다. 다양한 논평 중에 가장 놀랍고 두드러진 것은 한 사람의 진술이었다. 그는 두 시간 동안에 처음으로 "말하지 않을 권리를 느꼈다"고 말했다. 그와 사람들은 대부분의 집단에는 모든 사람이 특정 출연시간의 권리뿐만 아니라 참여해야 할 의무의 규범이 있다는 것에 주목했다. 침묵한다는 것은 심상치 않은 것이고, 의장은 종종 침묵하는 구성원을 호명하여 그가 무슨 생각을 하는지 보려고 하고, 종종 그들이 '참가'하도록 도울 필요가 있다는 잘못된 가정이 있다. 이 사람은 침묵의 성찰이 얼마나 의미 있는지, 그리고 집단 회의에서 침묵을 합법화하는 것이 얼마나 중요한지를 일깨워 주었다.

사례 3　작업문제에 다이얼로그를 도입하기

　　큰 석유회사의 탐사 및 생산부서(The Exploration and Production Division)에서 집단의 하위문화를 파악하기 위해 작업한 적이 있다. 회사가 이 부서의 생존 여부와 부서의 수행을 측정하려고 했기 때문에 그들의 하위문화를 이해할 필요가 있었다. 부서의 상위 40명과 문화적 분석을 진행하는 과정을 통해 부서 안에서 두 개의 강한 하위문화가 밝혀졌다. 그것은 한편으로는 핵심 기술공학과 탐사(exploration), 다른 한편으로는 생산(production)의 일차과제를 반영하고 있었다. 문화적 분석은 상당한 통찰을 가져왔지만, 부서의 생존 권리와 어떻게 생산성을 측정할 것인지의 질문은 명료화하지 못했다. 발견된 석유/가스의 양, 생산의 효율성과 같은 분명한 지표가 있지만, 집단은 진정 어느 것에도 동의할 수 없었다.

　　나는 E & P 집단의 상위 12명의 관리자와 측정 시스템을 개발하는 과제를 시작했고, 이어지는 몇 번의 회의에서 그들이 서로 다른 선택을 두고 계속 논쟁하고 있다는 것을 알게 되었다. 이 과정에서 E & P 집단의 관점을 반영하는 두 개의 다른 측정 개념이 있을 뿐만 아니라 12명의 사람 사이에는 측정의 묵시적 본질에 대한 여러 가정이 있다는 것을 깨닫게 되었다. 나는 다음 만남에서는 회의 대신에 두세 시간의 다이얼로그를 갖자고 제안했다.

우리는 저녁 시간을 택했고, 원으로 자리를 배치하고 일반적인 오리엔테이션으로 시작했다. 그러고 나서 간단한 입실수속 후에 체계적으로 방 안을 돌면서 각 사람이 긴장을 풀며 '측정'이 자신들에게 무엇을 의미하고, 어떻게 측정되길 원하는지 말할 기회를 주자고 제안했다. 규칙은 질문이나 도전 없이 말하기만 하는 것이었다. 나는 각 사람의 개념을 플립차트에 기록했다.

12개의 개념이 말해지기까지 한 시간 정도 걸렸지만 시간이 끝날 쯤에 집단의 모든 구성원은 진정한 진척감을 느꼈다. 그들은 이제 측정의 영역이 얼마나 복잡한지, 그리고 이전 회의에서 동의에 도달하기가 왜 어려웠는지를 이해했다. 다음 한 시간 정도 그들은 과제에 집중했다. E & P를 서로 다르게 측정해야 한다고 고위경영진을 설득할 필요가 있다는 합의에 이르렀고, 고위경영진에게 각 시스템에 대한 상세한 제안을 보고했다. 이 사례에서 다이얼로그의 기간은 그들의 과제에 대해 실행가능한 합의에 도달하는 데 필요한 우회로였다.

이 사례에서 강조하는 것은 관리된 대화의 형태로서의 다이얼로그는 문제해결 과정의 필요한 부분이라는 것이다. 그렇지만 집단이 외부의 도움 없이, 그리고 학습목적을 위한 대화의 관리라는 개념과 방법 없이는 그러한 관리된 우회로를 만드는 것은 매우 어렵다. 나는 그들의 개인적 관점을 불안 없이 공유할 수 있게 하는 컨테이너를 형성해야 했고, 그런 컨테이너로서의 다이얼로그는 체면을 구해 주어 적극적인 문제해결자로서의 이 집단이 우회로를 실패가 아니라 하나의 실험으로 볼 수 있게 했다.

보장된 개인의 출연시간을 갖고 원으로 도는 과정은 안전감을 형성할 수 있고, 그 안에서 집단은 보다 도전적인 논쟁 형식을 사용할 수 있게 된다. 다이얼로그의 구조는 두 개의 상호작용의 기간을 요구한다는 점에 주목하라. 한 기간에서는 모든 사람이 '우리는 여기에 함께 있다'는 느낌을 공유하게 만들고, 다른 기간에서는 침묵을 합법화시켜서 구성원들이 안전하게 성찰할 수 있게 한다. E & P 집단의 사례에서 그들이 일단 각자의 관점에서 돌아다니게 되면 참여자들은 극적으로 변하며, 어느 누구도 그것에 대해 불편해하지 않는다.

| 연습 1 | 다이얼로그의 간단한 연습(30분) |

1. 함께 일할 6~7명의 사람을 찾아서 원으로 앉는다.
2. 자신들을 캠프파이어 주위에 앉아 있는 '위원회'라고 생각한다.
3. 한 사람이 자신의 이름을 말하고, 지각, 감정, 사고의 측면에서 자신이 어디에

있는지 한두 문장으로 제공하는 입실수속의 과정을 시작하라. 한 사람이 다 했으면 "난 입실했어"라고 말하고, 모든 사람이 입실수속을 할 때까지 오른쪽에 있는 사람에게 순서를 넘긴다.

4. 모든 사람이 입실수속을 끝마쳤으면 침묵의 시간을 갖고, 그러고 나서 20분 정도 마음에 어떤 것이 일어났는지 캠프파이어에 이야기한다.

5. 각 사람이 이 모임의 말미에 자신들이 어디에 있는지를 한두 문장으로 말하면서 '퇴실수속'의 시간을 갖는다.

연습 2 │ 다이얼로그의 조건을 탐색하기

1. 다른 사람과 작업을 한다.

2. 과거에 당신이 다른 사람과 정말 좋고, 의미 있는 대화를 나누었다고 느꼈던 때를 한두 번 서로 공유한다.

3. 대화를 분석한다. 대화에서 다른 사람의 특성, 일어났던 상황, 지속된 시간, 초점, 그리고 관련 있다고 생각되는 것은 무엇이든지 분석한다.

4. 두 대화에서 공통된 것은 무엇인지 함께 분석한다. 좋은, 의미 있는 대화에 필요한 조건을 어떻게 일반화할 수 있는가? 집단에서 당신이 그런 조건을 설정하는 것과 관련해서 어떤 추론을 도출할 수 있는가?

과정컨설팅의 기본철학이 기술되고 설명되었다. 컨설턴트가 적용해야 할 원리와 의도적 피드백을 제공하고, 집단이 작업을 개선하도록 돕거나 다이얼로그를 더 많이 형성하기 위해 대화 과정에서 이루어져야 할 개입의 종류가 상세하게 제시되었다. 의사소통과 인간관계를 왜곡하는 숨겨진 힘이 분석되었다. 이제 이 모든 것이 특정 기간에 이루어지는 사례의 맥락에서 어떻게 함께 작동되는지 설명하는 것만 남아 있다.

독자가 주목해야 할 것은 세 가지의 기본적인 역할, 즉 (1) 전문가의 정보를 제공하는 것, (2) '의사'의 관점에서 진단하고 처방하는 것, 그리고 (3) 과정컨설팅의 역할은 지속적으로 서로 영향을 미친다는 것이다. 어떤 컨설턴트/조력자라도 실재의 변화에 따라 이것의 역할에 들어가고 나오는 것이 필요하다는 것을 알게 될 것이다. 그러므로 과정컨설팅은 '과정컨설턴트'로 불리는 풀타임의 역할이라기보다는 어떤 조력자라도 가져야 할 하나의 기술로 생각하는 것이 더 낫다. 그러나 역설적으로 조력자가 언제 어느 컨설팅 양식을 취할지 알기 위해서는 과정컨설팅과 관련된 기술이 필요하다. 즉, 즉각적으로 진단하는 능력, 실재에 적응하기 위해 자신의 행동을 다양화하는 능력, 흐름과 함께하기, 기회의 표적을 움켜잡기 등이다.

컨설팅 프로젝트는 복잡한 방식으로 전개된다. 어느 누구도 '스카우팅(scouting)' '입경(entry)' '계약(contracting)' '진단(diagnosis)' '개입(intervention)'과 같은 단순한 계열적 패턴으로 파악할 수 없다. 대신에 실제 일어나는 것은 초기에 접촉 클라이언트에 개입하고, 그러고 나서 중간 클라이언트, 그리고 다시 프로젝트의 한 부분에 종사하는 일차 클라이언트에 개입한다. 그 프로젝트에는 새로운 접촉 클라이언트와 일차 클라이언트가 포함되고, 최종 클라이언트와 무의식 클라이언트의 요구와 쟁점이 무시되거나 밀려나지 않도록 항상 그들을 생각해야 한다. 각 관계에서 컨설턴트는 지속적으로 진단하고, 조력관계를 형성하고 유지하기 위해 주의 깊게 자신의 개입을 조정해야 한다. 대화는 이것이 일어나는 매체이기 때문에 의사소통과 대화의 역학에 초점을 유지하는 것이 핵심이다.

주어진 시간 안에 이것이 어떻게 일어나는지 다음 장에서 사례와 분석적 논평으로 설명될 것이다. 이 책의 마지막 장인 제12장에서는 일반적으로 어떻게 조력관계를 형성하는지에 대한 핵심 철학을 요약하고, 요점을 다시 제시할 것이다.

제11장

실천에서의 컨설팅:
입경, 설정, 방법 그리고 심리적 계약

    지금까지 조력관계에서 대부분의 강조점은 두 사람 혹은 소집단 상황에서의 컨설턴트-클라이언트의 관계에 있었다. 그러나 대부분의 컨설팅은 큰 조직의 학습 혹은 변화 프로젝트의 맥락에서 일어난다. 그러한 맥락, 즉 '조직개발'이라고 불리는 대규모 프로젝트에서 과정컨설팅이 사용된다. 항상 그렇지만 조직의 변화에 인간적 요소가 포함될 때 조직개발을 보다 적합한 과정으로 만드는 것은 과정컨설팅이 전문가, 의사 양식의 컨설팅과 상호작용하는 것이다. 물론 가장 기술적인 문제조차도 인간적 요소를 포함하기 때문에 조력관계를 형성하고, 적절할 때마다 과정컨설팅의 양식으로 기능하는 능력은 좋은 컨설팅을 규정하는 특성이다.

    이 장에서 나는 조직의 맥락에 초점을 맞춤으로써 이 점을 상세히 말할 것이다. 초기에 컨설턴트는 어떻게 조직에 입경하고, 클라이언트 체제의 다양한 부분과 관계를 개발하고, 클라이언트와 작업하는 설정과 방법을 선택하고, 프로젝트가 진행되면서 실행가능한 심리적 계약을 형성하는가이다.

    많은 사례는 The Billings사에 기초할 것이다.[1] Billings는 나에게 특별한 의미가 있다. 이 조직에서의 많은 경험을 통해 과정컨설팅의 핵심을 학습했기 때문이다. 이 조직에서 컨설턴트로서의 나의 작업은 1966년부터 1993년까지 지속되었고, 운 좋게도 실제적 작업모임에 참여해 달라는 초청을 받았다. 일차적 초점은 Billings에 있

---

1) 여기서 참조된 The Billings사는 문화에 대한 나의 책에서 나온 같은 회사이다(Schein, 1992).

겠지만, 대조와 비교를 위해 다른 조직의 자료도 제공할 것이다.

첫 번째 접촉과 입경

초기의 접촉은 클라이언트 조직의 누군가가 나에게 조직의 한 부분에서 경험하거나 지각한 어떤 문제에 대해 전화하거나 편지를 쓰는 것에 의해 만들어진다. 접촉 클라이언트는 초기의 전화나 편지에서 정상적인 조직절차로는 해결되지 않는 문제를 지각하거나 현재의 조직자원으로는 채울 수 없는 결핍을 보았다고 알린다. 종종 요구되는 것은 '교육적 개입(educational intervention)'이다. 즉, 접촉 클라이언트가 조직에서 인지한 문제와 관련되어 있다고 믿는 주제에 대해 실행집단에 와서 이야기해 주기를 바란다. 일반적으로 그러한 요구는 당시 내가 많이 참여했고, 논문이나 책을 썼던 주제를 반영하고 있다. 관리개발, 생애개발, 의사소통과 집단역학, 조직사회화, 그리고 최근에는 문화, 문화변화, 조직학습에 대한 것이다.

◆ Billings Manufacturing Company ◆

내가 1966년 Billings사에 처음 방문했을 때, 그 회사는 작은 하이테크 제조사로서 기술공학적 비전을 가진 세 명의 설립자에 의해 운영되고 있었다. 그들은 기본적으로 상업화될 수 있다고 느끼는 생산 아이디어를 가진 전기 엔지니어였고, 지역의 벤처캐피탈 조직으로부터 적은 초기비용을 받은 상황이었다. 그 조직은 1950년 후반에 설립되었다.

1966년 나의 첫째 접촉은 아는 사람으로부터의 전화였다. 그는 MIT에서 일했고, 당시 의장(설립자)보다 한 단계 낮은 생산라인 관리자이면서 또한 의장의 행정보조자로 일하고 있었다. 접촉 클라이언트인 Charles는 최근의 재조직으로 인해 최고경영진 집단에 의사소통의 문제가 있다고 말했다. 회사는 다음 10년간 급속도로 성장할 것이 예측되기 때문에 성장을 준비하기 위해 집단은 이런 종류의 문제를 다루어야 한다고 느꼈다. Charles는 내가 조직의 인간문제에 관심이 있고, 집단역학에 대해 상당한 훈련을 받았다는 것을 알았다. 이 지식에 근거해서 그는 의장과 주요 설립자인 John Stone에게 최고경영진 집단에 컨설턴트를 초빙하자고 설득했다. 그는 전화를 해서 내가 관심 있다면 의장과의 만남을 주선하라는 승인을 얻었다고 말했다.

관계의 규정: 탐색적 만남

앞선 장에서 도움으로 지각되는 방식으로 어떻게 초기의 요청에 대응할 것인가의 쟁점을 길게 탐색했다. 초기의 만남이나 전화가 도움이 되고, 제기된 쟁점이 내가 관심이 있고 추구할 수 있는 것이라면 접촉 클라이언트와 나는 '공동으로' 다음 단계를 결정한다. 그것은 거의 항상 '탐색적 만남(exploratory meeting)'이다. 탐색적 만남에 누가 참여하고, 어디에서 만나며, 몇 시간을 만나고, 만남에 돈이 지불될 수 있는지를 접촉 클라이언트와 공동으로 결정해야 한다. 과정컨설팅의 철학은 모든 개입을 클라이언트와 컨설턴트가 공동으로 소유하도록 요구하기 때문에 첫 번째 직무는 탐색적 만남의 성격에 대해 건전한 결정을 이끄는 문제해결의 과정을 형성하는 것이다. 탐색적 만남에서 컨설턴트는 클라이언트 체제의 다른 구성원을 만날 수 있지만, 그들이 중간 클라이언트인지 아니면 일차 클라이언트인지는 모를 것이다.

탐색적 만남의 목적은 다음과 같다.

1. 무엇이 문제인지 보다 정확하게 결정하는 것
2. 나의 추가적 참여가 조직에 어떤 도움이 될지를 평가하는 것
3. 문제가 나에게 관심이 있을지를 평가하는 것
4. 나와 클라이언트 사이에 정서적 궁합이 잘 맞는지 검증하는 것
5. 앞의 2, 3, 4의 답변이 긍정적이라면 클라이언트와 함께 다음의 행위단계를 고안하는 것

클라이언트와 만남을 설계하면서 가장 중요한 질문은 다음과 같다. 누가 그 만남에 참여해야 하는가? 만약 이 결정에 영향을 미칠 기회가 주어진다면 나는 다음과 같은 준거를 사용할 것이다.

1. 새로운 통찰을 얻는다면 조직에서 다른 사람에게 영향을 미칠 수 있는 충분히

높은 지위에 있는 사람

2. 조직의 문제를 작업하기 위해 컨설턴트를 활용할 수 있다는 생각에 일반적으로 호응하는 사람

3. 주의를 요하는 특정 문제나 징후를 감지한 사람 혹은 충족되지 못한 목표와 이상을 가진 사람

4. 행동과학 컨설턴트와 클라이언트는 컨설팅 과정에서 적극적이어야 한다는 일반적 개념에 친숙한 사람

초기 만남에서는 적대적이고 의심이 많거나 컨설턴트가 제공할 수 있는 서비스에 전적으로 무지한 사람은 피해야 한다. 한두 명이라도 어떤 도움을 줄 수 있는지 '증명하라고' 도전하면 더 이상 문제를 '탐색할' 수 없게 된다. 따라서 컨설턴트는 자신의 역할을 '팔려는' 유혹에 빠질 것이고, 그래서 이 역할을 하게 되면 컨설턴트는 이미 스스로를 돕는다는 과정컨설팅모델을 위반하는 것이다. 반면에 접촉을 협력적 양식에 관심 있는 클라이언트 체제의 구성원과 시작한다면 종종 이후 단계에서 저항하는 구성원과도 건설적으로 직면할 수 있고, 갈등을 해결할 수 있는 만남 혹은 설정을 설계할 수 있다.

탐색적 만남은 보통 긴 점심이나 반나절의 만남으로 이루어진다. 나는 통상 접촉 클라이언트에게 회사가 이 만남에 컨설팅 비용을 지불해야 한다고 언급한다. 조력 과정은 이 초기의 접촉에서 출발하기 때문이다. 내가 요구하는 종류의 진단적 질문, 내가 문제에 접근하는 참조 틀, 내가 관찰하고 대응하는 종류의 것들 모두가 문제에 대한 클라이언트의 지각에 영향을 주는 초기의 개입이다. 회사의 문제에 대한 몇 시간의 탐색 후에 접촉 클라이언트는 새로운 관점과 통찰을 얻는다. 동시에 컨설턴트는 자신의 희귀한 자원, 즉 시간을 공유한다.

Billings사에서 초기의 탐색적 만남은 접촉 클라이언트와 이루어졌다. Charles는 의장이 중요 인물을 다루는 데 도움이 필요하다는 그의 우려를 개방적으로 말했고, 의장과 핵심 부하 직원들은 의사소통이 좋지 않다는 걱정도 공유했다. 최근 회사의 역사는 조직에 어떤 안정적 힘이 필요하다는 점을 알려 주었다. 나는 Charles에게 나를 만나는 것을 Stone이 알고 있는지, 그리고 컨설턴트를 요청하는 것에 대해 Stone의 감정은 어떤지를 물어보았다. Charles는 Stone과 다른 주요 경영진이 그들과 함께 일할 사람을 요청하는 것에 우호적이라고 말했다. 모두가 외부의 도움이 필요하다고 보았다.

우리의 만남은 더 검증하기 위해 정기 집행위원회 회의에 참석하기로 의사결정을 내리고 끝났다. 거기서 나는 설립자이자 의장인 Stone을 만나 서로에 대해 편안할지 검증해 볼 것이다. 이 단계는 필수적이다. Stone은 매우 강한 성격이고, 나는 그와 그의 친밀한 부하 직원과 밀접하게 작업할 것이기 때문이다.

대부분의 경우에 초기 접촉에서는 컨설팅의 진짜 목적을 말할 수는 없다. 단지 탐색적 만남에서 그것을 더 논의해 보자는 데 동의할 수는 있다. 내가 컨설팅에 이용할 시간이 있다면 가급적 가까운 시일 내에 그런 만남을 잡을 것이다. 내가 시간이 없거나 관심이 없다면 문제가 기다릴 수 있는 것인지 묻거나 도움을 줄 수 있는 다른 사람을 추천한다. 때로 어떤 일이 발생하면 작업이 연기되거나 다른 사람에 의해 수행될 것이라는 양해를 받고 탐색적 만남에 동의한다. 사실 탐색적 만남이 제공할 수 있는 특별한 서비스는 초기의 컨설턴트가 이후의 프로젝트를 맡을 것이라는 함의 없이 클라이언트가 자신에게 필요한 도움을 분류하는 것을 돕는 것이다. 종종 접촉 클라이언트에게 나의 서비스를 잘 사용하는 방법은 우리가 장기간의 프로젝트에 몰입하지 않고 한두 번의 만남을 통해 클라이언트에게 필요한 것을 결정하는 것이라고 제안한다. 이 단계에서 컨설턴트의 기능은 앞으로 어떤 전문의가 필요할지 결정하는 것을 돕는 일반의와 같다.

만남 동안에 나는 다음을 위해 탐색적 질문을 제기한다. (1) 제시된 문제의 측면들을 날카롭게 하고 조명하는 것, (2) 접촉 클라이언트가 얼마나 개방적이고 솔직한지 검증하는 것, (3) 가능한 한 컨설턴트인 나 자신의 스타일을 드러내는 것이다. 만약 클라이언트가 조직에 대한 비판을 꺼리며 변명하고, 자신의 동기와 컨설턴트의 역할을 혼란스러워한다고 느끼면 나는 조심할 것이다. 그런 경우에는 결정하기 전에 탐색을 더 제안하거나 좋은 관계를 형성하기 어렵다는 생각이 들면 관계를 종료한다. 접촉 클라이언트가 이미 무엇이 잘못인지 확신하는 것처럼 보이면, 전문성이 없는 분야에서 나를 전문가로 착각하면, 조직심리학의 참조체제에서 컨설턴트가 제공할 수 있는 것을 오해하고 있다면 서로의 시간을 낭비하지 않도록 추가적인 만남을 제안하는 것도 조심할 것이다. 나는 접촉 클라이언트가 자신이 이미 착수한 행위과정을 단지 안심시켜 주기를 원하거나 표면적 문제에 대해 빠른 해결책을 원한다면 컨설팅을 진행할 마음이 내키지 않는다.

좋지 않은 성과를 설명해 보자면, Etna Production Co의 인사이사가 전체 회사에 도입할 계획이었던 새로운 수행사정 프로그램을 평가하기 위해 그와 2명의 핵심 인사관리자를 만날 것을 나에게 요청했다. 나는 MIT에서 하루 동안 탐색적 만남을 진행하는 것과 거기서 회사 대표자가 제안한 프로그램의 윤곽을 설명하는 것에 동의했다. 반 시간의 프레젠테이션에서 내부적으로 일관되어 보이지 않는 몇몇 요점에 대해 질문했는데, 그에 대해 클라이언트는 공개적으로 방어적이었다. 이후의 토론에서 클라이언트는 완전히 그의 프로그램에 몰입해 있었고, 나에게는 오직 안심시키기만을 원한다는 것이 분명해졌다. 또한 질문과 비판에 반응하는 방식에서 그의 프로그램의 어떤 부분도 다시 조사하기를 싫어한다는 것도 명확해졌다. 그는 진정으로 평가를 원하지 않았다. 그래서 나는 그날 말미에 이미 제기한 질문 이상으로 도움을 줄 수 없을 것 같다고 말하면서 관계를 종료했다.

지금까지 볼 수 있었듯이, 접촉 클라이언트와의 관계를 관리하여 탐색적 만남에 대한 공동의 결정을 도출하는 것은 복잡하고, 명확하게 생각하지 않으면 함정이 많다. 최선의 지침은 나는 도움이 되려고 노력하고 있고, 내가 하는 모든 것은 하나의 개입이라는 점을 명심하는 것이다. 또한 나의 동료와 사례를 검토하면서 발견한 것은 잘 작동하지 않는 것처럼 보일 때 컨설턴트의 측면에서 발생하는 '실수'는 거의 항상 관계가 '시작될 때' 일어난다는 것이다.

설정과 작업의 방법

관계의 초기에, 때로는 탐색적 만남 이전에 다루어야 할 주요 쟁점은 성취되어야 할 목적에 대한 예비적 진술, 작업해야 할 설정의 선택, 시간 일정의 상세화, 사용될 작업 방법의 기술이 포함된다. 이 결정은 컨설턴트가 초기에 자신과 관련될 클라이언트 체제를 규정하고, 클라이언트와 컨설턴트가 서로에 대한 상호 기대를 형성하기 때문에 중요하다.

설정(settings)　설정에 대해 의사결정할 때 사용되는 일반적인 원리는 다음과 같다.

1. 클라이언트 체제의 구성원과 언제, 어디에서 접촉할지는 접촉 · 중간 클라이언트와 협력적으로 이루어져야 한다. 컨설턴트는 영상진단기를 들고 조직의 여기저기를 돌아다니면서 무언가를 관찰하는 정신과 의사의 이미지를 피해야 한다. 클라이언트가 나를 방문하는 것에 편안함을 느낀다면 그것은 바람직한 다음 단계이다. 사실 나는 문제와 정치적 상황을 더 알기 전에는 클라이언트의 조직에 방문하는 것을 피한다. 접촉 혹은 중간 클라이언트가 내가 프레젠테이션하거나 회의석상에 등장하도록 하여 동료들에게 자신들이 정상에 있다는 것을 과시하는 데 나를 정치적으로 '이용'한 적이 있다. 컨설턴트는 클라이언트와 컨설턴트 양자가 편안함을 느끼고, 처음에 접촉하게 한 문제나 쟁점들을 탐색하는 설정에만 참여해야 한다.

2. 선택된 설정은 가능한 한 가장 고위직의 사람을 포함해야 한다. 고위직일수록 기본적 규범, 가치, 목적이 작동되는 방식을 관찰할 가능성이 크기 때문이다. 고위직이 조직의 분위기를 설정하고, 궁극적으로 효과적인 조직의 기능을 위한 준거를 결정한다. 컨설턴트가 이 수준에 참여하지 않으면 궁극적 규범, 목적, 준거가 무엇인지 결정할 수 없다. 고위직과 친해지지 않으면 자신의 윤리적 책무성을 저버리는 것이다.

컨설턴트가 개인적으로 조직의 규범, 목적, 준거를 받아들일 수 있을 때만이 조직이 그것을 성취하도록 돕는 것이 정당화될 수 있다. 컨설턴트가 조직의 목적이 비윤리적, 비도덕적이거나 다른 이유에서 개인적으로 받아들일 수 없다고 느낀다면 그것을 변화시키려고 시도하거나 관계를 종료할 수 있다. 그렇지만 그 선택은 의식적으로 이루어져야 한다. 컨설턴트는 조직의 권위자들이 추구하려는 것이 무엇인지 모르는 상태에서 행동해서는 안 된다.

두 번째 고위직일수록 과정에서 성취된 어떤 변화에 대한 성과가 더 크다. 다른 말로 하면, 의장이 조직의 과정을 학습하고 그에 따라 그의 행동을 변화시키도록 돕는다면 이 변화는 다시 바로 밑의 부하 직원을 변화시키는 힘이 되어 연쇄적인 영향의 사슬이 설정된다. 이 점을 보다 일반적인 방식으로 말하면, 컨설턴트는 조직의 나머지에 가장 영향이 있을 것으로 여겨지는 설정이나 집단을 추구해야 한다. 통상 이것은 최고의 고위직 집단으로 밝혀져 있다.

3. 선택된 설정은 문제해결, 대인 간 과정, 집단 과정을 관찰하기 쉬운 것이어야 한다. 종종 이것은 주간이나 월간의 정기적 직원회의나 중요 클라이언트 집단의 두 사람 이상의 사람들이 규칙적인 일정으로 사업상 상호작용하는 상황이다. 단지 개별 구성원과 컨설턴트 사이가 아니라 구성원들 사이의 과정을 관찰하는 것이 중요하다. 이런 이유로 설문조사나 인터뷰 방법은 단지 미봉책에 불과하다. 궁극적으로 컨설턴트는 조직 구성원들이 일상적인 방식으로 서로를 다루는 상황에 접근해야 한다.

4. 선택된 과정은 '진짜' 작업이 진행되는 장면이어야 한다. 컨설턴트는 집단이 처음부터 자신들의 대인관계를 논의하거나 프레젠테이션을 듣기 위해서만 나를 만나는 상황을 피해야 한다. 그러한 만남은 집단과 컨설턴트 사이에 어느 정도 관계가 발전된 상황에서는 적절할 수 있다. 그러나 그 이전에 이루어지면 너무 성급하다. 집단은 아직 대인 간 관계에 대해 진짜 개방적으로 논의할 정도로 컨설턴트를 충분히 신뢰할 수 없고, 컨설턴트도 그러한 논의에서 집단을 도울 수 있을 만큼 충분한 관찰 자료를 갖고 있지 못하다. 게다가 컨설턴트는 대인 간 쟁점이 작업을 방해하는 쟁점인지 알 수 없다. 정규위원회나 작업집단

회의가 가장 좋다. 컨설턴트는 자연적 역할에서 조직 구성원을 볼 수 있을 뿐만 아니라 구성원들이 관심을 가지는 작업이 어떤 종류인지를 학습할 수 있다.

이 원리들은 통상 설정에 대한 결정을 함께 소유하는 과정에서 접촉 클라이언트와 공유될 수 있다. 그것을 공유하면서 컨설턴트는 또한 계획된 변화의 과정, 조직과정과 역학에 대해 생각하는 법을 클라이언트에게 가르칠 수 있다.

작업의 방법　　선택된 작업 방법은 과정컨설팅에서 가정된 원리, 가치와 가능한 한 일치해야 한다. 컨설턴트는 최대한도로 나타나야 하며, 상호작용을 위해 최대한 이용가능해야 한다. 방법은 컨설턴트가 신비한 도구를 사용해서 클라이언트가 이해하시 못할 설돈을 노출하는 신난선문가처럼 보이는 것을 피해야 한다. '관찰' '비공식적 인터뷰' '집단토론'을 사용해서 컨설턴트에게 아직 적절한 해답이나 표준적인 '전문' 해결책이 없다는 추측을 강화하는 것이 바람직하다. 그리고 컨설턴트는 질문과 양방향 의사소통을 위해 최대한 이용될 수 있어야 한다. 제기하는 질문은 관련된 것이어야 하며, 클라이언트가 요구한 것의 맥락 안에서 이해될 수 있어야 한다. 나는 종종 함께 작업하거나 집단작업에서 관찰해야 할 클라이언트 체제의 각 사람들과 관계를 형성하기 위해 절제된 탐구질문으로 컨설팅을 시작한다. 인터뷰는 내가 다른 사람에 대해 무엇인가를 학습하려고 한다는 점을 드러내도록 설계된다.

나는 많은 컨설팅모델에서 프로젝트의 관례적 부분으로 주장하는 초기 클라이언트 체제의 모든 사람을 인터뷰하지는 않는다. 클라이언트 체제의 개인이 사적인 경우를 제외하고 공개적으로 말하는 것에 자유로움을 느끼지 못한다는 것이 탐색적 만남을 통해 밝혀질 때 혹은 집단의 다양한 구성원의 의제를 반영하도록 회의를 설계해야 할 때가 있다. 그러한 경우에 접촉 클라이언트와 나는 일련의 개인 인터뷰를 계획할 것이다. 그러나 그들에 대한 인터뷰의 결정과 이유는 접촉 혹은 중간 클라이언트와 공유되어야 한다. 그것은 컨설턴트가 이미 전부터 갖고 있었던 '방법'의 일부이어서는 안 된다. 그 지점에서 어느 누구도 갖지 못한 정보 때문에 컨설턴트는 자동적으로 전문가의 역할에 놓일 것이기 때문이다.

컨설턴트가 설문지, 조사, 검사지나 많은 전문술어를 사용한다면 그 자신은 응답자에게 알려지지 않은 상태를 유지하는 것이고, 동시에 자신은 자료를 수집하고 진단하는 데 있어 신비한 지식을 갖고 있다는 신호를 보내게 된다. 컨설턴트가 신비한 기술을 가진 전문가로 지각되고 인간적으로는 알려지지 않는다면 응답자는 그를 진정으로 신뢰하지 않을 것이고, 질문에 정직하게 답하지 않을 것이다. 그래서 나는 이런 도구가 명확하게 적절하고, 클라이언트 체제에 의해 동의될 때까지는 사용하지 않는다.

이 과정의 전개를 설명하기 위해 클라이언트 체제에 참여하게 되는 데 있어 서로 다른 측면의 여러 사례를 검토할 것이다.

Billing사에서 탐색적 만남은 집행위원회의 정기회의였다. 이때 설립자이자 의장인 Stone과 주요 임원을 만나 무엇을 할 수 있고, 해야 하는지 논의했다. 우리는 Stone의 사무실 옆에 있는 회의실에서 만났고, 여섯 개로 분리되어 자유롭게 떠다니는 손(집게손가락이 똑바로 앞을 가리키는)으로 구성된 모빌이 걸려 있는 콩팥 모양의 탁자 주위에 앉았다. 공기가 손을 움직이면 다양한 손가락이 여러 방향을 가리키는데, 이는 마치 무작위의 '손가락 가리키기' 과정을 생각나게 만들었다. 이는 이 조직에서 어떤 풍토를 만나게 될지 궁금하게 만들었다.

그 만남에서 나는 집단과 조직이 보다 효과적이 되도록 도와줄 외부인에 대한 강한 관심을 보았다. 나는 또한 그 집단은 끝이 열려 있는 관계에 기꺼이 들어가려고 한다는 것을 보았다. 나는 관찰을 하다가 적절한 때에 과정 개입을 사용한다는 조력에 대한 철학을 설명했고, 친해지는 좋은 방식은 궁극적으로는 집단의 각 구성원들과 개별적으로 인터뷰하는 것임을 제안했다. 동시에 나는 격주로 열리는 반나절의 집행위원회 회의에 참여할 것도 제안했다. 인터뷰는 이 회의가 몇 번 진행된 후에 이루어질 것이다. 그들은 이 과정에 동의했다.

집단의 첫 회의에서 여러 주요 사건을 관찰할 수 있었다. 예를 들면, Stone은 비형식적이었지만 매우 강력했다. 나는 초기에 강렬한 인상을 받았는데(이후에 그것이 확증되었다), 모든 집단 구성원과 의장의 관계가 핵심 쟁점이고, 구성원 간의 관계는 상대적으로 덜 중요했다. 또한 Stone은 그가 가치 있다고 보는 동안에만 나의 존재를 용인하는 자신만만한 사람이라는 인상을 받았다. 그는 나를 대면하고, 그의 관점에서 나의 참여가 가치가 없다면 관계를 종료하는 데 어려움을 느끼지 않을 것이다.

Stone이 나를 혼자 만날 필요를 느끼지 않는다는 것도 인상적이었고, 그것은 그의 관리 스타일을 나타내는 것으로 밝혀졌다. 그는 집단 안에서 나를 다루는 것을 처음부터 만족해했다. 초기 만남의 말미에 우리가 들어가야 할 심리적 계약을 이해하고 있는지 알기 위해 사적인 대화를 요구했다. 놀랍게도 그는 이 일대일의 관계에 대해 불편해했다. 나에게 전하고 싶은 것이 없었고, 관계에 대한 나의 관점에 관심을 보이지 않았다. 나는 컨설팅이 진행되면서 그의 행동에 대한 다른 사람들의 피드백을 받는 것에 대해 그가 어떻게 반응하는지 검증하기 위해 사적인 대화를 원했다. 그는 환영한다고는 말했지만, 전혀 관심을 보이지 않았다. 나중에 학습한 것이지만, 그의 반응은 자신의 권력과 정체성에 대한 매우 강한 인식을 반영하고 있다. 그는 자신을 잘 알고 있다고 느꼈고, 피드백에 의해 조금도 위협받지 않았다.

또한 Stone이 나에게 기대한 것은 무엇을 해야 할지 알아내는 것이며, 특정 문제의 해결이 아니라 전체적인 집단기능의 향상을 원한다는 것을 명확하게 했다. 나는 그의 개방성과 정규 작업시간에 나의 참여를 기꺼이 승인한 것에 대해 놀라웠고 만족스러웠다. 클라이언트의 개념에서 Stone과 그의 집단이 일차 클라이언트라는 것이 이제 분명해졌다. 나는 집행위원회 회의에 참석함으로써 시작할 것이고, 그 집단이 보다 효과적으로 기능하도록 돕는 데 집중할 것이다.

Boyd Consumer Goods사에서 컨설팅은 본질적으로 같은 방식으로 출발했다. 의장과의 탐색적 만남에서 직속 부하 직원과 개최하는 정기적 회의가 있는지 알아보았다. 매주 만나는 집단이 있고, 지역 회사이기 때문에 내가 그 회의에 참석하는 것으로 출발하자는 동의가 이루어졌다. 의장은 집단이 보다 효과적으로 기능하도록 도와 달라는 요청을 내게 했다고 설명했고, 그리고 나서 나에게 나의 역할이 무엇인지 설명해 달라고 말했다. 나는 과정컨설팅과 내가 추구하는 것을 기술했고, 적극적이기보다는 집단이 단지 평소대로 작업하는 것을 원하고, 도움이 될 기회가 보이면 논평하겠다고 말했다. 몇 번의 회의 후에 7명의 구성원과 인터뷰를 해서 회사에 대해 더 학습하고, 집단이 효과적이 되기 위한 변화의 표적을 설정하는 데 도움을 준다는 의사결정이 이루어졌다.

Central Chemical사에서의 패턴은 완전히 달랐다. 회사는 지리적으로 멀리 떨어져 있었기 때문에 수개월의 기간 중 한 주만 같이 보내기로 동의했다. 또한 이 사례는 교육적 개입으로 출발하였는데, 그것은 변화 관리에 대한 워크숍이었다.

접촉 클라이언트는 조직개발 집단의 사람이었는데, 그는 컨설턴트의 활용가능성에 대해 잘 알고 있었다. 나와 접촉하기 전에 그는 나를 가장 잘 활용하는 법을 결정하기 위해 나의 동료인 Dick Beckhard와 컨설팅을 했다. 그들은 일선관리자의 진단과 실행을 원하는 변화 프로그램의 행위 계획을 향상시키는 것을 목적으로 하는 워크숍을 열기로 결정했다. 그러고 나서 Beckhard는 영국에서 나에게 그러한 워크숍의 실행에 대해 타진했고, 내가 동의한 이후에야 접촉 클라이언트로부터 세부 사항을 들었다.[2]

서신을 통해 워크숍이 결정된 후에 나는 동료와 한 주 동안의 프로그램을 설계했다. 워크숍 전날 저녁에 내가 실제로 회사에 있을 때까지 계획을 확정하지 않기로 합의했다. 그러나 중요한 의사결정, 즉 작업의 어떤 측면을 변화시키는 데 관심이 있는 관리자만 초대하고, 팀이 변화의 문제를 볼 수 있도록 그에게 보고하는 인사직원을 대동할 것을 결정했다.

몇 달 후에 Central Chemical사에 도착하여 나는 접촉한 '내부' 컨설턴트, 인사이사인 그의 상사, 그리고 프로그램에 관심이 있는 한두 명의 직원을 만났다. 우리는 목적과 한 주간의 일정을 검토하고, 변화의 목적에 대해 참여자들로부터 더 알아낼 때까지 융통성을 유지하기로 결정했다. 그리고 내부 컨설턴트가 그 프로그램을 실행하는 데 나와 함께하기로 동의했다. 프로그램을 위한 설정은 영국 북부의 멀리 떨어진 곳에 있는 회사의 훈련센터였다. 전체가 18명인 모든 팀은 워크숍을 위해 매일 훈련센터에서 만났다. 기본적 준비는 접촉 클라이언트에 의해 이루어졌으나 나의 의견도 반영되었다.

Billings and Boyd에서는 나는 직접 작업집단으로 갔다. Central Chemical사에서는 관리자가 과제를 보다 잘 성취하도록 돕는 워크숍을 운영했다. 세 번째 패턴에서는 특수한 조직의 문제를 해결하는 회의를 조직하면서 두 가지 종류의 설정을 결합했다. 컨설턴트가 회의를 관리했지만, 참여자들에 의해 이루어진 작업은 진짜 문제해결이었다.

이 프로젝트는 1960년대에 Internal Revenue Service에서 실행되었다. IRS 훈련부서의 몇몇 구성원은 몇 년 전에 감성훈련을 경험했고, 그것을 중간·고위 관리자 개발 프로그램에 도

---

2) Dick Beckhard와 나는 National Training Labs을 위해 조직에서 계획된 변화를 시작하는 방법에 초점을 둔 워크숍을 개발했다. 이것은 그 워크숍을 적용한 것이 될 것이다. 변화에 대한 이 접근의 기저에 있는 철학의 대부분은 Beckhard의 작업에서 도출된 것이며, 그의 세 권의 저서에 자세하게 제시되어 있다 (Beckhard & Harris, 1987; Beckhard & Pritchard, 1992; Beckhard, 1997).

입하여 조직 과정을 분석하는 데 상당한 정교함을 얻었다. 그들에게 조직의 가장 주요한 난관은 중앙본부와 현장부서 사이의 갈등이라는 것이 명확했다. 의사결정 권위의 분권화가 어느 정도여야 하는지에 대한 갈등, 체제가 분권화에 대한 이전의 동의를 실제로 얼마나 반영해야 하는지에 대한 갈등, 그리고 권한에 대한 갈등이다.

조직은 본사에 강한 성격의 부서장이 있는데, 그는 종종 현지에서 IRS 운영을 담당하는 지역 및 지구부서장과 심하게 충돌했다. 본사가 IRS 운영과 이미지를 향상시키기 위해 새로운 재무·마케팅 프로그램을 개발하면서 그들은 공식적인 계선조직을 건너뛰고 직접 그 분야의 재무·마케팅 사람들에게 가는 경향이 있었다. 이는 본사와 지부 모두에게 불편함과 분노의 원인이 되었다.

중앙의 훈련집단은 본사와 지역을 포함한 15명의 핵심 고위자의 연례회의가 있다는 것을 알고 있었다. 이 집단의 한 사람이 나에게 전화를 걸어 전체 집단이 조직의 문제를 작업하는 방식으로 이 회의를 조직할 가능성이 있는지, 그리고 그런 회의를 설정하고 운영하는 데 도움을 줄 수 있는지를 물었다.

나는 훈련집단의 몇몇 구성원과 탐색적 만남을 가졌고, 그들은 최고책임자와 그의 부하 직원들이 이 아이디어에 어떻게 반응할지 확신하지 못한다는 것을 학습했다. 집단이 외부의 컨설턴트를 경험한 이전의 역사가 없었기 때문이다. 그러나 그들이 감성훈련 집단에 참석했고 '행동지향 컨설턴트'를 영입할 가능성에 대해 학습한 지역관리자를 조사했을 때, 그들은 이 회의와 같은 것이 시도되어야 한다는 것에 확신을 느꼈다.

훈련부서장, 2명의 주요 직원, 그리고 한 명의 열정적인 지역관리자로 구성된 핵심 집단은 이후의 전략을 계획하기 위해 나와 하루 동안 만났다. 우리는 그러한 프로그램이 작동하기 위해서는 결국 회의에 있어야 할 사람들이 또한 회의의 계획과 설계에 참여해야 한다고 결정했다. 본사와 지역 관리자가 같은 수로 구성된 집단도 형성되었다. 이 집단의 미션은 이틀간 만나 전체 회의를 계획하는 것이다. 집단에 의해 개발된 계획은 최고책임자와 핵심 참모의 승인을 받기 위해 제출되었다.

이 기획에서 컨설턴트로서의 나의 역할은 두 단계에서 중요했다. 첫째, 계획집단의 이틀간의 회의 동안에 나는 그들을 전통적인 형태에서 벗어나도록 하고, 그들이 논의할 수 있도록 본사/현장의 문제를 발표했다. 나는 최종적으로 선택된 회의 형태의 성공에 대해 얼마간의 책임을 떠맡았고, 이 형태가 작동하도록 만드는 데 있어서 나의 역할을 찾았다.

이틀간의 회의에서 개발된 계획은 다음과 같다.

1. 3일간의 회의는 조직의 관계가 향상될 때까지 조직의 정상부에 있는 조직의 문제를 탐구할 것이다.

2. 그 회의는 본부나 현장 어느 누구도 토론을 지배하지 않는다는 것을 상징하기 위해 최고책임자가 아니라 내가 의장을 맡을 것이다.

3. 회의의 의제는 Dick Beckhard가 제안한 절차에 따라 개발될 것이다. 즉, 15명의 구성원 각자가 집단이 직면해야 할 조직의 중요한 문제로 보는 것의 개요를 나에게 편지로 쓰도록 요구했다. 15통의 편지에서 정보를 합쳐 중요한 주제와 쟁점으로 만드는 것이 나의 직무였다. 이 주제와 쟁점은 첫째 시간에 제시되어 3일간의 의제로 제정될 것이다.

편지를 쓰게 한 목적은 첫째, 각 사람에게 상사나 집단의 다른 사람의 분노에 자신을 노출시키지 않고 솔직해질 기회를 제공하는 것이었다. 둘째, 회의 시작 전에 모든 구성원으로부터 자료를 수집할 기회를 제공해 주었다. 셋째, 각 구성원을 의제 설정에 참여시켰다. 그것은 최고책임자나 그의 직원이 의제를 설정했던 이전 회의와 상당히 다른 것이었다. 모든 구성원이 출발부터 회의에 참여했다는 느낌을 가질 것으로 기대되었다.

편지쓰기는 그와 연결된 두 개의 문제가 있었다. (1) 그것은 약간 허울만의 술책으로 보일 수 있다. (2) 나를 아직 만나지 않은 사람이 어떻게 반응할지 알기 어려웠다. 낯선 교수에게 조직의 비판적인 쟁점에 대해 솔직하게 편지를 쓸까? 우리는 반응이 없거나 보잘 것 없는 반응의 위험을 감수하기로 결정했다. 그러나 계획집단의 구성원들이 그들이 알고 있는 사람들에게 이야기를 해서 솔직하게 편지를 쓰라고 개인적으로 호소함으로써 이 위험을 최소화하기로 했다.

절차가 동의되고, 최고책임자에게 제출되었으며, 열정적 승인을 얻어 회의를 위한 계획이 성립되었다. 나는 계획집단의 최고책임자와 부의장이 자신의 역할을 관리하는 데 주의해야 한다고 지적했다. 그들이 너무 빨리 그들의 권력 지위로 되돌아가서 조직문제의 진단을 돕는 역할을 포기한다면 집단은 침묵으로 물러서고, 문제는 미해결로 남게 될 것이다. 나는 두 사람과 이야기를 나눴고, 그들이 위험을 이해하고 기꺼이 감수하며, 다소 낯선 회의 형식을 받아들일 성격을 갖고 있다고 느꼈다.

계속하기로 동의하고, 집단은 부의장이 회의 형식을 설명하고 진단편지를 초대하는 글을 보낼 것을 결정했다. 계획집단의 구성원들은 모든 사람이 계획을 이해하고, 설령 내가 별개의 요소들로 계획을 제안했을지라도 그것이 구성원들로부터 나왔다는 점을 확실히 하기 위해 각 관할지역에서 후속조치를 취했다.

이 비교적 긴 절차는 과정지향의 회의에서 구성원들의 참여를 얻는 데 핵심적이다. 그 아이디어가 처음 훈련부서와 나로부터 나왔을지라도 그 개념은 명백히 본사와 지역 관리자의 마음에 들었다. 그들이 몰입하지 않았다면 그런 회의는 결코 가능하지 않았을 것이다.

편지는 현재의 상황에 대한 솔직한 평가로 가득 차 있어서 집단이 매우 관련성 있다고 여기는 의제를 형성하기 쉬웠다. 나의 역할은 이 평가들을 회의에서 다룰 수 있는 조직의 쟁점으로 조직하는 것이었다. 나는 여러 사람이 제기한 쟁점만을 의제로 만들었기 때문에 어떤 구성원도 위협받지 않을 이 쟁점들을 다듬고 초점을 맞추었다. 나는 회의를 주관했고, 다양한 종류의 합의를 통해 참여자들이 원하는 미래의 본사-현장의 관계를 구조화하도록 했다. 최고책임자와 부의장은 집단에 섞여 들어갔고, 회의를 지배하지 않는다는 그들의 역할을 충족시켰다.

조력 과정을 신중하게 계획함으로써 수년간 긴장을 만들어 냈던 어려운 쟁점을 다룰 수 있었고, 그것을 공개적 장면으로 가져와서 중립적으로 만들었으며, 특정 개인과 분리시켰다. 그를 통해 우리는 집단이 어려운 쟁점을 건설적으로 다룰 수 있고, 어떤 강한 위계적 경계를 가로 질러서 서로를 직면하게 하는 풍토를 만들어 냈다. 나는 또한 이 경험을 통해 성과가 외부자와 다양한 내부자 사이의 협력적 탐색과 개입에 얼마나 의존하는지 학습했다.

나는 이 사례들을 통해 작업의 방법은 매우 가변적이고, 초기의 접촉과 탐색적 만남에서 드러나는 실재에 의해 많이 좌우된다는 것을 전하려고 했다. 강조하고 싶은 핵심 요점은 나는 그 집단에 '표준적 방법'을 갖고 오지 않았고, 대신에 앞으로 나아가기 위한 최선의 방법이 무엇인지 결정하는 데 클라이언트를 참여시키려고 했다. 동시에 나는 만약 클라이언트가 불편한 방법을 제안하면 이의를 제기할 준비를 했다. 예를 들면, 클라이언트가 나에게 회의에 앞서 집단 구성원들에게 심리검사를 해 달라고 제안하면 그것은 바람직하지 않다고 클라이언트를 설득했을 것이다. 그 논의에서 과정컨설팅의 원리가 드러나고 검증되었을 것이다. 클라이언트가 고집한다면 그가 그 전략을 추구하는 것은 실수가 될 것이라고 강력하게 권고하면서 나 자신을 분리시키는 것을 고려할 것이다. 참여자들이 나에게 사적인 편지를 쓰도록 하는 것과 같은 '술책'은 전체 문제해결의 과정에서 처음부터 클라이언트의 참여를 극대화하기 위해 설계된 것이라는 점 또한 주목하라. 그러한 과정이 없다면 그들은 회의에 수동적이고 의존적인 상태로 도착해서 공식적 지도자가 의제를 말해 줄 것을 기

다릴 것이다. 이 모든 고려사항은 '심리적 계약(psychological contract)'의 개념과 관련되어 있다.

●

심리적 계약

심리적 계약은 클라이언트와 컨설턴트가 언제, 얼마나 오래, 얼마의 비용으로 만나야 하는지에 대한 기본적인 사항을 넘어서서 관계에서 무엇을 주고받을 것인지에 대한 암묵적인 기대이다. 많은 컨설팅 이론에서는 그러한 암묵적 기대가 가능한 한 출발부터 공식적이고 명시적으로 만들어져야 한다고 주장한다. 그러나 나의 경험에서는 모든 사람의 희망과 기대를 명시적으로 드러내려는 시도는 현실적이지 않고 생산적이지도 않다. 왜냐하면 어떤 쪽도 그들이 무엇을 주고받을지 정확히 산출할 정도로 전개되는 상황의 실재를 충분히 알지 못하기 때문이다. 종종 우리가 합의한 공식적인 것조차도 작동하지 않는다. 각 단계에서 기대에 대해 개방해 놓는 것이 이치에 맞다. 그 개방성에는 우리가 어디로 가고 있는지, 어떻게 일이 진행되고 있는지, 앞으로 어떤 쟁점이 생길지 나는 확신할 수 없다고 말하는 것을 포함한다.

Billings에서 Stone과 나 사이의 심리적 계약은 매우 모호했다. 우리 모두는 좋은 의도를 가졌지만, 어느 누구도 처음에는 나의 회의 참석이 어떻게 작용할지, 그 시점부터 관계가 어떻게 발전할지 알지 못했다. 내가 그때 몰랐던 것, 그리고 Stone이 말할 수 없었던 것은 이 모호함을 받아들이는 것이 단지 일시적인 것이 아니라 Stone의 기본 스타일을 반영한다는 것이었다. 그는 몇 년 후 회사 업무에 대한 나의 공헌을 언급하면서 그것을 드러냈다. "엔지니어 부서처럼 어딘가에서 문제를 보게 되면 나는 Ed Schein에게 그것을 사람들에게 말해 달라고 부탁한다. 그리고 문제가 해결될 것을 기대한다."

Stone은 내가 개입하고 고치기를 기대했고, 스스로 개입하거나 심지어 내가 하는 것을 점검할 필요가 있다고 보지 않았다. 실제로 내가 하고 있는 일을 보고하고자 했을 때, 그는 종종 지루한 듯 행동했고, 분명 그 쟁점에 대해 흥미가 없었다. 그는 나의 행동을 모니터하려는 생각을 하지 않았고, 내가 관찰하거나 찾아낸 것에 대응해서 그의 행동이 변화되어야 한다고 설득했을 때에만 참여했다.

나는 또한 Stone이 특히 필요로 한 것은 중립적 외부자와 관계를 갖고 그와 함께 생각나는 대로 말해 보는 것이라는 점을 학습했다. 나는 그의 사무실에서 단지 그의 마음에 떠오른 것을 들으면서 몇 시간을 보냈다. 그는 회사, 부하 직원, 좌절, 관리철학 등 그의 마음에 떠오른 것은 무엇이든 말했다. 종종 회의를 위한 의제가 있었지만 처음 몇 분이 지나면 그것은 없어지고, 그날 Stone의 마음에 떠오른 것에 대해 한 시간 이상을 이야기했다. 나는 한 극단에서는 단지 듣기만 하고, 다른 극단에서는 그의 생각에 도전하는 대응에서 완전히 유연해지는 법을 학습해야 했다. Stone은 자신의 생각을 도와줄 사람이 필요했으며, 종종 의사결정을 내려야 할 때 다음과 같이 말했다. "나 혼자는 그렇게 스마트하지 않다. 그러나 한 무리의 스마트한 사람에게 그것을 말하면 매우 빨리 스마트해진다."

나는 직원회의에서도 독립적이었다. Stone과 부하 직원들은 내가 참석하고, 내가 할 수 있는 것에 대해 기꺼이 수용했지만, 내 역할이 무엇인지 말하기 전에는 내가 무엇을 혹은 언제 할지에 대해 논의가 없었다. 집단은 내가 도움이 되기를 기대했지만 내가 어떤 구체적인 것을 하기 전까지는 사전에 그 도움이 어떤 형태일지에 대해서는 개념이 없었다고 생각한다. 게다가 그들은 역할 명료화의 필요가 없는 것처럼 보였다. 나중에 밝혀진 것이지만 그것은 Billings 문화에서 중요한 주제였다. 역할과 책무성은 일반적으로 모호했고, 집단은 이 모호함에 편안해 했다. 보다 공식적인 계약 과정은 작동하지 않았을 것이다.

언제, 어떻게 내 시간을 사용했는지 자세히 기록된 나의 청구서는 인적자원의 부사장에게 제출되었는데, 이 사람은 일이 진행되면서 내부의 정보제공자가 되었다. 그와 나는 Stone에게 어떤 일이 진행되고 있는지, 그리고 Stone이 만든 의제를 어떻게 하면 잘 다룰 수 있는지에 대해 논의하면서 많은 시간을 보냈다. 유사한 대화가 집단의 다른 구성원들과도 이루어졌다. 그래서 나는 어떤 의미에서 하나의 전체로서의 집단뿐만 아니라 모든 구성원에 대해 개인적으로 상담자가 되었다.

앞에서 기술된 것과 같은 모호한 심리적 계약은 종종 흔한 일이다. 사실 과정컨설팅의 철학은 컨설팅의 준비를 공식화하는 것에 반대한다. 클라이언트와 컨설턴트 어느 누구도 매일매일 직면하게 될 실재를 예측할 수 없다. 오직 공식화되어야 하는

것은 클라이언트가 필요하다고 생각하는 시간의 양, 컨설턴트가 이용할 수 있는 시간의 양, 그리고 지불되어야 할 비용이다. 그러나 시간 계획에서조차도 할당된 '최대한'의 시간을 허용하지만, 그렇다고 그것을 모두 사용하리라 기대하지 않는 개방적 방식으로 시작하는 것이 보다 유용하다. 포괄적인 준거는 클라이언트가 직면하는 새로운 실재에 의미가 있고, 가장 도움이 되는 것이어야 한다는 것이다.

나는 시간당, 하루당 비용을 설정하고 매달 몇 일을 일할 것이다. 그러나 나는 클라이언트 조직이 의뢰 비용이나 미리 결정된 계약에 공식적으로 몰입하는 것을 원하지 않고, 계속된 관계를 약속하는 것도 원하지 않는다. 양측은 관계가 더 이상 만족스럽지 않거나 유용하지 않다면 언제든지 종료할 자유가 있어야 한다. 종료에 대한 이 상호 자유는 관계의 토대가 성취된 실제의 가치이지, 어떤 의무의 충족이 아니라는 점을 확실히 하는 데 중요하다.

다른 한편으로 클라이언트와 컨설턴트 양자는 상호 간에 바람직하다고 동의한 만큼은 프로젝트에 시간을 할애할 준비가 되어 있어야 한다. 매달 하루 정도 시간을 낼 수 있는 상황인데, 문제의 성질이 더 많은 시간을 요구하는 것이라면 처음부터 컨설팅을 시작해서는 안 된다. 프로젝트가 잘 진행되는 데 필요한 시간을 타당하게 계산해서 적어도 그 정도의 시간은 확실하게 확보해야 한다. 클라이언트의 입장에서는 더 많은 날이 필요하다면 그것에 대해 지불할 자원을 마련하는 방식으로 예산을 짜야 한다. 어떤 경우에도 이러한 종류가 클라이언트가 작성한 일반적 의향서를 넘어 공식화된 적이 없다. 일일 요금으로 합의가 이루어지면 내가 사용한 시간을 기록해서 매달 클라이언트에게 청구서를 보낸다.

나는 관계의 초기에 클라이언트가 의도적 혹은 무의식적으로 숨긴 의도와 나의 입장에서 하기 싫은 행위가 포함되어 있는지 알아내기 위해 노력한다. 예를 들면, 클라이언트는 제시된 문제를 작업하는 것을 넘어 다양한 것에서 내가 돕기를 기대할 수 있다. 부하 직원에 대한 개인적 평가를 제공하는 것, 조직에서 '문제적 인간'을 다루는 것을 돕는 것, 특정 관리문제에 대한 전문가의 의견을 제공하는 것, 그의 의사결정을 지지하는 것, 그의 결정을 다른 사람에게 전하는 것, 의사소통에 어려움을 겪고 있는 사람들에게 그의 의사소통의 채널이 되어 주는 것, 갈등을 중재하는 것

등이다. 가능한 한 이런 많은 기대가 초기에 표면화되어 이후에 클라이언트가 기대한 것을 내가 거절할 경우에 덫이나 실망의 원천이 되지 않도록 해야 한다. 다른 한편으로 클라이언트가 어떤 동기를 숨기기를 원한다면 내가 할 수 있는 것은 진단적으로 민감해서 덫을 피하는 것이다.

나의 측면에서는 컨설턴트로서의 나의 역할에서 내가 클라이언트 체제와 나 자신에게 무엇을 기대하는지 분명히 해야 한다. 예를 들면, 나는 기꺼이 질문하고, 문제의 쟁점을 탐색하고, 진짜 무슨 일이 일어나는지 찾는 데 충분한 시간을 할애할 것을 기대한다. 나의 과정지향의 접근이 지지받기를 기대하고, 조직 구성원이 진단과 개입에서 소유권을 공유하는 과정에 헌신하기를 기대한다. 나는 조직과 그 문화의 독특한 인간관계의 문제에 대한 전문가 자원으로는 기능하지 않을 것이며, 대신에 대안을 제시하고 여러 대안의 결과들을 생각하도록 도움으로써 클라이언트가 그러한 문제를 해결하도록 돕겠다는 것을 명확히 말해야 한다. 나는 행위하는 사람들을 관찰하고, 인터뷰하고, 상호 동의한 방법으로 정보를 수집하겠다는 점을 말할 필요가 있다. 마지막으로 회의에 참석했을 때 적극적이지 않을 것이며, 오직 집단이 과제를 성취하는 데 도움이 된다고 느낄 때에만 일어나고 있는 일에 대해 논평하거나 피드백을 제공할 것임을 분명히 해야 한다. 내가 상대적으로 적극적이지 않다는 사실이 종종 집단에게는 문제이다. 컨설턴트를 고용하면 그들은 앉아 있고, 컨설턴트가 무엇인가를 자신들에게 얘기해 줄 것을 기대하기 때문이다. 컨설턴트가 이야기하지 않고 집단에 몇 시간 앉아 있는 것은 그들의 기대를 위반할 뿐만 아니라 무엇을 지켜보고 있는지 불안해진다. 내가 관계의 초기에 개인에게 해를 끼칠 수 있는 자료는 수집하지 않는다고 집단을 안심시키면 후속 관찰이 더 부드럽게 진행될 것이다.

나의 클라이언트는 단지 접촉하는 사람이나 높은 지위에 있는 사람이 아니라 내가 함께 일하는 집단 전체이고, 함의상 전제 조직과 더 넓은 공동체라는 아이디어를 충분히 설명해야 한다. 다른 말로 하면 나는 직원, 고객 혹은 공급자 등 한 번도 접촉하지 않은 집단에 대해서 해를 끼친다고 믿는 의사결정은 지지하지 않을 것이다. 무의식, 최종 클라이언트의 개념은 다루기 어려운 것이지만 과정컨설팅에서는 매우 중요하다. 내가 일하는 조직에서 다른 컨설턴트를 관찰해 보면 많은 사람이 고위관리자, 전형적으로는 의장을 일차 클라이언트로 삼아 그들에게 도입해야 할 치료적 개입을 설득한다. 그리고 나서 심지어 조직의 다른 사람에게 손해를 입힐 수도 있는 개입을 팔고 실행하는 것을 돕는다.

대조적으로 나는 함께 일할 모든 주요 집단의 신뢰를 얻어 어느 누구도 내가 누군가의 아이디어를 밀어붙인다고 생각하지 않을 때 가장 효과적이라는 것을 발견했다. 이러한 종류의 조력을 위해서는 변화동인자(change agent)보다는 촉진자(facilitator) 혹은 촉매자(catalyst)의 은유가 더 적합하다. 이런 수준의 신뢰가 형성되었다면 조직의 여러 수준을 가로질러 작업하는 것이 가능하다.

Billings에서 Stone, 그리고 그의 여섯 참모와 수개월 동안 함께 작업한 후에 모든 사람이 나를 잠재적으로 유용한 의사소통 연결자로 보는 지점에 도달했다. 나의 일차 작업은 분명 이 집단과의 회의였다. 수개월 동안에 모든 사람과 개인적으로 인터뷰를 해서 각 사람들에게 내가 참석한 회의에서 무엇을 얻고자 하는지 말할 기회를 주었다. 그들을 잘 알게 될수록 그들은 내가 전달해야 한다고 느끼는 것이 생길 때마다 다른 사람의 감정이나 반응을 보고해 달라고 매우 진지하게 요구했다. 특히 그들은 Stone이 특정한 것을 어떻게 느끼는지 알고 싶어했고, 그 특정한 것에 대한 그들의 느낌도 Stone에게 전해 주기를 원했다. 그들은 서로에 관하여, 그리고 Stone에 관하여 매우 개방적이었고, 나에게 말한 어떤 의견이나 반응도 잘 전달될 것이라고 알고 있었다. 그들은 내게 말한 모든 것을 비밀로 다루는 것을 원치 않았다. 그들은 나와 서로를 충분히 신뢰했고, 나와 그들 모두와의 연결을 유용한 의사소통 채널의 추가로 보았기 때문이다.

이 발전은 나에게 매우 흥미 있었다. 이러한 유형의 정보전달자로 기능하는 것에 대해 나의 초기의 감정에서는 나의 이상적인 역할은 아니었다. 그들의 입장에서도 이 기능은 자신들이 서로 직접적으로 말할 능력이 부족하다는 것을 반영하고 있는 것이었다. 그래서 나는 두 개의 행위 경로를 취했다. 먼저, 나는 각 사람들이 집단의 다른 사람들에게 느끼는 것을 가능한 한 직접 말하는 훈련을 시도했다. 동시에 그들의 작업 목적을 성취하는 데 도움이 될 수 있다고 생각될 때 그들이 공유할 수 없는 정보와 의견을 간간히 전달함으로써 나는 이 과정에 직접적으로 개입했다.

단순하지만 결정적인 사건이 내가 의미하는 바를 설명해 줄 것이다. Pete와 Joe는 부분적으로 서로를 라이벌로 느꼈기 때문에 항상 자유롭게 의사소통하지 못했다. Pete는 조사를 마치고 전체 집단이 토론해야 할 보고서를 썼다. 보고서 마감 3일 전에 나는 Pete의 사무실에 들러서 그와 함께 보고서에 대해 논의하고, 어떻게 진행되고 있는지 물어보았다. 그는 잘되고 있다고 말했다. 하지만 솔직하게 말하면 왜 Joe가 자신에게 들러 Joe의 기능에 관한 백업 자료를 보지 않는지 의아해했다. Pete는 이것을 Joe가 진정으로 자신을 존중하지 않는 여러 증거의 하나로 느꼈다.

한 시간쯤 후에 나는 Joe와 작업하면서 보고서에 대한 쟁점을 제기했다(도움이 되리라 생각해서 일방적으로 결정한 개입). Joe와 직원은 회의를 준비하느라 바빴고, Pete의 백업 자료를 보는 것에 대해서는 아무 말도 없었다. Joe는 그것은 확실히 사적인 것이고, Pete는 공개하지 않을 것이라고 말했다. Joe는 몹시 보고 싶었지만 Pete는 의도적으로 그것을 제공하지 않을 것이라고 확신했다.

나는 자료를 기꺼이 공유하려는 Pete의 감정에 대해 내가 알고 있는 것을 드러내는 것이 도움이 된다고 결정했다. Joe는 상당한 놀라움을 표현했고, 그날로 Pete에게 갔다. Pete는 따뜻하게 환영했고, Joe가 보기를 원했고 Pete가 공유하기를 원했던 세 권의 자료를 넘겨주었다. 나는 Pete의 감정을 드러내면 Pete나 Joe 어느 누구라도 그들의 감정을 해칠 것인지를 신중히 판단해야 했고, 사례에서 증명되었듯이 분명 잠재적 이익이 위험보다 크다고 결정했다.

나와 Billings의 여러 구성원 사이의 심리적 계약은 필수적으로 성취하기를 원했던 것이 아닌, 분명 어느 누구도 예측할 수 없는 상태로 전개되었다. 그것은 상황의 실재에 대응해서 전개되었고, 그러한 실재는 모든 컨설팅의 상황마다 다를 것이다.

요약과 결론

접촉과 입경의 과정, 설정과 작업 방법의 선택, 심리적 계약의 전개는 각각 매우 다양하다. 설정과 작업 절차 모두 접촉 클라이언트 집단과 컨설턴트 사이에 공동으로 결정되는 것이 중요하다. 무엇이 결정되든지 간에 과정컨설팅이 갖는 일반적 가정에 일치해야 한다. 그래야만 클라이언트 체제가 성취한 학습이 지속될 수 있다.

컨설턴트에게 필요한 전문성은 도움이 되면서도 동시에 또 다른 실재를 드러내는 개입 방안의 즉각적 설계이다. 컨설턴트의 대응은 항상 하나의 개입이며, 동시에 새로운 자료의 원천으로 간주되어야 한다.

이 모든 것에서 가장 이해하기 어려운 아이디어는 진단과 개입은 하나이고, 같은 과정이라는 것이다. 나는 항상 스스로 드러내는 실재에 열려 있어야 하고, 동시에 내가 언어적으로 반응하고, 그냥 의아해하고, 침묵하고, 논쟁하고 혹은 다른 질문을 하는 것은 결과를 가져오는 즉각적 개입이라는 것을 깨달아야 한다. 나는 아주 잠깐 동안에 그러한 모든 결과를 생각해야 한다. 나는 다음에 무엇을 할지 생각하기 위해 '별도의 시간'을 가질 수 없다. 내가 하는 모든 것은 하나의 개입이다.

는 인간 상황에서 도움이 일어날지의 여부를 결정짓는 요인은 조력자와 도움이 필요한 개인, 집단 혹은 조직 사이의 '관계'이다." 이런 관점에서 클라이언트와 접촉하기 시작할 때부터 내가 취하는 모든 행위는 클라이언트와 나에게 무엇이 일어나고 있는지 진단하고, 동시에 우리 사이에 관계를 형성하는 하나의 개입이 되어야 한다. 말하고 행동할 때마다 모든 접촉이 관계에 도움이 된다고 내가 느끼는지, 클라이언트가 도움을 받는다고 느끼는지의 측면에서 나의 성공을 측정한다.

게다가 그런 관점에서 원리, 지침, 실제적 조언 등 무엇이라고 부르든지 간에 그러한 종류의 조력관계를 형성하려고 노력할 때 항상 스스로 되새기는 것이 되었다. 그런 관점에서 원리를 검토해 보자.

1. 항상 도움이 되도록 시도하라

내가 분명하게 도움이 되고 노력할 의도가 없다면 조력관계로 이끌 수 없다. 일반적으로 모든 인간관계에서 도움이 되려는 의도는 보상을 주고, 상호학습으로 이끄는 관계를 보증하는 최선책이다.

2. 항상 현재의 실재와 접촉을 유지하라

나 자신, 상황, 그리고 클라이언트에게 무슨 일이 일어나는지 해독할 수 없다면 도움이 될 수 없다.

3. 너의 무지에 접근하라

자신의 내적 실재를 발견할 수 있는 유일한 방법은 안다는 가정으로 아는 것과 진정으로 알지 못하는 것을 구분하는 학습이다. 일반적으로 내가 진짜 알지 못하는 영역에서 작업하는 것이 가장 도움이 된다는 것을 경험으로부터 학습했다. 접근이 열쇠이다. 이것의 의미는 기대와 가정을 극복하기 위해서는 내가 진정으로 알지 못하고 질문해야 할 영역 안에 자신을 위치시키는 것이다. 그것은 내면의 데이터베이스를 살펴서 텅 빈 부분에 접근하는 것과 같다. 내가 진정으로 해답을 알지 못한다면 질문하면서 보다 적합하고 진지하게 조사할 가능성이 커진다.

4. 내가 행하는 모든 것이 개입이다

모든 상호작용이 진단적 정보를 드러내듯이, 모든 상호작용은 클라이언트와 컨설턴트 양자에게 결과를 가져온다. 그러므로 내가 행하는 모든 것을 소유하고, 그것이 조력관계의 형성이라는 목적에 적합한지 그 결과를 평가해야 한다.

5. 문제와 해결책을 소유한 사람은 클라이언트이다

나의 직무는 클라이언트가 도움을 얻을 수 있는 관계를 형성하는 것이다. 클라이언트의 문제를 나의 어깨에 짊어지는 것, 내가 살지 않는 상황에 대해 조언하고 해결책을 제시하는 것은 나의 직무가 아니다.

6. 흐름과 함께하라

클라이언트의 실재를 알지 못하는 정도만큼 그 실재의 자연스런 흐름을 가능한 한 존중해야 한다. 알려지지 않은 상황에 대해 나 자신의 흐름의 느낌을 부여해서는 안 된다. 관계가 특정 수준의 신뢰에 도달하고 클라이언트와 조력자가 일어나고 있는 것에 대한 통찰을 공유하면 흐름 자체가 공유된 과정이 된다.

7. 타이밍이 중요하다

나의 관점의 소개, 명료화를 요구하는 질문, 대안의 제시 혹은 나의 관점에서 도입하기 위하는 모든 것은 클라이언트의 주의를 이용할 수 있는 그런 순간에 타이밍이 맞추어져야 한다는 것을 반복해서 학습했다. 서로 다른 시점에 발화된 동일한 언급은 완전히 다른 결과를 가져올 수 있다.

8. 직면적 개입으로 건설적인 기회주의자가 되라

클라이언트가 신호를 보내는 개방의 순간, 새로운 투입에 그의 주의가 이용될 수 있어 보이는 순간, 나는 그 순간을 포착하여 최대한 활용하려고 노력한다. 그러한 순간에 귀 기울이면서 클라이언트의 강점과 긍정적 동기 위에 형성될 수 있는 영역을 찾는 것이 가장 중요하다. 또한 그 순간은 클라이언트가 새로운 관점에 주의를 기울일 준비가 되었다는 것을 의미하는 자료를 드러낼 때 일어난다.

9. 모든 것은 자료이다. 실수는 항상 일어나기 마련이고 그것은 학습의 주요 원천이다

아무리 앞의 원리들을 잘 준수해도 클라이언트에게 기대되지 않고 바람직하지 않은 반응을 만드는 말과 행동을 할 수 있다. 나는 무슨 수를 써서라도 방어, 부끄러움 혹은 죄책감을 피하고 그것으로부터 학습해야 한다. 나는 결코 실수를 피할 만큼 클라이언트의 실재를 충분히 알 수는 없다. 그러나 실수들이 유발하는 반응으로부터 나와 클라이언트의 실재에 대해 많은 것을 학습할 수 있다.

10. 의심이 들 때는 문제를 공유하라

관계에서 불가피하게 나의 동력이 떨어지고, 다음에 무엇을 할지 모르고, 좌절을 느끼고, 여러 방식으로 무기력해질 때가 있다. 이와 같은 상황에서 내가 할 수 있는 것 중에 가장 도움이 되는 것은 나의 '문제'를 클라이언트와 공유하는 것이다. 다음에 무엇을 할지 나는 항상 알아야 한다고 왜 가정하는가? 우리가 함께 다루는 것이 클라이언트의 문제와 실재인 한, 도움이 되려는 나의 노력에 클라이언트를 참여시키는 것은 전적으로 적합한 것이다.

이 원리들은 내게 무엇을 할지 말해 주지는 않는다. 대신에 내가 있는 상황에 대해 생각하는 법을 상기시켜 준다. 이 원리들은 상황이 조금 애매할 때 지침을 제공한다. 또한 내가 하려는 것이 무엇인지를 상기시켜 준다.

유용한 개입의 유형학을 개발할 수 있는가

이 책의 이전 버전에서 개입을 범주화했다. 이것의 여러 가능성을 되돌아볼 때, 그러한 범주는 관계가 전개되는 매 순간에 무엇이 도움이 될지 추론하는 보다 근본적인 질문에서 이탈시킬 수 있어 진정으로 유용하지 않다고 결론을 내렸다. 나는

'촉진적 개입(facilitative intervention)'이라는 일반적 개념을 선호한다. 이 개념은 컨설턴트는 항상 주어진 순간, 총체적 상황에 대해 알려진 모든 것을 갖고 가장 도움이 될 개입을 선택해야 한다는 것을 함의한다. 물론 컨설턴트는 이전 장에서 설명된, 그리고 다른 조직개발의 책에서 서술된 다양한 질문, 연습, 조사-피드백 기술공학, 그리고 여러 형태의 개입에 대해 잘 알아야 한다.

그러나 개입에 대한 많은 종류의 지식은 관계에서 전진을 촉진하기 위해 '바로 지금' 필요한 것을 감지하는 노하우를 대체할 수는 없다. 사실 '미리 준비된' 개입의 기술은 현재의 실재에 머무는 것을 어렵게 한다. 항상 자신이 잘한다고 믿는 것을 사용할 기회를 찾기 때문이다. 속담이 말하듯이, 당신이 망치를 갖고 있다면 세상의 모든 것이 못처럼 보일 것이다. 그렇다면 우리가 말하는 핵심적 기술은 무엇인가?

형식적 지식, 기술 혹은 암묵적 노하우

과정컨설팅에 대해 워크숍을 할 때, 종종 젊은 컨설턴트에게 제안하는 많은 것이 나의 경험과 명성 때문에 나에게는 작동할 것이지만 그들에게는 작동하지 않을 수 있다는 것을 상기한다. 이 쟁점에는 두 가지 구성성분이 있다. 그들은 갖고 있지 않지만 나는 갖고 있는 것은 정확하게 무엇인가? 명시적이고 형식적인 지식, 공식적 훈련을 토대로 한 기술 혹은 경험에 근거한 암묵적 노하우는 조력관계의 형성과 얼마나 관련이 있는가? 독자는 내가 이전 저서에서는 세 수준의 지식을 구분하지 않았다는 것을 알아차렸을 것이다. 그 이유는 세 가지 모두 조력관계의 형성과 관련된 것이기 때문이다. 여러 장에서 제시된 단순화된 모델과 같은 형식적 지식은 중요하다. 특히 초보 컨설턴트는 심리학, 집단역학, 조직역학을 어느 정도 이해하는 것이 중요하다. 그러나 분명 형식적 지식으로는 충분하지 않다. 워크숍 훈련, 도제관계, 실제의 시행착오를 통해 기술과 더욱 중요하게는 암묵적이고 자동화되는 노하우를 서서히 개발할 수 있다. 지식의 마지막 두 범주에서 나는 분명 초보자보다 강점이 있다. 그러나 나는 항상 철학의 핵심 요소가 실재를 다루는 데 있다면, 초보자는 그것이 무엇을 함의하든지 간에 그것의 실재로부터 작업해야 한다는 것을 강조한다.

설명해 보자. 내가 나의 작업에 익숙한 관리자와 작업하고 있다면 그는 아마도 나를 이 형태의 컨설팅 전문가로 이해하고 있음을 안다. 나는 그러한 일련의 지각을 인식하고, 그에 따라 개입을 진행할 것이다. 만약 젊고 초보자인 컨설턴트가 앞의 관리자와 진행한다면 그는 관리자가 상대적으로 컨설턴트의 경험이나 기술을 잘 모른다는 것을 알아야 하고, 그 실재로부터 작용해야 한다. 결과적으로 우리는 서로 다른 개입을 진행할 것이지만, 각자는 조력관계를 형성하기 위해 노력할 것이고 성공할 수 있다. 관계는 서로 다르게 전개될 것이지만, 우리의 경험에 내가 초보자보다 더 성공한다는 것을 자동적으로 결정하는 것은 없다.

내가 이런 상황에서 초보자를 관찰해 보면 성공하지 못하는 것은 원칙을 고수하지 않는 것, 성급하게 전문가가 되는 것, 아무도 요구하지 않는 조언을 제공하는 것과 항상 연결되어 있다. 물론 이 실수 자체는 경험이 부족한 결과이다. 그렇지만 이것이 원리들의 효력을 없애는 것은 아니다. 초보자가 조력자의 역할에 머물고 여기서 기술된 것에 초점을 유지한다면 그는 내가 같은 상황에서 성공한 정도로 성공할 것이다.

나는 프로젝트 집단이 때때로 프로젝트를 진행하면서 서로를 도우려고 노력하는 계획된 변화관리에 대한 수업에서 이것을 반복해서 보아 왔다. 내가 컨설턴트의 역할을 한다면 나는 도울 수 있다. 이보다 더 중요한 것은 내가 학생들에게 도움이 되도록 노력하라고 격려할 때, 이 원리에 의해 작용하는 학생들은 내가 할 수 있는 정도나 그 이상으로 도움이 된다. 경험의 기간이 아니라 그들의 통찰이 결정적이다. 얼마나 오랜 시간을 실천했느냐가 아니라 기꺼이 전문가의 역할을 포기하고 현재의 실재를 다루는 것이 결정적이다.

또한 조력관계는 두 인성스타일의 산물이라는 것이 인식되어야 한다. 동등한 경험을 가진 두 명의 컨설턴트는 도움이 되는 서로 다른 두 개의 관계를 산출할 수 있다. 나의 많은 클라이언트는 접촉 클라이언트가 나에 대해 말한 것을 토대로만 진행하는 것을 원치 않는다는 것은 우연이 아니다. 그들은 나를 만나 우리의 '궁합'을 검증하기를 원했다. 그런 관점에서 모든 관계에서 궁합이 잘 맞는 초보자는 궁합이 맞지 않는 경험 있는 컨설턴트의 수준, 아니 그 이상으로 잘할 수 있다.

결론적으로 암묵적인 노하우와 기술은 중요하다. 그러나 초보 컨설턴트도 끌어올 인간 경험의 역사를 갖고 있다. 경험의 부족은 누군가를 돕는 것이 무엇을 의미하는지 이해하지 못하고, 그러한 원리에 따라 운영하는 데 최선을 다하지 않는 것이 문제를 일으키는 정도만큼이나 문제의 전조가 되는 것은 아니다.

◗

마무리하는 개인의 메모

종종 스스로에게 왜 이 특성을 전도하는 데 그렇게 열정적인가를 묻곤 한다. 나의 경험은 독자가 이해하기를 원하는 얼마간의 교훈을 나에게 가르쳐 주었다. 나 자신의 조력 과정을 지켜보고, 특히 다른 사람의 조력 과정을 관찰하면서 단순한 진리를 계속 다시 발견했다. 우리는 이 진리들에 대해 심리역학, 사회복지, 교수, 코칭 등의 관련 분야에서 많은 것을 학습했다. 그렇지만 우리는 조직컨설팅을 이와 다른 것으로 다루기를 고집한다. 컨설턴트들은 계속해서 나에게 공식적으로 진단하고 보고서를 쓰고 상세한 권고를 하는 것이 얼마나 중요한지, 그렇지 않으면 자신들의 직무를 다하지 못한 것으로 느낀다는 것을 말해 왔다. 나는 다른 조력전문직에서 성취한 학습, 즉 클라이언트의 참여, 자신의 속도대로 학습해야 하는 것, 클라이언트가 통찰하고 자신의 문제를 스스로 풀도록 돕는 것이 경영과 조직컨설팅 분야에는 왜 일반화되지 않는지를 진정 이해할 수 없다.

냉소적인 관점에서 보자면, 조력의 태도를 파는 것보다 생산품, 프로그램, 진단, 그리고 일련의 권고를 파는 것이 훨씬 쉽기 때문이다. 컨설팅 회사는 사업이고, 그들은 재무적으로 생존해야 한다. 그래서 클라이언트가 기꺼이 돈을 지불할 생산품과 서비스에 대한 엄청난 압박은 불가피하다. 그러나 컨설팅이 한 번 사업이 되면 내가 의미하는 바의 '컨설팅'은 중지된다고 믿는다. 그것은 어떤 전문서비스를 파는 것으로 변형된다. 컨설팅 회사는 정보, 아이디어, 권고를 판다. 그러나 그들은 조력을 파는 것일까? 내게는 이것이 가장 어려운 질문이다.

조력자도 생활해야 하고, 그의 서비스에 대해 비용을 청구해야 한다. 그러나 치료 전문가와 사회복지사는 처음부터 그들의 작업을 공식적인 진단 방법과 공식적인 치료 프로그램을 포함한 장기간의 프로젝트의 측면에서 규정하지는 않는다. 그들은 먼저 관계를 형성하고, 클라이언트와 함께 다른 것이 필요하다고 결정하면 단지 다른 서비스를 권고한다. 내가 보기에 경영컨설팅과 조직컨설팅에서 빠진 부분이 초기의 관계 형성이다. 이 관계에서 클라이언트는 자신의 문제를 소유하고, 조사, 대면회의 혹은 컨설팅 회사가 진행하는 2년간의 공식적인 변화 프로그램의 실시 여부에 대해 이치에 맞는 결정을 내릴 수 있게 된다.

먼저 관계를 형성할 필요가 있다는 나의 감정의 힘은 공식적인 실행 프로그램을 가진 전문 컨설턴트를 고용했던 조직과 함께 일한 나의 경험에서 도출된 것이다. 나는 너무나 자주 상당한 돈이 지불되었는데도 클라이언트가 원하는 것이 거의 성취되지 않았다는 것을 학습했다. 그 결과, 조력은 우리가 다룰 다양한 수준의 클라이언트와 올바른 종류의 관계가 형성되기 전에는 일어나지 않을 것이라는 실재에 직면해야 했다. 그러한 관계를 형성하는 데에는 시간이 걸리고, 조력자에게 특정한 종류의 태도를 요구한다. 결국 이 책은 그러한 태도가 무엇인지를 분명히 밝히려는 시도이다.

참고문헌

Allen, T. J. (1977). *Managing the flow of technology*. Cambridge, MA: MIT Press.

Ancona, D. G. (1988). "Group in organization: Extending laboratory models". In C. Hendrick (Ed.), *Annual review of personality and social psychology: Group and intergroup processes*. Beverly Hills, CA: Sage.

Argyris, C., & Schön, D. A. (1996). *Organizational learning II*. Reading, MA: Addison-Wesley. (Original edition 1974)

Barrett, F. J., & Cooperrider, D. L. (1990). Generative metaphor intervention: A new approach for working with systems divided by conflict and caught in defensive perception. *Journal of Applied Behavioral Science, 26* (2), 219-239.

Bateson, G. (1972). *Steps to an ecology of mind*. New York: Ballantine.

Beckhard, R. (1967). The confrontation meeting. *Harvard Business Review*, 45, March-April, pp. 149-155.

Beckhard, R., & Pritchard, W. (1992). *Changing the essence: The art of creating fundamental change in organizations*. San Francisco: Jossey-Bass.

Beckhard, R. (1997). *Agent of change*. San Francisco: Jossey-Bass.

Beckhard, R., & Harris, R. T. (1987). *Organizational transitions: Managing complex change (2ed.)*. Reading, MA: Addison-Wesley.

Blake, R. R., & Mouton, J. S. (1969). *Building a dynamic organization through grid organization development*. Reading, MA: Addision-Wesley.

Blake, R. R., Mouton, J. S., & McCanse, A. A. (1989). *Change by design*. Reading, MA: Addision-Wesley.

Bohm, D. (1989). *On dialogue*. OJai, CA: Ojai Seminars.

Bradford, L. P., Gibbs, J. R., & Benne, K. D. (Eds.). (1964). *T-group theory and laboratory method*. New York: Wiley.

Bunker, B. B., & Alban, B. T. (1997). *Large group interventions*. San Francisco: Jossey-Bass.

Carroll, J. S., & Payne, J. W. (Eds.). (1976). *Cognition and social behavior*. Hillsdale, NJ: Lawrence Erlbaum.

Chisholm, R. F. (1998). *Developing network organizations*. Reading, MA: Addison-Wesley.

Coghlan, D. (1997). *Renewing apostolic religious life*. Dublin: The Columba Press.

Cooperrider, D. L., & Strivastva, S. (1987). "Appreciative inquiry into organizational life". In R. W. Woodman & D. L. Cooperrider (Eds.), *Appreciative management and leadership*(pp. 91-125). San Francisco: Jossey-Bass.

Cooperrider, D. L. (1990). "Positive image, positive action: The affirmative basis of organization". In S. Srivastva & D. L. Cooperrider (Eds.), *Appreciative management and leadership*(pp. 91-125). San Francisco: Jossey-Bass.

Dyer, W. G. (1995). *Team building: Current issues and new alternatives*. Reading, MA: Addison-Wesley.

Edwards, B. (1979). *Drawing on the right side of the brain*. Los Angeles, Tracher.

Eriksson, K. E., & Robert, K. H. (1991). From the big bang to sustainable societies. *Reviews in Oncology, 4*(2), 5-14.

Frank, F. (1973). *The zen of seeing*. Garden City, New York: Doubleday.

Friz, R. (1991). *Creating*. New York: Fawcett Columbine.

Gallway, W. T. (1974). *The inner game of tennis*. New York: Random House.

Goffman, E. (1959). *The presentation of self in everyday life*. New York: Doubleday.

Goffman, E. (1961). *Asylums*. New York: Doubleday Anchor Books.

Goffman, E. (1967). *Interaction ritual*. New York: Aldine.

Hall, E. T. (1959). *The silent language*. New York: Doubleday.

Hall, E. T. (1966). *The hidden dimension*. New York: Doubleday.

Hall, E. T. (1976). *Beyond culture*. New York: Doubleday.

Hall, E. T. (1983). *The dance of life*. New York: Doubleday.

Harvey, J. (1974). The abilene paradox: The management of agreement. *Organization Dynamics, 17*, 16-43.

Heifetz, R. A. (1994). *Leadership without easy answers*. Cambridge, MA: Belknap Press of Harvard University Press.

Heron, J. (1990). *Helping the client*. London: Sage.

Hirschhorn, L. (1988). *The workplace within*. Cambridge, MA: MIT Press.

Hirschhorn, L. (1991). *Managing in the new team environment*. Reading, MA: Addision-Wesley.

Isaacs, W. N. (1993). *Taking flight: Dialogue, collective thinking, and organizational learning.* Organizational Dynamics, Winter, 24-39.

Jaques, E. (1982). *The forms of time*. London: Heinemann.

Janis, I. (1982). *Group think* (2d ed.). Boston: Houghton Mifflin.

Lifton, R. J. 19-(p. 6.15) *Thought reform and the psychology of totalism*. New York: Norton.

Likert, R. (1961). *New patterns of management*. New York: McGraw-Hill.

Luft, J. (1961). The Johari window. *Human Relations Training News*, 5. 6-7.

March, J., & Simon, H. A. (1958). *Organizations*. New York: Wiley.

Marshak, R. J. (1993). Managing the metaphors of change. *Organizational Dynamics, Summer.*

Michael, D. N. (1973). *On learning to plan and planning to learn*. San Francisco: Jossey Bass.

Michael, D. N. (1997). *Learning to plan and planning to learn* (2nd ed.). Alexandria, VA: Miles River Press.

Nadler, D. A. (1977). *Feedback and organization development*. Reading, MA: Addision-Wesley.

Neumann, J. (1994). "Difficult beginnings: Confrontation between client and consultant". In Casemore, R., et al. (Eds.), *What makes consultancy work: Understanding the dynamics* (pp. 13-47). London: Southbank University Press.

Nevis, E. C. (1987). *Organizational consulting: The Gestalt approach*. Cleveland: The Gestalt Institute Press.

Nisbett, R., & Ross, L. (1980). *Human inference: Strategies and shortcomings of social judgement.* Englewood Cliffs, NJ: Prentice Hall.

Rashford, N. S., & Coghlan, D. (1994). *The dynamics of organizational levels*. Reading, MA: Addison Wesley.

Schein, E. H. with Inge Schneier & C. H. Barker. (1961a). *Coercive persuasion*. New York: Norton.

Schein, E. H. (1961b). Management development as a process of influence. *Industrial Management Review*, 2, 59-77.

Schein, E. H. (1966). The problem of moral education for the business manager. *Industrial Management Review*, 8, (1), 3-14.

Schein, E. H. (1978). *Career dynamics: Matching individual and organizational needs*. Reading, MA: Addision-Wesley.

Schein, E. H. (1980). *Organizational psychology* (3rd ed.). Englewoods Cliffs, NJ: Prentice-Hall.

Schein, E. H. (1985). *Organizational culture and leadership*. Jossey-Bass: Second edition, 1992.

Schein, E. H. (1990). *Career anchors*. San Diego, CA: Pfeiffer, Inc.

Schein, E. H., & Bennis, W. G. (1965). *Personal and organizational change through group methods: The laboratory approach*. New York: Wiley.

Senge, P. (1990). *The fifth discipline*. New York: Doubleday Currency.

Senge, P., Roberts, C., Ross, R. B., Smith, B. J., & Kleiner, A. (1994). *The fifth discipline field book*. New York: Doubleday Currency.

Simon, H. A. (1953). *Models of man*. New York: Wiley.

Simon, H. A. (1960). *The new science of management decisions*. New York: Harper.

Tversky, A., & Kahneman, D. (1974). Judgement under uncertainty: Heuristics and biases. *Science, 185*, 1124-1131.

Van Maanen, J. (1979). "The self, the situation, and the rules of interpersonal relation". In W. Bennis, J. Van Maanen, E. H. Schein., & F. Steele (Eds.), *Essays in interpersonal dynamics*. Homewood, IL: Dorsey.

Van Maanen, J., & Kunda, G. (1989). "Real feelings: Emotional expression and organizational culture". In B. Staw (Ed.), *Research in organizational behavior* (Vol. 11). Greenwich, CT: JAI Press.

Van Maanen, J., & Schein, E. H. (1979). "Toward a theory of organizational socialization". In M. B. Staw & L. L. Cummings (Eds.), *Research in organizational behavior* (Vol. 1). Greenwich, CT: JAI Press.

Weisbord, M. R., & Janoff, S. (1995). *Future search*. San Francisco: Berrett-Koehler.

Worley, C. G., Hitchin, D. E., & Ross, W. L. (1996). *Integrated strategic change*. Reading, MA: Addison-Wesley.

Schein의 과정컨설팅 소개

컨설팅이 우리나라의 학교영역에 도입된 것은 2000년부터라고 평가된다. 이후 컨설팅은 교육
컨설팅, 학교컨설팅, 장학컨설팅, 수업컨설팅, 학습컨설팅, 생활지도컨설팅, 학교경영컨설팅, 교육
과정컨설팅 등 유행이라고 할 정도로 급속도로 퍼져나가고 있다. 컨설팅의 실천뿐만 아니라 컨설
팅에 대한 연구도 등장하여 하나의 연구주제로 자리를 잡아 가고 있다. 컨설팅을 주제로 한 연구물
이 증가하고 있을 뿐만 아니라 학교컨설팅연구회, 한국교육컨설팅학회, 한국교육기관컨설팅학회,
한국교육컨설팅코칭학회 등이 설립되었다. 또한 2012년 동덕여자대학교 대학원 교육컨설팅전공
의 신설을 필두로 몇몇 대학원에 컨설팅전공이 개설되었다.

Gallessich는 컨설팅의 전문화를 3단계로 나누어 제시하였다. 첫 단계에서 컨설팅은 다른 전
문직의 역할과 기능의 연장으로 모호하게 규정되면서 실천된다. 각 영역의 전문가들은 자신들의
전문적 실천을 수정할 필요가 없으며, 컨설티(consultee)에게 의사소통하는 데 필요한 약간의 기
술을 갖추면 족하다. 둘째 단계에서 컨설팅은 여전히 모(母) 직업에 종속되어 있지만, 컨설턴트
(consultant)는 별도의 전문성을 요하는 새로운 역할로 규정된다. 실천가들이 컨설턴트로 활동하면
서 경험과 연구를 통해 새로운 전문성을 구축하고, 그것을 워크숍, 논문, 출판을 통해 전파한다. 셋
째 단계에서는 여러 분야에 속해 있던 컨설팅의 지식과 실천이 느슨하게나마 통합되어 하나의 독
립체계를 형성한다. 또한 대학에 컨설팅전공이 개설되어 전문성의 정체가 컨설턴트인 대학원생을
배출하기 시작한다.

컨설팅의 역사에서 다른 영역과 구분되는 컨설팅의 전문성은 컨설팅의 모델로 구체화되고 있
다. 컨설팅모델은 컨설팅의 논문과 저서, 대학의 컨설팅 강좌, 그리고 컨설턴트 훈련 프로그램에
서 중심을 차지하고 있다. 이런 중요성 때문에 컨설팅모델 그 자체가 하나의 연구주제가 되었다.

연구자들이 제시한 컨설팅모델들과 분류 방식에는 조금씩 차이가 있지만, 정신건강컨설팅(mental health consultation), 행동컨설팅(behavioral consultation), 과정컨설팅(process consultation)은 여러 분야에서 공통적으로 인정되는 컨설팅의 모델이다. 이 중 과정컨설팅은 Schein에 의해 개발된 모델로 경영 분야에서 개발되었지만, 우리 삶의 여러 분야에 적용이 가능한 컨설팅모델로 평가받고 있다. Schein은 과정컨설팅을 개발한 후에 이를 컨설팅뿐만 아니라 조력을 구하는 여러 상황으로 확장하여 2009년에 『조력: 어떻게 도움을 주고받을 것인가(Helping: How to Offer, Give, and Receive Help)』를 출판하였다. 또한 2016년에는 『겸손컨설팅(Humble Consultation)』을 통해 새로운 컨설팅모델을 제시하는 등 지속적으로 컨설팅 분야에 공헌하고 있다.

이 책은 Schein의 과정컨설팅에 대한 세 권의 저서 중 1999년에 출판된 『과정컨설팅 재고: 조력관계의 형성(Process Consultation Revisited: Building the Helping Relationship)』을 번역한 것이다. Schein은 1969년부터 1999년까지 출판된 세 권의 저서에서 자신의 40년간 경험이 인간의 조력관계에 대한 일반적인 모델을 만드는 토대가 되었고, 이 모델이 컨설턴트뿐만 아니라 심리치료사, 사회복지사, 상담사, 코치, 부모, 친구, 관리자에게도 적용될 수 있다고 보았다. 그는 과정컨설팅은 단지 컨설팅 기법이 아니라 "조력에 대한 철학이요, 어떻게 조력할 것인가에 대한 방법론"이라고 주장했다. 이 철학의 핵심 가정은 "오직 우리가 도울 수 있는 것은 인간체제 스스로 자신을 돕도록 하는 것"이다. 이 가정은 그의 모델에서 조력관계의 형성으로 구체화된다.

Schein은 컨설팅의 양식으로 과정모델 외에도 전문지식 구매모델(purchase model)과 의사-환자모델(doctor-patient model)을 제시했다. 전문지식 구매모델에서는 클라이언트가 전문가의 정보 혹은 서비스를 구입한다. 의사-환자모델에서는 의사-환자의 관계에서처럼 전문가인 컨설턴트가 클라이언트의 문제를 진단하고 치료책을 제시한다. 두 모델에서 컨설턴트는 전문가로서 클라이언트의 문제를 해결할 수 있는 처방책을 제시하고, 클라이언트는 그 처방책을 실행한다. 이에 반해 과정모델에서는 문제를 진단하고, 문제를 해결할 수 있는 방안을 찾아야 할 책임은 컨설턴트가 아니라 클라이언트에게 있다. 다만 컨설턴트는 클라이언트가 자신의 문제를 진단하고 치료할 수 있게 돕는다. 클라이언트는 스스로 진단하고 해결책을 모색하는 과정에서 진단하는 법과 해결책을 찾는 법을 학습할 수 있고, 미래에는 컨설턴트의 도움 없이도 자신의 문제를 해결할 수 있다. Schein은 "사람들에게 고기를 주는 대신에 고기를 잡는 법을 가르치라는 격언이 과정컨설팅에 잘 어울린다"라고 말했다.

과정컨설팅에 대한 Schein의 이러한 주장은 과정이라는 개념틀로 컨설팅의 상황과 문제를 설정하면서 구체화된다. 그는 내용과 과정을 구분했다. 내용이 무엇이 행해지느냐에 해당한다면, 과정은 어떻게 행해지느냐를 의미한다. Schein은 길을 건널 때 내용은 길을 건너는 것이고, 과정은 어떻게 건너느냐를 지칭한다고 말했다. 우리는 걷거나 뛰거나 차를 타는 등 서로 다른 과정으로 길을 건널 수 있다. 과정컨설팅에서 과정은 크게 두 가지 차원에서 컨설팅의 구조를 형성한다. 하나의 차원은 컨설팅의 문제 상황을 개념화하는 것으로, 조직의 내용과 과정의 구분이다. 사람과 집단 사이에는 무엇이 행해지느냐보다 어떻게 행해지느냐가 더 중요하며, 그렇기 때문에 컨설팅에서는 조직의 과정에 초점을 두어야 한다. 다른 하나의 차원은 컨설팅 그 자체를 규정하는 컨설팅 과정이다. 이는 컨설팅이란 무엇인가라는 근본적인 질문에 대한 답변이다. Schein에 의하면 우리는 어떤 차원의 과정이든지 간에 내용에 대해서는 잘 인식하고 훈련받았지만, 과정을 관찰하고 원하는 방식으로 디자인하는 데 있어서는 '숲 속의 아기'와 같다.

　　Schein은 집단과 조직을 관찰하면서 집단이 사용하는 과정이 내용보다 집단의 상황을 잘 드러내고, 도움이 필요한 영역이라고 주장했다. 특히 그는 조직에서 일어나는 인간 과정이 조직의 효과성을 향상시킬 수 있다고 보았다. 조직은 사람들의 네트워크이기 때문에 사람들 사이에 일어나는 과정이 있을 수밖에 없고, 구성원들이 이 과정을 더 잘 이해하고 진단한다면 그들의 기술문제에 대한 해결책을 찾을 가능성이 더 커진다는 것이다. 효과적인 조직수행에 필요한 과정으로 그가 강조하는 것은 구성원의 의사소통, 집단에서의 역할과 기능, 집단의 문제해결과 의사결정, 집단의 규준과 성장, 리더십과 권위, 집단 간의 협력과 경쟁이다. 과정컨설팅은 클라이언트가 자신과 집단의 과정을 인식하고, 그 영역에서 문제를 진단하고 해결책을 생성함으로써 문제를 해결할 뿐만 아니라 컨설턴트가 떠난 뒤에도 지속적으로 문제를 해결할 수 있도록 한다.

　　과정컨설팅의 과정은 컨설팅이 무엇인가에 대한 하나의 답변이기도 하다. Gallessich가 구분한 컨설팅의 발달단계에서 Schein의 과정컨설팅은 컨설팅이 2단계로 발전하기 위해 반드시 직면해야 하는 근본적 질문을 다루었다. 컨설팅이 2단계로 발전하기 위해서는 컨설팅이 이루어지는 영역의 전문지식과 구분되는 컨설팅 자체의 독자적인 영역을 구축해야 한다. Schein의 내용과 과정의 범주를 적용하면, 컨설팅의 내용이 컨설팅이 이루어지는 대상영역에 해당한다면 컨설팅의 과정은 컨설팅의 내용영역을 소재로 해서 작동되는 컨설팅의 전문영역이라고 할 수 있다. 이와 관련해서 Schein은 컨설팅의 과정을 해석하고 안내하는 사고체계로서 문제해결 은유체계, 심리적 은유체계, 그리고 의료적 은유체계가 많이 사용되고 있다고 보았다. 그러면 과정컨설팅에서 규정하는 컨설팅의 과정은 무엇인가? 그것은 조력 과정(helping process)이다.

Schein은 과정컨설팅이 조력 과정 그 자체에 대한 관점 그리고 조력관계에 대한 일반적인 모델에 근거하고 있다고 주장했다. 그가 주장하는 과정컨설팅의 조력 과정은 무엇인가? 요약하자면 컨설턴트와 클라이언트의 상호 학습과 촉진의 과정이다. 컨설턴트와 클라이언트는 조직의 과정을 인지, 관찰, 진단, 해결하는 과정에서 서로에게서 학습하고, 서로의 학습을 촉진해야 한다. 그는 과정컨설팅이 Lewin과 Rogers의 철학의 정신, 즉 "학습자는 자기학습에 관여되어야 하고, 궁극적으로 우리는 오직 사람들이 자신을 돕도록 도울 수 있다"에 근거한다고 주장했다. 클라이언트는 스스로 과정을 인지하고, 진단하고, 해결책을 찾는 학습 과정에 참여해야 하며, 그를 통해 조직 과정에 대한 학습뿐만 아니라 학습 그 자체를 학습할 수 있다. 컨설턴트는 학습의 전문가로서 자신의 고정관념을 극복하고, 클라이언트, 조직, 상황에 대한 무지를 극복하기 위해 자기통찰과 클라이언트로부터의 학습을 적극적으로 추구해야 한다. 이 과정에서 컨설턴트는 특정 지식을 전하는 것이 아니라 클라이언트에게 필요한 것을 발견하도록 돕고, 그것을 향해 클라이언트가 스스로 나아가도록 돕는 것, 즉 '촉진적 개입'을 실시한다. 그는 과정컨설팅에서 학습의 촉진을 위해 사용될 개입 방안으로 적극적 질문, 의도된 피드백, 다이얼로그 등을 제시했다.

과정컨설팅에서 조력관계는 조력 과정과 호응하면서 컨설팅을 구성하는 또 하나의 중요한 요소이다. Schein은 과정컨설팅에서 컨설턴트와 클라이언트의 관계에 대해 다음과 같이 말했다. "과정컨설팅과 조력관계의 형성을 성찰할 때 다음과 같은 질문이 떠오른다. 이 조력철학을 '다르게' 만드는 핵심 혹은 강조점은 무엇인가? 왜 이 내용을 학습하기 위해 신경 써야 하는가? '이 내용'에 대한 나의 40년간의 실천을 되돌아보면 그 핵심은 '관계'라는 단어이다. 솔직하게 표현하면 나는 다음과 같은 것을 믿게 되었다. 인성, 집단역동, 문화를 포함하는 인간 상황에서 도움이 일어날지의 여부를 결정짓는 요인은 조력자와 도움이 필요한 개인, 집단 혹은 조직 사이의 '관계'이다."

이 관계에서 중요한 것은 상호 조력의 과정이다. 컨설턴트는 정확한 정보와 감정에 대해 클라이언트에게 의존해야 하고, 클라이언트가 심층을 드러내는 데 필요한 신뢰를 형성하도록 기꺼이 클라이언트의 도움을 받아야 한다. 그런 점에서 컨설턴트와 클라이언트는 서로 도움을 주고받는 평등한 관계이다. 그러나 대체로 컨설팅에 작용하는 심리적·문화적 요인에 의해 컨설턴트와 클라이언트 사이에는 불평등한 지위관계가 형성되기 쉽다. 불평등한 관계가 형성되면 클라이언트는 자신의 진짜 문제를 드러내지 않고, 컨설턴트의 말을 수용하지 않고 저항하며, 제공된 도움을 손상시키는 방어적 행태를 띠게 된다. 그렇기 때문에 조력관계 형성에 작용하는 심리적·문화적 다이내믹을 이해하고, 컨설턴트와 클라이언트의 지위관계를 균형화(equilibration)하는 조치가 필요하다.

　도움을 요청하면 클라이언트는 심리적으로 자기비하감, 분개와 방어, 의존과 종속의 부정적이고 불안한 심리상태를 갖기 쉽다. 그래서 컨설턴트의 조언마다 트집을 잡거나, 반대로 전적으로 컨설턴트에게 의존함으로써 심리적 안정을 되찾는다. 도움을 요청받은 컨설턴트는 우월감과 높아진 지위감에 빠지기 쉽고, 클라이언트를 자신에게 의존하게 만들고, 더 강한 압력으로 저항에 대응한다. 문화적으로 보면 다른 사람과 상호작용할 때 그 상황을 지배하는 문화적 규칙이 있는데, 사회적 기능에서 핵심은 서로의 체면을 유지하는 것이다. 관계에서 체면을 잃는다면 그 사람은 당황스러움, 창피함, 그리고 궁극적으로는 상대방에 대해 복수심을 갖게 된다. 컨설팅에서 클라이언트는 자신의 문제를 드러내고 수용함으로써 자신의 체면을 드러낸 것이다. 이때 컨설턴트가 어떤 방식으로든 문제가 사소하다든가 클라이언트가 무능력하다는 신호를 보이면 클라이언트의 체면은 손상되고 상처받게 된다.

　컨설턴트와 클라이언트 사이에 평등한 조력관계가 형성되기 위해서는 컨설팅을 요청할 때 양자 사이에 작용할 수 있는 이런 심리적·문화적 기제를 극복하는 조치가 요구된다. 그 핵심은 클라이언트의 자존감을 다시 형성하고, 컨설턴트와 클라이언트의 지위를 균형화하며, 클라이언트가 느낄 수 있는 의존성을 줄이는 것이다. 이를 위해 컨설턴트는 클라이언트가 요청한 문제가 사소한 것이 아니라 매우 중요하고, 또 클라이언트만의 문제가 아니라 컨설턴트 자신이나 다른 클라이언트에게도 일어나는 문제라는 것을 알려야 한다. 그리고 클라이언트 스스로가 자신의 문제를 해결하고, 스스로를 도울 수 있는 능력 있는 존재라는 것을 부각시키고, 클라이언트를 수용하고 적극적으로 지원해야 한다.

　Caplan의 정신건강컨설팅과 마찬가지로 Schein의 과정컨설팅에서도 컨설턴트와 클라이언트의 자유와 책임은 중요한 요소이다. 컨설턴트와 클라이언트는 컨설팅의 참여에 대해 결정할 자유가 있으며, 언제라도 관계가 만족스럽지 않거나 유용하지 않다면 합의를 통해 컨설팅을 종료할 자유가 있다. Schein은 이 상호 간의 자유가 컨설팅의 관계가 의무가 아니라 양자가 성취한 가치임을 보장한다고 보았다. 클라이언트는 자신 혹은 자신이 속한 조직의 문제를 파악하고 진단하고 해결책을 찾는 데 적극적으로 참여하고 이에 대한 책임을 수용해야 하며, 컨설턴트가 제시한 대안들에 대해 결정할 자유가 있다. 컨설턴트의 책임은 클라이언트가 도움을 얻을 수 있는 관계를 창조하는 것, 그리고 클라이언트가 생각해 보아야 할 새롭고 도전적인 대안들을 제공하는 데 있다.

　Schein의 과정컨설팅은 경영컨설팅의 경험을 토대로 형성된 모델이지만, 과정컨설팅은 그의 주장대로 경영뿐만 아니라 교사, 행정가, 사회복지사 등 다른 사람을 더 잘 도와주려는 열정을 가진 모든 분야의 조력자에게 도움을 줄 수 있다. 또한 과정컨설팅은 어떤 조직이든지 간에 지도자의 위치에 있는 사람이 부하 직원들에게 도움을 주고, 그것을 통해 조직과 기관의 성과를 향상시킬 수 있는 새로운 리더십 이론으로도 손색이 없다. 마지막으로, 과정컨설팅에는 어느 컨설팅모델보다도 교육적 개념과 원리에 부합하는 내용이 포함되어 있다. 그렇기 때문에 대학과 학교 등 교육이 이루어지는 컨설팅 상황에 적합할 뿐만 아니라 컨설팅의 문제해결을 통해 타인의 성장에 기여하려는 마음을 가진 모든 이에게 도움을 줄 수 있다.

찾아보기

Edgar H. Schein

Schein은 조직문화의 대가로 알려져 있지만, '과정컨설팅모델'을 개발한 컨설팅 이론가로도 유명하다. '과정컨설팅'은 조직컨설팅의 하나로 분류되지만, 이 모델에는 조직심리학과 사회학의 관점이 통합되어 있고, 특히 교육적 아이디어가 풍부하게 녹아들어 있다. Schein은 경영컨설턴트로 활동하면서 그가 명명한 '전문지식 구매모델'과 '의사-환자모델'이 갖는 한계를 느끼면서 '과정컨설팅모델'을 개발하였다. 과정컨설팅은 『과정컨설팅: 조직개발에서의 역할(Process Consultation: Its Role in Organization Development)』(1969), 『과정컨설팅: 관리자와 컨설턴트를 위한 교훈(Process Consultation: Lessons for Manager and Consultants)』(1987), 『과정컨설팅 재고: 조력관계의 형성(Process Consultation Revisited: Building the Helping Relationship)』(1999)에 제시되어 있다. 이 책은 이 중 1999년에 발간된 저서를 완역한 것이다.

Schein은 과정컨설팅이 컨설팅을 직업이나 직무로 하는 컨설턴트에게만 해당하는 것이 아니라 친구, 연인, 가족, 동료 등 어떤 인간관계든지 간에 도움을 주고받는 상황에서 필요한 모델이라고 주장했다. 이런 맥락에서 그는 2009년에 『조력: 어떻게 도움을 주고받을 것인가(Helping: How to Offer, Give, and Receive Help)』를 발표했다. 이 책은 과정컨설팅을 확장하여 도움을 주고받는 모든 인간 상황을 전제로 어떻게 도움을 잘 주고받을 수 있는지를 제시한 것이다. 그런 점에서 『조력(Helping)』(2009)은 과정컨설팅과 함께 읽어야 그 의미와 내용을 충실하게 이해할 수 있다.

Schein은 경영 분야의 조직컨설턴트로 활동했지만 과정컨설팅은 다른 조직컨설팅과 차별성을 지닌다. Schein은 스탠퍼드대학교에서 심리학 석사, 하버드대학교에서 사회심리학 박사를 취득한 후 한동안 심리전문가로 일했다. 그의 이런 학력과 경력이 반영되어 다른 조직컨설팅과 달리 조직의 구조보다는 구성원, 그리고 형식적 절차보다는 구성원 사이의 인간적 관계를 강조했다. 특히 그의 관심이 특정 조직이나 직업에 한정하지 않고 일반적인 조력 상황으로 확장하면서 거창하고 전문적인 형식보다는 작은 노력으로도 더 실질적인 도움을 줄 수 있는 방안을 찾게 된 것이다. 그 결과는 '겸손 시리즈'라고 말할 수 있는 세 권의 저서 『겸손한 질문: 조언 대신에 질문하는 기예(Humble Inquiry: The Gentle Art of Asking Instead of Telling)』(2013), 『겸손컨설팅: 진정한 도움을 빨리 주는 법(Humble Consulting: How to Provide Real Help Faster)』(2016), 『겸손리더십: 관계, 개방, 신뢰의 힘(Humble

Leadership: The Powers of Relationships, Openness, and Trust』(2018)에 제시되어 있다.

Schein의 저서들은 번역되어 우리나라의 독자들에게도 잘 알려져 있다. 『조직심리학』 (탐구당, 1990)을 시작으로 해서 『기업문화 혁신전략』(일빛, 2006), 『헬핑: 인간관계를 풀어 나가는 열쇠』(옥당, 2010)〉, 『내 생애 커리어 앵커를 찾아서』(학지사, 2014)가 출간되었고, 2022년에는 그의 아들과 함께 집필한 『리더의 질문법: 조직의 성과를 이끄는 신뢰와 협력의 소통 전략』(심심푸른숲)이 번역되어 출간되었다. 그러나 그의 이론의 중요한 축을 차지한 '과정컨설팅'에 대한 저서는 번역되어 있지 않다. 이번 『기업·개인에서의 과정컨설팅: 도움 을 잘 주고받는 법』의 출간으로 기업문화, 조직 개발, 리더십과 함께 Schein의 컨설팅 이론 이 알려지기를 기대한다.

역자 소개

신기현(Shin, Kihyun)

서울대학교 대학원 교육학과 교육학 박사
동덕여자대학교 대학원 교육컨설팅학과 학과장
현   동덕여자대학교 국제대외협력처장
　　　한국교육원리학회 학회장

<주요 논문>
「컨설팅의 관계를 보는 또 하나의 관점: 교류교육적 협력관계」(2023)
「교육의 내재적 개념화와 외재적 개념화: 루소의 교육개념을 중심으로」(2019)
「정신건강컨설팅, 과정컨설팅, 행동컨설팅을 통해 본 교육컨설팅의 구성 방향」(2017)
「방법원리 교육관의 하위유형 및 특성 탐색」(2011)
「교육관 유형연구의 성격과 연구과제 탐색」(2010)
「교육을 설명하는 개념모델에 대한 비판적 검토」(2010)
「교육을 보는 다섯 가지 관점」(2009) 등

기업·개인에서의
과정컨설팅
도움을 잘 주고받는 법
Process Consultation Revisited: Building the Helping Relationship

2024년 10월 10일 1판 1쇄 인쇄
2024년 10월 15일 1판 1쇄 발행

지은이 • Edgar H. Schein
옮긴이 • 신기현
펴낸이 • 김진환
펴낸곳 • ㈜**학지사**

04031 서울특별시 마포구 양화로 15길 20 마인드월드빌딩
대표전화 • 02-330-5114 팩스 • 02-324-2345
등록번호 • 제313-2006-000265호

홈페이지 • http://www.hakjisa.co.kr
인스타그램 • https://www.instagram.com/hakjisabook

ISBN 978-89-997-3248-5 93180

정가 21,000원

출판미디어기업 **학지사**
간호보건의학출판 **학지사메디컬** www.hakjisamd.co.kr
심리검사연구소 **인싸이트** www.inpsyt.co.kr
학술논문서비스 **뉴논문** www.newnonmun.com
교육연수원 **카운피아** www.counpia.com
대학교재전자책플랫폼 **캠퍼스북** www.campusbook.co.kr